Bomben auf Salzburg

Die „Gauhauptstadt“ im „Totalen Krieg“

Erich Marx (Hg.)

BOMBEN AUF SALZBURG

Die „Gauhauptstadt“ im „Totalen Krieg“

Mit Beiträgen von

REINHARD RUDOLF HEINISCH
ERICH MARX
HARALD WAITZBAUER

unter Mitarbeit von

MARGARET SHANNON
Washington Writers Research
(Erhebung der Quellen und Bilder
in den amerikanischen Archiven)

VERLAG ANTON PUSTET
Salzburg – München

Die Deutsche Bibliothek – CIP-Einheitsaufnahme

Bomben auf Salzburg : die „Gauhauptstadt“ im „Totalen Krieg“ /
mit Beitr. von Reinhard Rudolf Heinisch ; Erich Marx ; Harald Waitzbauer.
Unter Mitarb. von Margaret Shannon. Hrsg.: Erich Marx . –
Salzburg : Anton Pustet 1995
(Schriftenreihe des Archivs der Stadt Salzburg ; Nr. 6)
ISBN 3-7025-0339-0
NE: Heinisch, Reinhard Rudolf; Marx Erich; Waitzbauer, Harald;
Archiv <Salzburg>: Schriftenreihe des Archivs ...

Dritte, erweiterte und verbesserte Auflage 1995
im Verlag Anton Pustet, Bergstraße 12, A-5020 Salzburg
Schriftenreihe des Archivs der Stadt Salzburg Nr. 6

Gedruckt in Österreich.
Redaktionelle Mitarbeit: Peter F. Kramml, Thomas Weidenholzer
Fotoausarbeitungen: Archiv der Stadt Salzburg, Edelbert Willinger
und Fotostelle des Magistrats, Gustav Helpferer und Johannes Killer
Druck: Salzburger Druckerei
ISBN: 3-7025-0339-0

Inhaltsverzeichnis

Vorwort des Herausgebers

Das Thema „Bomben auf Salzburg“ ist fünfzig Jahre nach Ende des Zweiten Weltkrieges auf großes Echo gestoßen. Das mag zum einen am allgemein gestiegenen Interesse an zeitgeschichtlichen Themen liegen, zum anderen an der Tatsache, daß sehr viele ältere Salzburgerinnen und Salzburger diese Zeit selbst miterlebt haben, und dieses Buch bei ihnen Erinnerungen wachruft oder endlich die offen gebliebenen Fragen über das Warum beantwortet.

Denn erstmals sind zu diesem düsteren Kapitel der jüngeren Stadtgeschichte die Quellen in den amerikanischen Archiven ausgewertet worden, wodurch wir jetzt die tatsächlichen Strategien und konkreten Angriffsziele der US-Militärs kennen und manches falsche Gerücht, das sich über Jahrzehnte hartnäckig gehalten hat, widerlegen können. Nun wissen wir, daß das Ziel aller amerikanischen Bombenangriffe die Bahnanlagen und nicht der Dom oder die Festung gewesen sind. Diese und andere Zerstörungen im Stadtgebiet wurden durch Fehler in der Navigation oder durch menschliches Fehlverhalten bei den Angriffen aus mehr als 7.000 Meter Höhe verursacht.

Zusätzlich haben sich mehr als hundert Zeitzeugen gemeldet, die durch Dokumente, Fotos, Briefe oder durch ausführliche Interviews wesentlich zum Gelingen dieses Projektes beigetragen haben. Ihnen allen sei an dieser Stelle sehr herzlich gedankt. Vor allem durch die 69 Interviews mit Zeitzeugen konnten die Autoren viele historische Details erfahren und auch einen Eindruck von der Stimmung der damaligen Zeit – einer Mischung aus Angst, Wut und Trotz – gewinnen, die viele Menschen vor, während und nach den Luftangriffen erfaßt hatte. Es war nicht möglich, alle Zeitzeugenaussagen abzudrucken, viele sind aber im Text zu finden. Die Namen wurden bewußt, bis auf wenige Ausnahmen, auf die Initialen reduziert, weil dies von vielen gewünscht worden war. Die Transkripte aller Interviews befinden sich im Archiv der Stadt Salzburg.

Seit dem Erscheinen der ersten Auflage dieses Buches hat das Archiv eine Reihe weiterer interessanter Fotos erhalten, sodaß die vorliegende dritte Auflage um fünfzig, zumeist bisher unveröffentlichte Abbildungen erweitert werden konnte.

An dieser Stelle sei allen sehr herzlich gedankt, die zum Gelingen dieses Werkes beigetragen haben, vor allen den Mitautoren, den Kollegen im Archiv der Stadt Salzburg und in den anderen Archiven sowie dem Verlag Anton Pustet, der diesen Band nun in sein Programm zur Salzburger Geschichte aufgenommen hat. Nicht zuletzt sei auch der Stadt Salzburg gedankt, die die personellen und finanziellen Ressourcen für das Zustandekommen dieses Projektes zur Verfügung gestellt hat.

Salzburg, im Dezember 1995 Erich Marx

Der Luftkrieg

von Reinhard Rudolf Heinisch

Allgemeine Zielsetzungen des Luftkrieges

Auch fünfzig Jahre nach dem Ende des Zweiten Weltkrieges lösen der Begriff „Luftkrieg“ und das Vokabel „Bombenkrieg“ ungeahnte Emotionen nicht nur unter den damals Betroffenen aus. Noch immer gibt es auch und gerade in dieser Beziehung vielfältige Versuche der „Aufrechnung“ unter den ehemaligen Kriegsgegnern, Fragestellungen wie: „Wer hat angefangen?“ und Schlagworte der damaligen Zeit wie „Bombenterror“ und „Kriegsverbrechen“ in persönlichen Diskussionen und in der einschlägigen Literatur. Gerade im Zusammenhang mit den 15 Bombenangriffen auf Salzburg in der Zeit vom 16. Oktober 1944 bis zum 1. Mai 1945 haben dies auch die Interviews mit den Zeitzeugen im Frühjahr und Sommer 1994 sehr deutlich gezeigt[1].

Überaus nüchtern und lexikalisch-prägnant heißt es über den umstrittenen Begriff in einem Nachschlagewerk über historische Daten und Fakten zur Geschichte des Dritten Reiches: *Bombenkrieg = Bezeichnung für den strategischen Luftkrieg der Alliierten gegen Deutschland* [2].

Tatsächlich war der Bombenkrieg anfänglich als Mittel gedacht, feindliche Versorgungsanlagen, Industrien und Bereitstellungsräume aus der Luft wirkungvoll zu bekämpfen. Im Verlaufe des Zweiten Weltkrieges richtete er sich jedoch immer mehr gegen die Zivilbevölkerung und erreichte 1945 seinen absoluten Höhepunkt mit dem Abwurf der beiden amerikanischen Atombomben auf Hiroshima und Nagasaki, die mehr als 160.000 Todesopfer kosteten.

Gleich am Beginn des Zweiten Weltkrieges setzte die deutsche Luftwaffe Bomben bei ihren massiven Angriffen gegen Warschau ein, das bereits Ende September 1939 kapitulieren mußte. Die Royal Air Force (RAF) beschränkte sich in den ersten Kriegsmonaten auf das Abwerfen von Millionen Flugblättern über deutschem Reichsgebiet und die Bombardierung von Schiffen und Hafenanlagen. Nachdem bei einem Tagesangriff der RAF auf Wilhelmshaven am 18. Dezember 1939 von 24 Wellington-Bombern die Hälfte von der deutschen Luftwaffe abgeschossen worden war, beschloß das britische *Bomber Command,* auf Nachtangriffe umzustellen. Den ersten Luftangriff, der sich direkt gegen die Zivilbevölkerung richtete, flog die RAF am 11. Mai 1940 auf Mönchengladbach. Am Tag zuvor war Winston Churchill britischer Premierminister geworden, am selben Tag, an dem Hitler den „Blitzkrieg“ gegen Belgien, die Niederlande und Frankreich begonnen hatte. Den deutschen Luftangriff auf Rotterdam drei Tage danach nahm Churchill in der Öffentlichkeit zum Anlaß, um am 17. Mai 1940 offiziell den Luftkrieg gegen Deutschland zu befehlen. Die Briten flogen weiter ihre vor allem gegen Öl- und Treibstoffanlagen gerichteten Nachtangriffe, die allerdings wenig präzise ausfielen. Am 1. August 1940 erließ Hitler die Weisung, die den verschärften Luftkrieg gegen England vorsah[3]. Zur Vorbereitung der Invasion der britischen Inseln, dem Unternehmen „Seelöwe“, eröffnete die deutsche Luftwaffe am 13. August die „Luftschlacht über England“. London sollte vorerst von Bombenangriffen ausgenommen sein, wurde jedoch durch einen Irrtum zweier deutscher Piloten in der Nacht des 24. August 1940 bombardiert. Die britische Antwort erfolgte prompt. Am folgenden Tag wurde Berlin erstmals bombardiert. Weitere Angriffe folgten, ebenso auf Industrieziele an Rhein und Ruhr. Die rollenden Luftangriffe der deutschen Luftwaffe auf die Hauptstadt des Empire begannen am 7. September 1940 mit 525 Bombern und erstreckten sich bis zum Frühjahr 1941. Neben London wurden auch andere britische Städte angegriffen, in der Nacht zum 15. November 1940 wurde die Industriestadt Coventry zum Großteil zerstört. Erst nach der Mitte des Jahres 1941 ließen die deutschen Bombenangriffe auf die britischen Inseln merklich nach, da die Luftwaffe im Rußlandfeldzug gebunden war.

Da die britischen Luftangriffe gegen Punktziele in Deutschland wenig Erfolg zeitigten, beschloß der britische Luftstab im Juli 1941, ganze Städte anzugreifen, um einerseits der deutschen Kriegsindustrie Schaden zuzufügen und andererseits die Moral der Zivilbevölkerung zu unterminieren. Diese Strategie wurde im Februar 1942, zwei Monate nach dem offiziellen Kriegseintritt der USA, noch verschärft, indem nun Wohngebiete in den deutschen Städten als Hauptziele für Luftangriffe dienen sollten. Durch *dehousing*, die systematische Zerstörung der Wohngebiete deutscher Städte, erwarteten die Alliierten eine Demoralisierung insbesondere der Arbeiterschaft und damit eine Schwächung der industriellen Produktion. Diese Taktik fand die volle Unterstützung von Arthur Harris, den Churchill am 22. Februar 1942 zum Chef des britischen *Bomber Command* ernannt hatte. Die alte Hansestadt Lübeck erlebte am 28. März 1942 als erste deutsche Stadt einen Brandbombenangriff, der unter der Zivilbevölkerung, vor allem in Arbeitervierteln, schwere Verluste verursachte. Den ersten 1.000-Bomber-Angriff, die neue Methode der Alliierten, mußte Köln in der Nacht zum 31. Mai 1942 über sich ergehen lassen. Danach steigerten sich die Angriffe gegen deutsche Städte immer mehr; britische Bomber kamen in der Nacht, die Amerikaner am Tage. Sie glaubten, durch diese massiven Schläge den Krieg früher beenden zu können. Auch in den letzten Monaten des Weltkrieges, als die deutsche Luftwaffe der alliierten Luftüberlegenheit nur mehr wenig entgegenzusetzen hatte, war Harris nicht bereit, seine Flächenbombardierungen deutscher Städte einzuschränken oder auf Präzisionsangriffe militärisch wichtiger Einzelziele nach amerikanischem Muster umzustellen.

So sind Städte wie Warschau, Rotterdam, London, Coventry und Belgrad auf der einen sowie Berlin, Lübeck, Hamburg, München, Kassel, Königsberg und schließlich Dresden auf der anderen Seite zu einem Synonym für den Horror des Luft- und Bombenkrieges im Zweiten Weltkrieg geworden.

Bei einer Gegenüberstellung ergeben sich dabei oft nicht recht deutliche Differenzierungen hinsichtlich der Zielsetzung und Intensität, man kann aber eine Verschiebung der Schwergewichte feststellen von der Bombardierung von „Festungen" im Zusammenhang mit der militärischen Offensive von Bodentruppen bzw. deren geplantem Einsatz über die Angriffe auf kriegswichtige Industrien, Versorgungsanlagen und Verkehrsverbindungen bis hin zu Flächenbombardements auf zivile Wohnviertel und historische Stadtzentren, die die NS-Propaganda immer wieder als „Terrorangriffe" bezeichnet hat; ein Begriff, der sich eben auch heute noch in der Literatur und in der Meinung damals betroffener Zeitgenossen findet[4]. Gerade die Einbeziehung der Zivilbevölkerung in den Luftkrieg hat diese Emotionen immer wieder angeheizt und die so oft gestellte Frage nach einem völkerrechtlichen Schutz der „Nichtkombattanten"[5] aufgeworfen.

Luftkrieg und Völkerrecht

Die damit angesprochene Problematik ist schwierig genug für den Juristen, um wieviel mehr erst für den Historiker, meinte doch erst vor einigen Jahren ein Fachmann:

> Aufgrund der Erfahrungen seit 1939 und der erst teilweise erfolgten Kodifikation gehört das Recht der Luftkriegsführung nach wie vor zu den umstrittensten Gebieten des Kriegsvölkerrechts[6].

In einer anderen Publikation heißt es zum strategischen Luftkrieg in Form des *Area-Bombing* im Zweiten Weltkrieg:

> Ob hierfür eine völkerrechtliche Rechtfertigung in Anspruch genommen werden kann, ist bis heute umstritten, obwohl die Frage unschwer beantwortet werden kann[7].

Und noch ein Zitat dazu aus dem Munde des britischen Luftmarschalls Harris, der meinte, daß

> immer für oder gegen das Völkerrecht argumentiert werden kann, aber hier, wo es um den Einsatz von Flugzeugen im Krieg geht, gibt es tatsächlich überhaupt kein Völkerrecht[8].

Abb. 1: Die Sandsteinskulptur blickt vom Dresdner Rathaus auf die Ruinen der Altstadt, die im Februar 1945 durch alliierte Luftangriffe verwüstet worden ist. Ein Symbol für den Wahnsinn des Luftkrieges.

Da Flugzeuge als Waffe eine relativ junge Erfindung darstellten, sind sie völkerrechtlich auch erst spät berücksichtigt worden, nämlich im Zusammenhang mit der Ersten Haager Friedenskonferenz im Jahre 1899. Damals wurde eine Erklärung beschlossen, die allerdings nur für die Dauer von fünf Jahren jegliches Bombardement aus der Luft verbot. Bei der nächsten Konferenz des Jahres 1907 ist über dieses Verbot bereits ausführlich diskutiert worden, es konnte aber nicht effektiv erneuert werden. Statt dessen fügte man in den Artikel 25 der sogenannten Haager Landkriegsordnung von 1899 einige Worte ein, die auf ein Luftbombardement Bezug nahmen. Es hieß nun: *Es ist untersagt, unverteidigte Städte, Dörfer, Wohnstätten oder Gebäude, mit welchen Mitteln es auch sei, anzugreifen oder zu beschießen*[9].

Schon die Ereignisse des Ersten Weltkrieges sollten aber zeigen, daß die Formel *mit welchen Mitteln es auch sei* nicht ausreichte, weil sie nur dann angewendet werden konnte, wenn sich eine von Bodentruppen angegriffene Ortschaft der Eroberung und Besetzung widersetzte. Nur in diesem Fall war es gestattet, aus der Luft zu bombardieren, um den militärischen Widerstand zu brechen. Eine derartige Vorgangsweise nach dem Völkerrecht funktionierte aber nur an der Front im unmittelbaren Bereich der Bodentruppen. Für das im Hinterland operierende Flugzeug verlor der Artikel 25 der Haager Landkriegsordnung seine Bedeutung, was aber nicht heißen konnte und sollte, daß der Luftkrieg hinter der Front, also der bald so genannte „strategische Luftkrieg", ohne Beschränkung sein durfte. Man behalf sich mit einer Analogie aus dem Seekriegsrecht gemäß Artikel 2 des IX. Haager Abkommens von 1907, durch den es Seestreitkräften in Kriegszeiten erlaubt war, gewisse Objekte zu bombardieren, auch wenn die betreffende Ortschaft nicht verteidigt war. Diese Objekte waren

> militärische Werke, Militär- oder Marineanlagen, Niederlagen von Waffen oder von Kriegsmaterial, Werkstätten und Einrichtungen, die für die Bedürfnisse der feindlichen Flotte oder des feindlichen Heeres nutzbar gemacht werden können, sowie im Hafen befindliche Kriegsschiffe[10].

Der daraus entwickelte Begriff des „militärischen Objektes" hat sich bezüglich eines strategischen Luftangriffs erst nach und nach in der militärischen Diktion durchsetzen können. Mit dem Ende des Ersten Weltkrieges wurde aber dem Luftkriegsrecht seine einzige Grundlage genommen: Der Anwendungsbereich des Artikels 25 der Haager Landkriegsordnung hatte sich als nur beschränkt anwendungsfähig erwiesen, das Verbot des Abwurfs von Sprengbomben war ungültig geworden.

Über diesen unhaltbaren Zustand diskutierten dann im Sommer 1921 auf einer Abrüstungskonferenz in Washington die Vertreter der USA, Großbritanniens, Frankreichs, Italiens und Japans. Man kam aber über Entwürfe nicht hinaus. Eine zur weiteren Behandlung des Problems eingesetzte internationale Juristenkommission aus diesen fünf Staaten tagte vom 11. Dezember 1922 bis 12. Februar 1923 in Den Haag; eine niederländische Delegation kam noch hinzu. Nach langen Beratungen mit vielen Schwierigkeiten, auch in Unterkommissionen, wurde am 19. Februar 1923 von der Kommission eine Fassung der „Haager Luftkriegsregeln" (LKR) angenommen und unterzeichnet, die aus insgesamt 62 Artikeln bestand. Von diesen sind für unser Thema einige besonders relevant, vor allem aus Kapitel IV des Abkommens, und sollen daher ausführlicher dargelegt werden[11]:

Im Artikel 22 heißt es bezüglich der Terrorbombardierung:

> Das Luftbombardement zur Terrorisierung der Zivilbevölkerung und Zerstörung oder Beschädigung von Privateigentum nichtmilitärischen Charakters oder zur Verletzung von Nichtkombattanten ist verboten.

Artikel 24 beschäftigt sich mit der Bombardierung militärischer Ziele aus der Luft:

1. Das Luftbombardement ist nur dann berechtigt, wenn es gegen ein militärisches Ziel gerichtet ist, d. h. ein Ziel, dessen gänzliche oder teilweise Zerstörung für die Kriegführenden einen klaren militärischen Vorteil darstellen würde;
2. Ein solches Bombardement ist nur dann rechtmäßig, wenn es ausschließlich gegen folgende Ziele gerichtet ist: militärische Streitkräfte, militärische Anlagen, Gebäude oder Magazine, Fabriken, die wichtige und wohlbekannte Werke zur Herstellung von Waffen, Munition oder gekennzeichneten militärischen Bedarfsgegenständen sind, Verkehrs- oder Transportlinien, die für militärische Zwecke benutzt werden;
3. Die Bombardierung von Städten, Dörfern, Wohnhäusern und Gebäuden, die sich nicht in unmittelbarer Nähe der Landstreitkräfte befinden, ist verboten. Falls die im Absatz 2 angeführten Ziele so gelegen sind, daß sie nicht bombardiert werden können, ohne daß dadurch eine unterschiedslose Bombardierung der Zivilbevölkerung eintritt, müssen die Luftfahrzeuge von der Bombardierung abstehen;
4. In der unmittelbaren Umgebung der Landstreitkräfte ist die Bombardierung der Städte, Dörfer, Ansiedlungen und Gebäude berechtigt, vorausgesetzt, daß eine begründete Vermutung besteht, daß die militärischen Ansammlungen dort belangreich genug sind, um das Bombardement im Hinblick auf die der Zivilbevölkerung daraus erwachsende Gefahr zu rechtfertigen [...].

Im Artikel 25 werden die geschützten Objekte und Gegenstände aufgelistet:

> Bei Luftbombardements müssen durch den Befehlshaber alle nötigen Maßnahmen ergriffen werden, um so weit als möglich die religiösen, künstlerischen, wissenschaftlichen und wohltätigen Zwecken dienenden Gebäude, geschichtlichen Denkmäler, Lazarettschiffe, Lazarette und andere Sammelstellen der Kranken und Verwundeten zu schonen, vorausgesetzt, daß diese Gebäude, Gegenstände und Plätze nicht gleichzeitig militärischen Zwecken dienen. Diese Denkmäler, Gegenstände und Örtlichkeiten müssen bei Tage den Luftfahrzeugen durch sichtbare Zeichen kenntlich gemacht werden. Die Verwendung dieser Zeichen zur Kenntlichmachung anderer Gebäude, Gegenstände und Öffentlichkeiten als der oben angeführten wird

> als betrügerische Handlung betrachtet. Die Zeichen, von denen – wie oben angegeben – Gebrauch gemacht wird, sind bei den durch die Genfer Konvention geschützten Gebäuden [das sind alle Krankenhäuser und Lazaretteinrichtungen, Anm. d. V.] das rote Kreuz auf weißem Grund und bei den anderen geschützten Gebäuden ein großes rechteckiges Feld, das durch eine Diagonale in zwei Dreiecke, ein weißes und ein schwarzes, geteilt wird [...].

Diese Bestimmungen schienen in ihrer Zielsetzung, vor allem auch durch den in Artikel 26 angesprochenen Kulturgüterschutz, richtungsweisend für eine Humanisierung des Krieges im allgemeinen und des Luftkrieges im besonderen zu sein. Sie wiesen aber den einen Schönheitsfehler auf, daß kein einziger Staat eine dementsprechende Vereinbarung unterzeichnete, nicht einmal jene in der Kommission von Den Haag vertretenen; es wurde nicht einmal eine Konferenz zur Erörterung dieser Luftkriegsregeln anberaumt.

Wenn auch kein völkerrechtliches Abkommen auf internationaler Basis zustande kam, wurden die Haager Luftkriegsregeln von 1923 jedoch bald Diskussionsgegenstand der Völkerrechtswissenschaft in der Zwischenkriegszeit, wobei die Ansichten der Wissenschafter von völliger Ablehnung bis zur Anerkennung der Luftkriegsregeln als allgemein akzeptiertes Recht reichten. Allgemein angenommen wurde vor allem das Verbot von direkten Angriffen auf die Zivilbevölkerung in Form von Terrorbombardements gemäß dem Wortlaut des Artikels 22.

Neben den Wissenschaftern stellten sich aber auch bekannte Organisationen auf die Haager Luftkriegsregeln ein und übernahmen sie weitgehend in ihre eigenen Vorschläge. Als Beispiel dafür seien die Vorschläge der „International Law Association“ aus den Jahren 1924 und 1938 angeführt. Auf die in den Jahren 1932 bis 1934 in Genf stattfindende Abrüstungskonferenz des Völkerbundes hatten die Haager Luftkriegsregeln allerdings keinen direkten Einfluß[12].

Erstaunlicherweise haben aber die Haager Luftkriegsregeln auf die militärische Befehlsgebung und ihre politische Repräsentation nach außen einen wesentlich größeren Einfluß ausgeübt als man anzunehmen geneigt war und ist. Vor allem in England soll darüber intensiv beraten worden sein, eine Ratifikation durch die Regierung sei aber an der französischen Opposition gegen die Luftkriegsregeln gescheitert. Bei und nach Kriegsausbruch 1939 haben britische Luftwaffenstäbe angeordnet, strikteste Zurückhaltung bei Luftangriffen auf Deutschland zu üben.

Nachdem mit der zunehmenden Kriegsgefahr in Europa und nach den Erfahrungen der „Probekriege“ in China, Spanien und Äthiopien von mehreren Seiten Anstrengungen unternommen wurden, in letzter Minute doch noch zu völkerrechtlichen Richtlinien für den Bombenkrieg zu kommen, hatte während einer Debatte im englischen Unterhaus der britische Premierminister Neville Chamberlain am 21. Juni 1938 drei Grundregeln für Bombardierungen vorgeschlagen:

1. Es verstößt gegen das Völkerrecht, Zivilisten als solche zu bombardieren und absichtlich Angriffe gegen die Zivilbevölkerung durchzuführen.

2. Ziele, die aus der Luft anvisiert werden, müssen rechtmäßige militärische Ziele und identifizierbar sein.
3. Bei einem Angriff auf diese Ziele muß mit angemessener Sorgfalt vorgegangen werden, damit es nicht durch Nachlässigkeit zu einer Bombardierung der in der Nähe befindlichen Zivilbevölkerung kommt[13].

Diese die Haager Luftkriegsregeln teilweise noch verschärfenden Grundsätze wurden am 30. September 1938 fast wortwörtlich in eine allerdings nichtbindende Resolution des Völkerbundes aufgenommen. Darauf bezogen war dann nach Ausbruch des Krieges im September 1939 der Appell des amerikanischen Präsidenten Franklin D. Roosevelt, der wenige Jahre später die Front der Alliierten gegen Deutschland auch im Bombenkrieg komplettieren sollte, an die damals kriegführenden Nationen:

> Ich [. . .] richte dieses dringende Memorandum an jede Regierung, die an Feindseligkeiten beteiligt ist, und bitte sie, öffentlich ihre Entschlossenheit zu bekräftigen, daß ihre jeweiligen Streitkräfte keinesfalls und unter keinen Umständen Bombardierungen aus der Luft gegen die Zivilbevölkerung oder unbefestigte Städte unternehmen[14].

Auch im deutschen Machtbereich hat es ähnliche Intentionen gegeben. Am 30. September 1939, also wenige Wochen nach Beginn des Polenfeldzuges, ließ der Oberbefehlshaber der Deutschen Luftwaffe, Hermann Göring, an alle Rechtsinstanzen und Feldgerichte die schon am 20. Juli 1939 erlassene „Anweisung zur Führung des Luftkrieges“ verteilen, die das Verhalten der Luftwaffe gegenüber dem Feind und Neutralen grundsätzlich regeln sollte. Diese aus 31 Thesen bestehenden Vorschriften folgten bezüglich der Kampfhandlungen weitgehend den Haager Luftkriegsregeln von 1923. So waren etwa Luftangriffe nur gegen „militärisch wichtige Ziele“ gestattet, strikt verboten hingegen alle Angriffe mit der Absicht, *die Zivilbevölkerung zu terrorisieren, Nichtkombattanten zu verletzen oder Güter ohne militärische Bedeutung zu zerstören oder zu beschädigen.*

Falls Terrorangriffe trotz ihrer Völkerrechtswidrigkeit durch die Entwicklung der Kriegslage notwendig werden sollten, dürfe der Befehl dazu nur durch den Oberbefehlshaber der Luftwaffe erfolgen. Ansonsten durfte die Zivilbevölkerung selbst bei Angriffen auch gegen legitime Ziele nicht aus Unachtsamkeit getroffen werden. Sonst gab es fast wörtliche Übereinstimmungen mit der Haager Luftkriegsordnung und sogar mit der Völkerbund-Resolution von 1938, obwohl Deutschland bereits 1933 aus diesem internationalen Gremium ausgetreten war[15]. Auch Italien hat die Haager Luftkriegsregeln 1938 seinen Vorschriften für die Durchführung von Luftangriffen einverleibt, und das Kaiserreich Japan erklärte am 26. August 1938 nach dem Wiederausbruch des Krieges mit China, seine Luftwaffe hätte sich schon bisher an die Haager Luftkriegsregeln gehalten und werde diese Bestimmungen auch in Hinkunft als bindend betrachten. Lediglich in den USA sind diese Regeln nicht von den Militärs rezipiert worden, obwohl die amerikanische Regierung 1926 eine Ratifikation dieser Bestimmungen überlegt hatte. 1934 soll in einem Schulungsheft der „Air Corps Tactical School" über Luftkriegsvölkerrecht den Luftkriegsregeln zwar eine gewisse Bedeutung beigemessen worden sein, man wies aber darauf hin,

> daß die darin statuierten Beschränkungen von Luftangriffen in der Praxis mehr oder weniger nutzlos seien, da ihre Durchführung sowieso auf politischen Entscheidungen beruhe[16].

Daß dies später tatsächlich eingetroffen ist, anders jedoch als in den Worten Görings oder der Erklärung des Präsidenten Roosevelt bei Kriegsbeginn[17], wurde nicht nur in propagandistischen, sondern auch in wissenschaftlichen Publikationen immer wieder moniert. Erst in jüngster Zeit hat dies Manfred Messerschmidt so formuliert:

> Der strategische Bombenkrieg gegen die Zivilbevölkerung stellte jahrelang eine eklatante Verletzung des Völkerrechts dar. Er wurde geführt in Abstimmung zwischen der politischen und militärischen Führung. In letzter Instanz befürwortet von Churchill, Roosevelt und Truman. Roosevelt empfahl bekanntlich schon im Juni 1941 [ein halbes Jahr vor dem Kriegseintritt Amerikas, Anm. d. V.] Bombenangriffe gegen kleinere deutsche Städte, um den Widerstandswillen der Deutschen zu brechen. Vom Standpunkt des Kriegsvölkerrechts ist die Haltung Amerikas, das selbst unerreichbar für Bombenangriffe blieb, besonders negativ zu beurteilen. Insgesamt aber ist zu sagen, daß der strategische Luftkrieg gegen die Bevölkerung unter keinem rechtlichen Gesichtspunkt zu rechtfertigen oder zu entschuldigen war[18].

Ergänzend sei dazu eine weitere Aussage Messerschmidts angeführt:

> In der Endphase des Krieges, seit Mitte 1944, stellte der Bomber nicht mehr das einzige wesentliche Kriegsmittel in der Hand der Alliierten dar. Die Verbesserung der Zielvorrichtungen erlaubte nunmehr auch Präzisionsangriffe. Daß dennoch am Area-Bombardement gegen die Moral der Bevölkerung festgehalten wurde, zeigt, daß die Rüstungsstruktur und die seit dem Ersten Weltkrieg im Bomber Command entwickelten strategischen Denkweisen ein nicht mehr eingrenzbares Gewicht in der Gesamtstrategie und Politik gewonnen hatten und geradezu selbsttätig agierten. Der technische Aufwand als solcher wirkte verstärkend in die gleiche Richtung[19].

Diese auch für den Bombenkrieg über Salzburg sicher nicht uninteressanten Ausführungen machen noch einmal deutlich, daß letztendlich alle Versuche vom Ende des 19. Jahrhunderts bis in die Zeit zwischen den Weltkriegen hinein, zu einer internationalen Ächtung des Luftkrieges und vor allem seiner Auswirkungen auf die Zivilbevölkerung zu kommen, frucht- und nutzlos geblieben sind. Auch wenn der völkerrechtliche Theoretiker hoffnungsvolle Ansätze zu erkennen glaubt:

> Insgesamt betrachtet aber waren die Haager Luftkriegsregeln für die Entstehung von bindendem Völkergewohnheitsrecht schon in der Zeit vor dem Zweiten Weltkrieg

> von maßgeblicher Bedeutung. Tatsächlich erfüllten sie durch ihre halboffizielle Entstehung und die vergleichsweise klare und praxisgemäße Regelung des Luftbombardements die Funktion eins Anknüpfungspunktes, von welchem sowohl die völkerrechtliche Lehre als auch die politische Praxis ausgiebigen Gebrauch machten[20].

Dem ist die lakonische Feststellung gegenüberzustellen:

> Versuche, den Luftkrieg durch internationale Vereinbarungen einzuschränken, schlugen fehl, da die unterschiedlichen nationalen Interessen und die voneinander abweichenden Konzepte für den Einsatz der Luftkriegsmittel nicht miteinander in Einklang gebracht werden konnten[21].

Vielleicht liegt in diesen Worten doch die prägnanteste Zusammenfassung aller oben skizzierten völkerrechtlichen Bemühungen.

Salzburgs Bombenschäden im Vergleich mit anderen Städten

Wenn man die an sich nicht nur für die Betroffenen tragischen Verluste an Menschenleben, an Kulturgütern, an Wohnraum, Industriestätten und Verkehrsanlagen in Salzburg mit den Bombenverlusten anderer Städte des damaligen Großdeutschen Reiches vergleicht, muß man zur Feststellung kommen, daß die Stadt Salzburg – ungeachtet der individuellen Schicksale ihrer Bewohner – in den Jahren 1944/45 verhältnismäßig glimpflich davongekommen ist. Dazu muß nicht einmal der Vergleich mit der im Bombenkrieg wohl am ärgsten heimgesuchten Stadt herangezogen werden, nämlich Dresden, das noch Mitte Februar 1945 in mehreren Angriffen der Engländer und Amerikaner buchstäblich in Schutt und Asche gelegt wurde. Dort wurden 35.000 amtlich identifizierte Opfer registriert, während das Wiesbadener statistische Zentralamt rund 60.000 Tote angibt, andere oft angezweifelte Schätzungen bewegen sich zwischen 150.000 und 250.000 Bombenopfern dieser wenigen Tage[22]. Auch die Angriffe auf Hamburg bei Tag und Nacht im Mai, Juli und August 1943 mit fast immer 700 bis 800 Bombern forderten sehr viele Todesopfer und hohe materielle Verluste. Vor allem der Nachtangriff vom 2. August 1943 mit 740 Bombern war gedacht,

> to set the seal upon the already frightful destruction wrought in the first three attacks[23].

Nach alliierter Schätzung wurden in der Hansestadt 42.600 Menschen getötet und 37.000 verletzt. Am 3. November 1943 charakterisierte Harris das Ergebnis des strategischen Luftkrieges so:

Abb. 2 und 3: Die Innenstadt von Nürnberg wurde fast vollständig zerstört.

1. Virtually destroyed: Hamburg, Cologne, Essen, Dortmund, Düsseldorf, Hannover, Mannheim, Bochum, Mühlheim, Köln-Deutz, Barmen, Elberfeld, Mönchengladbach/Rheydt, Krefeld, Aachen, Rostock, Remscheid, Kassel, Emden.
2. Seriously damaged: Frankfurt, Stuttgart, Duisburg, Bremen, Hagen, Munich, Nuremberg, Stettin, Kiel, Karlsruhe, Mainz, Wilhelmshaven, Lübeck, Saarbrücken, Osnabrück Münster, Rüsselsheim, Berlin, Oberhausen.
3. Damaged: Brunswick, Darmstadt, Leverkusen, Flensburg, Jena, Augsburg, Leipzig, Friedrichshaven, Wismar[24].

Im gesamten Reichsgebiet sind nach amtlichen Unterlagen insgesamt rund 410.000 Menschen durch anglo-amerikanische Bombenangriffe ums Leben gekommen, auch die Zahl der dabei Vermißten geht in die Hunderttausende. In Deutschland wurden 3,6 Millionen Häuser durch den Bombenkrieg zerstört, 7,5 Millionen Menschen sind obdachlos geworden. Im Bombenhagel der deutschen Luftwaffe über der britischen Insel starben über 43.000 Zivilisten, davon fast 30.000 allein in London. Mindestens 86.000 Menschen wurden schwer, über 151.000 leicht verwundet.

Tabelle 1: Bomberproduktion und abgeworfene Bombentonnage 1940–1945.

	Deutschland		Großbritannien und USA	
	Bomber	Bombentonnage (a) auf GB	Bomber	Bombentonnage (b) auf Europa
1940	2.852	36.844	3.529	14.631
1941	3.373	21.858	4.668	35.509
1942	4.502	3.260	18.880	53.755
1943	4.789	2.298	37.083	226.513
1944	1.982	9.151	42.906	1,188.577
1945	—	761	23.554	477.051
Total:	17.498	74.172	130.620	1,996.036

(a) inklusive V-Waffen
(b) Die amerikanischen Zahlen nur für 1942–1945

Quelle: Overy, Air War, S. 120.

Von den 955.044 Tonnen Spreng- und Brandbomben der Royal Air Force und den über eine Million Tonnen Bomben der US-Army Air Force fielen über 50 Prozent auf Wohngebiete, 20 Prozent allein Brand- und Phosphorbomben. Zwölf Prozent dieser Bomben gingen auf Fabriken und andere kriegswichtige Ziele nieder, 24 Prozent wurden auf Großstädte mit über 100.000 Einwohnern abgeworfen. Nur vom 1. Januar bis zum 8. Mai 1945 wurden über 180.000 Tonnen

Bomben, das ist ein Fünftel der Gesamtbombenabwürfe im Zweiten Weltkrieg, auf deutsche Städte abgeladen. Allein im Jahre 1945 sind 39 deutsche Großstädte Ziele von Großangriffen der Alliierten gewesen. Im Zeitraum vom 1. Februar 1945 bis zum Tag der Kapitulation der Deutschen Wehrmacht sind noch 119.000 Deutsche durch Bomben umgekommen, in den letzten 36 Stunden dieses Krieges sollen noch 14.000 Tonnen Bomben auf Reichsgebiet gefallen sein[25].

Allein in der Reichshauptstadt Berlin wurden im Verlaufe der Luftangriffe rund 50.000 Luftkriegstote registriert, die bei insgesamt 310 Angriffen, davon 40 schweren und 29 Großangriffen, zu verzeichnen waren. Diese Verluste wurden von 45.517 Tonnen Bomben bewirkt. Noch am 25. April 1945 ist die von den Sowjets eingeschlossene Hauptstadt angeblich von 1.486 Flugzeugen angeflogen worden. Ähnlich massiert sind die alliierten Bombenangriffe – abgesehen vom kriegswichtigen Ruhrgebiet – auch auf das norddeutsche Küstengebiet niedergegangen, vor allem die Groß- und Hafenstädte hatten darunter zu leiden, während die kleineren Städte fast unbehelligt geblieben sind. Neben Bremen war dort Wilhelmshaven die meistangegriffene Stadt, in der bereits am 4. September 1939 ein erster Fliegeralarm gegeben werden mußte. Nach zahlreichen Alarmen und Angriffen im Jahre 1943 erfolgte am 15. Oktober 1944 eine der schwersten Bombardierungen: es gab zwar „nur" 30 Tote und 92 Verletzte, aber das Stadtzentrum wurde völlig zerstört. 5.600 Wohnungen, 406 Geschäftshäuser, 11 Industriegebäude und über 60 öffentliche Gebäude waren vernichtet. Bis zum Kriegsende überstand Wilhelmshaven 1.537 Fliegeralarme und 102 Bombenangriffe mit einer Gesamtzahl von 11.045 Spreng- und 72.205 Brandbomben sowie 35 Luftminen. Landeinwärts sind die Städte Rheine, Münster, Hamm, Osnabrück und Bielefeld sehr oft angegriffen worden. In Gütersloh war fast ein Viertel der Stadt zerstört, in Paderborn 80 Prozent und in Wesel sogar 90 Prozent. Düren war mit 99,2 Prozent die überhaupt am meisten zerstörte deutsche Stadt. In Emden sind von 1943 bis zum Kriegsende 70 Prozent des vorhandenen Wohnraums und 85 Prozent der Einzelhandelsgeschäfte vernichtet worden. Die Stadt Essen wurde zu 11,41 Prozent zerstört und zu 39,04 Prozent schwer beschädigt[26].

Von der Größenordnung, nicht aber von der industriellen Kapazität her ist etwa Pforzheim mit Salzburg zu vergleichen. Pforzheim liegt mit 62,1 Prozent hinter Dortmund, Kassel und Beuel an 18. Stelle dieser traurigen Statistik[27]. Englische Quellen bezeichnen den Angriff auf die Stadt feinmechanischer Präzisionsindustrien am 23. Februar 1945 als den mit größter Wahrscheinlichkeit überhaupt schwersten Vernichtungsangriff, der allein 80 bis 83 Prozent der Wohnungsverluste im Stadtgebiet während des Krieges verursacht hat[28]. Die Zahl der Todesopfer dieser Verheerungen festzustellen, hat sich als überaus schwierig erwiesen. Das Statistische Amt der Stadt Pforzheim hat im April 1954 die Menschenverluste durch Kriegseinwirkung, also durch Bomben, Granaten und durch die Bordwaffen der Tiefflieger, auf mindestens 20.277 Personen geschätzt[29], bei einer Einwohnerzahl von rund 80.000 im Jahre 1939. Zuverlässige Angaben erwiesen sich an diesem Ort als sehr schwer, da die während des Februar-Angriffes von 1945 entstehende Feuersbrunst auf eine Temperatur von bis zu 1.700° C anstieg, welche die menschlichen Körper zerfallen ließ, so daß viele Einwohner nicht mehr gefunden und daher als vermißt erklärt werden mußten. Es kann jedoch mit einiger Sicherheit angenommen werden, daß rund ein Drittel der Pforzheimer Bevölkerung dem Bombenkrieg zu Opfer gefallen ist[30].

Abb. 4: München hatte besonders schwer unter den Bombenangriffen zu leiden.

Vergleiche mit Salzburg, vor allem hinsichtlich der ebenfalls bedeutenden Schätze an Kunst und Kultur, können im süddeutschen Raum vor allem mit Nürnberg und München angestellt werden. Und auch hier zeigt sich, daß die Mozartstadt in den 15 Luftangriffen relativ glimpflich davongekommen ist, wenn man von Heidelberg absieht, das aus unbekannten Gründen im Zweiten Weltkrieg überhaupt nicht bombardiert worden ist. In Nürnberg, des „Deutschen Reiches Schatzkästlein" und später die „Stadt der Reichsparteitage" der NSDAP, zerstörten ab dem Sommer 1940 die 44 Bombenangriffe nicht nur die um die Stadt liegenden Industriebetriebe, sondern auch die unvergleichliche mittelalterliche Altstadt. Im Bombenhagel starben mehr als 6.000 Menschen, Frauen und Kinder, Soldaten und Kriegsgefangene, Nürnberger und „Fremdarbeiter" aus allen Teilen Europas. Allein der britische Nachtangriff vom 2. Jänner 1945 kostete 1.356 Menschen das Leben und vernichtete die Substanz der Nürnberger Innenstadt fast völlig, deren Wiederaufbau angesichts der Bilder von den Bombenschäden wie ein Wunder erscheinen muß[31].

Ähnlich lagen die Dinge in der bayerischen Landeshauptstadt München, nach dem Jahre 1933 im offiziellen Sprachgebrauch als „Hauptstadt der Bewegung" bezeichnet. Nachdem bereits am 10. März 1940 ein erster Luftangriff mit Leuchtbomben stattgefunden hatte, wurde ab Juni 1940 bereits mit zahlreichen Spreng-, Phosphor- und Flüssigkeitsbomben angegriffen. In den folgenden Jahren bis Kriegsende steigerten sich diese Angriffe dramatisch[32]. Es waren insgesamt 73 Angriffe bis zum 29. April 1945, die besonders im Juli 1944 von einer unglaublichen Intensität gewesen sind. In diesem Monat konnten einmal von 438 Bombentoten im Friedhof am Perlacher Forst 50 Leichen und am Nordfriedhof 60 von 569 Leichen nicht identifiziert werden; sie waren bis zur Unkenntlichkeit verstümmelt und verbrannt[33]. Die Folgen des Bombenkrieges für München: 2.077 verdunkelte Nächte, fast 500 Fliegeralarme, rund 7.000 Todesopfer, 81.500 Wohnungen völlig zerstört, 400.000 Einwohner Münchens obdachlos, nahezu 90 Prozent der öffentlichen Gebäude und Kulturbauten total zerstört oder schwer beschädigt[34].

Im Vergleich zu anderen Städten des Deutschen Reiches waren auch in Graz die durch den Bombenkrieg verursachten Verluste relativ gering, weil in den Luftschutzstollen immerhin rund 75.000 Personen Platz finden konnten. Im Verlauf der insgesamt 37 Tag- und fünf Nachtangriffe auf die steirische Landes- (damals Gau-)Hauptstadt wurden 1.770 Tote und 1.458 Verwundete registriert, wobei auch hier die Dunkelziffern höher liegen. Bei den Toten handelte es sich um 1.536 Inländer und 234 Ausländer; es waren 513 Männer, 739 Frauen, 131 Kinder, 141 Angehörige der Deutschen Wehrmacht und zwölf der Polizei. 1.104 Personen sind innerhalb von Luftschutzräumen ums Leben gekommen, 666 in Wohnungen, Stiegenhäuser, Toreinfahrten und im Freien. Die meisten Menschen, nämlich 382, sind beim Luftangriff am 1. November 1944 gestorben. Im Verlaufe des gesamten Luftkrieges sind auf Graz 16.550 Sprengbomben mit einem Gesamtgewicht von 3.700 Tonnen abgeworfen worden, wodurch neben den Menschenleben 7.773 Objekte zerstört bzw. mehr oder weniger schwer beschädigt worden sind; das waren immerhin 45 Prozent der Gebäude der Stadt Graz[35].

Die im Dritten Reich als Industriezentrum besonders ausgebaute Stadt Linz hatte nicht nur wegen der Hermann-Göring-Werke (nach dem Krieg VÖEST-Werke benannt), sondern auch als Bahnverkehrsknotenpunkt – in dieser Beziehung ähnlich der Stadt Salzburg – unter dem Bombenkrieg zu leiden. Abgesehen von den fast 1.700 Luftkriegstoten zeigt sich die Bilanz des Schreckens auch bei den Verlusten des Gebäudebestandes: von den insgesamt 9.865 in Linz vorhanden gewesenen Gebäuden wurden 602 Wohngebäude mit 2.940 Wohnungen zerstört oder völlig unbewohnbar und 795 Gebäude mit 5.264 Wohnungen wiesen so schwere Schäden auf, daß sie teilweise unbewohnbar waren. Der nach Kriegsende weggeräumte Bauschutt lag in der gigantischen Größenordnung von 258.000 Tonnen bzw. 172.000 m^3, die durch öffentliche Maßnahmen beseitigt wurden:

von privater Hand „entsorgter“ Schutt erhöhte diese Zahlen auf rund 300.000 Tonnen bzw. 215.000 m³[36].

Tabelle 2: Luftangriffe und Bombentote einiger österreichischer Städte und Gemeinden.

Gemeinde	Zahl der Luftangriffe	abgeworfene Bomben	Bombenopfer	Bombenopfer je 1.000 Einwohner
Wien	53	?	8.769	5
Graz	56	29.000	1.980	10
Linz	22	8.000	1.679	14
Wiener Neustadt	29	55.000	790	25
St. Pölten	10	?	591	13
Salzburg	15	9.284	547	7
Innsbruck	22	17.496	504	6
Klagenfurt	48	42.500	477	9
Villach	37	11.525	266	10
Knittelfeld	20	1.200	218	14
Attnang-Puchheim	1	?	203	129
Feldkirch	1	36	168	13
Solbad Hall	2	1.000	72	6
Wörgl	–	3.000	67	17
Zeltweg	9	614	37	8
Lienz	2	?	12	1
Spittal/Drau	5	?	7	1

Quelle: Nach J. Ulrich, Der Luftkrieg über Österreich 1939–1945; Korrekturen bezüglich Salzburg nach Erhebungen des Archivs der Stadt Salzburg.

Der Vergleich in der vorstehenden Tabelle einiger größerer und kleinerer Städte der damaligen „Ostmark“ zeigt ebenfalls, daß die Menschen in anderen Orten Österreichs noch mehr zu leiden hatten. In einer „Rangliste“ nach den Bombentoten des Zweiten Weltkrieges steht Salzburg an sechster Stelle. Bei der Berechnung der Todesopfer im Verhältnis zu 1.000 Einwohnern liegt Salzburg noch weiter hinten, allerdings noch vor Wien, Innsbruck, Solbad Hall, Lienz und Spittal an der Drau. Die relativ meisten Opfer waren in Attnang-Puchheim und Wiener Neustadt zu beklagen.

Tabelle 3: Gebäudeschäden in Österreich zu Kriegsende.

Gemeinde	Gebäude beschädigt			Summe	Wohnungen zerstört oder beschädigt	in Prozenten des Bestandes
	total	schwer bis mittel	leicht			
Wien	6.214	12.929	27.719	46.862	86.875	28
Wiener Neustadt	1.707	1.450	620	3.777	–	88
Graz	1.200	2.675	3.927	7.802	20.000	33
Linz	691	2.458	8.935	12.084	14.329	33
Villach	478	866	1.421	2.765	5.209	85
Innsbruck	344	1.120	2.369	3.833	15.386	60
Klagenfurt	434	1.132	1.333	2.899	11.727	69
Salzburg	423	608	2.149	3.180	7.600	32
Knittelfeld	198	170	205	573	–	–
Krems	113	56	210	379	260	–
Attnang-Puchheim	105	162	114	381	1.014	53
Zeltweg	72	64	268	404	285	28
St. Pölten	71	366	1.355	1.792	1.752	39
Solbad Hall	18	95	114	227	–	–
Spittal/Drau	14	22	21	57	–	–
Feldkirch	9	20	124	153	–	–
Lienz	–	–	–	–	345	16

Quelle: J. Ulrich, Der Luftkrieg über Österreich 1939–1945.

In der Statistik der Gebäudeschäden wird das Bild im Vergleich zu Wien vor allem dadurch verzerrt, weil zu den Wiener Bombenschäden noch die Zerstörungen beim Vormarsch der Roten Armee bzw. bei der Verteidigung der Stadt durch die Deutsche Wehrmacht dazugekommen sind. Jedenfalls liegt in dieser Beziehung Salzburg mit dem Verlust von rund einem Drittel seines Gebäudebestandes an neunter Stelle, deutlich hinter den in der damaligen Größe am ehesten vergleichbaren Städten Klagenfurt oder Innsbruck.

Für die damals vom Bombenkrieg Betroffenen mögen dies nur nüchterne Zahlenspielereien der Statistiker sein. Der Historiker weiß, daß die Menschen die ständige Bedrohung aus der Luft damals physisch und psychisch viel schlimmer erlebt haben. Solche Vergleiche können und sollen für die Betroffenen keinen Trost bringen. Sie mögen vielleicht heute – 50 Jahre nach dem Inferno auch in Salzburg – dazu beitragen, Wunden der Erinnerung und der Emotionen schließen zu helfen.

ANMERKUNGEN

[1] Siehe etwa die Gespräche mit Frau T. S. am 5. Mai und mit Herrn J. J. vom 28. April 1994.

[2] CHRISTIAN ZENTNER, FRIEDEMANN BEDÜRFTIG (Hg.), Das große Lexikon des Dritten Reiches, München 1985, S. 82. Vgl. auch HEINZ MEYER, Luftangriffe zwischen Nordsee, Harz und Heide, Hameln 1983, S. 7, der die Aufnahme der „Terrorangriffe" gegen die Zivilbevölkerung mit der Ernennung von Harris zum Luftmarschall in einen Zusammenhang bringt. – Aus der Vielzahl an Literatur zum Luftkrieg seien herausgegriffen: JANUSZ PIEKALKIEWICZ, Luftkrieg 1939–1945, München 1978; C. WEBSTER, N. FRANKLAND, The Strategic Air Offensive against Germany 1939–1945, 4 vols., London 1961; Das Deutsche Reich und der Zweite Weltkrieg, hg. vom Militärgeschichtlichen Forschungsamt, Stuttgart 1979 ff. (darin speziell die Darstellung in Bd. 2: KLAUS A. MAIER, Totaler Krieg und operativer Luftkrieg).

[3] Hitlers Weisungen für die Kriegführung 1939–1945, in: WALTER HUBATSCH (Hg.), Dokumente des Oberkommandos der Wehrmacht, München 1965, S. 75 f. – In Punkt 5 der Weisung Hitlers für die Kriegführung ist der Satz „Terrorangriffe als Vergeltung behalte ich mir vor" handschriftlich unterstrichen.

[4] Vgl. dazu etwa FRANZ KUROWSKI, Der Luftkrieg über Deutschland, Düsseldorf–Wien 1977, oder die aus einer Grazer rechtswissenschaftlichen Dissertation hervorgegangene Darstellung von MAXIMILIAN CZESANY, Alliierter Bombenterror. Der Luftkrieg gegen die Zivilbevölkerung Europas 1940–1945, Leoni 1986. Für Österreich speziell ist die Arbeit von JOHANN ULRICH, Der Luftkrieg über Österreich 1939–1945, in: Militärhistorische Schriftenreihe, Heft 5/6, Wien 1967, noch immer heranzuziehen.

[5] Unter „Kombattanten" versteht man laut Meyers Taschenlexikon Geschichte Bd. 3, Mannheim 1982, „die nach Völkerrecht zur Durchführung von Kampfhandlungen im Kriege allein berechtigte Personengruppe. Allein ihr (und nicht Zivilpersonen) gegenüber darf der Gegner Kampfhandlungen durchführen".

[6] HEINZ MARCUS HANKE, Die Haager Luftkriegsregeln von 1923. Beitrag zur Entwicklung des völkerrechtlichen Schutzes der Zivilbevölkerung vor Luftangriffen, in: Auszüge der „revue internationale de la croix-rouge", Bd. XLII, Nr. 3 (Mai–Juni 1991), S. 139 ff. – Ich bedanke mich an dieser Stelle bei Kollegen Hanke für seine Hinweise.

[7] MANFRED MESSERSCHMIDT, Strategischer Luftkrieg und Völkerrecht, in: Vorträge zur Militärgeschichte 12: Luftkriegführung im Zweiten Weltkrieg. Ein internationaler Vergleich, im Auftrag des Militärgeschichtlichen Forschungsamtes hg. von Horst Boog, Herford–Bonn 1993, S. 351 ff.

[8] W. HAYS PARKS, Luftkrieg und Kriegsvölkerrecht, in: Vorträge zur Militärgeschichte 12: Luftkriegführung im Zweiten Weltkrieg. Ein internationaler Vergleich, im Auftrag des Militärgeschichtlichen Forschungsamtes hg. von Horst Boog, Herford–Bonn 1993, S. 363 ff.

[9] Zitiert nach CZESANY (wie Anm. 4), S. 22.

[10] Dazu HANKE (wie Anm. 6), S. 140 f.

[11] Wortlaut bei HANKE (wie Anm. 6), S. 144 ff.

[12] HANKE (wie Anm. 6), S. 157 ff.

[13] Zitiert nach PARKS (wie Anm. 8), S. 403.

[14] PARKS (wie Anm. 8), S. 403 f.

[15] HANKE (wie Anm. 6) S. 163 f.

[16] HANKE (wie Anm. 6) S. 164 f.

[17] PARKS (wie Anm. 8), S. 403 f.

[18] MESSERSCHMIDT (wie Anm. 7), S. 361. Der Autor, renommierter Militärhistoriker des Militärgeschichtlichen Forschungsamtes Freiburg im Breisgau, hat diese Aussagen im Rahmen einer internationalen Historikertagung 1988 in Freiburg gemacht.

[19] Messerschmidt (wie Anm. 7), S. 360. Vgl. dazu auch Dirk Bavendamm, Roosevelts Krieg 1937–45 und das Rätsel von Pearl Harbour, München–Berlin 1993, S. 297 ff. bzw. S. 327 ff.

[20] Hanke (wie Anm. 6), S. 165.

[21] Klaus A. Maier, Total War and German Air Doctrine before the Second World War, in: The German Military in the Age of Total War, ed. by Wilhelm Deist, Leamington Spa 1985, S. 211.

[22] Dazu u. a. Zentner, Bedürftig (wie Anm. 2), S. 134.

[23] C. Webster, N. Frankland, The Strategic Air Offensive against Germany 1939–1945, vol. 2, London 1961, S. 154.

[24] Webster, Frankland (wie Anm. 23), S. 47.

[25] Diese Zahlen finden sich bei Kurowski (wie Anm. 5), S. 355 f. – Vgl. auch Richard James Overy, The Air War 1939–1945, London 1980.

[26] Meyer (wie Anm. 2), S. 7 ff.

[27] Dokumente deutscher Kriegsschäden, hg. vom Bundesministerium für Vertriebene, Flüchtlinge und Kriegsgeschädigte, Bd. 1, Bonn 1958, S. 51 ff.

[28] Martin Middlebrook, Chris Everitt, The Bomber Command War Diaries, London 1985, S. 669.

[29] Vgl. Esther Schmalacker-Wyrich, Pforzheim 23. Februar 1945. Der Untergang einer Stadt. Pforzheim 1980, S. 229.

[30] Dazu jetzt Ursula Moessner-Heckner, Pforzheim – Code Yellowfin. Eine Analyse der Luftangriffe 1944–1945, Sigmaringen 1991, speziell S. 15.

[31] Georg Wolfgang Schramm, Bomben auf Nürnberg. Luftangriffe 1940–1945, München 1988.

[32] Eva Berthold, Norbert Matern, München im Bombenkrieg, Bindlach 1990.

[33] Richard Bauer, Fliegeralarm, Luftangriffe auf München 1940–1945, München 1987, speziell S. 34.

[34] Richard Bauer u. a. (Hg.), München – „Hauptstadt der Bewegung". Bayerns Metropole und der Nationalsozialismus, München 1993, speziell S. 462.

[35] Dazu Walter Brunner, Bomben auf Graz. Die Dokumentation Weissman, in: Veröffentlichungen des steiermärkischen Landesarchivs, hg. von Gerhard Pferschy, Bd. 18, Graz 1989, speziell S. 97 ff. – Siegfried Beer, Stefan Karner, Der Krieg aus der Luft. Kärnten und Steiermark 1941–1945, Graz 1992, S. 58 ff. und Ulrich , Der Luftkrieg über Österreich (wie Anm. 4), weisen für Graz unterschiedliche Zahlen aus.

[36] Richard Kutschera, Fliegerangriffe auf Linz im Zweiten Weltkrieg, in: Historisches Jahrbuch der Stadt Linz 1966, hg. vom Archiv der Stadt Linz, Linz 1967, S. 199 ff., besonders S. 332 ff.

Von der Euphorie zum Inferno

Leben und Leid in der „Gauhauptstadt“ Salzburg

von Reinhard Rudolf Heinisch

Diese im Titel angesprochene Wende erlebte Salzburg als Gauhauptstadt eines Gaues im Großdeutschen Reich Adolf Hitlers, der dieses politische Gebilde seit seinem Amtsantritt als Reichskanzler am 30. Januar 1933 Zug um Zug territorial ausgeweitet hatte. Der Reichsgau Salzburg, als politische und parteipolitische Untereinheit des Deutschen Reiches, gehörte zu den flächen- und bevölkerungsmäßig bescheidenen Gebieten: auf 7.153 km² wohnten zu Anfang des Jahres 1939 insgesamt 245.801 Personen, davon rund 80.000 in der Hauptstadt, und auch das erst seit den Eingemeindungen von Randgemeinden wie Gnigl, Maxglan, Morzg und Teilen von Aigen sowie nach einer Grenzregulierung im Jahre 1938. Insgesamt ein relativ bescheidener Anteil an den 86,6 Millionen Reichsangehörigen, die im Mai 1939 gezählt wurden, womit für Salzburg bezüglich der Größenverhältnisse eine ähnliche Situation gegeben war wie zu Zeiten des altehrwürdigen Erzstifts im Heiligen Römischen Reich Deutscher Nation[1].

Der „Anschluß“ von 1938

Salzburg gehörte wie die übrigen ehemaligen österreichischen Bundesländer seit jenen Märztagen des Jahres 1938, die mit der „Machtergreifung“ der Nationalsozialisten und dem Einmarsch der Deutschen Wehrmacht das Ende der Ersten Republik und des Ständestaates besiegelten[2], zum Staatsverband des Großdeutschen Reiches. Vorzeichen dieses Umbruchs hatten sich nach dem am 12. Februar 1938 von Hitler und dem österreichischen Bundeskanzler Kurt Schuschnigg unterzeichneten Berchtesgadener Abkommen bereits am Abend des 21. Februar deutlich gezeigt. Ein Fackelzug der Nationalsozialisten mit dem illegalen Gauleiter Anton Wintersteiger an der Spitze, mit Teilorganisationen wie NSBO (Nationalsozialistische Betriebszellenorganisation), SA und SS, zum Teil schon uniformiert, brachte zwischen 13.000 und 19.000 Menschen auf die Beine, die am Residenzplatz durch eine Rede des Rechtsanwaltes Albert Reitter auf die kommenden Ereignisse eingestimmt wurden. Gegenaktionen der Vaterländischen Front und von Landeshauptmann Franz Rehrl, sowie die von Bundeskanzler Kurt Schuschnigg für den 13. März geplante Volksabstimmung konnten aber am Gang der politischen Entwicklung nichts mehr ändern.

Nach der unter NS-Druck erfolgten Absage des Plebiszits kam es am Abend des 11. März 1938 zu nationalsozialistischen Demonstrationen am Salzburger Residenzplatz. Gauleiter Wintersteiger marschierte mit einem SA-Sturm zum Sitz der Landesregierung im Chiemseehof und übernahm die politische Macht im Land. Auch andere Machtzentren im Bereich der Stadt Salzburg wurden widerstandslos besetzt. Das Bundesheer setzte sich befehlsgemäß nach Osten ab. Nachdem um Mitternacht die Kirchenglocken die neue Herrschaft eingeläutet hatten, begann in den frühen Morgenstunden des 12. März vom Walserberg her der Einmarsch der deutschen Truppen, die damit den später so apostrophierten „Blumenfeldzug" eröffneten[3]. Der politische und militärische Druck aus dem Reich fand allerdings in den Grußworten des Befehlshabers der einrückenden deutschen Truppen, General Fedor von Bock, keinen Niederschlag:

> Mit dem Betreten österreichischen Bodens habe ich die Ehre, Sie in alter Waffenbrüderschaft zu begrüßen und Ihnen meine Freude und meinen Dank auszusprechen für das kameradschaftliche Verhalten, welches Ihre Truppen ihren deutschen Kameraden gegenüber an den Tag gelegt haben[4].

Abb. 5: Demonstration für den Anschluß – Fackelzug über die Staatsbrücke am 21. Februar 1938.

Abb. 6 : Die Hitlerjugend (HJ) verbrennt nach dem Anschluß die Grenzbalken.

Abb. 7: Der militärische Anschluß vom 12. März 1938 – Kradschützen der Deutschen Wehrmacht passieren das Menschenspalier, die Polizisten rechts tragen noch die österreichische Uniform, allerdings bereits mit Hakenkreuzbinden.

Abb. 8 und 9: Einmarsch der deutschen Truppen durch das Neutor (Bild oben) und auf der Staatsbrücke (Bild unten).

Abb. 10 und 11: Lastwagen, eingekeilt in eine Menschenmenge am Platzl (Bild oben), und eine Panzerkolonne in der Bismarckstraße (heute Schwarzstraße, Bild unten).

Abb. 12 und 13: Aufmarsch am 2. April 1938 anläßlich des Salzburg-Besuchs von Hermann Göring, am Alten Markt (Bild oben) und am Residenzplatz (Bild unten).

Abb. 14 und 15: Adolf Hitler an einem Fenster der Salzburger Residenz (6. April 1938), unten wird er von der Menge euphorisch bejubelt.

Der überwiegende Teil der Salzburger Bevölkerung begrüßte am 12. März die deutschen Truppen mit brausendem Jubel.

Die Stabilisierung der neuen, nationalsozialistischen Herrschaft erfolgte rasch und mit allen Konsequenzen[5]. Alle propagandistischen Maßnahmen konzentrierten sich auf die für den 10. April geplante Volksabstimmung, durch die auch die Salzburger Bevölkerung den Anschluß Österreichs an das Großdeutsche Reich nachträglich absegnen sollte. Am 2. April sprach der spätere Reichsmarschall Hermann Göring in Salzburg und am 6. April kam Hitler selbst. Zuletzt hatte er am 7. August 1920 auf einem zwischenstaatlichen Parteitag der NSDAP im Chiemseehof gesprochen[6]. Jetzt führte der „Führer und Reichskanzler" aus:

> In wenigen Monaten schon wird durch dieses Land der Rhythmus des neuen Schaffens und der neuen Arbeit gehen und in wenigen Jahren wird dann der Gedanke an Sozialdemokratie und Kommunismus wie ein böses Phantom aus der Vergangenheit klingen, und man wird nur noch darüber lachen[7].

Hatte am 29. Mai 1921 die – nach einem einstimmigen Beschluß des Salzburger Landtages – durchgeführte Volksabstimmung eine Zustimmung von 98,7 Prozent[8], so bejahten am 10. April 1938 99,71 Prozent den bereits vollzogenen „Anschluß"[9]. Nur 387 Wahlberechtigte im Land Salzburg waren den Urnen ferngeblieben. Die Euphorie in weiten Teilen der Bevölkerung war groß. Insbesondere erhoffte sie sich einen wirtschaftlichen Aufschwung, wie ihn die neuen Machthaber versprochen hatten.

Salzburg als Reichsgau

Mit dem „Anschluß" war Salzburg ein Bestandteil des Großdeutschen Reiches Adolf Hitlers geworden und wurde damit für die nächsten sieben Jahre der Herrschaft Berlins unterstellt[10]. Bis Ende 1938 wurden auch in Salzburg eine ganze Reihe von Reichsgesetzen eingeführt, die einerseits auf deutliche soziale Verbesserungen für die Bevölkerung abzielten, andererseits aber zu Diskriminierungen von politisch Mißliebigen und Minderheiten führten. Rechtswirksamkeit erhielten die Gemeindeordnung, das Fürsorgerecht, das Sozialversicherungsrecht, die Nürnberger Rassengesetze von 1935, Ehe- und Standesamtsgesetz, Polizeirecht, Reichswehrrecht und die Preisüberwachung. Diese der Vereinheitlichung und Gleichschaltung der ehemals österreichischen Länder mit dem „Altreich" dienenden gesetzlichen Maßnahmen fanden ihren Höhepunkt im Ostmarkgesetz vom 14. April 1939, durch das aus dem ehemaligen Land Salzburg endgültig der „Reichsgau Salzburg" gebildet wurde. Dieser Reichsgau war ein staatlicher Verwaltungsbezirk, eine Selbstverwaltungskörperschaft und gleichzeitig ein Gau der Nationalsozialistischen Deutschen Arbeiterpartei (NSDAP). An der Spitze der drei Funktionen stand die Person des Gauleiters und Reichsstatthalters, der über alle drei Bereiche die Befehlsgewalt und damit eine deutlich größere Machtfülle hatte als die früheren Landeshauptleute. In seiner Stellvertretung gab es drei Befehlsebenen: in der staatlichen Verwaltung wurde der Reichsstatthalter durch den Regierungspräsidenten, in der Selbstverwaltung durch den Gauhauptmann und in Parteiangelegenheiten durch den Stellvertretenden Gauleiter vertreten[11].

Nachdem die vorübergehende Abtretung des Lungaues an die Steiermark durch eine Intervention Hermann Görings rückgängig gemacht wurde, blieb Salzburg als einziges österreichisches Land in seinen historischen Grenzen unverändert bestehen. Gravierende Änderungen erfolgten hingegen im personellen Bereich des neuen Gaues, und zwar nicht nur im Beamtenapparat gegenüber dem Ständestaat Schuschniggs, sondern auch bald in der Leitung des Gaues Salzburg. Durch den Umsturz im März 1938 war Anton Wintersteiger an die Macht gekommen. Der im Jahre 1900 in Salzburg geborene Diplomingenieur war seit 1923 Mitglied der SA und seit 1930 der NSDAP, wurde 1934 im Lager Wöllersdorf interniert und übte nach seiner Entlassung die Funktion des illegalen Salzburger Gauleiters aus. Er mußte jedoch bereits am 22. Mai 1938 dem neu eingesetzten Gauleiter Friedrich Rainer weichen[12]. Der 1903 im Kärntner St. Veit an der Glan geborene Jurist wies die gleichen Eintrittsdaten in die NSDAP und ihre Gliederungen wie Wintersteiger auf und war 1935/36 aus politischen Gründen ebenfalls inhaftiert gewesen. Von ihm erwartete sich die NSDAP eine energischere Vertretung der Parteiinteressen im Reichsgau Salzburg, vor allem gegenüber den Dienststellen der Deutschen Wehrmacht. Rainer wurde mit Beginn des Zweiten Weltkrieges zum Reichsverteidigungskommissar für den Wehrkreis XVIII ernannt, im Herbst 1941 aber zum Gauleiter und Reichsstatthalter in seiner Heimat Kärnten sowie zum Chef der Zivilverwaltung in den im Jugoslawienfeldzug besetzten Gebieten Oberkrains ernannt. Er wurde nach dem Krieg an Jugoslawien ausgeliefert und 1947 in Laibach zum Tode verurteilt und hingerichtet. Wintersteiger war nach Kriegsende drei Jahre interniert und starb 1990 als pensionierter Prokurist der SAFE.

Zu den obersten Führungskräften der Anfangszeit im nationalsozialistischen Salzburg gehörten auch Albert Reitter als Landesstatthalter und die Landesräte Erich Gebert, Paul Krennwallner, Anton Resch und Karl Springenschmid[13]. Namen aus dieser Landesregierung finden sich auch in der Personalliste der Gauleitung Salzburg vom Oktober 1938: Erich Gebert als Wirtschaftsberater, Anton Resch für die Deutsche Arbeitsfront (DAF) und Karl Springenschmid als für die Erziehung und Schulung Zuständiger. Er war u. a. für die einzige Bücherverbrennung in Österreich, am 30. April 1938 auf dem Residenzplatz, und den scharfen antiklerikalen Kurs der Salzburger NSDAP verantwortlich. Die Zahl der Kirchenaustritte in Salzburg stieg von 261 im Jahre 1937 auf 5.093 im folgenden Jahr und 5.573 im Jahre 1939, wovon etwa 70 bis 75 Prozent allein auf die Stadt Salzburg entfielen[14]. Als Gauinspektor fungierte Friedrich Kaltner, die Geschäftsführung und Organisation lag in den Händen von Karl Fessmann, die Propaganda bei Arthur Salcher, die Presse bei Gustav Adolf Pogacnik. Die Frauenschaft führte Maria Vogl, das Amt für Volksgesundheit und die Rassenpolitik

Adolf Samitz, das Amt für Volkswohlfahrt Hans Stanko, um nur einige aus den Führungsgremien herauszugreifen[15].

Selbstverständlich war das gesamte öffentliche Leben auf die NSDAP und ihren ideologischen Hintergrund mit Führerkult, Leistungsprinzip, militärischer Disziplin und anderem aufgebaut. Die Resonanz in der Bevölkerung war sicher in erster Linie von der ökonomischen Entwicklung geprägt, wobei der Erfolg des nationalsozialistischen Herrschaftssystems weitgehend von der Beseitigung der Arbeitslosigkeit abhing, die tatsächlich noch während des Jahres 1938 gelang. Von Januar 1938 bis Januar 1939 ist die Zahl der Arbeitslosen in Salzburg von 13.104 auf 2.502 und die Zahl der unterstützten Arbeitslosen von 10.735 auf 1.601 gesunken, wozu vor allem der Aufschwung in der Bauwirtschaft und im Fremdenverkehr beigetragen haben[16].

Nimmt man die Mitgliederzahlen der NSDAP als Gradmesser für die Akzeptanz der nationalsozialistischen Herrschaft in Salzburg, so ergibt sich folgendes Bild: Nach offiziellen Angaben waren am 31. Jänner 1938 angeblich etwa 8.000 Parteigenossen registriert, zum Jahresende 1938 beliefen sich die Schätzungen auf rund 18.000 Mitglieder. 1942 waren bereits 27.068 Personen in 125 Ortsgruppen Mitglieder der Partei; nach dem Krieg mußten sich in Salzburg insgesamt 30.870 Männer und Frauen wegen ihrer nationalsozialistischen Vergangenheit verantworten, d. h. „entnazifizieren" lassen. Das waren immerhin 10,9 Prozent der Gesamtbevölkerung, womit der Reichsgau Salzburg bezüglich des Anteils an Nationalsozialisten hinter Tirol an zweiter Stelle lag, auch wenn dabei vielfach Flüchtlinge aus Ost-Österreich mitgezählt worden sind. Von der sozialen Schichtung dieser Nationalsozialisten ist sicher der hohe Anteil von Hilfs- und Facharbeitern sowie Handwerkern beachtenswert, auch wenn nach dem März 1938 vielfach Bürgerliche aus der etablierten Gesellschaft in die NSDAP geströmt sein dürften[17].

Auf der anderen Seite standen die ersten Verfolgungen gegen Minderheiten und Mißliebige aus politisch-ideologischen, kulturellen und rassischen Gründen. Es gab Maßnahmen gegen *Belastete* aus dem vorangegangenen Regime der sogenannten Systemzeit im öffentlichen und im Schuldienst, gegen die Amtsträger der früheren Vaterländischen Front sowie bald auch gegen Kommunisten, Sozialdemokraten und Gewerkschafter. Die Werke jüdischer und nicht genehmer Künstler aus dem bildnerischen und literarischen Bereich wurden als „Entartete Kunst" abgetan und öffentlich angeprangert. Durch die enge Bindung der katholischen Kirche an den christlichen Ständestaat war auch sie zunehmend Repressionen durch die Verantwortlichen von Staat und Partei ausgesetzt, die ebenfalls in Verhaftungen – wie im Falle des Kanonikus Leonhard Steinwender – bestanden und später in der Aufhebung und Enteignung von Klöstern (Franziskanerkloster und Erzabtei St. Peter) gipfelten. Der wie im übrigen Reich auch in Salzburg ideologisch vorprogrammierten Verfolgung der Juden (in Salzburg lebten etwa 200) entkam nur ein Teil durch rechtzeitige Auswanderung, die Mehrzahl erlitt das Schicksal ihrer Glaubensgenossen. Im April 1939 gab es angeblich nur mehr sechs Juden im Land, die 19 jüdischen Gewerbebetriebe und etwa 40 Wohnungen in der Stadt verfielen der „Arisierung“[18].

In der „Reichskristallnacht“ vom 9. auf den 10. November 1938 wurden in der Stadt Salzburg sieben jüdische Geschäfte zerstört und die Synagoge in der Lasserstraße geplündert und verwüstet. Nach ähnlichen Aktionen auf dem Land wurden in der Hauptstadt sämtliche männliche Juden, deren Anzahl sich auf 60 bis 70 belief, in „Schutzhaft“ genommen[19]. Auch die Zigeuner verfielen der rassischen Verfolgung: Von 1939 bis zu ihrer Deportation nach Auschwitz 1943 bestand in Leopoldskron ein Zigeunerlager mit 300 bis 400 Häftlingen aus dem gesamten Gaugebiet[20].

Dieser radikale Kurs fand die volle Zustimmung von Gauleiter Friedrich Rainer. Sein Nachfolger, der Arzt Gustav Adolf Scheel, erwies sich vor allem in Kirchenfragen als viel konzilianter. Scheel wurde am 18. November 1941 zum neuen Gauleiter von Salzburg und wenige Tage später zum Reichsstatthalter ernannt, Mitte Dezember 1942 erfolgte auch die Ernennung zum inzwischen notwendig gewordenen Reichsverteidigungskommissar. Der 1907 als Sohn eines evangelischen Pfarrers in Bayern geborene Scheel war 1930 der NSDAP beigetreten, hatte 1934 sein Medizinstudium abgeschlossen, später für den SD (Sicherheitsdienst) gearbeitet und war 1936 zum Reichsstudentenführer ernannt worden[21]. Programmatisch führte der neue Gauleiter in seiner Antrittsrede aus:

> Dieser Gau, der zu den schönsten des Reiches gehört, den ich jetzt zu führen die Ehre habe, hat eine bedeutungsvolle kulturelle Aufgabe zu allen Zeiten gehabt und wird diese auch in Zukunft fortführen und lösen. Salzburg wird nach dem Beispiel Rainers für die nationalsozialistische Kulturauffassung und Kulturgestaltung vorbildlich sein und bleiben müssen. Als Nationalsozialist will ich nun an die neue Aufgabe herangehen. Wo ich auch bisher im Auftrage des Führers tätig war, habe ich als Nationalsozialist und Parteigenosse niemals eine Sparte oder ein einzelnes Gebiet der nationalsozialistischen Arbeit, sondern immer das Ganze gesehen, immer für das Ganze gearbeitet. So verpflichte ich mich auch als Gauleiter, allen Gliederungen der NSDAP zur Seite zu stehen und insbesondere die Jugend in ihrem Aufbau- und Erziehungswerk tatkräftig zu unterstützen[22].

Gelang Scheel als Gauleiter in vielen Fällen die Beseitigung oder wenigstens Milderung von Härtefällen, so stand ihm im kirchlich-katholischen Bereich ein um Ausgleich bemühter Mann tatkräftig zur Seite. Der Stuhl des Heiligen Rupert war seit dem im Jahre 1941 verstorbenen Erzbischof Sigismund Waitz, der im März 1938 die Erklärung der österreichischen Bischöfe zugunsten des Anschlusses an Deutschland mitunterzeichnet hatte, rund zwei Jahre unbesetzt geblieben und in der Sedisvakanz vom Weihbischof und Kapitelvikar Johannes Filzer verwaltet worden. Erst im Frühjahr 1943 bekam das Erzbistum Salzburg wieder einen Oberhirten. Der 1892 im Osttiroler Lienz geborene Andreas Rohracher sollte für Jahrzehnte das Bild der Salzburger Kirche prägen, nicht nur in der Zeit des Nationalsozialismus, sondern auch nach dem Kriege, als er sich für die Wiedereingliederung der dann minderberechtigten ehemaligen Nationalsozialisten in die Gesellschaft einsetzte. Seine Antrittspredigt vom 10. Oktober 1943 im Dom, bei der es zu Störversuchen durch die HJ gekommen ist, bedeutete den Anfang einer Reihe von zweideutigen Predigten. War auch der Bruder des neuen Oberhirten vor 1938 aus politischen Gründen mehrmals in Haft gewesen, so stellte sich Andreas Rohracher etwa in der Frage der Euthanasie oder der zu seiner Erzdiözese gehörenden Kärntner Slowenen gegen die offizielle Politik. Trotzdem hatte er zum Salzburger Gauleiter ein relativ gutes Gesprächsverhältnis. Vielleicht ist Rohracher gerade wegen seiner ambivalenten Haltung zu den Nationalsozialisten zu einer Ausnahmeerscheinung im österreichischen Episkopat dieser Zeit geworden[23].

Die „Gauhauptstadt“

Eine Sonderstellung nahm Salzburg auch im militärischen Bereich ein. Seit dem 1. April 1938 war die Gauhauptstadt Sitz des Wehrkreiskommandos XVIII, dem die in Salzburg, der Steiermark, in Kärnten, Tirol und Vorarlberg stationierten Truppen der Deutschen Wehrmacht unterstanden. Erster Kommandierender General und Wehrkreisbefehlshaber wurde General der Infanterie Eugen Beyer, der im Österreichischen Bundesheer zuletzt Feldmarschalleutnant und Kommandant der 6. Division gewesen war. Spätere Befehlshaber waren der populäre Gebirgsjägergeneral Julius Ringel und kurz vor Kriegsende noch General Kurt Versock. Untergebracht war die Kommandozentrale im damaligen Hotel „Europe“ am Bahnhof, das später dem Bombenkrieg zum Opfer gefallen ist. Daß das militärische Bild Salzburgs schon vor dem Krieg auch durch Kasernen-Neubauten wie etwa in Glasenbach vervollständigt worden ist, sei noch am Rande angemerkt[24].

Im zivilen Bereich war die Gauhauptstadt Salzburg in den Jahren zwischen 1938 und 1945 im wesentlichen durch zwei Persönlichkeiten bestimmt: durch den Oberbürgermeister Anton Giger und den Bürgermeister Franz Lorenz, neben denen nach dem Anschluß Sepp Girlinger und der Rauchfangkehrermeister Franz Feichtner als Stadträte fungierten. Es handelte sich dabei um Männer im Alter zwischen 40 und 50 Jahren, die dem Kreis der einheimischen illegalen Nationalsozialisten angehört hatten. Der im Gewerbereferat der Stadt tätig gewesene Jurist Lorenz hatte sich vor 1938 einer Verfolgung durch die Flucht ins Deutsche Reich entziehen können, Girlinger war als Leiter einer Zweigstelle der Oberbank pensioniert worden, 1935 aber kaufmännischer Direktor des Grand-Hotels „Europe“ in Badgastein geworden. Sie präsentierten in diesen sieben Jahren nach 1938 die NSDAP als Trägerin einer geplanten Modernisierung und des Fortschritts, wobei die Salzburger Kommunalpolitik naturgemäß nur in Abstimmung mit den übergeordneten Instanzen der Gauleitung wirken konnte. Diesen politischen Funktionären stand in der Führung der Geschäfte der Jurist Emanuel Jenal als Magistrats- bzw. Stadtdirektor zur Seite.

Abb. 16 und 17: Modelle der glücklicherweise nie realisierten Planungen für eine Gauburg am Kapuzinerberg, anstelle des Klosters (Bild oben), und für das Wehrkreiskommando XVIII am Mönchsberg, oberhalb des Klausentors (Bild unten).

Auf der unteren Ebene wurde die Kommunalpolitik von der Kreisleitung der NSDAP mitgetragen, die ihren Sitz in der Faberstraße 17 hatte. Die wichtigsten Positionen waren mit Georg Burggaßner als Kreisleiter, dem Geschäftsführer Ludwig Watzinger als Kreisorganisationsleiter, sowie Ludwig Hau jun. als Kreispropagandaleiter und Fritz Lecaks als Kreisschulungsleiter besetzt. Das Kreisamt für Volksgesundheit führte Adalbert Herzog, das Kreis-Rechtsamt August Rigele, das Amt für Kommunalpolitik Rainer Rudolf, das für Volkswohlfahrt Sepp Stegmayr. Kreisbauernführer war Hans Kastenauer, dem NS-Lehrerbund stand Ferdinand Faber vor und Leo Deutner war Kreisbeauftragter der DAF (Deutsche Arbeitsfront). Noch eine Ebene darunter war die Stadtbevölkerung in 18 Ortsgruppen unter der Führung von Ortsgruppenleitern erfaßt[25].

Pläne zur Modernisierung

Das von diesen Männern propagierte Modernisierungsprogramm, das auch mit Hilfe der Massenmedien der Bevölkerung nahegebracht werden sollte, setzte unmittelbar nach der Machtergreifung im Jahre 1938 ein. Es gab ein umfangreiches Brückenbauprogramm, von der Fertigstellung der Karolinenbrücke bis zum Neubau der Staatsbrücke, der 1940 unter Heranziehung von Kriegsgefangenen und „Fremdarbeitern" begonnen wurde. Geplant waren weiters die Sanierung und Erweiterung des Straßennetzes, die Vervollständigung des Kanalsystems, eine Verstärkung des Wohnungsbaus und eine Ausgestaltung der städtischen Einrichtungen vor allem im Schul- und Sozialbereich[26].

Mit der Veränderung des politischen Systems erfolgten wie immer auch Umbenennungen von Straßen: ein Teil der Schwarzstraße wurde zur Bismarckstraße, die Raphael-Donner- zur Dietrich-Eckart-Straße (nach dem NS-Schriftsteller und Förderer Hitlers), der Rudolfsplatz zum Georg-von-Schönerer-Platz (nach dem österreichischen Alldeutschen und Antisemiten), die Radetzky- zur Großadmiral-Tirpitz-Straße (Schöpfer der deutschen Flotte des Kaiserreichs), der Ferdinand-Hanusch- zum Hans-Schemm-Platz (NS-Kulturpolitiker). Die Itzlinger Kirchenstraße wurde nach dem verstorbenen Gauleiter von Kärnten in Hubert-Klausner-Straße umbenannt, der Giselakai in Langemarkufer (zur Erinnerung an die Selbstaufopferung deutscher Studenten im Ersten Weltkrieg), ein Teil der Radetzkystraße in Ludendorffgasse (Heerführer des Ersten Weltkrieges und Teilnehmer am Hitler-Putsch von 1923). Die Auerspergstraße hieß nun Straße der SA und der Franz-Hinterholzer-Kai Straße der Sudetendeutschen[27].

Die Verwaltungsstrukturen der Stadt Salzburg wurden im Sinne der Gemeindeordnung des Deutschen Reiches neu geregelt. Als Stadtrecht diente die „Hauptsatzung", nach der Ende Januar 1939 erstmals der neue Stadtrat zu einer Sitzung zusammentrat. Jedes Mitglied des Stadtrates leitete eines von vier in der Verwaltung gebildeten Dezernaten und war darin dem Oberbürgermeister verantwortlich. Oberbürgermeister und Bürgermeister waren Beamte und wurden vom Gauleiter ernannt. Macht und Einfluß der Gauleitung zeigten sich auch bei der Bildung von Beiräten, denen Mitglieder des Stadtrates, Ratsherren[28] und Beamte der Stadtverwaltung ebenso angehörten wie Funktionäre der Gauleitung. Insgesamt wurden elf derartige Beiräte installiert: für Wirtschaft und Finanzen, technische Verwaltung, Kunst, Wissenschaft und Volksbildung, Gesundheit, Fremdenverkehr, Körperertüchtigung und Sport, die städtischen Elektrizitätswerke, Wasserwerke, die Verkehrsbetriebe und für das städtische Museum[29].

Die seit Jahrzehnten diskutierte und 1935 nur teilweise realisierte Vergrößerung des Salzburger Stadtgebietes wurde per 1. Juli 1939 in die Tat umgesetzt, um auf lange Sicht das wirtschaftliche Wachstum der Stadt zu gewährleisten und eine großzügige Stadtplanung zu ermöglichen[30]. Mit der Eingemeindung von Aigen, Leopoldskron und Morzg wuchs die Stadtfläche auf 67,20 km². Im Herbst schon legte Gauleiter Rainer die neuen Stadtbaupläne vor, die den Bau einer neuen Straße nach Berchtesgaden, also zur Sphäre des „Berghofes" von Adolf Hitler auf dem Obersalzberg, den Ausbau des Maxglaner Flughafens, zwei Anbauten an das Schloß Mirabell und eine angrenzende Festhalle konzipierten. Weiters waren die Errichtung eines neuen Schlachthofes, der Ausbau der Wasserleitungen am Stadtrand, die Kanalisierung von Maxglan, die Erweiterung des städtischen E-Werkes, Straßenneubauten, die Einführung von Obussen anstelle der alten „Gelben Elektrischen" und die Adaptierung des Gaisberges zu einem Wintersportzentrum geplant[31]. Gegenüber dem Schloß Mirabell sollte anstelle der Andräkirche das Haus der Gauleitung und das Armeekommando XVIII situiert werden. Dieser Plan fand aber nicht die Zustimmung Hitlers. Am 25. März 1939 erschien ein sogenannter Führererlaß, durch den die Gauhauptstadt Salzburg in den Kreis der städtebaulich „bevorzugten" Städte des Deutschen Reiches aufrückte. Die folgenden Planungen sahen anstelle des Kapuzinerklosters ein riesiges „Gauforum" samt einem Stadion vor. Das Franziskischlößl sollte einer „Gauburg" weichen, die als Schulungszentrum dienen eine Art Gegenstück zur Festung Hohensalzburg bilden sollte. In gleicher Weise war auf dem Mönchsberg über dem Gstättenviertel ein Prunkbau für das Armeekommando vorgesehen[32], gebaut wurde zum Glück für Salzburgs Stadtbild davon nichts.

Auch die Zeugen der Barockkultur Salzburgs wurden als Kulisse für das Großdeutsche Reich und als Szene für Begegnungen der politischen Führung mit Persönlichkeiten des Auslandes herangezogen: Schloß Kleßheim wurde zum „Gästehaus des Führers" und in den Jahren 1940 und 1941 umgestaltet, unter anderem durch die Anlage einer rückwärtigen Gartenterrasse und der stadtseitigen Torbauten[33].

Kultur und Alltag

Generell sollten Kunst und Kultur von einer neuen Programmatik beherrscht werden, wobei vor allem die seit 1920 bestehenden Salzburger Festspiele, an deren Gründung die jetzt nicht mehr genehmen Persönlichkeiten wie Max Reinhardt und Hugo von Hofmannsthal beteiligt gewesen waren, einer Neugestaltung zugeführt wurden. Zu dieser Neuorientierung kündigte Reichspropagandaminister Joseph Goebbels an:

> Über jeder der großen deutschen Festspielstädte steht der Name eines der Genien unseres Volkes. Über Salzburg steht der Name Mozarts. Das Wiederaufleben der Deutschen Festspiele in Salzburg ist das Zeichen für die Unsterblichkeit seines Genius und die Unvergänglichkeit der Kräfte, aus denen er erwuchs. Es sind die Kräfte der deutschen Seele. Es sind die Kräfte, denen die Welt die schönsten und beglükkendsten Werke der Musik und des Theaters verdankt. Unsere Verbundenheit mit diesen Kräften wie unsere Aufgeschlossenheit gegen alle großen gültigen Kunstschöpfungen anderer Art und anderen Volkstums sollen die Deutschen Festspiele Salzburgs in diesem Jahre erneut beweisen[34].

Das Salzburger Stadttheater sollte zu einem Opernhaus umgestaltet werden. In den Jahren 1938 und 1939 wurde es angeblich im Auftrag Hitlers selbst mit einer Summe von rund einer Million Reichsmark vom Salzburger Architekturbüro Holzinger und Geppert umgebaut, wobei das neu eingerichtete Pausenfoyer des Balkons als ein „Führer-Empfangsraum“ gedacht war. Am heutigen Eingang zur Beleuchterloge stand eine Führerbüste, und Adolf Hitler selbst war am 14. August 1939 bei einer Theateraufführung im umgebauten Haus anwesend[35].

Salzburg sollte auch auf anderen Ebenen zu einem Musikzentrum des Dritten Reiches ausgestaltet werden, so etwa durch die Umwandlung des 1841 gegründeten „Mozarteums“ in eine staatliche Hochschule für Musik, die 1939 unter der Leitung von Clemens Krauss verwirklicht wurde. Zur Hundert-Jahr-Feier verlieh 1941 der Reichserziehungsminister Bernhardt Rust der Hochschule den Titel „Reichshochschule für Musik“. Auch ein Musikinstitut für Ausländer mit Sommerkursen war in diesem Zusammenhang geplant. Neben der Musik sollte die Wissenschaft einen der weiteren kulturellen Schwerpunkte bilden: Salzburg hätte als „Stadt der Lebensforschung“ mit dem heutigen „Haus der Natur“ über die Grenzen des Gaues hinaus Bedeutung erlangen sollen, und auch das „Ahnenerbe“ der SS ist in diesem Zusammenhang zu erwähnen[36].

Alle kulturellen Bestrebungen auf den Gebieten von Wissenschaft, Musik, Theater und bildender Kunst liefen ausschließlich unter den ideologischen Gesichtspunkten des Nationalsozialismus, der jüdische Künstler und Intellektuelle ebenso ausschloß wie die als „Entartung“ bezeichnete Moderne. Beispielhaft dafür ist die Ausstellung „Entartete Kunst“ geworden, die 1938 nach München, Berlin, Leipzig und Düsseldorf auch in Salzburg zu sehen war. Innerhalb vier Wochen haben rund 40.000 Salzburger diese Schau besucht. Dagegen sind im nationalsozialistischen Salzburg Künstler wie etwa der Bildhauer Josef Thorak oder der Schriftsteller Karl Heinrich Waggerl gefördert worden, bei den Komponisten waren es die Zeitgenossen Richard Strauß und Hans Pfitzner, bei den Dirigenten Wilhelm Furtwängler, Clemens Krauss, Hans Knappertsbusch oder auch schon Karl Böhm, bei den Sängern der Festspiele eine Maria Cebotari, ein Julius Patzak oder ein Anton Dermota, um nur einige zu nennen[37]. Im Film jener

Zeit, der propagandistisch besonders wirkungsvoll eingesetzt wurde, glänzten Namen wie Zarah Leander oder Kristina Söderbaum, aber auch Paula Wessely, Hans Moser, Heinz Rühmann und der großartige Heinrich George. Nationalsozialistische Kulturpolitik der Jahre nach 1938 äußerte sich aber auch in großen und repräsentativen Jubiläumsfeierlichkeiten wie etwa 1941 für Mozart und Paracelsus. Für die breiteren Bevölkerungsschichten abseits der Hochkultur wurden Brauchtum und Volksmusik besonders gefördert, wofür die im Dezember 1942 durch Gauleiter Scheel erfolgte Gründung des „Salzburger Heimatwerkes" repräsentativ ist. Ihm gehörten die auch heute noch bekannten Exponenten wie Kuno Brandauer, Cesar Bresgen und Tobi Reiser an[38].

Der Alltag der Salzburger Bevölkerung wurde auch sonst in den meisten Bereichen von Staat und Partei beeinflußt. Auch wenn man nicht Mitglied der NSDAP und der angeschlossenen Organisationen SA (Sturmabteilung), SS (Schutzstaffel), NSKK (Nationalsozialistisches Deutsches Kraftfahrer-Korps) war, auch wenn man nicht zum Arbeitsdienst oder zur Deutschen Wehrmacht eingezogen war, so wurde man im Berufsleben doch in diversen NS-Organisationen erfaßt. Die DAF (Deutsche Arbeitsfront) war eine Ersatzorganisation für die vor der „Machtergreifung" Hitlers 1933 bestehenden freien Gewerkschaften und wurde 1942/43 mit rund 25 Millionen Mitgliedern und 40.000 Mitarbeitern zur weltweit größten Arbeiterorganisation, innerhalb derer die NSBO (Nationalsozialistische Betriebszellenorganisation) wenigstens am Anfang noch Einfluß hatte und ihre sozialrevolutionären Vorstellungen vertreten konnte. Die Unterorganisation KdF (Kraft durch Freude) beschäftigte sich mit der Erholung, Freizeitgestaltung und Bildung der deutschen „Volksgenossen"; sie führte noch 1939 über 76.000 Fahrten mit über sieben Millionen Teilnehmern durch und veranstaltete rund eine Million Sportveranstaltungen, an denen fast 21 Millionen Menschen teilnahmen. Sie propagierte auch den „KdF-Wagen", den späteren „Volkswagen". Die Jugend aber war in den obligatorischen Verbänden der HJ (Hitler-Jugend) und des BDM (Bund Deutscher Mädel) organisiert; auch sie gehörten mit ihren Uniformen zum gewohnten Straßenbild der NS-Zeit in Salzburg[39].

Der Krieg „greift" nach Salzburg

Allein auch dieses rein äußerlich mehr oder weniger „bunte" Erscheinungsbild wurde relativ rasch von einem einheitlichen Feldgrau abgelöst. Der deutsche Angriff auf Polen am 1. September 1939 löste einen europäischen Konflikt aus. Hitler wollte nicht glauben, daß Großbritannien und Frankreich ihre Garantieerklärungen für Polen tatsächlich einlösten. Nach einem kurzfristigen Ultimatum erklärten sie am 3. September Deutschland den Krieg. Damit war auch für Salzburg die relativ kurze Friedenszeit im Dritten Reich zu Ende, der Zweite Weltkrieg hatte begonnen und sollte die nächsten fünfeinhalb Jahre das Leben der Menschen auch im kleinsten Gau des Reiches ganz entscheidend bestimmen, nicht nur durch den Alltag der Lebensmittelkarten.

Abb. 18: Die Jugend wird erfaßt – Aufmarsch der Hitlerjugend (HJ).

In diesem Krieg kämpften Salzburger in allen Teilen der Deutschen Wehrmacht, fast jede Familie hatte um einen Gatten, Bruder, Vater oder Sohn zu bangen. Herrschte vielerorts nach den anfänglichen militärischen Erfolgen noch Euphorie, so wurde die Stimmung in der Heimat nach den vielen Opfern an Gefallenen, Verwundeten und Vermißten im Rußlandfeldzug und dem Kriegseintritt der USA im Dezember 1941 zunehmend schlechter. Die große Wende trat mit der Niederlage des Deutschen Afrikakorps bei El Alamein und der Katastrophe von Stalingrad im Februar 1943 ein. Von der Landung der Alliierten 1943 in Sizilien über die Invasion am 6. Juni 1944 in der Normandie und den unaufhaltsamen Vormarsch der Roten Armee im Osten führte der Weg in die Kapitulation am 8. Mai 1945.

Salzburg bewahrte trotz aller Rückschläge an den Fronten und trotz der vielen persönlichen Opfer der Menschen, immerhin sind aus Stadt und Land Salzburg fast 10.000 Männer gefallen oder vermißt, seinen Ruf als *Mustergau*, wie das Ernst Hanisch formuliert hat[40]. Auch am 20. Juli 1944, als Männer aus dem deutschen Widerstand mit der Symbolfigur Stauffenberg ein mißlungenes Attentat auf Adolf Hitler verübten, blieb die Situation in Salzburg im Gegensatz zu Wien praktisch ohne Komplikationen für das Regime. Der Befehlshaber des Wehrkreises XVIII war ein treuer Gefolgsmann Hitlers, illegaler Parteigenosse und Träger des goldenen Parteiabzeichens. Sein Chef des Stabes, Oberst i. G. Glasl, war im Unterschied zu seinem Vorgänger nicht in die Putschpläne eingeweiht und überdies frühzeitig vom Scheitern des Attentats in der Wolfsschanze informiert worden. Gauleiter Scheel und General Ringel feierten die Rettung Hitlers: am 22. Juli 1944 bildete die Salzburger Altstadt die Bühne für eine Treuekundgebung von 20.000 Menschen für den Führer. Es gab nur wenige Verhaftungen, darunter die des früheren Landeshauptmannes Franz Rehrl und von Anton Porenta aus einer Gruppe regimekritischer Unteroffiziere der Wehrmacht[41].

Mehr Aufregung hinter den Kulissen dürfte ein Korruptionsskandal in den Jahren 1943 und 1944 ausgelöst haben. In einem Prozeß gegen den wegen antinationalsozialistischer Äußerungen, des Abhörens von Feindsendern und wegen des überzogenen Bezugs von Lebensmittelkarten angeklagten stellvertretenden Leiters der Gaukämmerei, Hans von Rittinger, wurden auch andere Größen der Salzburger Stadtverwaltung beschuldigt, ein Sonderkonto von Reisemarken angelegt, die Kontoblätter vernichtet und ein falsches Journal geführt zu haben. Die spektakulären Beschuldigungen betrafen keine Geringeren als den Oberbürgermeister Giger, den Bürgermeister Lorenz und weitere hohe Beamte. Die Sache konnte nicht mehr vertraulich behandelt werden. In der Öffentlichkeit wurde bereits hinter vorgehaltener Hand getuschelt und gespöttelt, obwohl die Presse kaum etwas darüber berichtete. Oberstaatsanwalt Stephan Balthasar, der sein Vorgehen offenbar mit Scheel, Göring, Himmler und dem Reichsjustizministerium abgesprochen hatte, erhob die Anklage:

> In diesen Kampfe unseres Volkes um Sein oder Nichtsein gibt es nur ein Recht und das gilt für alle. Wer dieses Recht als höher gestellter oder gar als hoher Beamter bricht, dessen Schuld ist besonders schwer.

In Parteikreisen war man verärgert und beschuldigte die Staatsanwaltschaft gegen „verdiente alte Kämpfer“ besonders hart vorzugehen. Der Prozeß vom 12. Februar 1944 endete aber ohnedies mit einem Freispruch für Giger und Lorenz[42].

Die Heimat als Front

Der Luftkrieg, der bis dahin bereits zahlreiche Städte des Reiches in Schutt und Asche gelegt hatte, war nun auf die ehemaligen österreichischen Länder und damit auch auf Salzburg ausgeweitet worden[43]. Damit bekam nun auch die Salzburger Zivilbevölkerung hautnah den Krieg zu spüren, die Front kam in die Heimat. Einen Vorgeschmack davon, daß auch für die Mozart-Stadt die Zeiten einer Insel der Seligen vorbei waren, hatte man schon seit langem durch die oftmaligen Fliegeralarme, durch die Heranziehung von Schülern und Lehrlingen als Luftwaffenhelfer an der Heimatflak und schlußendlich durch die Einberufung aller waffenfähiger Männer zwischen 16 und 60 Jahren, die noch nicht der Wehrmacht angehörten, zum Volkssturm[44].

Abb. 19: Die Jugend wird zur Heimatflak eingezogen – Ausbildung am Gerät.

Abb. 20: „Tag der Deutschen Wehrmacht“ auf dem Mozartplatz – Vorführung eines Flak-Geschützes.

Abb. 21: Unterricht der Luftwaffenhelfer im Freien.

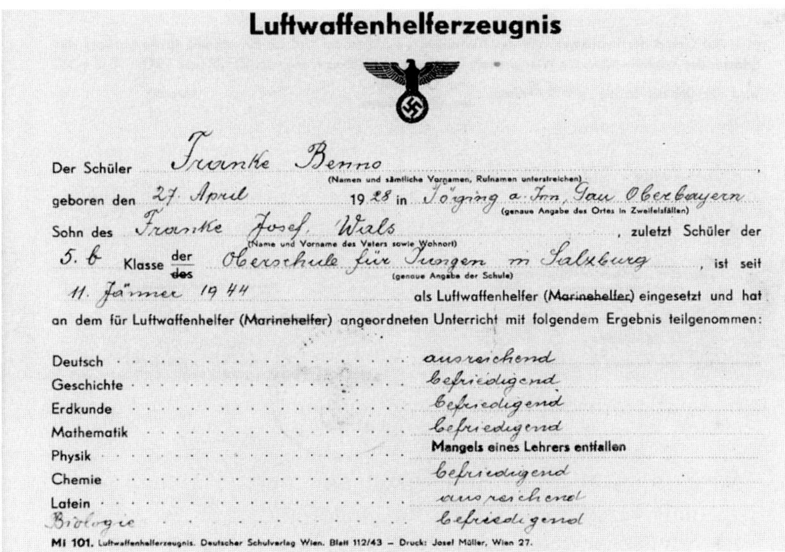

Luftwaffenhelferzeugnis

Der Schüler Franke Benno
(Namen und sämtliche Vornamen, Rufnamen unterstreichen)

geboren den 27. April 1928 in Töging a. Inn, Gau Oberbayern
(genaue Angabe des Ortes in Zweifelsfällen)

Sohn des Franke Josef, Wals, zuletzt Schüler der
(Name und Vorname des Vaters sowie Wohnort)

5. b Klasse der ~~des~~ Oberschule für Jungen in Salzburg, ist seit
(genaue Angabe der Schule)

11. Jänner 1944 als Luftwaffenhelfer (~~Marinehelfer~~) eingesetzt und hat an dem für Luftwaffenhelfer (~~Marinehelfer~~) angeordneten Unterricht mit folgendem Ergebnis teilgenommen:

Deutsch	ausreichend
Geschichte	befriedigend
Erdkunde	befriedigend
Mathematik	befriedigend
Physik	Mangels eines Lehrers entfallen
Chemie	befriedigend
Latein	ausreichend
Biologie	befriedigend

Mi 101. Luftwaffenhelferzeugnis. Deutscher Schulverlag Wien. Blatt 112/43 – Druck: Josef Müller, Wien 27.

Abb. 22: Luftwaffenhelferzeugnis der Oberschule für Jungen – mangels eines Lehrers entfiel der Physikunterricht.

Der „Totale Krieg“, wie ihn Goebbels am 18. Februar 1943 im Berliner Sportpalast propagiert hatte, gehörte ab dem Herbst 1944 auch für die Salzburger für die sechseinhalb Monate bis zum Kriegsende zum täglichen Erleben. Die Einzelschicksale und persönlichen Tragödien in diesem Bombenkrieg lassen sich für die Nachgeborenen nur mehr erahnen. Sie betrafen natürlich in erster Linie Frauen, Kinder und alte Menschen, da die wehrfähigen Männer an der Front standen. Kümmerten sich um die erste Versorgung und Verpflegung der Bombenopfer die Stadtverwaltung, das Rote Kreuz und die Nationalsozialistische Volkswohlfahrt (NSV), so konnte für die seelischen Nöte und Ängste vor allem der Kinder keine der offiziellen Stellen zuständig sein. Gab es einerseits nach den übereinstimmenden Aussagen der Zeitzeugen eine starke Solidarität in der Bevölkerung, die zusätzlich propagandistisch unterstützt wurde[45], so wurden andererseits zum Teil drakonische Disziplinierungsmaßnahmen gesetzt, wie die Hinrichtung des Ostarbeiters Alexander Selenko durch den Strang wegen Plünderung nach dem Luftangriff am 16. Oktober 1944[46]. Ein 21jähriger *fremdländischer* Arbeiter wurde zu fünf Jahren Zuchthaus verurteilt, weil er einem abgeschossenen amerikanischen Flieger zwei goldene Ringe abgenommen und behalten hatte[47].

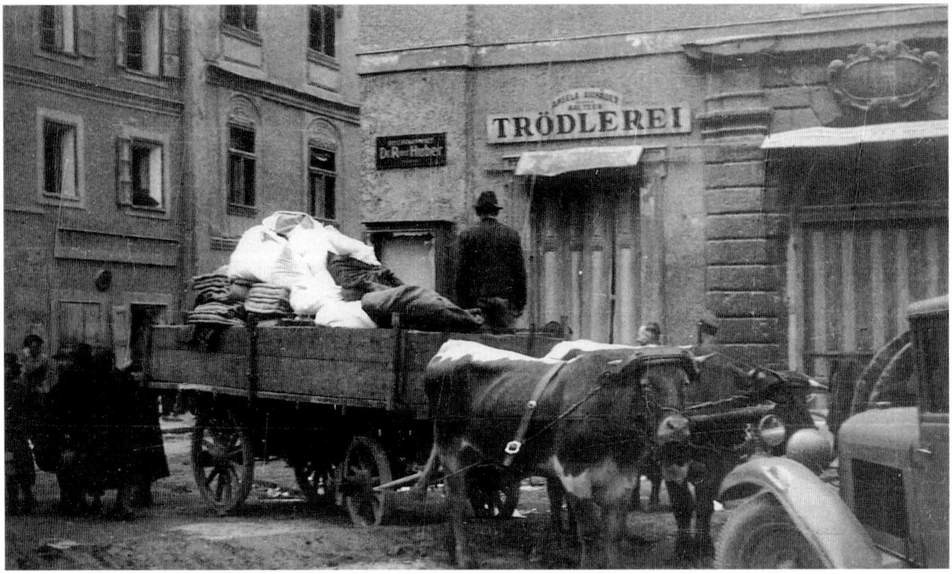

Abb. 23: Rettung des Hausrates – mit einem Ochsengespann in der Kaigasse.

Trotz der Ausnahmesituation betonen erstaunlicherweise auch heute noch Zeitzeugen ein damals verspürtes Gefühl der Sicherheit[48]. Der Alltag verlief auf einer zunehmend schmaleren Basis: die Lebensmittelkartenbewirtschaftung ermöglichte zwar weitgehend die Sicherung der Ernährungslage, trotzdem mußte gegen Kriegsende durch den Vormarsch der Alliierten und die fehlenden Transportmittel die Situation kritisch werden. Originalton von Gauleiter Scheel im März 1945:

> Ich rufe daher die gesamte Bevölkerung Salzburgs zur Selbsthilfe auf und appelliere an jeden Grundstücksbesitzer, soweit nur irgend möglich, selbst Gemüse anzubauen oder Land für andere Volksgenossen für den Anbau zur Verfügung zu stellen[49].

Im gleichen Monat wurde angekündigt, daß im Mirabellgarten statt der Blumen Gemüse angepflanzt werden sollte[50]; im April konnte man lesen, daß sich aus getrockneten und gerösteten Kartoffelschalen ein Kaffeegetränk herstellen ließe[51]. Einschränkungen in den privaten Lebensbedürfnissen häuften sich vor allem seit der Jahreswende 1944/45: der Reiseverkehr wurde drastisch reduziert, es gab Stromabschaltungen, eine Drosselung des Postverkehrs, Aufrufe zu sogenannten Volksopfern und zur genauen Beachtung der Verdunkelung sowie verstärkte Wohnungseinquartierungen. Der Gauleiter selbst mußte dazu aufrufen, Licht und Strom noch mehr als bisher einzusparen[52]. Aus diesen Gründen wurde der Unterricht an den Schulen Salzburgs nach den Weihnachtsferien nicht wie üblich am Montag, dem 8. Jänner 1945, sondern erst am 15. Jänner wieder aufgenommen[53].

Heimatlos – Flüchtlinge strömen nach Salzburg

Während der letzten Monate des Krieges ergoß sich ein Strom von Flüchtlingen über Salzburg. Wenig in Erinnerung geblieben ist die Tatsache, daß knapp vor Kriegsende auch zahlreiche fremdsprachige Menschen sich in Salzburg in Sicherheit zu bringen versuchten. Um die Jahreswende 1944/45 flüchtete eine größere Anzahl Franzosen, offensichtlich Anhänger der Vichy-Regierung des Marschalls Pétain, nach Salzburg. Deshalb wurde verlautbart, daß sich

> alle französischen Flüchtlinge [...] unverzüglich bei ihren zuständigen Polizeistellen zwecks Ausstellung eines Lichtbildausweises einzufinden [hätten][54].

In den allerletzten Tagen kamen per Eisenbahnzug oder Kraftwagen viele ungarische Soldaten und Offiziere, insbesondere Mitglieder der faschistischen Pfeilkreuzlerbewegung, nach Salzburg. In Mattsee wurde bekanntlich sogar die Stephanskrone in Sicherheit gebracht.

Das durch gleiche Sprache und wohl auch im Sinne der „nationalsozialistischen Volksgemeinschaft“ emotionsgeladenste Problem dieser Art betraf jedoch die zuerst geflüchteten, dann vertriebenen Angehörigen der deutschen Minderheiten im Südosten Europas, jene Donauschwaben und Siebenbürger Sachsen aus Ungarn, Rumänien und Jugoslawien, die nach wochenlanger Fahrt mit der Bahn oder in Trecks mit Pferd und Wagen das deutsche Reichsgebiet erreicht hatten. Auch in Salzburg rief Gauleiter Scheel zur Unterstützung auf: *Helft den Volksgenossen aus dem Südosten*[55].

Abb. 24: Flüchtlinge und Vertriebene sind in der Gewerbeschule am Rudolfskai einquartiert.

Diese Fluchtbewegung hatte im Spätsommer und Herbst 1944 nach dem Abfall Rumäniens von den Achsenmächten sowie dem Vormarsch der Roten Armee und der Tito-Partisanen eingesetzt. Insgesamt befanden sich bei Kriegsende in Stadt und Land Salzburg rund 68.000 Flüchtlinge, davon 30.000 in der Landeshauptstadt. Später kamen noch Überlebende der Vertreibung aus dem Sudetenland dazu. Das Leben in Baracken sollte für diese Menschen oft noch Jahre dauern[56].

Der Flüchtlingsstrom hatte den Lebensraum noch beengter gemacht. In vielen Familien blieb kaum Platz für ein bißchen Privatheit. Wie eingeschränkt alles war, läßt eine Zeitungsnotiz vor Weihnachten 1944 erahnen, in der es heißt, daß der Bezug von Weihnachtsbäumen in erster Linie für Familien mit Kindern in Frage käme[57].

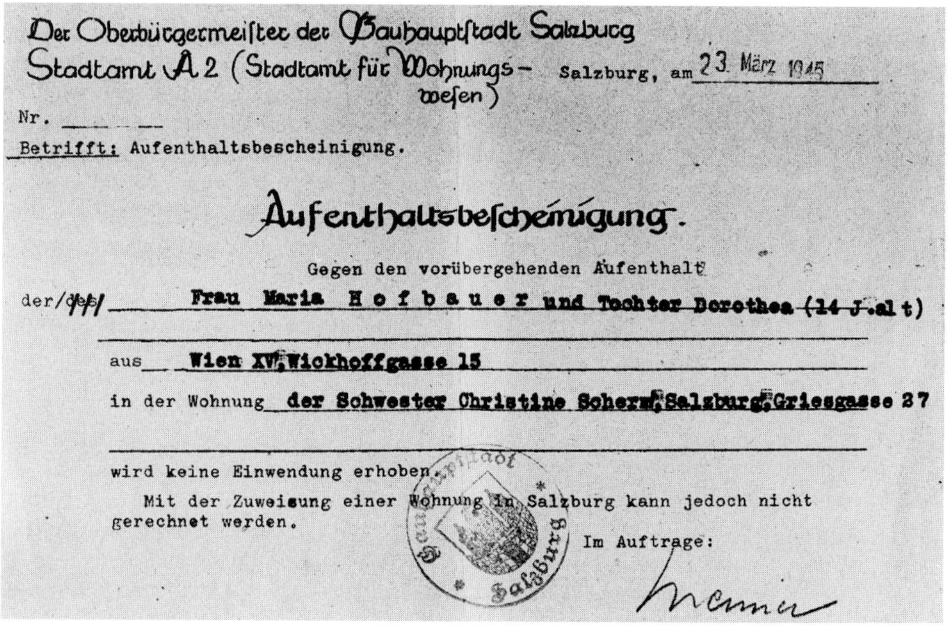
Der Oberbürgermeister der Bauhauptstadt Salzburg
Stadtamt A 2 (Stadtamt für Wohnungswesen) Salzburg, am 23. März 1945
Nr. ____
Betrifft: Aufenthaltsbescheinigung.

Aufenthaltsbescheinigung.

Gegen den vorübergehenden Aufenthalt
der/des Frau Maria Hofbauer und Tochter Dorothea (14 J. alt)
aus Wien XV, Wickhoffgasse 15
in der Wohnung der Schwester Christine Scherm, Salzburg, Griesgasse 27
wird keine Einwendung erhoben.

Mit der Zuweisung einer Wohnung in Salzburg kann jedoch nicht gerechnet werden.

Im Auftrage:

Abb. 25: Aufenthaltsbescheinigung – eine ausgebombte Wienerin darf zu ihrer Schwester in die Griesgasse ziehen und wird dort wieder ausgebombt.

Kleine Alltagsfreuden

Ein wenig Freude trotz aller Kriegsnot und der Fliegerangriffe bereiteten die bis in die Schlußphase möglichen Besuche der Salzburger Kinos. Zur Zeit der ersten Bombenangriffe gab man im Lichtspielhaus Maxglan den „Irrtum des Herzens". Zu Jahresbeginn 1945 lief im Kino im Festspielhaus der bekannte Film „Opfergang", im Gnigler Schubertkino „Immensee" mit der damals beliebten

Kristina Söderbaum und im März 1945 die „Feuerzangenbowle“ mit Heinz Rühmann, der knapp zwei Stunden lang für die bitter nötige Aufheiterung sorgte.

Trotz der Kriegslage und trotz der seit dem „Totalen Krieg“ geschlossenen Theater – 1944 gab es bei den Salzburger Festspielen nur mehr eine öffentliche Generalprobe der „Liebe der Danae“ von Richard Strauss und ein extra von Berlin bewilligtes Konzert der Wiener Philharmoniker unter Wilhelm Furtwängler mit Bruckners Achter Sinfonie[58] – wurde zu den Weihnachts- und Neujahrsfeiertagen noch eine Aufführung des Salzburger Marionettentheaters zustandegebracht[59]. Und noch im März 1945 sollte ein Konzert der Wiener Philharmoniker unter Clemens Krauss im Festspielhaus von der Schwere der Zeit ablenken[60].

Der Krieg rückt näher

Durch Radio und Zeitung, die „Salzburger Zeitung“ verblieb letztendlich als einzige Tageszeitung[61], wurden die Salzburger über den Krieg draußen an der Front informiert. Die Berichte über Verleihungen von hohen und allerhöchsten Tapferkeitsorden, an Stuka-Oberst Hans-Ulrich Rudel ebenso wie an einfache Soldaten, konnten nicht beschönigen, daß die Front immer näher der Heimat rückte. Besonders hervorgehoben wurden Auszeichnungen für Soldaten aus Salzburg und von der politischen Führung für Propagandazwecke benützt. So empfing Gauleiter Scheel etwa den damals jüngsten Salzburger Ritterkreuzträger im Jänner 1945 und gab seiner Freude Ausdruck,

> daß sich aus den Reihen der Salzburger Junglehrer so viele schneidige Soldaten und so fest im Volke stehende Führerpersönlichkeiten hervorgehoben und so hervorragend bewährt haben[62].

Am jährlich begangenen Heldengedenktag meinte Scheel noch im Frühjahr 1945, wenige Wochen vor dem Kriegsende:

> Im Augenblick der schwersten Prüfung soll uns, die wir ihr Erbe weitertragen, ihr selbstloses Kämpfertum und ihr opferbereites Sterben Vorbild sein und uns alle zu höchster Widerstandskraft aneifern und verpflichten. Nur so allein können wir uns ihres Opfertodes würdig erweisen[63].

Kurz darauf diente eine militärische Feierstunde zu nächtlicher Stunde im Hellbrunner Steintheater mit einer Ansprache des Salzburger Ritterkreuzträgers Herbert Hodurek ebenfalls der gefühlsmäßigen Mobilisierung letzter Reserven und der Formulierung von Durchhalteparolen[64]. Dasselbe Ziel verfolgten wohl auch die ausführlichen Berichte über das gräßliche sowjetische Massaker an der Zivilbevölkerung im ostpreußischen Nemmersdorf[65] oder die Zerstörung der von Flüchtlingen überfüllten Stadt Dresden durch britische und amerikanische Bomben. Was nützte alle Propaganda, wenn auf der anderen Seite die Verzeichnisse und die Anzahl der Trauerparten der für Führer, Volk und Vaterland Gefallenen immer größer wurden?

Zu Jahresbeginn 1945 appellierten die Salzburger Mädelführerin Margot Mittermayer und die Gaufrauenschaftsleiterin Margret Zöls an alle Frauen und Mädel, sich zum Wehrmachthelferinnenkorps zu melden. Die 18- bis 40jährigen wurden als Nachrichtenhelferinnen, Luftwaffenhelferinnen und Sanitätshelferinnen gebraucht. Sicherheitshalber wird verlautbart: *Ein unmittelbarer Einsatz an der Waffe erfolgt nicht*[66].

Trotz der militärisch bereits aussichtslos gewordenen Lage wurden überall im Großdeutschen Reich *Wunderwaffen* und der dadurch zu erwartende *Endsieg* in Aussicht gestellt. Auch in Salzburg versuchte die NSDAP mit Gauleiter Scheel an der Spitze die sich immer mehr verschlechternde Stimmung in der Bevölkerung in den Griff zu bekommen. Die bei seinem Aufruf zum Jahreswechsel 1944/45 verwendete Diktion scheint so charakteristisch für die damalige Situation, daß sie hier in vollem Wortlaut zitiert werden soll:

> Salzburger und Salzburgerinnen!
>
> Das Jahr 1944 hat uns viele Sorgen und Mühen gebracht. Was wir zur Heilung der Wunden tun konnten, haben wir getan. Unsere Pflicht haben wir nach Kräften erfüllt. Ich danke allen, die sich bewährt haben.
>
> Für das Jahr 1945 hat uns der Führer selbst die Parole gegeben. Salzburgs Männer und Frauen, die Salzburger Jugend geloben erneut dem Führer und Retter des deutschen Volkes, zugleich dem größten und hehrsten Vorbild aller Deutschen, Adolf Hitler, unwandelbare Treu und Gefolgschaft. Das Jahr 1945 findet uns bereit.
>
> Mehr noch als bisher, das ist unser unerschütterliches Gelöbnis, wollen wir arbeiten und schaffen für unsere Heimat, für unser deutsches Volk, für unsere Soldaten und für den Sieg! Stets wollen wir gütig und hilfsbereit sein denen gegenüber, die unseren Schutz und unsere besondere Kameradschaft verdienen. Hart und unerbittlich wollen wir sein gegen alle Feinde unserer Gemeinschaft, gegen alle Selbstsucht, gegen alle Feigen und Faulen.
>
> Nur wer jederzeit seine ganze Kraft einsetzt für unsere nationalsozialistische Gemeinschaft und für den Kampf um die Zukunft unseres Volkes, ist anständig und verdient, dem deutschen Volk anzugehören. Ob Bauer oder Arbeiter, ob Beamter, Handwerker, Angestellter oder Kaufmann, ob Mann oder Frau, alle versprechen dem Führer in dieser Schicksalsstunde, ihre ganze Kraft gläubig einzusetzen und jederzeit vor dem Schicksal zu bestehen. Wir wissen, daß wir hiermit auch den Auftrag erfüllen, den der Allmächtige unserem deutschen Volks gestellt hat und den wir nunmehr nach vielen hundert Jahren innerer Zersplitterung endlich ausführen wollen.
>
> Es lebe unser schöner Gau! Es lebe unser deutsches Volk! Es lebe unser geliebter Führer!
>
> Dr. Scheel
> Gauleiter und Reichsstatthalter[67].

Auch bei anderen ihm günstig erscheinenden Gelegenheiten, wie dem Jahrestag der Machtergreifung Hitlers am 30. Jänner oder des Anschlusses von 1938 am 12. März wandte sich der Gauleiter mit Durchhalteparolen in Rundfunk und Zeitung an die Salzburger Bevölkerung. Zusätzlich wurden Großversammlungen für Mitglieder oder Funktionäre der NSDAP organisiert[68].

Der weitgehende Vertrauensverlust der Salzburger Bevölkerung in ihre politische und militärische Führung war aber nicht mehr aufzuhalten. Von der euphorischen Stimmung der Anschlußtage im Jahre 1938 war kaum noch etwas übrig. Trotzdem konnten die Ortsgruppen der Gauhauptstadt im Februar 1945 gute Ergebnisse der Volksopfersammlungen melden: 13.191 verschiedene Bekleidungsstücke wurden gespendet. Noch 1941 hatte der Hauptamtsleiter der NSV, Erich Hilgenfeldt, angesichts der Opferbereitschaft der Salzburgerinnen und Salzburger bei den Straßensammlungen des Winterhilfswerkes – Salzburg erreichte dabei achtmal die Reichsspitze – in das Goldene Buch der Stadt geschrieben:

> Salzburg ist die Stadt des Reiches mit den opferbereitesten Herzen. Sie ist dadurch Vorbild der Volksgemeinschaft und des deutschen Sozialismus[69].

Drückte die Kenntnis von der immer steigenden Zahl der Gefallenen und dem Näherrücken der Front ohne Zweifel die Stimmungslage, so bewirkte das unmittelbare und persönliche Erleben des Krieges durch die Bombardierungen in vielen Fällen keine weitere Demoralisierung, sondern vielmehr einen *Zorn auf die Feinde* und deren *Terrorangriffe*[70]. Offensichtlich kursierte auch in Salzburg während der Zeit der Bombenangriffe, neben politischen Witzen, ein ironisches Gebet:

1. Müde bin ich, geh zur Ruh',
   Bomben fallen immerzu.
   Flak, so laß die Augen fein
   über unserem Städtchen sein.
2. Was der Tommy hat getan,
   sieh es lieber Herrgott nicht an.
   Deine Gnad und unser Mut
   macht ja allen Schaden gut.
3. Allen, die mir sind bekannt,
   ist die Wohnung abgebrannt,
   darum haben groß und klein
   nur noch Trümmer und kein Heim.
4. Laß den Mond am Himmel steh'n
   und die öde Stadt beseh'n;
   auf Vergeltung warten wir,
   daß es dem Tommy geht wie hier.

5. Hilf dem Maier doch! Oh Gott
jetzt in seiner großen Not;
gib ihm doch den richtigen Geist,
daß er wieder Göring heißt[71].

Der tatsächliche Stimmungsverfall läßt sich auch daraus ableiten, daß die Anzahl der Angeklagten vor dem Salzburger Sondergericht von 39 Personen im Jahre 1939 auf 321 im Jahre 1944 anstieg und die Zahl der Verstöße gegen die Kriegswirtschaftsverordnungen zunahm, wenn man auch die Wirtschaftsdelikte jener Zeit nicht unbedingt als Widerstandshandlungen sehen sollte. In diesem Bereich lauten die Vergleichszahlen: neun Fälle für 1940 und 86 in den ersten vier Monaten des Jahres 1945[72]. Insgesamt sind in Salzburg während der Kriegsjahre 1.254 Personen vor dem Sondergericht gestanden, davon immerhin noch neun im Jahre 1945. 120 Personen oder rund 10 Prozent von ihnen sind freigesprochen worden. Obwohl für Hoch- und Landesverrat das Oberlandesgericht bzw. der Volksgerichtshof zuständig waren, wurden vor dem Sondergericht 164 Ermittlungen eingeleitet, davon acht im Jahre 1944. Insgesamt hat dieser Gerichtshof von 1939 bis 1945 67 Todesurteile verhängt, 23 davon im Jahre 1944 und acht im Jahre 1945. Wegen Schwarzschlachtungen standen insgesamt 303 Personen vor dem Sondergericht, 64 im Jahre 1944 und 86 noch 1945. Wegen verbotenen Umgangs mit Kriegsgefangenen wurden 104 meist weibliche Personen angeklagt, 12 im Jahre 1944 und 14 1945, wobei es Haftstrafen zwischen einem und viereinhalb Jahren gab. Wegen Verletzung des *Heimtückegesetzes* aus dem Jahre 1934, das offiziell „Gesetz gegen heimtückische Angriffe auf Staat und Partei und zum Schutz der Parteiuniform" hieß, kam es zu 334 Anklagen, wobei 43 auf das Jahr 1944 und 15 auf 1945 entfielen. Die Verurteilungen wegen des Hörens von Feindsendern betrug 63 im Jahr 1944 bzw. zehn 1945 bei insgesamt 117 Anklagen[73]. Bezeichnend dafür ist ein Todesurteil vor dem Volksgerichtshof, das zur Abschreckung in der Presse veröffentlicht wurde:

> Ferdinand Lang aus Salzburg hat von 1940 bis 1943 laufend Feindsender abgehört. Er verbreitete die feindliche Hetz- und Lügenmeldungen unter seinen Arbeitskameraden und versuchte, ihren Glauben an den Endsieg durch staatsfeindliche Äußerungen zu erschüttern[74].

Neben dem oft zitierten Widerstand von Eisenbahnern gab es ganz eindeutig Äußerungen von Einzelpersonen, die von Haß auf Hitler und die „Nazibonzen" auch im Reichsgau Salzburg zeugen und die von Hanisch quellenmäßig belegt sind. Seiner Ansicht nach wurde damit aber nur die Spitze des Eisberges erfaßt[75]. Hanisch hat das komplizierte Geflecht von „Loyalität, Resistenz und Widerstand" anhand der beiden signifikanten Bevölkerungsgruppen Bauern und Arbeiterschaft untersucht, wobei er auf Widerstandsgruppen gegen den Nationalsozialismus aus den unterschiedlichsten Motiven stieß und sogar Widerstände von Blutordensträgern der NSDAP sowie solche von „Österreichern" gegenüber „Reichsdeutschen" nachwies. Ernst Hanisch kommt zum Resümee:

Der Idealtypus „Nationalsozialist“, der alle Maßnahmen des Regimes billigte, und der Idealtypus „Widerstandskämpfer“, der alle Maßnahmen konsequent bekämpfte, existierte in der historischen Realität des Dritten Reiches eher selten. Charakteristisch jedoch war die Mischung von Konformität und Nonkonformität. Erst das Ausmaß dieses Mischungsverhältnisses läßt erkennen, wo jemand tatsächlich stand. Die Parteimitgliedschaft allein reichte jedenfalls nicht aus. Man konnte, ohne Parteimitglied zu sein, das Regime prinzipiell bejahen und man konnte als Parteimitglied in Opposition stehen[76].

Das Ende

Über die letzten Tage des Dritten Reiches gibt es viele Legenden, auch bezüglich der Ereignisse in Salzburg. Hartnäckig hält sich das Gerücht, 200 US-Bomber wären auf dem Flugplatz in Ainring schon bereitgestanden[77], um die Stadt im Falle eines Widerstandes beim Vormarsch restlos zu zerstören.

Salzburg stellte tatsächlich in der Strategie der Amerikaner und ihres Oberbefehlshabers General Eisenhower ein wichtiges Ziel dar, wurde doch die Stadt als eine Schlüsselposition bei der Einnahme der angeblichen Alpenfestung angesehen. Gauleiter Scheel hatte Hitler zu dessen Geburtstag noch telegraphiert:

> [...] Gerade in diesen harten Wochen der Entscheidung bekennen sich alle Salzburger und Salzburgerinnen zu Ihnen und Ihrem Werk. Wir werden in fanatischer Entschlossenheit für Sie, die nationalsozialistische Idee, das Reich und die Heimat in unseren Bergen und Tälern bis zum Letzten kämpfen [...][78].

Auf dem Vormarsch von München nach Salzburg ab 30. April 1945 trat Truppen der 7. US-Armee allerdings kaum noch Widerstand entgegen. Die Kunde, daß die Amerikaner schon vor den Toren der Stadt stünden, führte am 3. Mai 1945 zu Plünderungen diverser Vorratslager durch freigelassene Kriegsgefangene und Zwangsarbeiter ebenso wie durch Einheimische. Als die Stadt in der Nacht vom 3. auf 4. Mai von Freilassing aus mit Granaten beschossen wurde, war die Entscheidung nach hektischen Verhandlungen zwischen Gauleiter Scheel, Wehrkreisbefehlshaber General Ringel und Kampfkommandant Oberst Hans Lepperdinger gefallen: die Stadt wird kampflos den amerikanischen Truppen übergeben. Nachdem Parlamentäre in den Morgenstunden Kontakt mit den Amerikanern herstellen konnten[79], zogen diese am 4. Mai in die Stadt ein. Für viele Unzufriedene, Gemaßregelte und Verfolgte waren die Amerikaner die Befreier von einem ihnen verhaßten Regime. Dessen Anhänger, die belasteten und minderbelasteten, wanderten nun ins Gefängnis oder in die Lager, soferne sie nicht Selbstmord begangen hatten wie der Oberbürgermeister Giger. Ob Befreiung oder Kapitulation, allen Überlebenden des Infernos Krieg kam in den Jahren nach 1945 die immense Aufgabe zu, alte Gräben zuzuschütten und gemeinsam den Wiederaufbau der Stadt Salzburg anzupacken.

Abb. 26: Das Kriegsende in Salzburg am 4. Mai 1945 – ein amerikanischer Panzer durchfurtet die Saalach neben der gesprengten Brücke.

Abb. 27: US-Panzer und Kradmelder fahren in der Rainerstraße Richtung Bahnhof.

Abb. 28: Freigekommene Kriegsgefangene und ausländische „Fremdarbeiter" begrüßen freudig die amerikanischen Truppen als Befreier.

Abb. 29: Vor dem Hotel „Österreichischer Hof" gehen Truppenteile der Deutschen Wehrmacht in amerikanische Kriegsgefangenschaft.

ANMERKUNGEN

[1] Vgl. dazu: Großdeutschland in Bild und Karte, Leipzig 1940, S. 12.

[2] Zur Machtübernahme vgl. ERNST HANISCH, 1938 in Salzburg, in: MGSL 118 (1978), S. 257 ff. – Zum militärischen Aspekt FRIEDRICH FRITZ, Der deutsche Einmarsch in Österreich 1938, in: Militärhistorische Schriftenreihe, Heft 8, Wien 1968.

[3] So bei JOHANN CHRISTOPH ALLMAYER-BECK im Vorwort der Arbeit von FRITZ (wie Anm. 2), S. 1.

[4] FRITZ (wie Anm. 2), S. 22.

[5] Dazu HANISCH, 1938 in Salzburg (wie Anm. 2), S. 268 ff.

[6] Vgl. dazu auch ERNST HANISCH, Zur Frühgeschichte des Nationalsozialismus in Salzburg (1913–1925), in: MGSL 117 (1977), S. 401 ff.

[7] So im Salzburger Volksblatt vom 7. 4. 1938.

[8] WILFRIED KEPLINGER, Kalendarium eines Jahrhunderts. Hundert Jahre selbständiges Land Salzburg, Festschrift des Salzburger Landtags, Salzburg 1961, S. 73.

[9] Statistische Nachrichten 16 (1938), Heft 5, S. 78.

[10] ERNST HANISCH, Nationalsozialistische Herrschaft in der Provinz. Salzburg im Dritten Reich, Salzburg Dokumentationen, Nr. 71, Salzburg 1983, bietet die erste und bis heute gültige Darstellung dieser Zeit.

[11] Vgl. dazu ERNST HANISCH, Die Errichtung des Reichsgaues Salzburg 1939/40, in: MGSL 120/121 (1980/81), S. 275 ff.

[12] Dazu als hilfreiche Zusammenstellung von Daten und Fakten: KARL HÖFFKES, Hitlers politische Generale. Die Gauleiter des Dritten Reiches – Ein biographisches Nachschlagewerk, Tübingen 1986.

[13] Nach HANISCH, Die Errichtung des Reichsgaues Salzburg (wie Anm. 11), S. 275.

[14] HANISCH, 1938 in Salzburg (wie Anm. 2), S. 300 f. – Die Arbeit von WOLFGANG LASERER, Karl Springenschmid. Leben, Werke, Fotos, Dokumente, Graz 1987, stellt eine Rechtfertigung dieser Persönlichkeit aus verwandtschaftlicher Sicht dar.

[15] Vgl. neben den Untersuchungen von Hanisch auch RADOMIR LUZA, Österreich und die großdeutsche Idee in der NS-Zeit, Wien–Köln–Graz 1977, S. 336 f.

[16] HANISCH, 1938 in Salzburg (wie Anm. 2), S. 292 ff.

[17] HANISCH, 1938 in Salzburg (wie Anm. 2), S. 290 f.

[18] Zu diesen Verfolgungen der unterschiedlichsten Gruppierungen vgl. etwa HANISCH, 1938 in Salzburg (wie Anm. 2), S. 300 ff.; MARKO FEINGOLD (Hg.), Ein ewiges Dennoch. Hundertfünfundsiebzig Jahre Juden in Salzburg, Wien–Köln 1993.

[19] Vgl. dazu ERIKA WEINZIERL, Die „Reichskristallnacht" in der Berichterstattung der Salzburger Zeitungen vom November 1938, in: Zeitschrift für Geschichte der Juden 10 (1973), S. 39 ff. – Dazu auch die Festschrift zur Einweihung: Salzburgs wiederaufgebaute Synagoge, Salzburg 1968, S. 139 ff. bzw. S. 160 ff.

[20] ERIKA THURNER, Nationalsozialismus und Zigeuner in Österreich, in: Veröffentlichungen zur Zeitgeschichte Bd. 2, Wien–Salzburg 1983, speziell S. 31 ff.

[21] HANISCH, Salzburg im Dritten Reich (wie Anm. 10), S. 190. Vgl. dazu auch die als Rehabilitierungsversuch angelegte Arbeit von GEORG FRANZ-WILLING, „Bin ich schuldig?" Leben und Wirken des Reichsstudentenführers und Gauleiters Gustav Adolf Scheel 1907–1979. Eine Biographie, Leoni 1987, vor allem S. 49 ff.

[22] Salzburger Landeszeitung vom 1. Dezember 1941.

[23] Vgl. dazu etwa HANS SPATZENEGGER (Hg.), In memoriam Andreas Rohracher, Salzburg 1979; PETER SCHERNTHANER, Andreas Rohracher. Erzbischof von Salzburg im Dritten Reich, Schriftenreihe des Erzbischof-Rohracher-Studienfonds Bd. 3, Salzburg 1994.

[24] Vgl. dazu OTHMAR TUIDER, Die Wehrkreise XVII und XVIII 1938–1945, Militärhistorische Schriftenreihe, Heft 30, Wien 1975.

[25] Nach dem Salzburger Amts-Kalender für das Jahr 1942, S. 35.

[26] Vgl. dazu den guten Überblick bei RUDOLF G. ARDELT, Die Stadt in der NS-Zeit (1938–1945), in: Heinz Dopsch, Hans Spatzenegger (Hg.), Geschichte Salzburgs, Stadt und Land Bd. II/4, Salzburg 1991, S. 2427 ff.

[27] Zusammenstellung der Namensänderungen nicht nur der NS-Zeit in der geplanten Neuauflage von Franz Martins Verzeichnis der Salzburger Straßen, Plätze und Wege. Die Umbenennung des heutigen Makart-Platzes von Dollfuß-Platz in Adolf-Hitler-Platz, wie sie die Abb. 687 im Artikel von ARDELT (Anm. 26) zeigt, dürfte eine inoffizielle und kurzlebige in der ersten Euphorie der Märztage von 1938 gewesen sein. Gegen die „zeitgemäßen“ Straßennamen hat sich kurz nach Kriegsende ein Leserbrief des St. Gilgeners Leopold Ziller gewandt: „Die lange Zeit der Geistesknechtung ist vorbei und alle Erinnerung an die Zeit der tiefsten deutschen Erniedrigung müssen schnell und gründlich verschwinden“ (Salzburger Nachrichten, 20. Juni 1945, S. 2).

[28] Die „Ratsherren“, deren Anzahl 30 betrug, sind nicht mit den Mitgliedern des Gemeinderates vergleichbar. Die Ratsherren konnten lediglich die Berichte des Oberbürgermeisters entgegennehmen und an diesen Anfragen stellen. Vgl. dazu AStS, Ratsherrenprotokolle 1939–1945.

[29] ARDELT (wie Anm. 26), S. 2436 ff.

[30] Salzburger Zeitung, 30. 7. 1938, S. 14; siehe dazu auch GUIDO MÜLLER, Der lange Weg zu den Eingemeindungen, in: Heinz Dopsch (Hg.), Vom Stadtrecht zur Bürgerbeteiligung, SMCA-Jahresschrift 33, Salzburg 1987, S. 329–336.

[31] FRIEDRICH RAINER, Großbauten für Salzburg, in: Salzburger Landes-Zeitung, 12./13. 11. 1938, S. 1 und weiter S. 5.

[32] HANISCH, Salzburg im Dritten Reich (wie Anm. 10), S. 200 ff.; CHRISTOPH BRAUMANN, Stadtplanung in Österreich von 1918 bis 1945 unter besonderer Berücksichtigung der Stadt Salzburg, Schriftenreihe des Institutes für Städtebau, Raumplanung und Raumordnung der Technischen Universität Wien, Bd. 21, Wien 1986, hier speziell S. 117 ff.

[33] Dehio-Handbuch – Die Kunstdenkmäler Österreichs: Salzburg, Stadt und Land, Wien 1986, S. 407 ff.

[34] Festschrift Salzburger Festspiele 1938.

[35] DIETER KLEIN, Stadttheater – Landestheater. Ein Jahrhundert Theaterleben in Salzburg, in: Lutz Hochstraate (Hg.), 100 Jahre Haus am Makartplatz. Salzburger Landestheater, Salzburg 1993, S. 24.

[36] Vgl. dazu ARDELT (wie Anm. 26), S. 2439 ff., aber auch seinen Beitrag „Neugestaltung“ als Gauhauptstadt – Salzburg in der NS-Zeit, in: Heinz Dopsch (Hg.), Vom Stadtrecht zur Bürgerbeteiligung (wie Anm. 30), S. 248 ff. – Vgl. dazu auch PETER PUTZER, Rechtsaltertümer in der Landschaft. Eine Fragebogenaktion des SS-Forschungsamtes „Ahnenerbe“ und deren Durchführung und Ergebnisse in Salzburg; zugleich ein Beitrag zur Kulturpolitik des Dritten Reiches, in: MGSL 118 (1978), S. 311 ff.

[37] Vgl. dazu EDDA FUHRICH, GISELA PROSSNITZ, Die Salzburger Festspiele, Bd. I: 1920–1945. Ihre Geschichte in Daten, Zeitzeugnissen und Bildern, Salzburg–Wien 1990, S. 221 ff. – Vgl. dazu auch OLIVER RATHKOLB, Führertreu und gottbegnadet. Künstlereliten im Dritten Reich, Wien 1991.

[38] Dazu allgemein die Arbeit von GERT KERSCHBAUMER, Faszination Drittes Reich. Kunst und Alltag der Kulturmetropole Salzburg, Salzburg [1988], dessen Ansichten allerdings nicht immer zugestimmt werden kann. Zur großen Paracelsus-Feier des Jahres 1941 vgl. jetzt PETER F. KRAMML, Zwischen Rezeption, Kult, Vermarktung und Vereinnahmung – Die Paracelsus-Tradition in der Stadt Salzburg, in: MGSL, Erg.-Bd. 14, Salzburg 1994, S. 279 ff., hier speziell S. 304 ff.

[39] Zu den verschiedenen Gliederungen vgl. etwa: CHRISTIAN ZENTNER, FRIEDEMANN BEDÜRFTIG (Hg.), Das große Lexikon des Dritten Reiches, München 1985; eine übersichtliche Zusammenstellung

auch beim HELMUT J. FISCHER, Hitlers Apparat. Namen, Ämter, Kompetenzen: Eine Strukturanalyse des Dritten Reiches, Kiel 1988.

40 HANISCH, Salzburg im Dritten Reich (wie Anm. 10), S. 234.

41 HANISCH, Salzburg im Dritten Reich (wie Anm. 10), S. 233 ff.

42 ERNST HANISCH, Politische Prozesse vor dem Sondergericht im Reichsgau Salzburg 1939–1945, in: Erika Weinzierl und Karl R. Stadler (Hg.), Justiz und Zeitgeschichte, Wien 1977, S. 210 ff., hier S. 213 f.

43 JOHANN ULRICH, Der Luftkrieg über Österreich 1939–1945, in: Militärhistorische Schriftenreihe, Heft 5/6, Wien 1967.

44 HANS-DIETRICH NICOLAISEN, Die Flakhelfer. Luftwaffenhelfer und Marinehelfer im Zweiten Weltkrieg, Berlin–Frankfurt/Main–Wien 1981; FRANZ W. SEIDLER, „Deutscher Volkssturm". Das letzte Aufgebot 1944/45, München–Berlin 1989.

45 Vgl. etwa den Aufruf des Gauleiters vom Dezember 1944, in: Salzburger Zeitung, 13. 12. 1944, S. 1.

46 Salzburger Zeitung, 18. 10. 1944, S. 3.

47 Salzburger Zeitung, 2. 1. 1945, S. 6.

48 Interviews im Sommer 1994 mit Frau B. M., Frau T. S. und Herrn J. J. und bezüglich der Kinderängste die schriftlichen Aufzeichnungen von Herrn K. K. vom November 1994.

49 Salzburger Zeitung, 7. 3. 1945, S. 2.

50 Salzburger Zeitung, 23. 3. 1945, S. 2.

51 Salzburger Zeitung, 12. 4. 1945, S. 2.

52 Salzburger Zeitung, 15. 1. 1945, S. 3.

53 Salzburger Zeitung, 5. 1. 1945, S. 3. Zu den Einschränkungen vgl. auch die Arbeit von KERSCHBAUMER (wie Anm. 38); weiters GERT KERSCHBAUMER, Gausuppe und tausendjährige Juchezer. Gasthauskultur im Dritten Reich – Am Beispiel Salzburg, in: Zeitgeschichte 11 (1983/84), S. 213 ff.; DERSELBE, Arbeitskultur unter dem Nationalsozialismus. Ein Beitrag zur Geschichte der Salzburger Arbeiterbewegung, in: Zeitgeschichte 13 (1986), S. 417 ff.

54 Salzburger Zeitung, 28. 1. 1945, S. 3.

55 Salzburger Zeitung, 24. 11. 1944, S. 1.

56 Ausführlich dazu: ADALBERT KARL GAUSS, BRUNO OBERLÄUTER, Das zweite Dach. Eine Zwischenbilanz über Barackennot und Siedlerwillen 1945–1965, Salzburg 1979.

57 Salzburger Zeitung, 19. 12. 1944, S. 3.

58 HANS JAKLITSCH, Die Salzburger Festspiele, Bd. III: Verzeichnis der Werke und der Künstler 1920–1990, Salzburg–Wien 1991, S. 56.

59 Salzburger Zeitung, 4. 1. 1945, S. 4.

60 Salzburger Zeitung, 7. 3. 1945, S. 2.

61 Siehe dazu WALTRAUD JAKOB, Salzburger Zeitungsgeschichte, Salzburg Dokumentationen, Bd. 39, Salzburg 1979, S. 219 ff.

62 Salzburger Zeitung, 12. 1. 1945, S. 3.

63 Salzburger Zeitung, 10./11. 3. 1945, S. 1 unter dem Titel „Wir grüßen die toten Helden".

64 Salzburger Zeitung, 15. 3. 1945, S. 2.

65 Salzburger Zeitung, 30. 10. 1944, S. 1.

66 Salzburger Zeitung, 9. 1. 1945, S. 3.

67 Salzburger Zeitung, 2 1. 1945, S. 1.

[68] Siehe z. B.: Salzburger Zeitung, 17. 2. 1945, S. 3, und 22. 2. 1945, S. 1 f.

[69] KERSCHBAUMER, Faszination Drittes Reich (wie Anm. 38), S. 306.

[70] So z. B. die Zeitzeugin K. N., die mit der Niederschrift der Stimmungsberichte der Bevölkerung beim Sicherheitsdienst der SS (SD) befaßt war, und auch weitere Zeitzeugen in den Interviews im Jahre 1994.

[71] ROLAND FLOIMAIR (Hg.), Nationalsozialismus und Krieg. Ein Lesebuch zur Geschichte Salzburgs, Salzburg 1993, S. 287. Mit „Vergeltung" in der 4. Strophe sind die erst teilweise zum Einsatz gekommenen V-Waffen (Vergeltungswaffen) gemeint. In der 5. Strophe wird auf Reichsmarschall Göring mit seinem bekannten Zitat angespielt, eher wolle er „Maier" heißen, als daß ein feindliches Flugzeug in deutsches Luftgebiet einfliege. Da in Salzburg nur US-Bombenangriffe erfolgten, hier aber vom „Tommy" (= Engländer) gesprochen wird, ist der Text sicher nicht in Salzburg entstanden.

[72] HANISCH, Salzburg im Dritten Reich (wie Anm. 10), S. 264 f.

[73] HANISCH, Politische Prozesse vor dem Sondergericht (wie Anm. 42), S. 214 ff.

[74] Salzburger Zeitung, 17. 1. 1945, S. 3.

[75] HANISCH, Politische Prozesse (wie Anm. 42), S. 221 ff. – Zu derartigen oppositionellen Bemerkungen und zur auch in Salzburg vielschichtigen Problematik des Widerstandes vgl. das zweibändige Werk Widerstand und Verfolgung in Salzburg 1934–1945, hg. vom Dokumentationsarchiv des österreichischen Widerstandes, Wien–Salzburg 1991.

[76] HANISCH, Salzburg im Dritten Reich (wie Anm. 10), S. 266, allgemein S. 265 ff.

[77] So irrtümlich noch in der 4. Auflage von FRANZ MARTIN, Kleine Landesgeschichte von Salzburg, Salzburg 1971, S. 116. Eine neue Sicht der Ereignisse vom Mai 1945 lieferte erst die Arbeit von ILSE LACKERBAUER, Das Kriegsende in der Stadt Salzburg im Mai 1945, in: Militärhistorische Schriftenreihe, Heft 35, Wien 1985.

[78] Salzburger Zeitung, 21./22. 4. 1945, S. 1.

[79] Dazu im einzelnen und minutiös LACKERBAUER (wie Anm. 77), S. 22 ff. – Vgl. dazu die Aufzeichnungen des letzten noch lebenden Parlamentärs EBERHARD MOSER, Manuskript [Salzburg 1987], 22 Seiten. Ein Exemplar hat Herr Moser freundlicherweise dem Archiv der Stadt Salzburg übergeben.

Sirene, Bunker, Splittergraben

Die Zivilbevölkerung im „Totalen Krieg“

von Harald Waitzbauer

„Knebelung der Kriegsgefahr“– Ouvertüre zum Luftkrieg

Im Jänner des Jahres 1914, einige Monate vor Ausbruch des Ersten Weltkrieges, erschien in Salzburg-Itzling im Eigenverlag eine schmale Broschüre mit dem Titel „Die Knebelung der Kriegsgefahr – Eine Denkschrift von Gustav Koch“. Der Autor, von dem nicht viel mehr bekannt ist, als daß er 1843 in Salzburg geboren wurde und später in München Mitinhaber einer Straßenreinigungsfirma war, bezeichnete sich selbst als Luftschiffer und Aeronaut und war Verfasser mehrerer Aufsätze zum Thema Flugtechnik. In seiner Denkschrift warnte Koch vor einem drohend heraufziehenden neuen Krieg und sprach sich insbesondere gegen die Ausweitung der Kriegshandlungen in die Luft aus:

> Wir haben demnach allen Grund anzunehmen, daß im Verlaufe jedes künftigen, in der bisherigen Weise geführten Krieges [. . .] die Gegner schließlich doch, teils aus Not, teils gezwungen, zu der neuesten ultima ratio greifen und ihre Luftschiffe und Flugmaschinen zum Angriff gegen das feindliche Gebiet vorgehen lassen werden[1].

Kochs Überlegungen waren der damaligen Flugtechnik bereits um einiges voraus. Denn von massenhaft geführten Luftangriffen auf militärische wie zivile Ziele konnte im Jahr 1914 keine Rede sein. Die „Aeroplane“ von damals waren noch nicht in der Lage, schwere Bombenlasten über eine längere Strecke zu transportieren. Dem italienischen „Dichtersoldaten“ Gabriele D'Annunzio war es daher im August 1918 nur möglich, ein Paket Flugblätter über der Innenstadt von Wien abzuwerfen. Sein ursprünglicher Plan, 10.000 Kilo Sprengstoff auf Schloß Schönbrunn fallen zu lassen, war technisch noch nicht ausführbar.

Die Militärflugzeuge der Jahre 1914–1918 dienten hauptsächlich der Aufklärung und Infanterieunterstützung. Anders sah die Situation in den frontnahen Bereichen aus: Hier war es bereits im Ersten Weltkrieg gang und gäbe, Nachschublinien und auch zivile Ziele aus der Luft anzugreifen. Auf diese Weise gingen beispielsweise große Teile der Stadt Görz im italienischen Bombenhagel unter.

Luftschutz für die Zivilbevölkerung war daher in dieser Zeit kein Thema. Im Bewußtsein der Menschen besaß dieses neuartige Instrument der Kriegführung noch keinen allzu großen Stellenwert. Erst im weiteren Verlaufe des Krieges wurde einer Bedrohung des Hinterlandes aus der Luft verstärkt Aufmerksamkeit geschenkt. Diese Bedrohung bestand in den meisten Fällen aus einem bzw. einigen wenigen Flugzeugen, die nur punktuell Schaden anrichten konnten.

Im vorletzten Kriegsjahr, im April 1917, wurden die Bewohner der Stadt Salzburg erstmals mit einem möglichen Fliegerangriff konfrontiert. Eine Kundmachung des k. k. Landespräsidenten Felix von Schmitt-Gasteiger gab der Bevölkerung der Landeshauptstadt einen Vorgeschmack darauf, was im Jahr 1917 noch jenseits allen Vorstellungsvermögens lag.

Die Vorsorge- und Schutzmaßnahmen im Falle eines Fliegerangriffs auf Salzburg entsprangen damals einer einzigen Improvisation: Fliegeralarm wird durch einen Kanonenschuß von der Festung und den Werksirenen der Staatsbahn sowie der Stieglbrauerei ausgelöst; wer sich im Freien befindet, hat ohne Hast Deckung in den Hauseingängen zu suchen und Ruhe und Besonnenheit zu bewahren; Dächer und Balkone dürfen nicht betreten werden; nicht explodierte Bomben sowie Geschoßteile sind unberührt liegen zu lassen; bei Wahrnehmung besonderer Gerüche ist zu trachten, sich durch rasches Entfernen der Einatmung giftiger Gase zu entziehen; der Straßenverkehr ist einzustellen; die Abwehr feindlicher Luftangriffe erfolgt durch Infanterie- und Maschinengewehrfeuer, die Entwarnung durch Glockenschläge der Stadtkirchen[2].

Der aus heutiger Sicht beinahe gemütlich erscheinende Ernstfall – in der Kundmachung ist bezeichnenderweise nur von d e m Flugzeug die Rede – trat in Salzburg nicht ein. Indirekt Bekanntschaft mit dem Luftkrieg machte die Bevölkerung der Mozartstadt erst nach dem Zusammenbruch der Fronten. Einige der Feldpiloten, die sich nach dem Auseinanderfallen der Monarchie mit ihren Flugzeugen ins Hinterland absetzten, etablierten sich mit ihren Fluggeräten auf dem Maxglaner Exerzierfeld. Mit ihren „fliegenden Kisten" vollführten die Feldpiloten 1918/19 über dem Stadtgebiet allerhand waghalsige Kunststücke, eines davon bestand beispielsweise im Unterfliegen des Makartstegs. In diesem Zusammenhang ereignete sich im März 1919 der erste tödliche Fliegerunfall in Salzburg. Beim Start eines Brandenburger-Doppeldeckers prallte Feldpilot Oberleutnant Jansky aus Hallein mit voller Wucht gegen eine Baumgruppe, erlitt dabei einen Bruch der Schädeldecke und war auf der Stelle tot. Der mitfliegende Oberleutnant Seyfried trug schwere Verletzungen davon. Allerdings ging in der allgemeinen Notzeit nach Kriegsende auch der Treibstoff zur Neige, sodaß sich die fliegerischen Hasardstücke der Feldpiloten bald von selbst erledigten.

Gustav Koch mit seiner Anti-Kriegsbroschüre ist – neben anderen Warnern – auf verlorenem Posten gestanden, die erdrückenden Interessen von Militär und Wirtschaft bei den Groß- und Mittelmächten lagen eindeutig im Bereich Rüstung und Weiterentwicklung der Waffensysteme, eine zutiefst tragische Seite menschlichen Handelns. „Knebelung der Kriegsgefahr", für die Koch eintrat, fand keine statt, im Gegenteil, mit der Einbeziehung einer „Luft-Waffe" eröffneten sich den Kriegern des 20. Jahrhunderts völlig neue Dimensionen.

„Vorhänge herablassen!" – Luftschutz in der Ersten Republik

Eine informative oder praktische Tätigkeit zum Thema Luftschutz fand in den ersten Jahren des kleingewordenen Österreich nicht statt. Der Staat und seine Menschen hatten andere Sorgen als an die Vorsorge für einen neuerlichen Krieg zu denken. Zudem war Österreich nach dem Friedensvertrag von St. Germain die Haltung von Luftstreitkräften untersagt worden, sodaß auch dem Luftschutz fürs erste keine weitere Aufmerksamkeit geschenkt wurde.

Erste Ansätze gab es ab 1924, als man im Heeresministerium daran dachte, für Krisenfälle an den Grenzen einen „Luftspähdienst" einzurichten. Dazu sollten Reservisten eingesetzt werden, die an günstigen geographischen Plätzen wohnten oder dort berufstätig waren. Anfang der dreißiger Jahre waren in Salzburg und Umgebung etwa der Hotelier am Gaisberg, der Hüttenwirt des Zeppezauer Hauses auf dem Untersberg, die Grenzwache auf dem Dürrnberg und der Wirt auf dem Schafberg mit dieser Funktion betraut[3].

Der zivile Luftschutz wurde parallel dazu erst im Zuge des (geheimen) Aufbaues einer österreichischen Luftwaffe seit Beginn der dreißiger Jahre forciert. Aufgrund der Weiterentwicklung im Bereich der Flugtechnik war man sich in der Zwischenzeit durchaus bewußt, daß im Falle einer kriegerischen Auseinandersetzung Luftangriffe auf Ballungszentren eine nicht zu unterschätzende Gefahr bedeuteten. Wie schutzlos eine Stadt Attacken aus der Luft ausgeliefert sein konnte, zeigte zum Beispiel der Abwurf von nationalsozialistischen Propagandaschriften über Salzburg.

Insgesamt dreimal erschienen im Mai und Juli 1933 deutsche Flugzeuge über der Stadt und einigen Landgemeinden, um NS-Flugzettel abzuwerfen. Die Verteidigung des österreichischen Luftraumes fiel dürftig aus. Einmal stieg eine *Abwehrmaschine* erst auf, nachdem die deutschen Flugzeuge schon das Weite gesucht hatten, ein anderes Mal konnte sie wegen „technischer Unzulänglichkeit" gar nicht erst starten[4]. So blieben die Revolverschüsse, die der christlich-soziale Gemeinderat Hermann Rainer vom Dach seines Hauses auf die Flugzeuge abgab, der einzige aktive Widerstand gegen die NS-Provokationsflüge.

Im Jahr 1935 wurden mit stillschweigender Duldung der Siegermächte die österreichischen Luftstreitkräfte installiert. Gleichzeitig nahm der „Österreichische Luftschutzbund" seine Tätigkeit auf, der aus dem „Österreichischen Luft- und Gasschutzverband" hervorgegangen war. Die Aufgaben des Österreichischen Luftschutzbundes bestanden vor allem in der Aufklärung, Information und Schulung der Zivilbevölkerung, in der Aufstellung von Hilfsorganisationen sowie in der Beratung und Beschaffung von Schutzgeräten. Mit der praktischen Durchführung der Luftschutzmaßnahmen war das Verteidigungsministerium betraut, wo ein eigenes Luftschutzkommando eingerichtet war. Eine „Gemischte Luftschutzkommission", die sich aus Behördenvertretern, Fachexperten und privaten Vereinigungen zusammensetzte, fungierte als Luftschutzbeirat. Luftschutzreferate waren auch auf Landesebene eingerichtet.

Sichtbarstes Zeichen der Luftschutztätigkeit bestand in der Abhaltung öffentlicher Luftschutzübungen, die seit 1933 jährlich stattfanden. Dabei wurde unter Leitung des Bundesheeres der Beobachtungs- und Warndienst aufgestellt, die Behörden waren für die Sicherheits- und Hilfsdienste verantwortlich, während der Luftschutzbund mangels einer umfassenden Organisation nur Informationen an die betroffene Bevölkerung verteilen konnte.

Am 6. Juni 1935 waren u. a. auch die Stadt Salzburg sowie Hallein, Bischofshofen und Schwarzach in eine großangelegte Luftschutzübung einbezogen, die vom Landesmilitärkommandanten geleitet wurde. Dabei sollten ein Fliegerangriff und die begleitenden Gegenmaßnahmen unter Mitwirkung der Bevölkerung dargestellt werden. Bereits Tage und Wochen vor diesem Datum waren die Salzburger durch die Zeitungen, Plakate und Informationsbroschüren über den Hergang und die Verhaltensmaßregeln instruiert worden. Der Ablauf sollte so lebensnah wie möglich dargestellt werden. Sirenen, Lokomotivenpfiffe und Kanonenschüsse alarmierten die Bevölkerung vor herannahenden Fliegern, worauf der Verkehr zum Stillstand kam und sich die Straßen leerten. Als Schutzmaßnahme für die Bevölkerung wurde u. a. angeordnet:

> Fenster schließen, Rollbalken, Vorhänge herablassen! Hauptgashahn abdrehen! Herd- etc. Feuer löschen! Oberstes Stockwerk räumen [. . .][5].

Knallkörper simulierten die Detonation abgeworfener Bomben, Rauchraketen das Abwehrfeuer der Flakbatterien; gelb und rosarot gefärbte Rauchwolken stellten Giftgas dar, im Bereich Staatsbrücke, Platzl und Sigmundsplatz sah man Menschen liegen, welche die Gasverletzten markierten; Rauchschwaden zeigten Feuer an: Die Staatsgewerbeschule, das Theater, die Festung, Häuser am Alten Markt und Teile des Hauptbahnhofes wurden als brennend angenommen. Ziel der ganzen Übung war es, der Bevölkerung das richtige Verhalten bei Luftangriffen zu zeigen wie auch den Einsatz von Feuerwehr, Sanität, *Gasspürer und Entsäuberertrupps* etc. zu koordinieren. Daß diese Übung für den Ernstfall für viele auch eine Gaudi war, zeigte sich daran, daß vom Mönchsberg aus Tausende Schaulustige die Luftschutzübung aus luftiger Höhe beobachteten. Im Anschluß an die „lebensnahe" Übung fand auf dem Residenzplatz noch eine Luftschutzschau statt.

Bei genauerer Betrachtung des Übungsablaufes fällt auf, daß von einem notwendigen Aufsuchen von Schutzräumen kaum die Rede ist. Die Instruktionen sprechen höchstens davon, daß sich die Menschen auf die unteren Stockwerke eines Hauses verteilen sollen. War einem hier die Wirkung eines Luftangriffs nicht bewußt oder wurde dieses Thema mangels geeigneter Schutzräume in Salzburg bewußt übergangen? Spätestens die Bombardierung von Guernica im April 1937 und japanische Luftangriffe auf chinesische Städte zeigten die verheerenden Auswirkungen dieser „modernen“ Art der Luftkriegsführung gegen zivile Ziele. Das Schreckgespenst einer Bombardierung Salzburgs wurde in einem Artikel im „Salzburger Volksblatt“ im übrigen schnell wieder vom Tisch gewischt:

> Bomben auf Salzburg! Die Phantasie kann es sich nicht ausmalen![6]

Einzig im Projekt „Schaubergwerk“ ist die Absicht eines Stollenbaus für Luftschutzzwecke erkennbar. Das Naturkundemuseum (heute „Haus der Natur“), das in den dreißiger Jahren in Teilen der Hofstallkaserne (heute Großes Festspielhaus) untergebracht war, plante seit 1936 die Schaffung eines Schaubergwerks, welches im Felsen des Mönchsberges untergebracht werden sollte. Vorgesehen war ein regelrechtes Erlebnisbergwerk mit verschiedenen Schächten, einer Kanzel und einer Rutsche, in dem der prähistorische Bergbau, der Kohlenbergbau und verschiedene Erzbaue dargestellt werden sollten. Mit dem Bau des Schaubergwerks sollte zugleich ein öffentlicher Luftschutzstollen entstehen. In den Planungsunterlagen von Ing. Emil Sporn ist von einer Stollenfläche von 500 m^2 die Rede. Im Anschluß an das Schaubergwerk waren vier hintereinander angelegte turmartige Einbauten mit jeweils fünf Geschoßen vorgesehen[7].

Das Projekt wurde sowohl von der Stadtgemeinde als auch vom Verteidigungsministerium begrüßt. Letzteres setzte 30 Werksoldaten in Marsch, die ab 18. Mai 1937 für fünf Monate am Stollenbau mitarbeiteten. Doch weder das Schaubergwerk noch der Luftschutzstollen wurden in der Ersten Republik fertiggestellt. Im Sommer 1938 wurde das Projekt dann unter veränderten politischen Bedingungen von den NS-Stellen wieder aufgenommen[8].

Noch einmal zurück in die Erste Republik: Im September 1937 folgte eine weitere stadtumfassende Luftschutzübung, die einen Fliegerangriff bei Nacht und die völlige Verdunkelung Salzburgs zum Inhalt hatte. Die Nachtübung verfolgte den Zweck, eine Verdunkelung in allen Orten zehn Kilometer links und rechts der Eisenbahnstrecke zwischen Salzburg und Innsbruck durchzuführen. Die Aktion wurde vom Gaisberg aus beobachtet:

> Die Verdunkelung der Landeshauptstadt selbst, des sichtbaren Salzachtales mit der Industriestadt Hallein und des Flachlandes um den Wallersee und Haunsberg, muß in jeder Beziehung vollkommen gelungen bezeichnet werden[9].

In weiterer Folge wurde ein unangesagter Fliegeralarm zur weiteren Schulung der Bevölkerung *für den hoffentlich nicht eintretenden Ernstfall* angekündigt[10]. Sieben Monate darauf war mit dem Einmarsch deutscher Truppen das Ende Österreichs gekommen, sieben Jahre später trat dann der „Ernstfall“ ein, wenn auch gänzlich anders als in der Übungsannahme von 1937.

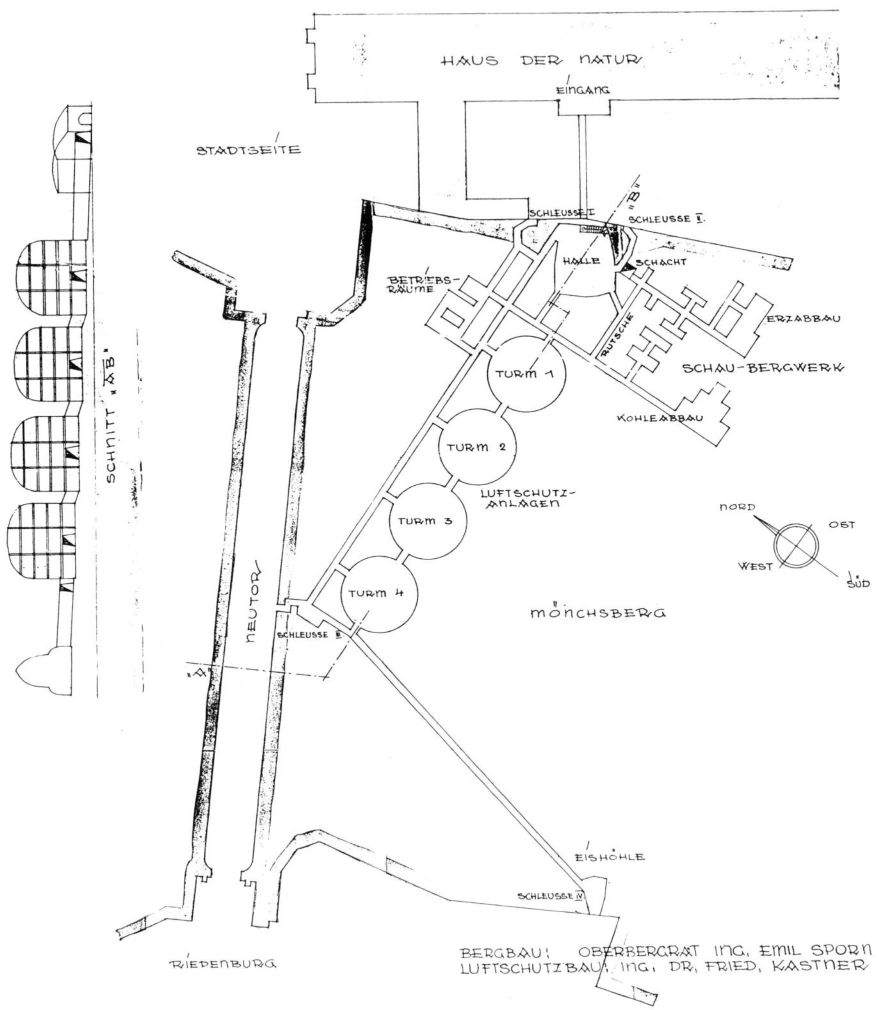

Abb. 30: Plan von Emil Sporn und Friedrich Kastner aus dem Jahr 1937 für die fünf Luftschutzräume im Mönchsberg, die gemeinsam mit dem „Schaubergwerk" des „Hauses der Natur" (hinter dem heutigen Festspielhaus) hätten errichtet werden sollen.

„Luftschutz ist nationale Pflicht“ – Aber eigentlich kann nichts passieren (1938–1943)

Der „Anschluß“ an das Dritte Reich zog auch beim Luftschutz gravierende Veränderungen nach sich. Umstrukturierungen fanden statt. Vordergründig wurde dieser Bereich nun zackiger angegangen und straffer geführt als im alten Österreich – so, als wüßten die Verantwortlichen, wovon sie reden. Ein (distanzierter) Blick hinter die Kulissen offenbart jedoch Widersprüche.

Das Thema Luftschutz ist nur einer von vielen Einzelbereichen des nationalsozialistischen Herrschaftssystems, der von solchen Widersprüchen geprägt ist. Die Luftschutzaktivitäten lassen sich grob in zwei Phasen einteilen. Phase 1 umfaßt die Präventivmaßnahmen zwischen 1938 und 1942/43, die in nach NS-Muster bewährter polit-militärischer Weise erfolgten. Phase 1 wurde von einer Mischung aus Zuversicht und Hoffnung begleitet, daß Luftschutzvorkehrungen und entsprechende bauliche Einrichtungen ohnehin niemals gebraucht würden. Phase 2 (ab 1943 bis Kriegsende) marschierte im Gleichschritt mit der allgemeinen Totalisierung des Krieges und der totalen Unterordnung des Alltagslebens unter die Rüstungs- und Kriegsmaßnahmen. Der Bau der Luftschutzstollen geschah angesichts des Infernos in anderen Städten des Dritten Reiches – der brutale Ernst des Luftkrieges sah anders aus als man ihn in der ersten Phase beinahe spielerisch darstellte.

Luftschutz paßte ausgezeichnet in das militärische und ideologische Programm des NS-Regimes. „Luftschutz ist nationale Pflicht“ lautete die Propagandaparole im Deutschen Reich, die auch in ein diesbezügliches Luftschutzgesetz gegossen wurde. Grundprinzip war wie überall im NS-Staat der Versuch einer völligen Durchorganisierung der Bevölkerung und Betriebe bis hinunter zum Betriebsluftschutzleiter und Luftschutzwart. Zu den wichtigsten Bereichen der (passiven) Luftschutzmaßnahmen gehörte der sogenannte Selbstschutz: Jeder einzelne hatte sich bei Gefahr „luftschutzmäßig“ zu verhalten, d. h. zu wissen, was für seine Person und seine Umgebung zu tun ist. Für die Aufklärung der Bevölkerung war der Reichsluftschutzbund (RLB) verantwortlich, der mit dem nötigen medialen Einsatz die Bevölkerung vor möglichen Luftgefahren instruierte. Vorträge über luftschutzmäßiges Verhalten wurden in den Schulen, in Betrieben, bei der HJ, in den Parteiverbänden, auf den Universitäten etc. gehalten, laufend einberufene Luftschutzübungen sollten die Menschen allzeit bereit machen.

Die Aufmerksamkeit, die das Regime dem Thema Luftschutz entgegenbrachte, stand jedoch im Widerspruch zu den Beteuerungen der Propaganda, wonach die Bevölkerung eigentlich nichts zu befürchten hätte. Luftwaffe und Flakartillerie würden einen Luftangriff auf das Hinterland gar nicht erst zulassen. Es mag sein, daß die Machthaber des Dritten Reiches vor Ausbruch des Zweiten Weltkrieges und nach den schnellen Siegen 1939 und 1940 selbst dieser Annahme verfielen. Denn anders ist es kaum zu erklären, weshalb in einer Zeit der Rüstung und offensichtlichen Kriegsvorbereitungen für den Bau bzw. die Adaptierung von Luftschutzbunkern und Luftschutzräumen weder sonderliches Interesse bestand noch die nötigen Finanzen bzw. Baustoffe zur Verfügung gestellt wurden. Hermann Göring sprach in diesem Zusammenhang davon, *daß der Luftschutzbau als passiver Luftschutz zurückzustehen habe, da heute das Bauprogramm des aktiven Luftschutzes vorgeht*[11]. Dies änderte sich zumindest teilweise, als sich die Unverwundbarkeit des deutschen Luftraumes als Chimäre erwies.

Bereits kurz nach dem Anschluß wurde Salzburg mit dem Luftschutzprogramm „made in Germany" vertraut gemacht. Die Mozartstadt erhielt im Deutschen Reich den Rang eines Luftschutzortes I. Ordnung und konnte damit neben 105 weiteren Städten mit begrenzten finanziellen Mitteln zum Aufbau einer passiven Luftschutzorganisation und zum Luftschutzbau rechnen. Es wurde eine eigene Luftschutzpolizei aufgestellt, deren Leitung der Polizeidirektor übernahm. Der Großteil der Bevölkerung stand dem öffentlichen Luftschutz und Luftschutzmaßnahmen in den ersten Jahren teilnahmslos gegenüber. Sie wurden eher als ein Bestandteil der allgemeinen Militarisierung des Alltagslebens empfunden, weniger als Schutz vor einer bevorstehenden Bedrohung aus der Luft.

Die Maßnahmen, die in der Stadt Salzburg bis 1942 auf dem Gebiet des Luftschutzes gesetzt wurden, waren für einen ernsthaften Schutz der Zivilbevölkerung nur bedingt tauglich. Sie beschränkten sich in erster Linie auf den Aufbau einer Luftschutzorganisation, die Abhaltung von Luft- und Brandschutzübungen, auf Verdunkelungsmaßnahmen sowie auf den Bau von behelfsmäßigen Luftschutzräumen.

Im Juli 1938 wurde das Reichsluftschutzgesetz auch in Österreich eingeführt. Zu diesem Zeitpunkt begann der Ortskreisführer des Reichsluftschutzbundes, Willy Schöppner, in Salzburg den Luftschutz aufzubauen. Innerhalb von zehn Monaten konnte Schöppner 155 Untergruppen mit 30.000 Mitgliedern in Stadt und Land melden. Einer Zeitungsmeldung zufolge waren 28 Prozent der Stadtbewohner im RLB organisiert, 700 Blockwarte als Luftschutzwarte ausgebildet.

Um für interne Übungen gerüstet zu sein, beantragte der Reichsluftschutzbund Anfang Dezember 1938 die Errichtung zweier „Luftschutz-Übungshäuser", von denen das eine im Franz-Josef-Park, das andere bei der Feuerwache Maxglan gebaut werden sollte. Bereits im Jänner des darauffolgenden Jahres waren beide Häuschen im Ausmaß 5 mal 3,5 Meter fertiggestellt, und am 28. Jänner 1939 wurde die Benützungsbewilligung für die Dauer von fünf Jahren erteilt. Der Übungszweck in den Luftschutz- oder Brandübungshäuschen bestand hauptsächlich in der Bergungsarbeit mit Gasmaske.

Bis Kriegsausbruch im September 1939 wurden in Salzburg mehrere Luftschutz- und Verdunkelungsübungen sowie Luftschutzpräsentationen abgehalten. An ersteren beteiligte sich das Gros der Bevölkerung ohne übermäßigen Enthusiasmus. Beklagt wurde u. a., daß die Salzburger bei angeordneten Luftschutzübungen nicht den Keller aufsuchten, sondern in ihren Wohnungen blieben. Mit ihrem Desinteresse stand die Bevölkerung Salzburgs nicht allein. Nach einer wenig erfolgreichen Verdunkelungsübung in Wien wies die Parteizeitung „Völkischer Beobachter" darauf hin, daß Verdunkelungsübungen alles andere als Veranstaltungen unterhaltenden Charakters seien, die für gruselige und romantische Stimmung sorgten. Unterhaltenden Charakter, ob gewollt oder nicht, besaßen die öffentlich abgehaltenen Luftschutzpräsentationen in Salzburg; etwa wenn Abteilungen von Luftschutzaktivisten mit aufgesetzten Gasmasken im Gleichschritt durch die Straßen der Stadt marschierten, um für Volksgasmaske und Luftschutzmaßnahmen zu werben.

Mitte Mai 1939 wurde in ganz Deutschland eine „Reichsluftschutzwoche" abgehalten. In Salzburg gab es hiezu mehrere vom RLB veranstaltete Kundgebungen und der Aufklärung dienende Demonstrationen. Auf dem Kapitelplatz wurde den „Volksgenossen", „Parteigenossen" und „Gefolgschaftsmitgliedern" u. a. die Wirkung von Brandbomben an Hausattrappen gezeigt, einmal mit und einmal ohne entrümpeltem Dachboden. Mitglieder von HJ und BDM zeigten Ballspiele und veranstalteten Tauziehen mit aufgesetzter Gasmaske, um zu demonstrieren, daß man auch mit Atemschutzgerät zu körperlichen Leistungen fähig ist.

> Nach nochmaligen ermahnenden Schlußworten des Ortskreisgruppenführers Pg. Schöppner wurden die Vorführungen der Jugend im Luftschutz, die auch viele heitere Momente mit sich brachten und helles Lachen der Anwesenden hervorriefen, beendet[12].

„Heitere Momente" und „helles Lachen", Luftschutz konnte auch Spaß machen. Der Annahme, die Stadt Salzburg werde niemals das Ziel feindlicher Luftangriffe sein, wurde lange nachgehangen, genaugenommen bis zum 16. Oktober 1944; zunächst aufgrund der siegreichen Deutschen Wehrmacht, später weil man sich außerhalb der Reichweite der alliierten Bomberverbände wähnte und schließlich wegen Salzburgs „besonderer" Stellung als Kunst- und Kulturstadt. Einen besonderen Rettungsanker bildete das Gerücht, Winston Churchill sei im Sanatorium Wehrle zu seiner Zufriedenheit behandelt worden und habe deswegen Luftangriffe auf Salzburg untersagt.

Eine der wichtigsten Maßnahmen gegen Luftangriffe wurde in der Verdunkelung gesehen. Verdunkelung – eine Maßnahme in vielerlei Hinsicht. Grundsätzlich sollten damit des Nachts alle Einrichtungen des öffentlichen Lebens dem Sichtfeld des feindlichen Piloten entzogen werden. Andererseits gingen die zuständigen Behörden und ihre Handlanger, die Luftschutzwarte, der Bevölkerung mit ihrer Verdunkelungsmanie mit der Zeit auf die Nerven. Und in weiterer Folge war Verdunkelung ein Parameter für Machtdemonstrationen und Beziehungen zur NS-Elite: Denn wer es sich erlauben konnte oder wem es möglich war, der ließ sich von den Verdunkelungsbestimmungen befreien und zeigte dies auch gern, hell erleuchtet, in der Öffentlichkeit. Dazu kam, daß sich die Auffassungsunterschiede bezüglich der Verdunkelung bis zur NS-Spitze in Berlin fortsetzten.

Abb. 31: Der Eingang zur Kreisstelle des Reichsluftschutzbund unter den Dombögen. Dieser Teil der damaligen Hofstallgasse heißt heute Franziskanergasse.

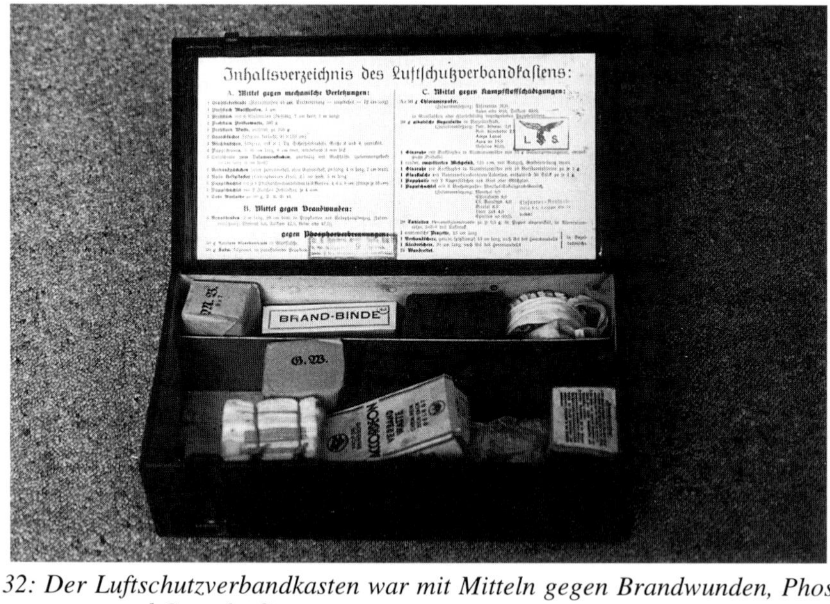

Abb. 32: Der Luftschutzverbandkasten war mit Mitteln gegen Brandwunden, Phosphorverbrennungen und Gasschädigungen ausgerüstet.

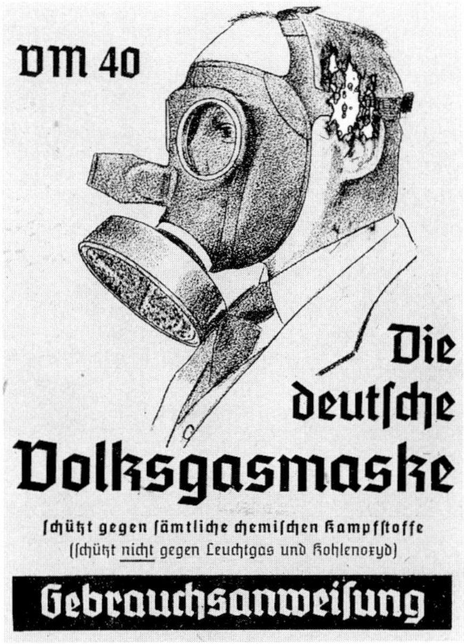

Abb. 33: In den ersten Kriegsjahren stark propagiert, wurde die sogenannte Volksgasmaske von der Bevölkerung dennoch nie wirklich angenommen.

Abb. 34: Mit öffentlichen Luftschutzschauen, wie hier am Mirabellplatz, wurde versucht, der Bevölkerung richtiges Luftschutzverhalten beizubringen.

Abb. 35: Die Feuerwehr nahm regelmäßig an öffentlichen Veranstaltungen und Werbeaktionen für den Luftschutz teil.

In der ersten Septemberwoche 1939 war allgemeine Verdunkelung angeordnet. Angesichts des raschen Vormarsches der Wehrmacht in Polen gab es aber bereits am 8. September Verdunkelungserleichterungen für Straßenbeleuchtung, Krankenhäuser und Verkehrsbetriebe. Am 30. September wurde im Luftgau XVII, zu dem Salzburg gehörte, die Aufhebung der Verdunkelung verfügt, die aber von Heinrich Himmler in seiner Funktion als Innenminister umgehend und unter Androhung schwerer Strafen wieder eingeführt wurde.

Die Gründe, weshalb der Bau von Luftschutzräumen nicht nur in Salzburg, sondern im gesamten Dritten Reich anfangs keine allzu große Beachtung fand, sind nur schwer nachzuvollziehen. Die Vernachlässigung geschah entweder aus finanziellen Erwägungen, aus dem Gefühl, es könne ohnehin nichts passieren oder, wie Olaf Groehler meint:

> Luftschutzbunkerbau wurde in ihrem [= der Machthaber, Anm. d. V.] Selbstverständnis offenbar stets als eine im Grunde genommen unzulässige Beeinträchtigung und Behinderung der offensiven Kriegsanstrengungen empfunden, als eine Art lästiger Ballast, dessen Notwendigkeit man jedoch im Interesse der Aufrechterhaltung eines stabilen Hinterlandes mit hochproduktiver Rüstung hinnehmen mußte[13].

Sogar in Berlin, das als Reichshauptstadt einen gewissen Sonderstatus in Anspruch nehmen konnte, waren nach einer im September 1939 durchgeführten Erhebung gerade für zwei Prozent der Bevölkerung Luftschutzräume vorhanden.

Sogenannte Luftschutzräume wurden in den meisten Fällen in bestehende Keller von Wohnhäusern und Betrieben eingebaut und boten gegen Fliegerbomben nur unzureichend Schutz. Die Ausstattung eines LS-Raumes entsprach kaum den tatsächlichen Erfordernissen. Er hatte zumindest aus einer Gasschleuse, einem Aufenthaltsraum und einem Klosett zu bestehen. Kellerfenster mußten entweder abgemauert bzw. mit einem Splitterschutz versehen werden. Pro Person war ein Volumen von drei Kubikmeter Luftraum zu berücksichtigen. Teilweise waren Notausstiege vorgesehen, teilweise mußte die Kellerdecke gepölzt werden. Ab 1940 waren Mauerdurchbrüche in den Keller des Nachbarhauses vorgesehen, um sich im Falle des Verschüttetwerdens leichter befreien zu können. Die Bauaufsicht für die Kellerumbauten führte ein von der Stadt eigens eingerichtetes Luftschutzreferat in Zusammenarbeit mit dem Reichsluftschutzbund und der Luftschutzpolizei. In vielen Fällen blieb der Luftschutzraum ein baulich verbessertes Kellerabteil.

Diese behelfsmäßigen Luftschutzräume konnten die Bevölkerung nur gegen Bombensplitter und Bautrümmer schützen. An Bombenvolltreffer dachte man besser gar nicht. Im Falle eines Treffers sollten Lagepläne des Schutzraumes, die beim zuständigen Luftschutzrevier und im Nachbarhaus hinterlegt waren, sowie Pfeile an der Außenwand des Hauses die Verschütteten rascher finden lassen. Im Archiv der Stadt Salzburg werden heute noch die Einreichpläne für 20 Luftschutzkeller aus dem Jahr 1940 aufbewahrt.

Im Jahr 1939 wurden in Salzburg zwei öffentliche *Sammelschutzräume* errichtet, der „Öffentliche Luftschutzraum (ÖLR) Nr. 8" unter der Erhardkirche in Nonntal, der zweite im gartenseitigen Keller des Schlosses Mirabell (ÖLR Nr. 7). Beide Luftschutzräume wiesen eine fast idente Fläche von 166 bzw. 163 m² auf. Die unterhalb der Erhardkirche liegenden Gewölbe wurden in vier Räume mit zwei Gasschleusen unterteilt; jeder Schutzraum erhielt einen Notausstieg, elektrische Beleuchtung und ein Torfstreuklosett. Die Messung des Luftraums ergab ein Volumen von 330 m³, sodaß bei natürlicher Belüftung 110 Personen untergebracht werden konnten. Penibel sind in der Bauerläuterung vom 27. Jänner 1939 die Baukosten errechnet: Pro unterzubringender Person ergibt sich ein Betrag von 75 RM, macht zusammen 8.300 RM. Allerdings wird angeführt, daß bei Einbau einer künstlichen Belüftung in der Anlage 264 Personen Schutz finden könnten; die Baukosten würden in diesem Fall zwar 12.700 RM betragen, pro Person ergäbe sich jedoch nur mehr ein Betrag von 48 RM. Die Stadt hat der Belüftungsvariante den Vorzug gegeben. In späteren Schutzraumstatistiken wird immer eine Kapazität von jeweils 265 Personen angegeben.

Tabelle 4: Einreichpläne für Luftschutzräume aus dem Jahr 1940.

Mutterhaus der Barmherzigen Schwestern in Mülln
Hotel Pitter, Volkskeller
Chemische Reinigung Kaltenegger, Augustinergasse 26
F. X. Martin, Linzergasse 21
Bäckerei Zrost, Haydnstraße
Firma Mayer und Neumayer, Dreifaltigkeitsgasse 18
Firma Haidenthaller, Linzergasse 46
Firma Stuböck, Dreifaltigkeitsgasse
Stieglbräu, Rainerstraße 14
Bankhaus Spängler, Bismarckstraße 1 [= Schwarzstraße 1]
Lagerhaus Wildenhofer
Salzburger Kredit- und Wechselbank im Hotel Bristol
Gewa-Kaufhaus, Ecke Linzergasse–Franz-Josef-Straße
Firma G. Junger, Linzergasse 5
Sanatorium Wehrle
Milchhof Itzling
Allgemeine Ortskrankenkasse, Franz-Josef-Straße 39
Hotel Münchnerhof, Dreifaltigkeitsgasse 3
Kammerlichtspiele Mirabell, Rainerstraße
Hotel Traube, Linzergasse

Quelle: AStS, Luftschutzakten, Verschiedenes.

Ähnlich die Bauerläuterung für den Sammelschutzraum im Schloß Mirabell: Auch hier wurden zwei Varianten ausgearbeitet, einmal ohne und einmal mit künstlicher Belüftung. Auch hier wurde einer künstlichen Belüftung der Vorzug gegeben, um in fünf Schutzräumen mit insgesamt 163 Quadratmeter 265 Personen unterzubringen (eine Person hatte damit 60 cm² Stand- bzw. Sitzfläche zur Verfügung). Kosten: 9.010 RM. Die Anlage bestand aus einer Gasschleuse, Fensterschächten mit gas- und splittersicheren Klappen und fünf Klosettanlagen mit Torfstreukübeln. Beide Anlagen waren im März 1940 „einsatzbereit".

Ein weiterer öffentlicher Luftschutzkeller entstand im Priesterhaus in der Dreifaltigkeitsgasse (ÖLR Nr. 4), je ein Betonbunker wurde vor dem Café Corso (ÖLR Nr. 31) und im Vorgarten des Diakonissenheimes (ÖLR Nr. 29), beide an der Imbergstraße, gebaut.

Großes Interesse erweckte bei den Luftschutzverantwortlichen das 1937 begonnene Schaubergwerk hinter der Hofstallkaserne (heute Großes Festspielhaus) im Mönchsberg. Im Dezember 1938 lag für den Ausbau der Plan eines Luftschutzstollens für mehr als 1.500 Personen vor, der in drei Etappen verwirklicht werden sollte. Ziel der ersten Etappe war ein Schutzraum für etwa 700 Personen. Tatsächlich geschehen ist daraufhin wenig, denn eineinhalb Jahre später, im Sommer 1941, wird neuerlich ein Plan für Luftschutzräume durch Ausbau des Schaubergwerks für 700 Personen vorgestellt. Der Bau dürfte daraufhin im Zusammenhang mit dem Ausbau des „Bonzenbunkers", des Stollens für die Stadtverwaltung, Kreisleitung und militärische Befehlsstelle ausgeführt worden sein. Jedenfalls war der Luftschutzstollen „Schaubergwerk" bereits fertiggestellt, als sich die übrigen LS-Stollen in den Stadtbergen erst im Baubeginn befanden.

Ein anderes Mönchsberg-Projekt wurde bereits im Sommer 1938 in Angriff genommen. Es handelte sich dabei um den Bau einer *Rettungsstelle*, eines Notlazaretts hinter der Pferdeschwemme am Sigmundsplatz. Dort wurde ein im Besitz der Stadt befindlicher Keller geräumt und im Laufe des Jahres 1939 zur Rettungsstelle ausgebaut und erweitert. Als Bausumme waren 81.000 RM veranschlagt. Ende 1939 war die Rettungsstelle Sigmundsplatz als *Öffentlicher Luftschutzraum (ÖLR) Nr. 1* fertiggestellt. Die Stadt stellte mit Ausnahme der medizinischen Gerätschaften das Inventar und das Verbrauchsmaterial bereit. Nach der erhalten gebliebenen Inventarliste wurden 92 verschiedene Posten eingelagert, darunter 30 Betten mit Zubehör, 20 emaillierte Blechhäferl, zehn Spucknäpfe, ein Paket Reinigungsmittel Ata, 50 Stück Operationstücher, drei Waschbürsten und eine Hängeleine. Im Zusammenhang mit der Errichtung der Rettungsstelle wurde wahrscheinlich auch mit der Errichtung des Luftschutzstollens Bürgerspital–Reichenhaller Straße begonnen.

Eine zweite Rettungsstelle (ÖLR Nr. 23) entstand 1941 unterirdisch zwischen dem Mirabellgarten und dem alten Borromäum (Lodron'scher Primogeniturpalast, heute Neues Mozarteum).

Der Bericht von Oberbürgermeister Anton Giger über das Rechnungsjahr 1940 zum Thema *Ausgestaltung der Luftschutzanlagen* spricht u. a. von der Ausführung von 13 öffentlichen Luftschutzräumen für 1.660 Personen, vom Neubau einer zweiten Rettungsstelle, von zwei Bunkeranlagen in der Scherzhauserfeldsiedlung, vom Bau eines Luftschutzraumes in der Mädchenoberschule Griesgasse sowie von der Beratung und Überwachung von (privaten) 120 Schutzraumanlagen. Was bombensichere Luftschutzräume betrifft, ist nur von Projektarbeit die Rede[14]. Und im Bericht des Oberbürgermeisters an die Ratsherren vom 27. November 1940 steht unter Punkt 3 zu lesen: *Luftschutzmassnahmen in städt. Gebäuden, in Schulen sind laufend im Gange*[15].

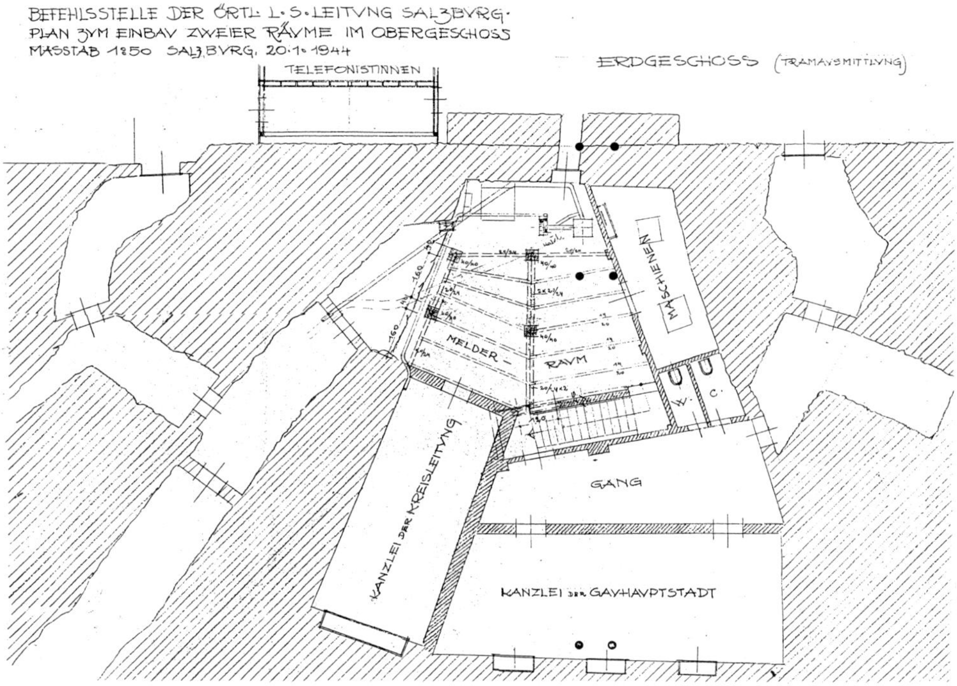

Abb. 36: Lageplan der Befehlsstelle der örtlichen Luftschutzleitung im Stollen hinter dem Festspielhaus.

All diese Erfolgsmeldungen sind mit einiger Vorsicht zu betrachten. Im Fall der zwei angeblich existierenden Bunkeranlagen in der Scherzhauserfeldsiedlung existiert 1940 lediglich ein Situationsplan, und in einem Amtsbericht vom 24. März 1941 wurde die Fertigstellung lediglich eines Bunkers für Ende April 1941 angekündigt, während der zweite wegen veralteter Bauweise nicht mehr zur Errichtung kam. Statt dessen wurden nun behelfsmäßige Luftschutzräume gefordert, entweder durch Freimachung der Kellerräume zur Verwendung als behelfsmäßige Luftschutzräume oder durch den Bau von Deckungsgräben neben der Siedlung.

Abb. 37: Der Eingang in den Befehlsstollen am Fuße des Mönchsbergfelsens hinter dem Festspielhaus (heute verbaut durch das Bühnenhaus des Großen Festspielhauses).

Tabelle 5: Öffentliche Luftschutzbauten in der Stadt (ca. Frühjahr 1943).

Nr.	Bezeichnung	Zivilpersonen	Exekutive
1	Rettungsstelle Sigmundsplatz		
2	ÖLR Kaigasse	135	
3	ÖLR Kaltenhauserkeller	270	
4	ÖLR Priesterhaus	100	
5	ÖLR Residenzplatz	170	
6	Hofstallgasse-Schaubergwerk	700	160
7	Schloß Mirabell	265	
8	Erhardkirche	265	
9	Befehlsstelle der LS-Leitung		
10	Rettungsstelle Maxglan		
11	ÖLR Schanzlkeller	95	
12	ÖLR Steinkeller	30	155
13	ÖLR St. Sebastian	45	
14	ÖLR Imberg-Bauhof	300	
15	ÖLR Kinderheim Franz-Josef-Str.	110	
16	ÖLR Platzl	60	
17	ÖLR Schlachtviehmarkt Plainstr.	110	
18	ÖLR Schule Elisabethstraße	110	
19	ÖLR Haspingergasse	110	
20	ÖLR Gemeindepark Maxglan	110	
21	Entgiftungspark		
22	ÖLR Rainberg Riedenburg	135	
23	Rettungsstelle Borromäum		
24	ÖLR Kreuzstraße Itzling	110	
25	ÖLR Mönchsberg Augustinergasse	130	
26	ÖLR Lagerplatz Lagerhausstraße	110	
27	ÖLR Kommunalfriedhof	110	
28	ÖLR Asyl Gnigl	110	
29	ÖLR Diakonissen Imbergstraße	110	
30	ÖLR Ev. Schule Schwarzstraße	110	
31	ÖLR Café Corso Imbergstraße	110	

Quelle: AStS, Luftschutzakten, Maschinenamt.

Der Bau scheiterte vorwiegend an den hohen Kosten: Luftschutzbunker für 1.100 Personen hätten etwa 130.000 RM verschlungen, Deckungsgräben dagegen nur 23.000 RM. Ein Passus im Luftschutzgesetz, wonach in bestehende Gebäude nur behelfsmäßige Luftschutzräume eingebaut werden dürfen, half der Stadt über vielleicht aufgetauchte Argumentationsnöte hinweg.

Es ist schwer zu sagen, wieviel öffentliche Luftschutzräume vor Beginn der Stollenbauten in den Stadtbergen in Salzburg existierten. Eine Zusammenstellung der öffentlichen Luftschutzbauten vermutlich aus dem Jahr 1943 (aber vor Beginn der Stollenbauten) weist insgesamt 31 Örtlichkeiten aus, die zirka 4.000 Personen oder fünf Prozent der Stadtbevölkerung Schutz boten.

Auf der anderen Seite gab es von Seiten des Regimes weder eine einheitliche Auffassung noch besondere Eile zum Thema Luftschutzräume. So lehnte im September 1939 der Landesfinanzreferent die beantragten Mittel zum Ausbau je einer vollständigen Luftschutzanlage im Chiemseehof und im Neugebäude ab. Er verwies dabei auf eine Erklärung des Reichsfinanzministers, wonach im ganzen Altreich der Großteil der Behörden über keine Luftschutzkeller, sondern lediglich über einfache Sammelräume verfüge, was zweifellos genüge.

Auch im städtischen Altersheim in Nonntal wurde kein Ausbau vorgenommen. Obwohl die Polizeidirektion und der Reichsluftschutzbund auf die Schaffung von Luftschutzräumen drängten, und das Stadtbauamt ein Projekt für 450 Personen ausgearbeitet hatte, wurde im August 1939 von der Stadt die *Zurückstellung des Vorhabens bis zum Jahre 1940 mangels jeder Bedeckung*[16] verfügt.

Eine besondere Problematik tat sich bei den Schulen auf, denen eigentlich ein besonderer Schutz zukommen sollte. Wie im folgenden jedoch nachzulesen ist, legte die Stadt zum Thema „Schulen und Luftschutz" ein seltsam gleichgültiges Verhalten zutage.

Bis 1940 geschah in den städtischen Schulen bis auf die obligaten Verdunkelungsmaßnahmen so gut wie nichts. Im November und Dezember 1940 fand durch die Luftschutzpolizei eine Begehung von 18 Schulen statt. Dabei wurden grobe Mängel im Bereich des Luftschutzes festgestellt, deren Behebung gefordert wurde. Nachstehend der Ergebnisbericht über die Plainschule als exemplarisches Beispiel:

Bericht

Ergebnis der Besichtigung der Plainschule am 28. 11. 1940.

1.) Der Luftraum ist festzustellen und entsprechend dem Bedürfnis für die einzelnen Schüler festzulegen. (liegt bei)
2.) Im Bedarfsfalle sind die Heizräume mit in Anspruch zu nehmen und zu räumen.
3.) Die im Kellergeschoss befindlichen Fenster sind soweit notwendig zuzumauern und 3 Notausstiege zu schaffen.
4.) Drei Gasschleusen sind zu schaffen und durch Türen abzudichten.
5.) Sitz und Liegemöglichkeiten sind zur Verfügung zu stellen.

6.) Für ausreichende Notaborte ist Sorge zu tragen.
7.) Der Geräteraum zur Turnhalle ist abzumauern und ein neuer Eingang zu schaffen[17].

Nach der Begehung und dem Verfassen der Berichte schlief die ganze Angelegenheit aus unbekannten Gründen wieder ein. Die Schulen blieben zum Großteil so, wie sie waren. Im Juni 1941 fand neuerlich eine Begehung durch die Luftschutzpolizei statt, die dabei den status quo feststellte. Neuerlich wurde die Stadt aufgefordert, die Mängel zu beseitigen. Am 21. August desselben Jahres berichtete der Oberbürgermeister an den Reichsstatthalter in einer Erfolgsmeldung, daß die Luftschutzarbeiten in sechs Schulen abgeschlossen und in neun weiteren Schulen im Gange seien. Woraufhin wieder eine Überprüfungskommission ausgeschickt wurde. Ergebnis: Bei den sechs als fertiggestellt bezeichneten Schulen war ein Ausbau unvollständig durchgeführt, bei drei weiteren Schulen überhaupt nichts unternommen worden.

Ein Verzeichnis der Luftschutzmaßnahmen in den städtischen Schulen für das letzte Quartal 1941 nimmt sich äußerst mager aus: Angeschafft wurden vier Wasserfässer, 20 Splitterblenden und 18 Sandsäcke, lediglich die Staatsgewerbeschule am Rudolfskai erhielt ein Kontingent von 4.600 Mauerziegeln. Auch die Anschaffungen im Jahr 1942 hielten sich in Grenzen und beschränkten sich zum Teil auf den Ankauf von Taschenlampenbatterien und Luftschutzarmbinden.

Tabelle 6: Anschaffungen für Luftschutzmaßnahmen in städt. Schulen 1942.

Datum	Schule	Anschaffung
22. 1.	Staatsgewerbeschule	2 Wasserbehälter à 120 l
29. 4.	versch. Schulen	15 Geräteschränke mit Ausbruchwerkzeugen
1. 5.	versch. Schulen	8 Gastüren
30. 6.	Plainschule	2 Luftschutzarmbinden
1. 8.	Hauptschule Maxglan	4 Taschenlampenbatterien
16. 9.	Hilfsschule	1 Taschenlampe
13. 10.	Hauptschule Maxglan	2 Taschenlampenbatterien
5. 12.	Hauptschule Maxglan	2 Batterien
31. 12.	versch. Schulen	10 Splitterblenden mit Gitter, 6 Splittertüren, 8 große u. 8 kleine Gastüren

Quelle: AStS, Luftschutzakten, Luftschutz in den städt. Schulen.

Erst ab dem Sommer 1943 wurde ernsthaft mit dem Bau von Luftschutzräumen in den Schulen begonnen. Auslösendes Moment war eine im Juli 1943 vom Reichsminister für Wissenschaft, Erziehung und Volksbildung Bernhard Rust einberufene Konferenz in Berlin, auf der der Luftschutz in Schulen erörtert wurde. Aufgrund der Eröffnung der zweiten Luftfront von Süden war nun auch ganz Süddeutschland und Österreich in den Wirkungsbereich der alliierten Bomberverbände geraten.

Unter Verweis auf die Konferenz wurde aus dem Büro des Reichsstatthalters Gustav Adolf Scheel Oberbürgermeister Anton Giger ein Schreiben zugestellt, in dem die Realisierung des nach wie vor ausstehenden Baues von Schutzräumen gefordert wird:

> Die schon vor 3 Jahren durch den polizeilichen Luftschutzleiter geforderten baulichen Luftschutzmaßnahmen konnten aus kriegsbedingten Gründen nur zum geringsten Teile durchgeführt werden.
> Da nunmehr auch der Reichsgau Salzburg in eine höhere Gefahrenzone einbezogen ist, müssen auch hier alle Vorkehrungen nicht bloß zum Schutze der Bevölkerung im allgemeinen, sondern für die Schulen im Besonderen getroffen werden. [...]
> Ich weise darauf hin, daß die 10.000 Schüler der Gauhauptstadt Salzburg [...] nur zum Teil in behelfsmäßigen Luftschutzräumen oder gar nur in Unterständen wie Klassenzimmern und Turnsälen untergebracht werden können[18].

Diesmal blieb es nicht allein bei Versprechungen. Im November und Dezember 1943 wurden über 160.000 Stück Mauerziegel und weiteres Zubehör zur Herrichtung von Luftschutzräumen geliefert. Für die Verblendung der Fenster wurden normierte Betonformlinge bereitgestellt. Bis April 1944 waren die Baumaßnahmen mit Ausnahme einzelner noch fehlender Einbauten wie Notaborte oder Notausstiegsvormauerungen beendet.

Der lange Weg bis zur Fertigstellung war in Summe gesehen eigentlich umsonst, denn nach dem ersten Luftangriff auf Salzburg strömten alle Einwohner, wenn nur irgendwie möglich, in die bombensicheren Stollen der Stadtberge. Mit dem massiven Ausbau der legendären Stollen in den Tiefen des Mönchsberges, Kapuzinerberges, Rainberges und anderer Erhebungen in Stadtnähe wurde jedoch erst Mitte 1943 begonnen. Der Grund: Seit Juli 1941

> [...] sind alle Luftschutzmassnahmen baulicher Art im Wehrkreis XVIII mit sofortiger Wirkung einzustellen, bezw. neue nicht mehr in Angriff zu nehmen[19].

Der Inhalt dieses Schreibens des Arbeitsamtes an das Büro des Oberbürgermeisters basierte auf einer Weisung, die sich nach der Situation der Stunde richtete: Der Wehrkreis XVIII lag außerhalb der Reichweite der britischen Bomberverbände. Deren Angriffsziele lagen in Norddeutschland und umfaßten hauptsächlich das Ruhrgebiet, Westfalen und die Hafenstädte. Angesichts der sich häufenden Luftangriffe und der Machtlosigkeit der Luftabwehr wurde von Hitler und Göring im Oktober 1940 ein „Sofortprogramm" beschlossen, das in 79 Städten die Errichtung bombensicherer Luftschutzräume vorsah. Fast die Hälfte der auserwählten Städte lagen im Ruhrgebiet und in Westfalen.

Die Ostmark blieb von diesem Sofortprogramm ausgeschlossen, durch die Baueinstellung in diesem vermeintlich bombensicheren Gebiet des Reiches erfolgte eine Einsparung an Material und Arbeitskräften. Eine Maßnahme, von der auch das Landeskrankenhaus betroffen war, wo ebenfalls der Bau von Luftschutzkellern im September 1941 eingestellt werden mußte.

Luftschutzstollen und Splittergraben – Auf dem Weg zum totalen Luftkrieg (1943–1945)

„Luftschutzbunker des Reiches" – Evakuierte aus dem „Entsendegau" Westfalen-Nord

„Luftschutzbunker des Reiches" wurde die Ostmark drei kurze Jahre genannt. Hier war man sicher vor feindlichen Angriffen aus der Luft, niemand erlebte hier die schrecklichen Augenblicke vom Aufheulen der Sirene über das Motorengedröhne des anfliegenden Verbandes, das Pfeifen und die Detonation der Bomben bis zum Zeichen der Entwarnung. Salzburg lag, so herrschte die allgemeine Ansicht, viel zu weit von den alliierten Luftstützpunkten in Großbritannien entfernt, hier konnte nichts geschehen. Die offiziellen Stellen waren sich da nicht ganz so sicher, wie bestimmte Vorkehrungen zeigten.

Die verstärkten Luftangriffe konnte das Dritte Reich militärisch nicht abwehren, bombensichere Räume waren nur für einen geringen Prozentsatz der Bevölkerung vorhanden. Statt dessen bereitete die NS-Führung seit Beginn des Jahres 1943 ein Evakuierungs- und Umquartierungsprogramm größten Ausmaßes vor. Luftgefährdete Städte wurden zum „Räumungsgebiet" erklärt, aus dem Kinder, alte Menschen und nicht berufstätige Frauen evakuiert werden sollten. Im April 1943 gab der Reichsminister des Innern schließlich einen Erlaß betreffend „Umquartierung wegen Luftgefährdung und Bombenschäden" heraus. Für jedes Räumungsgebiet wurde ein (bombensicheres) Aufnahmegebiet ausgewählt, welches die gefährdeten bzw. ausgebombten „Volksgenossen" beherbergen sollte. Auf diese Weise rollten ab Sommer 1943 Hunderte Züge kreuz und quer durch das Großdeutsche Reich, um Umquartierte zu ihrem Bestimmungsort zu bringen. Bis November 1944 wurden über sieben Millionen Menschen vornehmlich aus Nordwestdeutschland und Berlin in eine andere Ecke des Reiches transportiert.

Der Reichsgau Salzburg war als Aufnahmegebiet für 12.000 Umquartierte aus dem „Entsendegau" Westfalen-Nord bestimmt worden. In einem Rundschreiben vom 12. Juli 1943 an alle Landräte wies Salzburgs Reichsstatthalter Scheel darauf hin,

> […] daß die Beherbergungsbetriebe auf begrenzte Zeit von bombengeschädigten Obdachlosen und vorsorglich Umquartierten des Entsendegaues Westfalen-Nord in

> Anspruch genommen werden können. Die Gäste der Beherbergungsbetriebe einschließlich der Privatunterkünfte im Reichsgau Salzburg müssen auf Anforderung ihre Zimmer für die Unterbringung von bombengeschädigten Obdachlosen innerhalb von 24 Stunden räumen[20].

Das Verhältnis zwischen Evakuierten und Einheimischen war von Anfang an schlecht. Besonders wurde der Vorwurf erhoben, die Evakuierten würden den lieben langen Tag mit Nichtstun verbringen und fühlten sich obendrein als etwas Besseres – aber dies nur nebenbei. Eine weitere Welle planmäßiger Evakuierungen wurde im Winter 1944/45 durchgeführt. Damals kamen noch einmal etwa 11.000 Menschen aus Westfalen-Nord und dann vor allem aus Wien nach Salzburg.

Keine planmäßige, sondern eine selbständige Evakuierung wurde 1944 in Salzburg selbst angeregt. Am 1. Februar teilte der Gauleiter mit, daß Frauen mit kleinen Kindern, werdende Mütter, alte Frauen und alte Männer die Gauhauptstadt verlassen könnten. Die Luftgefahr sei zwar nicht größer geworden, so der Gauleiter, aber die Sorge um die Sicherheit der Bewohner der Gauhauptstadt hätte ihn zu diesem Aufruf veranlaßt.

„Sieben Luftschutzsünden" – Mediale Luftschutzpropaganda 1943/44

Am 13. August 1943 war die Zeit vom „Luftschutzbunker des Reiches" zu Ende. An diesem Tag wurden die Rüstungsbetriebe in Wiener Neustadt von Einheiten der 9. US-Luftflotte angegriffen, die von Tunesien aus gestartet waren. Von diesem Zeitpunkt an mußten auch die Gebiete im Süden des Reiches mit alliierten Bombenangriffen rechnen. „Richtig los" ging es aber erst nach der Aufstellung der 15. US-Luftflotte und ihrer Verlegung auf Flugplätze im Raum Foggia in Apulien im November und Dezember 1943.

Die NS-Führung in Salzburg trat zunächst noch mit dem üblichen probaten Mittel an die Öffentlichkeit: warnen und beruhigen, zur Bereitschaft aufrufen und verharmlosen. Die ungleichen Zwillinge finden sich etwa in einem Artikel des Einheitsblattes „Salzburger Zeitung" vom 7. August 1943, der über eine Rede des Gauleiters berichtet. Neben einem *Appell zur Luftschutzbereitschaft*, der Forderung nach *vollständiger Durchführung der Verdunkelung* sowie dem Aufruf *Sand und Wasser in größter Menge im ganzen Hause* zu verteilen, ist der zur allgemeinen Beruhigung gedachte Ausspruch des Gauleiters zu lesen:

> Es zwingt uns […] keine unmittelbare Gefahr, sondern nur die Erwägung, daß Vorbeugen besser ist[21].

Nach Beginn der Bombardements auf Ziele der Alpen- und Donaugaue wird dem Luftschutz in der Zeitung allerdings breiter Raum gewidmet. Alle möglichen

Themen rund um den Luftschutz werden angeschnitten, alle möglichen Ratschläge gegeben, alle möglichen Warnungen ausgesprochen. Nur Verharmlosung findet keine mehr statt.

> Bevor du den Schutzraum aufsuchst – Was muß in der Wohnung geschehen?[22]
> Weder leichtsinnig, noch furchtsam! – Verhalten vor, während und nach Fliegerangriffen[23].
> Alarm ist stets ernst zu nehmen – Bei Tag ebenso wie bei Nacht[24].

Mit diesen Titelzeilen schwört die „Salzburger Zeitung“ ihre Leser auf den Ernstfall ein. Löschsand sollte im ganzen Haus verteilt sein, Stock für Stock, sogar in den einzelnen Zimmern sind je vier Sackerl davon aufzubewahren, daneben natürlich Wasservorräte in Kübeln, Schüsseln, Schaffeln und Kannen. Begibt man sich bei Fliegeralarm in die Luftschutzräume, müssen die Haus- und Wohnungstüren unversperrt bleiben, um bei eventuellen Beschädigungen durch Luftangriffe der Feuerwehr oder sonstigen Einsatzkräften ein leichtes Betreten zu ermöglichen. Vorzugsweise sollte schwer brennbare Lederbekleidung getragen werden, Frauen sollten sich überdies ein Kopftuch umbinden, um das Haar vor möglichen Phosphorspritzern zu schützen.

Was gehört ins Luftschutzgepäck? Obwohl „ja allgemein bekannt“[25], werden der Bevölkerung diese und jene Verhaltensmaßregeln immer und immer wieder eingetrichtert: Dokumente, Schmuck, Geld, Sparkassenbücher, Wertpapiere, Kleiderkarten, Lebensmittelmarken, Wäsche und Schuhe, Waschzeug, Rasierapparat, Windeln und Fläschchen für das Kleinkind, Eßbestecke, [...] *kurzum alles, was zur primitiven Fortführung des Lebens in erster Linie gebraucht wird* [26].

Ein weiterer Artikel gibt Auskunft darüber, was die Luftschutz-Hausapotheke enthalten soll. Eine andere Vorsichtsmaßnahme betraf das Aushängen der inneren Fensterflügel zur Vermeidung von Glasbruch. Sehr praxisorientiert ist ein Zeitungsbeitrag zum Thema „Fliegeralarm am Waschtag“:

> [...] wenn am Waschtag Fliegeralarm gegeben wird. In diesem Falle ist es Pflicht, die bereits zum Trocknen ausgehängte Wäsche so schnell wie möglich von der Leine und unter Splitterschutz zu bringen, damit nicht durch Splitter von Flakgeschossen oder durch andere Einwirkung eine Beschädigung eintreten kann. Selbstverständlich gehört zur Schonung der Wäsche auch, daß sie vor Eintritt der Dunkelheit abgenommen und ins Haus gebracht wird; denn nach Eintritt der Dunkelheit würde die aufgehängte Wäsche bei Abwurf von Leuchtbomben ohne weiteres ein Zielpunkt für feindliche Flieger sein, und die in der Nähe wohnenden Volksgenossen der Gefahr eines Bombenwurfs auf diese Stelle aussetzen[27].

Der Krieg an der „Heimatfront“ wird zu einer alltäglichen Selbstverständlichkeit gemacht. Neben solchen und ähnlichen Artikeln, die nun bis Kriegsende laufend erscheinen sollten, streute die Zeitung inhaltlich kurze, formal dick umrandete Werbeslogans in den Redaktionsteil. So bekamen die Leser alle paar Tage einen neuen Spruch vorgesetzt. Hier einige Beispiele:

Licht aus bei nächtlichem Alarm

GASMASKEN in die Stollen mitnehmen!

Ruhe und Disziplin im LS-Stollen!

Bei Alarm: Straßen frei für die Fahrzeuge des Selbstschutzes!

Ist deine Verdunkelung in Ordnung?

Nicht sprechen im LS-Stollen! Sauerstoff-Verbrauch!

Abb. 38: Werbesprüche für „luftschutzmäßiges“ Verhalten in der „Salzburger Zeitung“.

3. Jahrgang Nummer 17

Salzburger!

Sucht auf jeden Fall auch bei Tagesalarm sofort die Luftschutzkeller auf! Alle mit Luftschutzaufgaben Beauftragten begeben sich bei Aufforderungen sofort an die ihnen zugewiesenen Luftschutzposten. Haushaltungsvorstände, überzeugt Euch umgehend, ob jederzeit genügend Wasser und Sand zum Löschen vorhanden ist! Füllt etwa vorhandene Behälter zusätzlich auf!

Wer diese Grundsätze nicht beachtet, schadet sich selbst, vor allem aber schädigt er die Gemeinschaft.

Scheel

Gauleiter

Aufruf des Gauleiters

Noch mehr Luftschutzdisziplin!

Noch immer ist die Zahl derer groß, die die wiederholt ergangenen Luftschutzmaßnahmen nicht genügend ernst nehmen und damit nicht nur sich selber, sondern die Gesamtheit gefährden.

Die Luftschutzstollen und -keller müssen bei jedem Alarm, ganz besonders bei der Nacht wesentlich rascher aufgesucht werden als bisher. Jeder begibt sich ohne Verweilen auf dem kürzesten Wege in das Innere der Stollen, um den nach ihm Kommenden freien Eingang und genügend Platz zu schaffen!

Jeder nehme Rücksicht auf Kinder, Kranke, alte Frauen und Männer oder sonst Behinderte. Seid stets hilfsbereit!

In den Wohnungen muß so viel Wasser und Sand als nur möglich jederzeit bereitstehen! Auf genauere Verdunklung ist zu achten;

Wer es noch immer nicht getan hat, bringe Wertgegenstände und unbedingt notwendigen Hausrat unverzüglich in Sicherheit!

Geschäftsleute müssen noch einmal die luftschutzsichere Verlagerung ihrer wichtigsten Waren und Werte entsprechend überprüfen. Wer sich dabei Unterlassungen zuschulden kommen läßt, hat keinen Anspruch auf Ersatz.

Im Selbstschutz und im erweiterten Selbstschutz eingeteilte Personen begeben sich sofort an die befohlenen Plätze. Jeder einzelne befolge strikte und unbedingt alle Weisungen der dazu befugten Luftschutz- und Polizeiorgane. Ich habe Anweisung geben, mir jede Disziplinlosigkeit ohne Ansehen der Person zur Anzeige zu bringen. Jeder halte sich immer wieder vor Augen, daß seine Unterlassungen nicht nur zu seinem, sondern zum Schaden der ganzen Stadt werden können.

Heil Hitler!

Scheel.

Gauleiter.

Alle Räder rollen für den Sieg

Abb. 39 und 40: Appelle von Gauleiter Gustav Scheel in der „Salzburger Zeitung" vom 18. Jänner 1944 (oben) und 7. Juli 1944 (unten).

Bei Alarm: Straßen frei für die Fahrzeuge des Selbstschutzes.
Licht aus bei nächtlichem Alarm.
Jeder Lichtschein kann zum Verräter werden. Verdunkle gewissenhaft!
Ist deine Verdunkelung in Ordnung?
Taschenlampen müssen abgeblendet sein!
Licht aus bei nächtlichem Alarm.
Licht – Dein Tod! Verdunkle gewissenhaft!
„Gemütlichkeit“ bei Fliegeralarm ist lebensgefährlich!
Seid stets luftschutzbereit![28]

Sieben Luftschutzsünden. Gehörst auch du zu den Sündern? Mehr als einmal stand diese Überschrift in der Zeitung zu lesen. Darunter war aufgezählt, um welche Sünden es sich handelt, die es selbstredend zu vermeiden galt:

1. Verdunkelung ungenügend
2. Entrümpelung unvollkommen
3. Wasser und Sand nicht ausreichend
4. Luftschutzgepäck nicht griffbereit
5. Selbstschutzgeräte nicht vorhanden
6. Herumstehen auf der Straße während des Alarms
7. Unbesonnenheit und Nervosität im Alarmfall.

Eindringlich versuchte das Regime, einerseits auf die ernste und gefährliche Lage der städtischen Bevölkerung hinzuweisen, andererseits den Alliierten die Folgen des Krieges in die Schuhe zu schieben. Für die Luftangriffe wurden die Bezeichnungen „Terrorangriff“ und „Bombenterror“ eingeführt. Mit dem alliierten Bombenhagel wurde auch ein Nazi-Tabu gebrochen. Bis dahin wurde so gut wie nichts über eigene Verluste und Opfer bekanntgegeben. Nun drehte man den Spieß um, sprach und berichtete von den Zerstörungen, die die *anglo-amerikanischen Luftgangster an friedlichen deutschen Städten anrichteten*, und erklärte, daß Hitler den Luftkrieg nie gewollt hätte. Im August 1943 erschien in der Zeitung eine zweiteilige Durchhaltereportage über die am ärgsten von den Luftangriffen betroffenen Gebiete im „deutschen Westen“ (ohne Nennung eines Städtenamens), im Februar 1944 freute sich Kreisleiter Georg Burggaßner, die Wanderschau „Der Luftterror“ im Stadtsaal (Karl-Böhm-Saal) des Festspielhauses eröffnen zu dürfen.

Doch die Anstrengungen des Regimes schienen nur wenig zu fruchten. Die Salzburger nahmen Luftschutzappelle und -ermahnungen nicht ernst. Die Klagen der Verantwortlichen waren vielgestaltig: Die Bevölkerung brauchte bei Luftalarm viel zu lange, um die Luftschutzräume aufzusuchen, das Luftschutzgepäck liege nicht bereit oder sei überhaupt schon wieder in die Schublade zurückgewandert, die Verdunkelung werde nur sehr nachlässig durchgeführt. Wegen schlechter Verdunkelung wurden in den letzten Monaten zahlreiche Volksgenossen mit hohen Geldbeträgen bestraft, schrieb die Zeitung daher auch warnend am Dreikönigstag 1944. Die Tatsache, daß bei Luftalarm zwar viele Stadtbewohner den

Luftschutzstollen zustrebten, ihn aber nicht betraten, sondern vor dem Eingang die Entwarnung abwarteten, war den Behörden ein besonderer Dorn im Auge. Die Bevölkerung bleibe in Rudeln an den Eingängen stehen und versperre Nachkommenden den Weg.

> Die Angestellten und Parteien des Städtischen Wirtschaftsamtes z. Bsp. setzten sich vor dem breiten Tore, das in den Luftschutzraum führte, im Garten des ehemaligen Ursulinenklosters [...] in die Sonne, und nur wenn der Fliegerlärm allzunahe erdröhnte, zogen sie sich in den Keller zurück[29].

Dieser Brauch hörte sich nach dem ersten Bombenangriff am 16. Oktober 1944 schlagartig auf.

„Salzburg wird sich bewähren!" – Die Behörden treffen Vorbereitungen

Ein Erlaß von Hermann Göring vom 23. Jänner 1943 ordnete für besonders luftgefährdete Gebiete die Aufstellung von Aufräum- und Bauhilfstrupps an. Diese als A-Trupps und B-Trupps bezeichneten Einheiten waren zur Beseitigung von Bombenschäden unmittelbar nach Bombenangriffen vorgesehen. Rekrutiert wurden diese Trupps aus den Mitarbeitern aller Betriebe (mit Ausnahme der Rüstungsbetriebe sowie des Bau- und Transportgewerbes), die zehn Prozent der männlichen Belegschaft bereitzustellen hatten. Ebenso waren Kriegsgefangene zum Einsatz vorgesehen.

Salzburg wird sich bewähren[30], ist man hierorts überzeugt. Zu Beginn des Jahres 1944 wird damit begonnen, Aufräumtrupps zusammenzustellen. Über 200 Betriebe der Stadt wurden verpflichtet, zehn Prozent ihrer Belegschaft im Ernstfall für Aufräumarbeiten abzustellen. Weitere Arbeitskräfte rekrutierte man aus der städtischen Bauregie und aus den Kriegsgefangenenlagern Paumannplatz und Annahof. Auf diese Weise kamen 42 A- und B-Trupps mit zirka 800 Arbeitern, ein Kontingent von etwa 300 kriegsgefangenen Franzosen, Serben und Russen sowie militärinternierten Italienern, 140 Mann von der Bauregie sowie 28 Mann der Straßenerhaltungsfirma Krenn zustande, zusammen etwa 1.250 Mann. Für die Zeit nach den ersten Räumarbeiten war der sogenannte „Baufirmeneinsatz" zur Ausbesserung leichter und mittlerer Schäden zum Einsatz vorgesehen. Der Baufirmeneinsatz, auch „Erg. I-Trupps" genannt, umfaßte Mitte Jänner 1944 982 Mann.

Bis September 1944 schmolz die Zahl der für die Aufräumtrupps Erfaßten auf 750 Mann zusammen. Verschiedene Betriebe waren als Rüstungsbetriebe oder lebenswichtige Betriebe deklariert und mußten daher keine Mitarbeiter abgeben, einige Firmen und Ämter schieden wegen zu geringer Belegschaftsstärke aus. Knapp vor dem ersten Luftangriff wurden den A-Trupps von den Eisenhandlungen Roittner und Steiner leihweise Werkzeug für Aufräumarbeiten zur Verfügung gestellt. Neben 250 Fußschaufeln wurden noch 200 Krampen, 40 Brechstangen und 20 Zugsägen ausgefaßt und in der ganzen Stadt verteilt. Die Stadt verpflichtete sich, für den Fall eines Verlustes das Werkzeug zu ersetzen.

Abb. 41: Einer der letzten, heute noch in der Stadt sichtbaren Pfeile, der auf einen Luftschutzraum im Keller des Hauses Lasserstraße 23 hingewiesen hat.

Tabelle 7: Verzeichnis der A-Trupps vom 3. März 1944.

lfd. Nr.	Name des Truppführers	Mann	Vorhandenes Werkzeug	Ortsgruppe
1	Walter Knobloch	12	5 Schaufeln	Maxglan-Nord
2	Karl Reinthaler	21	22 Schaufel 20 Krampen	Maxglan-Süd
3	Karl Pöckstein	14	23 Schaufeln 8 Krampen 4 Beile 2 Brechstangen	Lehen
4	Vinzenz Berger	11	17 Schaufeln 9 Krampen 1 Beil 1 Brechstange	Riedenburg
5	Johann Kassel	18	35 Schaufeln 17 Krampen	Innere Stadt
6	Anton Aschauer	14	71 Schaufeln 45 Krampen 29 Beile	Innere Stadt
7	Friedrich Hauthaler	4	18 Schaufeln 11 Krampen 5 Beile	Innere Stadt
8	Johann Weitzmann	14	29 Schaufeln 19 Krampen 6 Beile 2 Brechstange	Altstadt
9	Ludwig Oberhofer	19	79 Schaufeln 42 Krampen 36 Beile	Altstadt
10	Franz Moser	20	4 Schaufeln 2 Krampen	Neustadt
11	Wilhelm Bell	20	—	Neustadt
12	Dr. Gebhart Rossmanith	20	20 Schaufeln 20 Krampen	Neustadt
13	Ludwig Dürnberger	20	3 Schaufeln 3 Krampen	Neustadt
14	Fritz Adlmannseder	18	25 Schaufeln 4 Krampen	Neustadt
15	Andreas Sonnleitner	21	33 Schaufeln 13 Krampen	Neustadt

16	Alois Weidenthaler	15	9 Schaufeln 8 Krampen	Neustadt
17	Mathias Mayer	29	24 Schaufeln 21 Krampen	Neustadt
18	Franz Gold	19	23 Schaufeln 16 Krampen	Elisabeth- Vorstadt
19	Konrad Pöllinger	20	30 Schaufeln 12 Krampen	Elisabeth- Vorstadt
20	Josef Steiner	22	28 Schaufeln 23 Krampen	Schallmoos-Ost
21	Hans Perner	21	22 Schaufeln 22 Krampen	Schallmoos-West
22	Julius Ellenhuber	20	17 Schaufeln 17 Krampen	Schallmoos-West
23	Robert Berger	10	3 Schaufeln 3 Krampen	Schallmoos-West
24	Friedrich Kücher	12	29 Schaufeln 15 Krampen	Itzling
25	Wilhelm Kammerlander	15	10 Schaufeln 9 Krampen	Itzling
26	Johann Spannbauer	23	40 Schaufeln 40 Krampen	Itzling
27	Josef Lettner	6	7 Schaufeln 8 Krampen	Gnigl
28	Mathias Kellner	12	30 Schaufeln 19 Krampen 8 Beile	Äußerer Stein Parsch
29	Franz Gamsjäger	17	8 Schaufeln 5 Krampen 2 Beile	Äußerer Stein Parsch

Quelle: AStS, Bauverwaltung, Nr. 3, Sofortmaßnahmen.

Eine weitere Aktion betraf die äußere Kennzeichnung der Luftschutzräume. Nach einer polizeilichen Verfügung vom 4. Mai 1944 waren in Salzburg alle Betroffenen verpflichtet, die Lage der Luftschutzräume durch Pfeile in Leuchtfarbe oder wetterfeste Farbe an den Außenwänden der Häuser zu kennzeichnen. Die Pfeile mußten auf die Notausstiege weisen. Um eine einheitliche Kennzeichnung zu erreichen, wurde die Aktion vom Reichsluftschutzbund gemeinsam mit der Malerinnung durchgeführt.

Abb. 42 und 43: Abmauerungen sollten Elektrizitätseinrichtungen vor Bombensplittern schützen.

Eine der wichtigsten Präventivmaßnahmen betraf die ausreichende Versorgung der Feuerwehr mit Löschwasser. Zur Verfügung standen im wesentlichen die Salzach, fünf Arme des Almkanals und die Hydranten, die vom öffentlichen Leitungsnetz gespeist wurden. Die Feuerwehr besaß dazu eigene Wasserversorgungspläne. In den Jahren 1942 bis 1944 wurden zusätzlich vier Löschwasserbehälter errichtet: unter dem Mirabellplatz, an der Weiserstraße, zwei Behälter mit einem Fassungsraum von je 250 m³ in der Auerspergstraße 69 und ein offener Löschwasserbehälter mit 1.000 m³ Inhalt an der Kreuzung Aiglhofstraße–Reichsstraße (Innsbrucker Bundesstraße).

Einen wichtigen Stellenwert in der sogenannten „unabhängigen Löschwasserversorgung" bildete die Möglichkeit einer ungehinderten Zufahrt der Löschfahrzeuge zum Ufer der Salzach. Die heute noch existierenden Zufahrtsrampen beim Mozartsteg (linkes Ufer) und Müllnersteg (rechtes Ufer) haben sich aus dieser Zeit erhalten.

Der Plan zum Bau derartiger Rampen stammt vom Jänner 1943. Vier Rampen, drei an der rechten, eine an der linken Salzachseite, waren als Bauvorhaben im „4. Kriegswirtschaftsjahr" vorgesehen:

Rampe I:	Rudolfskai beim Mozartsteg
Rampe II:	Elisabethkai bei der Christuskirche
Rampe III:	Elisabethkai beim Müllnersteg
Rampe IV:	Josef-Mayburger-Kai auf Höhe der Jahnstraße.

Da das gesamte Wirtschaftspotential des Staates in die Rüstung floß und im ganzen Reich ein allgemeines Bauverbot herrschte, mußte für das Vorhaben eine Ausnahme vom Bauverbot beantragt werden. Die Anträge für die Zufahrtsrampen II und IV stammen vom Mai 1943, Baubeginn war sofort.

Die Anträge auf Ausnahme vom Bauverbot werfen ein Licht auf die rigide Materialzuteilung und den Verwaltungsaufwand in dieser Sache. Anzugeben waren die Anzahl der Arbeitskräfte, die voraussichtliche Arbeitsdauer sowie die Menge des zu verwendenden Baumaterials und der Energie. Im Fall der Zufahrtsrampe Elisabethkai/Christuskirche beantragte man zehn Maurer, 20 Hilfsarbeiter, einen Zimmerer und einen Metallarbeiter für eine Arbeitszeit von acht Wochen. An Baumaterial wurden benötigt: eine Tonne Baueisen, drei Festmeter Bauholz, 200 m³ Bruchsteine, 65 m³ Schotter, 25 kg Dieselkraftstoff und 200 Liter Vergasertreibstoff. Anfang August 1943 waren die Arbeiten an dieser Rampe abgeschlossen.

Im Jänner 1944 erfolgte der Freigabebescheid für die Zufahrtsrampe I (Rudolfskai), im Mai war die Rampe beim Müllnersteg fertiggestellt. Mit dem Bau einer letzten Rampe wurde im Frühsommer 1944 am Franz-Josef-Kai auf der gegenüberliegenden Salzachseite in der Nähe des Müllnerstegs begonnen und diese im Jänner 1945 provisorisch fertiggestellt.

Abb. 44: Feuerwehrübung mit Löschwasser aus der Salzach; in diesem Bereich entstand 1944 eine Zufahrtsrampe für die Feuerwehr.

„Der Schützengraben der Heimat" – Deckungsgräben gegen Splitter

> Splittergräben sind vor allem für solche Häuser gedacht, deren Kellerverhältnisse ungünstig sind oder die überhaupt keinen Keller haben[31].

Angesichts der Verschärfung des (Luft)krieges seit Sommer 1943 und der geringen Möglichkeiten eines Schutzes der Bevölkerung wurde in bis dahin von Luftangriffen weniger betroffenen Städten mit dem Bau von Splitter- oder Deckungsgräben begonnen. Es handelte sich dabei um Gräben, die knapp unter dem Erdniveau in Zick-Zack-Form verliefen, an den zwei Ausstiegen mit einer Gasschleuse versehen und mit dünnen Betonplatten gedeckt waren. Die Aufnahmekapazität betrug planmäßig zwischen 50 und 200 Personen.

Salzburg veränderte wieder sein Gesicht. Nach den bereits seit Kriegsbeginn zahlreich aus dem Boden gestampften Barackenlagern für Reicharbeitsdienst und HJ, für Kriegsgefangene und Wehrmacht, für Post und Umsiedler wurde dem Aussehen der Stadt neuerlich der Stempel des Krieges aufgedrückt. Im Sommer 1943 wurde mit dem Splittergraben-Bauprogramm begonnen, am 19. Juli erfolgte der allgemeine Baubeginn mit dem Spatenstich für den Splittergraben St.-Julien-Straße, fünf weitere Gräben wurden im August ausgehoben. Da sich bereits überall der männliche Arbeitskräftemangel bemerkbar machte, wurden für den Aushub der Splittergräben ältere Beamte der Stadt- und Landesverwaltung herangezogen. Der für die gesamte Splittergraben-Aktion Verantwortliche, Dipl.-Ing. Bacher, nannte es einen *Arbeitsdienst älterer Knaben*. Zwischen 14 und 19 Uhr begaben sich die Behördenmitarbeiter mit Krampen und Schaufel hinaus ins Gelände an die Grabungsarbeit. Nach dem Aufgraben übernahmen Facharbeiter die Adaptierung zum Deckungsgraben, das Zuschütten erfolgte anschließend wieder durch die freigestellten Beamten.

Bis Ende September 1943 waren 18 Deckungsgräben mit einer Gesamtlänge von 760 Meter fertiggestellt. Sie boten theoretisch 1.900 Personen Schutz. Weitere 23 Gräben wurden bis Jahresende fertig. Für das Jahr 1944 war der Bau von insgesamt 127 Deckungsgräben für 18.500 Personen vorgesehen. Ob tatsächlich soviel gebaut wurden, läßt sich heute nicht mehr eruieren. Die letzte verfügbare Aufstellung vom Juli 1944 weist 113 Deckungsgräben für 11.690 Personen aus.

Tabelle 8: Splitter- oder Deckungsgräben in Salzburg.

lfd. Nr.	Ort	Fassungsraum (Personen)
1	Kurgarten	100
2	Ursulinenkloster	100
3	Kajetanerplatz	100
4	St.-Julien-Straße	150
5	Bayerhamerfeld	100
6	LKH-Unfall 3	100
7	Nutzviehmarkt	100
8	Plainschule	160
10	Albrecht-Dürer-Straße	50
11	Flöcknermühle	50
12	Alpenstraße	100
13	Überfuhr	110
14	LKH-Hauptgebäude	100

15	Fischer-von-Erlach-Straße	50
16	Polizeisiedlung	75
17	Hahnwirt Nonntal	100
18	Schloß Arenberg	100
19	Äußerer Stein	100
20	Asyl (Riedenburg)	100
21	Hochmuthstraße	150
22	Franz-Huemer-Park	200
23	Franz-Huemer-Straße	200
24	Eiskeller Stieglbrauerei	200
25	Hauptschule Maxglan	200
26	Gärtnerstraße	150
27	LKH-Hauptgebäude 2	200
28	LKH-Lungenklinik 4	100
29	LKH-Augenklinik	100
30	Mühlbachgasse	200
31	Eichetsraße	200
32	Stockerweg	100
33	Moserstraße	100
34	Sterneckstraße	200
35	Taubstummenschule	100
36	Röcklbrunnstraße	200
37	Minnesheimstraße	100
38	Zweigstraße	200
39	Pfarrweg Itzling	200
40	Werkstättenstraße	150
41	Milchhof	200
42	Mertensstraße	150
43	Esshaverstraße	100
44	Scherzhauserfeld ON	200
45	Scherzhauserfeld AB	100
46	Linke Glanzeile	100
47	Schmiedingerstraße	100
48	Rottweg Liefering	100

49	Leobacherweg Liefering	100
50	Landesheilanstalt A	150
51	Landesheilanstalt B	150
52	Gyllenstormstraße	50
53	Faberstraße	100
54	Oberascher Kasern	200
55	Carl-Wurmb-Straße/Post	100
56	Lorettogarten	200
57	Gniglerpark	100
58	Grazer Reichsstraße	150
59	Baron Schwarzpark	200
60	Stadlhofstraße	100
61	Samstraße	100
62	Landstraße	50
63	Gorlicestraße	100
64	Erzherzog-Eugen-Straße/Ost	200
65	Kinderheim Itzling	50
66	Kinderheim Itzling	50
67	Kinderheim Itzling	50
68	Kinderheim Itzling	50
69	Postgarage	100
70	Heizhaus	100
71	Lastenstraße	100
72	Ignaz-von-Heffter-Straße	100
73	Generalkommando	150
74	Haunspergsstraße/Krivanec	100
75	Wagenremise Itzling	100
76	Regenbogenhäuser A	100
77	Regenbogenhäuser B	100
78	Bergheimer Straße	100
79	Viaduktstraße	100
80	Gasthaus Güterhalle	100
81	Gasthaus Güterhalle	100
82	Gut Wallpach Sam	100

83	Moosbauernstraße	100
84	Moosbauernstraße	100
85	RB-Häuser Gnigl	150
86	Salzkammergut-Lokalbahn	150
87	Werkstättenstraße	100
88	Nutzviehmarkt	100
89	RB Häuser Gnigl	150
90	Guggenmoosstraße/Annahof	50
91	Membergerstraße	100
92	Bergbräuhofstraße/Ostertag	50
93	Stockinger und Reinthaler	50
94	Bahnhofstr./Bäck. Starzer	30
95	Gniglerstraße 31–35/Gredler	30
96	Kleßheimer Allee/Glaser	30
97	Siezenheimer Straße 2a	15
98	Reichenhaller Straße 5	15
99	Poschingerstraße 1	30
100	Haslbergerweg 2/Kletzl	30
101	Kinderheim Liefering	50
102	Kinderheim Weiserhof	50
103	NS-Schülerheim Parsch	15
104	Volksschule Maxglan	50
105	Volksschule Maxglan	50
106	Vogelweiderstraße 28/Gruber	30
107	Vogelweiderstraße gegenüber 21	30
108	Ignaz-Harrer-Straße/Gaswerk	50
109	Kleßheimer Allee 32	50
110	Ampfingergasse/Chiemgaugasse	50
111	Noppingerstraße 77	50
112	Hundelazarett	45
113	Kendlerstraße 30	45
Summe:		11.690

Quelle: AStS, Luftschutzakten, Maschinenamt.

Im Sinne des Versuchs des Regimes, Front und Hinterland propagandistisch zu einem Ganzen zu verschmelzen, erhielt der Splittergraben die Bezeichnung „Schützengraben der Heimat“:

> Wie der Soldat draußen an der Kampffront für seinen eigenen Schutz sich seinen Graben baut, geht die Heimat entsprechend dem Aufrufe des Gauleiters und Reichsstatthalters Dr. Scheel daran, in Gemeinschaftshilfe Splitterschutz- und Dekkungsgräben zu schaffen[32].

Allerdings mußten auch die NS-Oberen zugeben, daß es sich dabei um *keinen Luftschutzraum im eigentlichen Sinne des Wortes*[33] handelt, sondern nur um einen Schutz gegen Bomben- und Flaksplitter. Dafür waren die Graben-Anrainer aufgerufen, es sich im Splittergraben gemütlich zu machen: Man solle den Graben so wohnlich und bequem wie eben möglich einrichten, ihn mit Sitz- und Liegegelegenheiten und *was sonst noch in Frage kommt*[34] ausstatten. Im Winter werde der Graben außerdem durch Bunkeröfen beheizt. Nachdem die Bevölkerung die Auswirkungen des Bombenhagels am eigenen Leib verspürt hatte, blieben entgegen den Anordnungen der Polizei für die darauffolgende Zeit Luftschutzkeller und Splittergräben unbenützt – alles eilte in die bombensicheren Stollen der Stadtberge.

„Bombensicher“ – Die Luftschutzstollen in den Stadtbergen

Sie waren für Unzählige rettender Zufluchtsort und bewahrten wahrscheinlich Tausende Menschen vor dem Tod. Die Luftschutzstollen in den Stadtbergen waren praktisch der einzig sichere Ort gegen Luftangriffe. Fünfzig Jahre später sind die weitverzweigten Stollensysteme nicht mehr im Bewußtsein der Bevölkerung verankert. Nach dem Ende des Krieges hatten sie ihre Funktion verloren, sie wurden teils vermauert, teils als Lagerräume verwendet. Ein Teil der Mönchsberg- und Kapuzinerbergstollen ging im Bau von Parkgaragen auf. Manch einem ist die Champignonzucht am Stollenanfang in der Nonntaler Hauptstraße ein Begriff, andere kennen Stollenabschnitte als urige Gastronomiebetriebe (Toscaninihof, Leopoldskronstraße), und einigen sind ins Innere der Berge führende, durch Gittertüren versperrte Stolleneingänge bekannt. Im großen und ganzen jedoch legte sich mit dem zeitlichen Abstand der Mantel des Vergessens über dieses unselige Kapitel Salzburger Geschichte.

Der Auftrag zum Bau öffentlicher Luftschutzbunker erfolgte über direkten Führerbefehl für ganz Deutschland erst ab 1943, als man merkte, daß die bisherigen Schutzräume nicht ausreichten. In den meisten Fällen war dabei an die Errichtung oberirdischer Großraumbunker gedacht. Salzburg dagegen war wegen seiner Stadtberge durch die Natur begünstigt. Hier bot sich der Ausbau eines

Luftschutzstollensystems geradezu an. Als Gauleiter und Reichsstatthalter Scheel von einem Gauleitertreffen aus Berlin zurückkehrte, richtete er am 24. Juni 1943 ein Rundschreiben an die Kreisleitungen und an die Polizeidirektion, worin er den raschen Ausbau bombensicherer Luftschutzräume forderte:

> Bei den Besprechungen [= in Berlin, Anm. d. Hg.] habe ich den Eindruck gewonnen, dass wir in Salzburg in Luftschutzfragen noch ungeheuer zurück sind. [...] Ich erwarte vor allem, dass die Aushebung der Luftschutzgräben und die Herstellung der Luftschutzräume im Mönchsberg umgehend in Angriff genommen und in kürzester Zeit fertig gestellt werden[35].

Mitte 1943 begann man in Salzburg also mit einem Bauprogramm riesigen Ausmaßes, das ohne die Heranziehung von Kriegsgefangenen gar nicht durchführbar gewesen wäre. Die technische Leitung des Unternehmens lag bei dem damals knapp 35jährigen Diplomingenieur Hermann Fischer, der von Oberbürgermeister Giger dafür eingesetzt wurde. Die Vorgabe war enorm: Aufzeichnungen Fischers[36] zufolge waren Luftschutzstollen für die gesamte Stadtbevölkerung geplant, also für etwa 80.000 Personen; ein Projekt, das zwar sehr weit gedieh, dessen Beendigung jedoch der Untergang des Dritten Reiches zuvorkam.

In den Monatsberichten des Stadtbaudirektors, die den Baufortschritt dokumentierten, sind 22 Stollen angeführt, die bis Kriegsende fertiggestellt bzw. im Bau befindlich waren. Die Arbeiten wurden an mehrere Baufirmen (Bruck, Kiefer, Altmann, Heuberger u. a.) unter Heranziehung von Kriegsgefangenen, vornehmlich Russen und Franzosen, vergeben. Laufend wurden von der Stadt weitere Arbeitskräfte für den Stollenbau angefordert, gewerbliche, nicht-landwirtschaftliche, inländische, ausländische, wen man bekommen konnte. Durchschnittlich waren im Stollenbau zwischen 500 und 700 Arbeitskräfte gleichzeitig tätig. Im März 1944 waren dies beispielsweise 321 Firmenbauarbeiter, 220 Kriegsgefangene, 60 Mann von der Wehrmacht, 28 Strafgefangene, dazu sieben Mann Gefangenenaufsicht. Die Arbeitszeit betrug 55–60 Stunden, der Vortrieb geschah durch Sprengung und mit Preßlufthämmern, die von stillgelegten Steinbrüchen ausgeliehen wurden. Der Antrieb der Kompressoren erfolgte elektrisch, da Rohöl oder Dieseltreibstoff für diese Zwecke nicht mehr zu haben waren. Der damals neunjährige R. A. kann sich an die Ausbruchsarbeiten im Kapuzinerberg noch genau erinnern:

> Vom Kapuzinerbergstollen, da verlief ein Gleis durch die Steingasse. Da waren Rollwagerl mit einer kleinen Lok daran, die wurde von Fremdarbeitern gefahren und der Aushub ist dorthin, wo heute das Unfallkrankenhaus und die Esso-Tankstelle stehen, da ist der ganze Abbruch vom Kapuzinerbergstollen hingebracht worden. [...] und die Fahrer waren lauter Fremdarbeiter und wenn wir diesen ein Jausenbrot gegeben haben, dann haben wir uns hinten raufstellen und mitfahren dürfen.

Einem anderen Zeitzeugen, Herrn M. (Jg. 1930), ist der Bau des Nonntaler Luftschutzstollens noch vor Augen:

Wir Kinder waren ja immer neugierig, wir haben die Bohrungen beobachtet, wie sie angefangen haben, die Sprengungen, die Detonationen immer wieder gehört. Es waren normale Arbeiter beschäftigt, die waren speziell mit den Bohrungen und den Sprengungen beschäftigt. Aber wir haben auch zwei Kriegsgefangene kennengelernt. Das Schuttmaterial wurde ja aus dem Stollen auf Schienen herausgefahren, dies waren so Kipploren, die wurden von zwei Kriegsgefangenen in einer für uns ganz fremden Uniform geschoben und zwar Richtung Berchtoldgründe, wo heute das wirtschaftskundliche Gymnasium für Mädchen ist.

Tabelle 9: Luftschutzstollen in Salzburg.*

Stollen Nr.	Standort	Plätze 28. 9. 1944	Plätze 28. 3. 1945
1	Kaltenhauserkeller	400	400
2	Neutor-Schaubergwerk	1.000	1.000
3	Glockengasse	450	450
4	Rainbergstraße	180	180
5	Augustinergasse	800	800
6	Bürgerspital	5.500	5.700
7	Steingasse	2.500	2.700
8	Schallmooser Hauptstraße	1.700	2.000
9	Äußerer Stein	—	—
10	Schanzl-Nonntal	3.400	4.100
11	Müllner Hauptstraße	1.200	1.600
12	Fürbergstraße	3.000	3.300
13	Sinnhubstraße	—	800
14	St. Peter	3.200	3.300
15	Linzer Gasse	2.000	2.300
16	Warsberg	135	135
17	Reichenhaller Straße	1.200	1.700
18	Bürgerspital-Erweiterung	2.500	3.200
19	Leopoldskronstraße (= Zivilplätze**)	200	200
20	Festspielhaus	2.600	2.800
21	Neuhaus	1.100	1.300
22	Linzer Bundesstraße	550	800
23	Itzling-Kasern	—	30
Summe		33.615	38.795

Quelle: AStS, Luftschutzakten, Maschinenamt. (Der Stollen in Aigen fehlt in dieser offiziellen Liste. ** Der Hauptstollen war für die in der Riedenburgkaserne stationierten Militärpersonen reserviert.)*

Abb. 45 und 46: Etwa 700 Arbeiter waren ab Sommer 1943 mit der Errichtung von Luftschutzstollen in den Salzburger Stadtbergen beschäftigt.

Abb. 47 und 48: Nach dem ersten Luftangriff im Oktober 1944 drängten sich bei Fliegeralarm bis zu 80.000 Menschen in die einfachst eingerichteten Stollen.

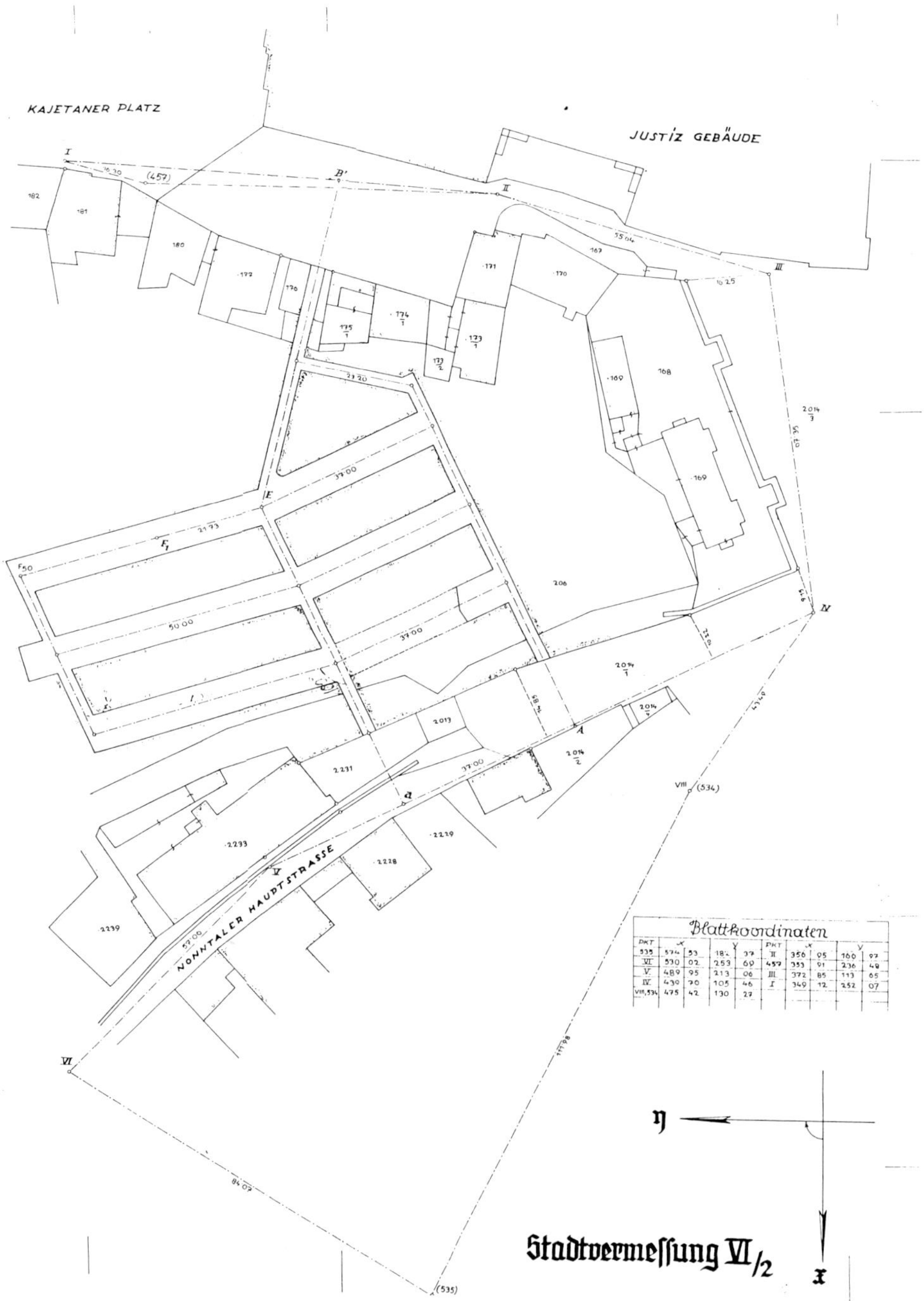

Abb. 49: Die Luftschutzstollen zwischen Kajetanerplatz und Nonntaler Hauptstraße.

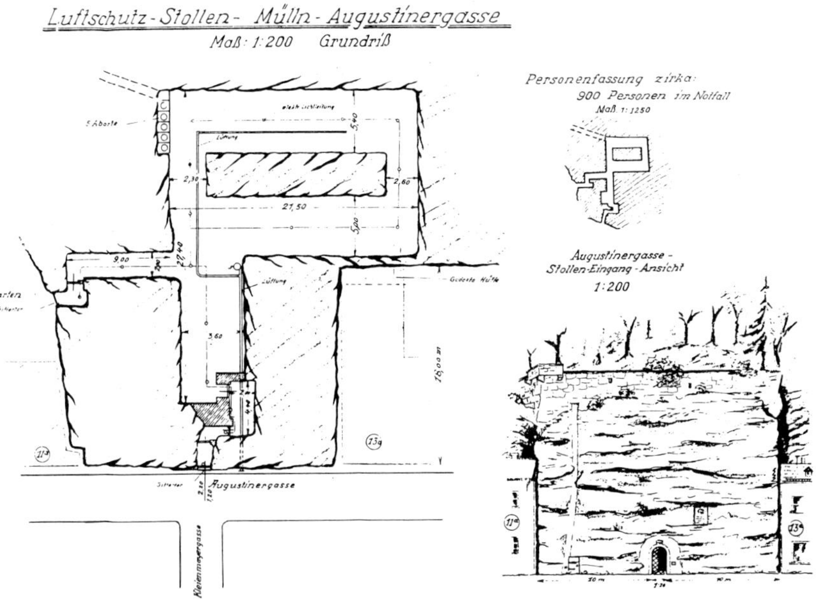

Abb. 50: *Auch relativ kleine Stollen mußten zumindest zwei Zugänge aufweisen (hier im Plan der Luftschutzstollen an der Augustinergasse).*

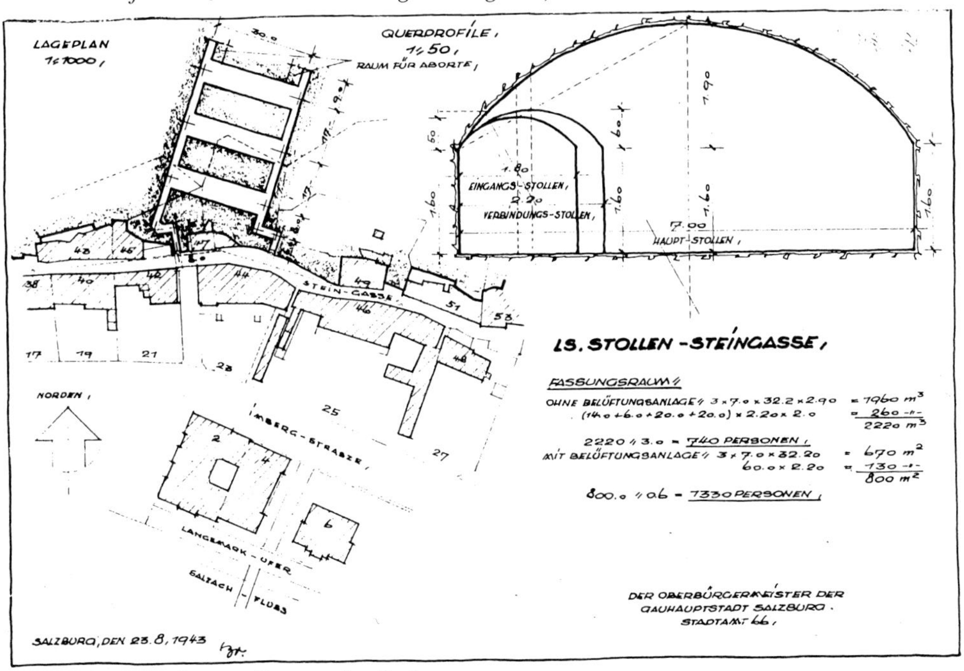

Abb. 51: *Luftschutzstollen an der Steingasse.*

Bis Ende Oktober 1943 waren sieben Stollen fertig gemeldet, von denen fünf Stollen öffentlich zugänglich waren: beim Kaltenhauserkeller an der Müllner Hauptstraße, der Neutorstollen (Schaubergwerk) und die Stollen mit den Zugängen Glockengasse, Rainbergstraße und Augustinergasse. Laut Aufstellung boten sie zusammen 1.960 (ohne Belüftung) bzw. 3.332 Personen (mit Belüftung) Platz, Zahlen, die später wieder korrigiert wurden. Zusätzlich gab es noch einen fertigen Stollen an der Leopoldskronstraße für 1.700 Personen der Wehrmacht sowie unter der auf dem Mönchsberg gelegenen Villa Warsberg des Gauleiters (135 Personen). Diese sieben Luftschutzstollen sind die einzigen, die tatsächlich fertiggestellt wurden, alle anderen, die später noch dazukamen, waren zwar benutzbar, der Ausbau jedoch nicht abgeschlossen.

Ende Oktober 1943 wurde der Stollendurchschlag vom Bürgerspital in die Riedenburg von der gesamten Salzburger NS-Prominenz untertag gefeiert. Gauleiter Scheel persönlich zündete den letzten Sprengschuß,

> [...] und gab der Freude über das Fortschreiten des weiträumigen Werkes Ausdruck, das er im Auftrage des Führers und in eigener Obsorge für Stadt und Gau anbefohlen habe zum Heil und zum Schutze der Bevölkerung vor dem Luftterror eines gewissenlosen Feindes[37].

Zu dieser Zeit bestand auch der Plan, das Neutor luftschutzmäßig auszubauen, was eine Abmauerung der beiden Tunneleingänge bedeutet hätte. Dem Plan wurde vor allem aus verkehrstechnischen Gründen eine Absage erteilt.

Bis Jänner 1944 waren etwas über 11.000 Stollenplätze geschaffen, Ende September 1944 standen zirka 33.000 Plätze zur Verfügung.

Die Bohrmaschinen ratterten Tag und Nacht und die Sprengungen erschütterten die Berge und die Nachbarschaft, beschreibt Emanuel Jenal, damals Stadtdirektor (Magistratsdirektor), in seinen Erinnerungen ein Detail des damaligen Alltagslebens. Durch die Aushöhlung der Berge wurden große Mengen von Ausbruchmaterial zutage gefördert. Riesige Schutthalden füllten bald die Plätze vor dem Neutor und dem Festspielhaus, sowie den Kapitelplatz. Bis Februar 1944 fielen 20.000 m³ Ausbruchmaterial an. Insgesamt sind bei den Stollenbauten zirka 70.000 m³ an Schutt- und Gesteinsmassen aus den Bergen geräumt worden. Anfangs wurde das Material auf Lagerplätzen gestapelt, da man es *zu einem späteren Zeitpunkt*[38] für den Straßenbau verwenden wollte. Als mit der Zeit doch zu viel Schutt und Gestein anfiel, wurde eine Entsorgungsmöglichkeit in die Salzach gesucht, was gar nicht einfach war. Der Vorschlag, das Material knapp oberhalb des Mozartstegs in die Salzach einzubringen, scheiterte am Einspruch von Gauleiter Scheel, weil dadurch der Rasen auf der Uferböschung (sic!) und die Alleebäume hätten Schaden nehmen können. Nach einem längeren wasserrechtlichen Verfahren wurde Anfang Juli 1944 schließlich entschieden, 10.000 m³ Stollenaushub aus dem Mönchsberg oberhalb der Nonntaler Brücke in die Salzach einzubringen. Zu diesem Zweck wurde ein 800 Meter langes Feldbahngleis gelegt, den ein Lorenzug vulgo „Mozart-Expreß" befuhr. Weitere 2.000 m³ wurden zwischen Müllnersteg und Lehener Brücke in die Salzach geschüttet.

Die Standardeinrichtung der Luftschutzstollen war denkbar einfach. Jeder Stollen war durch eine zweitürige Gasschleuse zu betreten und hatte zumindest zwei Ausgänge. Die Gänge und Stichkavernen besaßen Aborte, elektrische Beleuchtung und waren mit Sitzbänken ausgestattet, die jedoch nach Beginn der Luftangriffe bei weitem nicht ausreichten. Leihweise wurden Sitzgelegenheiten verschiedener Firmen angeliefert, u. a. von der Stieglbrauerei, die 149 Klappbänke für den Stollen Neutor bis auf Widerruf zur Verfügung stellte. Außerdem gingen die Menschen dazu über, sogenannte „Luftschutz-Stockerl" in die Stollen mitzunehmen. Vorgesehen war in allen Stollen eine künstliche Belüftung, die Geräte dazu wurden jedoch nur teilweise geliefert und erwiesen sich in manchen Stollensystemen als zu wenig leistungsfähig. Wegen der später permanenten Überfüllung der Stollen trat trotz Belüftung Sauerstoffmangel ein, was zu einzelnen Ohnmachtsanfällen eines Teils der Schutzsuchenden führte. Weiters waren in den Stollen Drahtfunk und Lautsprecher eingeleitet (siehe dazu das nächste Kapitel). Eigene Abteilungen waren für Schulklassen, Kleinkinder und kranke Personen vorgesehen.

Abb. 52: Ein sogenanntes Luftschutzstockerl: Wegen der geringen Sitzmöglichkeiten nahm man diesen zusammenklappbaren Behelfssitz in den Luftschutzstollen mit.

Noch vor Eintritt des Ernstfalles mußten noch etliche Unklarheiten bezüglich der Stollenbenutzung geklärt werden. Wer durfte eigentlich den Stollen benützen, was durfte mitgenommen werden? Prinzipiell sollten die Stollen der Wohnbevölkerung der Umgebung zugänglich sein. Für Personen, die weiter entfernt wohnten (Außenbezirke) bzw. in deren Haus sich ein vorschriftsmäßiger Luftschutzraum befand, war die Benutzung der Stollen zunächst nicht vorgesehen. Vorrang sollten Frauen, Kinder, Alte und Gebrechliche haben, während „abwehrfähige" Männer einen Beobachtungsplatz außerhalb der Stollen einzunehmen hatten. Mitnehmen durfte man das stets griffbereite Luftschutzgepäck, jedoch nicht *mit Koffern beladene Handwagen* und anderes Großgepäck, wie Anfang 1944 festgestellt wurde. Schließlich wurde doch die Mitnahme von Gepäcksstücken in *beschränktem Umfang* zugelassen, außerdem durften Mütter ihre Kleinkinder in Kinderwägen in den Stollen schieben. Die Mitnahme von Haustieren dagegen war nicht gestattet. Soweit die Theorie. Der „Ernstfall" warf derartige Sandkastenspiele verständlicherweise zum Teil wieder über den Haufen[39].

Die Sirene und andere Warneinrichtungen

Es war ein Signal, dem allein aufgrund seines Klanges etwas Unfreundliches, Gefährliches innewohnte – es war schneidend scharf und ging durch Mark und Bein. Der heulende auf- und abschwellende Ton der Luftschutzsirene vermag auch heute noch bei Menschen, die die Fliegeralarme aus eigener Erfahrung kennen, unangenehme Erinnerungen wachzurufen. Eine Ahnung von der psychischen Wirkung dieses sinusförmigen, rasch wechselnden Heultones im Bereich zwischen 200 und 500 Hertz gibt uns in der Gegenwart die allwöchentliche Probe des österreichischen Sirenensystems jeden Samstag zwölf Uhr mittags.

Mit der Installierung des akustischen Ungetüms begann man in Deutschland Mitte der dreißiger Jahre. Zur selben Zeit behalf man sich in Österreich noch mit Werkssirenen, Lokomotivenpfiffen und Kanonenschüssen. Ab 1938 wurden dann auch Österreichs Städte mit dem eisernen Dachpilz beschenkt. Die Stadt Salzburg erhielt eine „Großalarmanlage" mit 16 Sirenen, die auf möglichst hohen Hausdächern installiert wurden. Das Auslösen des Alarms erfolgte ferngesteuert über das Telefonnetz durch die Polizei. Ausgelöst wurde der „Fliegeralarm", ein einminütiger auf- und abschwellender Heulton, wenn sich alliierte Flugzeuge noch zehn Flugminuten von Salzburg entfernt befanden; bei einer Durchschnittsgeschwindigkeit der Bomberverbände von 300 km/h entsprach dies einer Entfernung von 50 km Luftlinie. Gauleitung, Wehrmacht, Luftschutz, Feuerwehr, Spitäler, Schulen usw. wurden über die Luftlage durch die Luftraum-Überwachungssysteme bereits weit früher informiert: Der Polizeirundfunk begann seine Luftlagemeldungen üblicherweise bei „L 30" als Kürzel für die Meldung „Feindliche Flugzeuge noch 30 Flugminuten entfernt" (entspricht einer Entfernung von etwa 150 km). Welche Zielrichtung die Bomberpulks letzten Endes hatten, blieb bis zum Schluß unklar, worauf auch die zahlreichen Fehlalarme zurückzuführen waren.

Zehn Minuten wurde der Bevölkerung also Zeit gegeben, sich soweit wie möglich in Sicherheit zu bringen, um anschließend vielleicht mehrere Stunden in den stickig-feuchten, sauerstoffarmen Stollen auszuharren. Hatten sich die Bomberverbände aus dem Luftgebiet wieder entfernt, wurde als Signal für die Entwarnung ein hoher, gleichbleibender Sirenenton von etwa einer Minute Dauer gegeben.

Die zahlreichen Fliegeralarme, die auch bei Aufklärungsflügen einzelner Flugzeuge ausgelöst wurden, brachten vor allem in Norddeutschland für einen immer längeren Zeitraum das gesamte öffentliche Leben zum Stillstand. Ein Zustand, der dem Regime aus produktionstechnischen Gründen zuwider war. So wurde im August 1942 das Warnsignal „Öffentliche Luftwarnung" eingeführt (dreimal hoher Dauerton in einer Minute). Das Signal bedeutete, daß feindliche Flugzeuge im Anflug waren, mit einem Großangriff aber nicht gerechnet werden müsse und aus diesem Grund das Verkehrs- und Wirtschaftsleben weiterzugehen habe. Diese „Kann sein – muß aber nicht"-Regelung stiftete bei der Bevölkerung bis zum Kriegsende Verwirrung, zumal bei Tag das Leben zwar weitergehen sollte, nächtens der öffentliche Verkehr aber eingestellt werden mußte. Die Bevölkerung interpretierte das Signal „öffentliche Luftwarnung" als „Voralarm" und den tatsächlichen Fliegeralarm als Vollalarm. Keine noch so heftigen Propagandasprüche konnten die Menschen von dieser Meinung abbringen. Seit Anfang 1944 gab es zusätzlich das Signal „Vorentwarnung", das sich ebenso anhörte wie die „öffentliche Luftwarnung". Vorentwarnung wurde gegeben, wenn sich die Masse der Bombenflugzeuge vom Ort entfernt hatte und sich nur noch einzelne Flieger im Gebiet befanden. Gegen Ende des Krieges wurde in Salzburg noch das Signal „Akute Luftgefahr" eingeführt, welches erst nach dem Fliegeralarm gegeben wurde und aus einem ansteigenden Heulton von vier Sekunden, anschließend zwei Sekunden absinkenden und zwei Sekunden ansteigendem Heulton bestand. Für die betroffene Bevölkerung wurde es daher aufgrund der unterschiedlichen Sirenenalarme immer schwieriger, die tatsächliche Gefahr einzuschätzen. Der Fliegeralarm blieb die wichtigste Warneinrichtung.

Erstmals heulten die Sirenen über den Dächern der Stadt am 8. April 1942 um 23.59 Uhr auf. Ebenso wie vier weitere Male im Jahr 1942 gab es Entwarnung, ohne daß etwas passiert war. Demgegenüber wurde im selben Jahr an insgesamt 16 Tagen Luftlage 30 gemeldet, an denen sich also alliierte Flugzeuge in einer Entfernung von 30 Flugminuten befanden. 1943 stieg die Zahl der Fliegeralarme auf 17 an.

Seit Anfang 1944 griff die 15. US-Luftflotte von Italien aus massiv in den Luftkrieg ein. Damit war es mit der relativen Ruhe in Salzburg vorbei. Bis zum ersten tatsächlichen Angriff am 16. Oktober 1944 mußte die Bevölkerung an 33 Tagen 38 Fliegeralarme über sich ergehen lassen, wobei von 11. bis 31. Juli 1944 praktisch jeden zweiten Tag die Sirene ertönte.

Wenn der „Kuckuck" ruft

Die vier Luftwarnsignale und was sie bedeuten

Der Kuckucksruf selbst ist noch kein Luftwarnsignal. Er kündigt an, daß die Abschaltung des Senders und die Einschaltung des Luftschutzsenders (Drahtfunk) bevorsteht. Im Augenblick des Kuckucksrufes besteht noch keine Luftgefahr.

Die vier Luftwarnsignale

1. „Öffentliche Luftwarnung". Die Sirene warnt durch das Signal „Öffentliche Luftwarnung" (dreimal hoher Dauerton in einer Minute), graphisch:

Dieses Signal ist kein „Voralarm". Es gibt an, daß sich zwar einzelne Feindflugzeuge innerhalb des Warnungsgebietes befinden, daß jedoch keine Gefahr eines Großangriffes besteht. Es können also vereinzelt Bomben fallen, und die Flakartillerie kann in Tätigkeit treten. Wirtschafts- und Verkehrsleben gehen bei Tag und Nacht voll weiter.

Es ist nicht Pflicht, bei „Öffentlicher Luftwarnung" die Luftschutzräume aufzusuchen. Wer jedoch im Wirtschafts- und Verkehrsleben nicht eingespannt ist, tut gut daran, sich in Deckung zu begeben, zumindest aber besonders vorsichtig zu sein und während des Flakbeschusses Luftschutzräume oder Deckungsmöglichkeiten aufzusuchen.

2. „Fliegeralarm". Die Sirene alarmiert durch das Signal „Fliegeralarm" (eine Minute lang auf- und abschwellender Heulton), graphisch:

Dieses Signal bedeutet stets Luftgefahr. Mit größeren Angriffen muß gerechnet werden. Das Signal kann auch im Anschluß an „Öffentliche Luftwarnung" gegeben werden, wenn schwachen feindlichen Luftstreitkräften stärkere Verbände folgen.

Bei „Fliegeralarm" sind alle Vorkehrungen für einen Großangriff mit größter Beschleunigung durchzuführen. Luftschutzbunker und Luftschutzräume sind stets so schnell wie möglich aufzusuchen. Wer bei „Fliegeralarm" sich gleichgültig verhält und sich nicht bestmöglich schützt, gefährdet sein Leben, schädigt die Volksgemeinschaft und macht sich strafbar.

3. „Vorentwarnung". Die Sirene gibt „Vorentwarnung". Das Signal ist das gleiche wie bei „Öffentlicher Luftwarnung" (dreimal hoher Dauerton in einer Minute), graphisch:

Das Signal bedeutet nach „Fliegeralarm", daß sich die Masse der Feindflugzeuge im Abflug befindet, daß sich aber noch einzelne Feindflugzeuge über dem Ort befinden. Es bestehen also dieselben Gefahrengrade wie bei „Öffentlicher Luftwarnung", das heißt, es können zwar noch vereinzelt Bomben fallen, und die Flakartillerie kann in Tätigkeit bleiben, mit einer großen Gefahr, besonders mit massierten Angriffen, ist aber nicht mehr zu rechnen. Die Selbstschutzkräfte haben über die schon während des „Fliegeralarmss vorgeschriebenen Rundgänge hinaus, spätestens bei dem Signal „Vorentwarnung", die volle Schadenbekämpfung unverzüglich aufzunehmen. Wer nicht im Selbstschutz eingesetzt ist, kann sich verhalten wie bei „Öffentlicher Luftwarnung". Bei „Vorentwarnung" geht das Verkehrs- und Wirtschaftsleben sofort wieder weiter.

Wenn nach „Vorentwarnung" erneut stärkere feindliche Luftstreitkräfte sich dem Ort nähern sollten und damit wieder eine akute Gefahr eintritt, wird wiederum „Fliegeralarm" (eine Minute lang auf- und abschwellender Heulton) ausgelöst.

4. „Entwarnung". Die Sirene entwarnt durch das Signal „Entwarnung" (eine Minute hoher Dauerton), graphisch:

Das Signal wird gegeben, wenn alle Feindflugzeuge abgeflogen sind und daher keine Luftgefahr mehr besteht. (Ausschneiden und aufbewahren!)

Abb. 53: Die Bevölkerung wird immer wieder über die Bedeutung der Luftwarnsignale aufgeklärt; hier in der „Salzburger Zeitung" vom 20. Oktober 1944.

Je weiter der Krieg seinem Ende zutrieb, die Fronten sich den Grenzen des Dritten Reiches näherten, je verbissener sich das NS-Regime an die Macht klammerte und die Bevölkerung mit Durchhalteappellen behämmerte, desto massiver wurden die Luftangriffe der Alliierten. Im November 1944 wurde in Salzburg 14-mal Alarm ausgelöst, dreimal wurde die Stadt bombardiert; im Dezember wurde (bei fünf tatsächlichen Angriffen) sogar an 20 Tagen Alarm gegeben. Die Menschen kamen kaum mehr zur Ruhe. Bis zum allerletzten Luftangriff am 1. Mai 1945 ertönte im letzten Kriegsjahr an 42 Tagen insgesamt noch 48mal Fliegeralarm. Dazwischen heulten die Sirenen ihre Signale „öffentliche Luftwarnung", „Vorentwarnung", „Entwarnung" und „akute Luftgefahr" in den Äther.

Nicht überall wurde der Heulton in gleicher Stärke vernommen. Beschwerden kamen insbesondere aus dem Raum Morzg–Hellbrunn im Süden der Stadt, wo die Sirenen anscheinend überhaupt nicht gehört wurden. Es wurde daraufhin eine Sirene auf das Dach des Morzger Schulgebäudes montiert. Ähnlich schien die Situation im Bereich Mülln–Riedenburg. Hier intervenierte im November 1944 der Stollenkommandant des Stollens Augustinergasse bei Gauleiter Scheel:

> Dringender Wunsch der Bevölkerung von Mülln und Riedenburg um eine W a r n a n l a g e auf dem Dach der Müllnerschule da die meisten Bewohner während der kalten Jahreszeit bei doppelt geschlossenen Fenstern jeden Alarm überhören[40].

Es entzieht sich heute unserer Kenntnis, ob dem Wunsch der Bevölkerung diesbezüglich entsprochen wurde.

Eine weitere wichtige Maßnahme zur Unterrichtung der Bevölkerung über die aktuelle Luftlage bildete der Rundfunk mit einer speziellen Wiedergabeform, dem sogenannten „Drahtfunk". Da die Rundfunksender bei Luftgefahr abschalten mußten, um den alliierten Fliegern keine Peilmöglichkeiten zu bieten, ging man dazu über, ein leitungsgebundenes Netz aufzubauen. Drahtfunk konnte empfangen, wer über ein Radiogerät und einen Telefonapparat verfügte, die miteinander zu koppeln waren. Das Programm wurde vom Reichsrundfunk in das Drahtnetz der Post eingespeist, für die Salzburger Bevölkerung erfolgte die Zuleitung vom Reichssender München. Im Fall von Luftangriffen auf Salzburg konnte auch die Gauleitung über den Sender Salzburg aktuelle Luftlagemeldungen durchgeben. Post und Zeitung gaben Gebrauchsanweisungen zum Bau einer behelfsmäßigen Empfangsanlage.

> Über die Unterrichtung durch Rundfunk hinaus wird auf Anordnung des Gauleiters der Drahtfunk im Stadtgebiet ausgebaut werden. In öffentlichen Luftschutzräumen und Luftschutzstollen erfolgt der Einbau und die Beistellung der Apparate durch die Reichspostdirektion[41].

Stand eine Umschaltung des Antennenbetriebs auf Drahtfunk bevor, wurde dies in Salzburg durch das Ticken eines Weckers angekündigt.

Alarmierungsprobleme ergaben sich vor allem bei Veranstaltungen. Hier wurden genaue Vorgangsweisen für den Abbruch der jeweiligen Veranstaltung festgelegt. Im Theater etwa trat der Spielleiter auf die Bühne und forderte die Zuschauer zum Verlassen des Theaters auf. Und Priester hatten im Meßbuch einen Zettel eingeklebt, der ihnen für den Falle des Falles folgendes vorschrieb:

> NB. Gottesdienst sofort abbrechen und folgendes laut und vernehmlich verkünden!
> Es sind Flieger gemeldet; wir brechen jetzt den Gottesdienst ab. Ruhe bewahren, noch ist Zeit! Alle Anwesenden haben jetzt strengstens den Weisungen der Ordner zu folgen!
> NB. Der Priester begibt sich sofort in die Sakristei![42]

Tabelle 10: Fliegeralarme (Vollalarme) in der Stadt Salzburg 1942–1945.

	1942	1943	1944	1945
Jänner			23.	7. (2x), 8. **20.**
Februar		24.	23., 24. (2x), 25. (2x)	1., **5.** 14., 16., 17., 18., 19., 20. 22., 23., **25.**, **27.**
März		9.	19. 29.	1., 2. 9., 12. (2x), 13. 19., 20., 21. 23., 24., 25., 27., 31.
April	8.	17.	2., 5. 24., 25.	4., 7. 8., 11., 12. 15., 16., 18. (2x) 19., 20., 21., **25.** (3x), 26.
Mai			29., 30.	**1.** (2x)
Juni		15.	9., 13., 14. 30.	
Juli		16., 19. 31.	11., 12., 13. 16., 18., 19., 21. 25., 31.	
August	29.	3. 11. (2x), 13. 17.	16., 20.	

September	20.	2. (2x), 7.	10. (2x), 12. 22., 23. (2x)	
Oktober	24.		4. (2x) 10. **16.**, 19. 23., 28., 29.	
November	22.	24.	3. (2x), 4., 6. **11.**, 12. 15., 16., **17.**, 18., 19. **22.**, 25. 30.	
Dezember		19.	1., 2., 3., **7.** 8., 9., 10., 11., 13. 15., 16., **17.**, 19., **20.**, 21. 22., 25., 27., **28.**, **29.**	

Quelle: AStS, Berufsfeuerwehr, Vorfallenheits-Protokolle 1942–1945
*(**fett** = Bombenangriff).*

Im Stollen

Die Sirene gibt Fliegeralarm – Menschen hasten zu den Stolleneingängen, die wichtigsten Utensilien und Dokumente im Koffer, im Rucksack, im Kinderwagen. – Dann: banges Warten im Berginneren, schweigend, strickend, bei Fadenspielen, hustend in überfüllten Kavernen, bei knapp werdender Luft, mit Ohnmachtsanfällen und Geburtswehen. – Draußen das Rumpeln der niedergehenden Bomben. – Warten – Worauf? – Auf den Endsieg? – Auf das Ende?

Eine Tatsache wurde bereits vorher erwähnt: Die Mehrheit der Salzburger nahm Luftschutzappelle und -ermahnungen nicht ernst, zumindest bis zu jenem Zeitpunkt, da Bomben auf Salzburg niederprasselten. Als am 16. Oktober 1944 erstmals gezielt Bomben auf die Stadt niedergingen, befanden sich etwa 27.000 Menschen in bombensicheren Luftzschutzstollen, die Mehrheit der Einwohner hatte bestenfalls in primitiven Behelfsräumen Schutz gesucht oder sich um den Alarm nicht weiter gekümmert.

Die Situation änderte sich nach dem 16. Oktober schlagartig: Jeder Fliegeralarm verkündete für die Bevölkerung nunmehr eine tödliche Gefahr, und die Menschen strömten in Massen in das sichere Innere der Stadtberge. Während des zweiten Luftangriffes am 11. November befanden sich bereits an die 60.000 Menschen in den Stollen, am 17. November (3. Angriff) waren es 70.000 und am 22. November (4. Angriff) 79.000 Menschen, die von überall her in den bombensicheren Kavernen der Stadtberge Schutz suchten. – 79.000 Menschen, diese Zahl entsprach ungefähr der damaligen Gesamteinwohnerzahl. Frau R. war jedesmal mit ihren drei Kindern zum Stollen unterwegs:

> Die Stollenzeiten, wenn mich da ein Mensch fotografiert hätte. Vorn habe ich den Zwillingswagen geschoben mit den zwei Mädchen, hinten am Buckel habe ich einen riesigen Rucksack gehabt mit Flascherl für die Mädchen, für den Buben war ich Selbstversorger und hinten nach habe ich den Korbwagen gezogen und das war so ein Bergerl hinauf.

Der Schock des ersten Angriffs saß tief, jeder weitere Alarm konnte den Ernstfall bedeuten. Das Luftschutzgepäck lag nun jederzeit griffbereit. Da man nach den amerikanischen Bomberverbänden bald die Uhr stellen konnte (sie kamen regelmäßig zur Mittagszeit), fanden sich bereits prophylaktisch am späteren Vormittag vermehrt Menschen bei den Stolleneingängen ein, um beim Aufheulen der Sirene gleich in den Stollen zu gelangen. Vermehrt sah man Passanten, die das Haus nicht mehr ohne „Luftschutzstockerl" verließen. Der zusammenklappbare Holzsitz ohne Lehne, hergestellt von der Burgauer Holzindustrie in Unterach am Attersee, diente in den Stollen als private Sitzgelegenheit, nachdem die aufgestellten Bänke bei weitem nicht ausreichten.

Viele Personen ließen nun bereits beim Signal „Öffentliche Luftwarnung" alles liegen und stehen, die Mehrzahl der Geschäfte sperrte zu und ließ die Rollbalken herunter. Alles eilte zum Stollen. Diese Vorgänge konnten beim Regime keine Billigung finden, waren aber andererseits auch nicht zu verhindern. Vergeblich argumentierte, erklärte, appellierte und drohte die Gauleitung, vergeblich forderte sie mehr Selbstdisziplin von *übereifrigen Stollenbesuchern*[43]. Vernunft stand aber vor Heldentum.

Gleichzeitig mit der Inanspruchnahme der Stollen nahm die Frequenz der unzureichend schützenden Splittergräben rapide ab. Die unter sichtlichem Aufwand errichteten Gräben standen mit der Zeit beinahe leer. Wurden während des ersten Fliegerangriffs noch etwa 1.350 Personen gezählt, die in Splittergräben der Dinge harrten, schrumpfte die Zahl der Splittergrabengeher bis Anfang Dezember auf ganze 60 Personen. Ausschlaggebend für den Rückgang waren zwei Bombenvolltreffer auf Splittergräben in Itzling und in der Schwarzstraße, die zahlreiche Opfer forderten.

In den Stollen dagegen herrschte Gedränge. Jeder wollte bei Fliegeralarm hinein, wo doch nur für maximal die Hälfte der tatsächlich Schutzsuchenden ausreichend Platz vorhanden war. Aber nicht jeder sollte, und nicht jeder durfte hinein: Nachdem die Stollen restlos überfüllt waren, versuchten die NS-Behörden den Menschen klarzumachen, daß die Luftschutzstollen eigentlich nur für die Bewohner der Umgebung und nicht für jene aus den damaligen Vororten bestimmt waren. Es gab zwar kein ausdrückliches Verbot, jedoch wurde mit Argumenten versucht, eine Überfüllung der Stollen zu verhindern – umsonst. Lediglich Kriegsgefangene und Ostarbeiter wurden mit einem dezidierten Stollenverbot belegt. Diese sollten, so hieß es, einen *angemessenen Schutz außerhalb der Stollen*[44] erhalten: Sie durften in den Splittergräben Platz nehmen oder in nahegelegenen Wäldern Zuflucht suchen.

Dann im Stollen: Während eines Fliegeralarms, der in der Regel ein bis zwei Stunden, manchmal auch länger dauerte, warteten die Bewohner der Stadt in den schlecht beleuchteten Kavernen dann mehr oder weniger dicht gedrängt, sitzend und stehend, stumm oder leise flüsternd, auf die Entwarnung. Bald begannen die Menschen, ihre kleine Welt und ihre Gewohnheiten mit in den Berg zu nehmen: Es bildeten sich eigene Stollenzirkel, viele beanspruchten für sich ein Stammplatzerl. Diese kleinen Regelungen wurden allgemein akzeptiert und gingen solange gut, bis die Flüchtlingswellen aus dem Osten diese privaten Stollenordnungen niederwalzten.

In den Stollen durfte wegen des Sauerstoffmangels nicht gesprochen werden. In einigen Stollen arbeiteten die Belüftungsgeräte sehr schwach, andererseits war der Sauerstoffverbrauch aufgrund der Überbelegung sehr hoch. Teilweise behalf man sich mit Sauerstoffflaschen, manche Stollen waren aufgrund ihrer Anlage besser mit Frischluft versorgt. Stadtdirektor Jenal hielt die Situation später schriftlich fest:

> Die Luftschutzstollen beim Neutor besaßen die beste Frischluftzufuhr; daher waren sie auch immer von vielen Tausenden besetzt. Es wurde zwar in allen Stollen Frischluft hineingepumpt. Aber den Neutorstollen kam zu statten, daß sie mit ihren Eingängen den äußeren Straßenniveaus angepaßt waren und daher gegen die Riedenburg zu aufstiegen. Nun strömt ja bekanntlich die warme Luft oben ab und zieht kalte Frischluft am Boden nach. Die aufsteigende Körperwärme der vielen Besucher förderte den Luftwechsel und deshalb war es hier besser. Wenn trotzdem wegen Überfüllung der Stollen Ohnmachtsanfälle vorkamen, wurde „Tiefe Kniebeuge!" kommandiert. Alles mußte in die Hockstellung übergehen und dadurch wurde ein rascheres Abströmen der oberen verbrauchten Luftschichten verursacht, was dann immer prompt half[45].

Von den schlechten Luftverhältnissen berichtet auch Herr J. J., geb. 1913:

> Wenn wir ein, zwei Stunden drinnen gewesen sind, hat man ohnehin schon keine Luft mehr gekriegt. Das war eine miese Luft, es war keine Belüftung oder Entlüftung da und dann ganz voll. Es war ja noch angenehm bei den Soldaten [= Luftschutzstollen Nr. 19 in der Leopoldskronstraße, Anm. d. V.], aber drüben, wo die Zivilbevölkerung drinnen war, im anderen Keller, da sind ja manche umgefallen aus Luftmangel, es war ja ein schrecklicher Zustand.

Thomas Bernhard, der sich zu dieser Zeit als Dreizehnjähriger in Salzburg aufhielt, berichtet darüber in „Die Ursache":

> Manchmal waren sie reihenweise schon gleich nach ihrem Eintritt in den sogenannten „Glockengassenstollen" [...] ohnmächtig geworden und mußten, um gerettet zu werden, gleich wieder aus dem Stollen hinausgeschleppt werden. Vor den Stolleneingängen warteten immer mehrere große mit Tragbahren und Wolldecken ausgestattete Autobusse, in welche die Ohnmächtigen hineingelegt worden sind, aber meistens waren es mehr Ohnmächtige, als in diesen Autobussen Platz gehabt hatten, und die in den Autobussen keinen Platz hatten, wurden unter freiem Himmel vor den Stolleneingängen abgelegt, während die in den Autobussen durch die Stadt in das sogenannte Neutor gefahren worden sind, wo die Autobusse mit diesen in ihnen Liegenden [...] so lange abgestellt waren, bis *entwarnt* war[46].

Frau G. H., damals elf Jahre alt, sieht die Ereignisse in einem weniger traumatischen Licht:

> [...] der Weg da hinein war mir schon immer sehr sehr unangenehm. Aber ansonsten muß ich sagen, daß ich die Stollen nie so beängstigend oder beengend empfunden habe, wie das heute sehr oft geschildert wird. Ich denke da gerade an das Buch „Die Ursache" von Thomas Bernhard, der an und für sich die Situation damals beschreibt.

Abb. 54: Zwei Mädchen in Luftschutzadjustierung.

Gefährlicher als der Sauerstoffmangel war die Infektionsgefahr bei Grippe und Erkältungskrankheiten, der vor allem Säuglinge und Kleinkinder oft nichts entgegensetzen konnten. Im Zusammenspiel mit Kinderkrankheiten bildeten sich hier äußerst kritische Situationen, an deren Ende nicht selten der Tod stand. Nach Schätzungen des damaligen Magistratsdirektors Jenal starben etwa 500 Kinder an der sogenannten „Stollenkrankheit“. Nachdem das Sterben der Kinder mit dem Aufenthalt in den Stollen in Zusammenhang gebracht werden konnte, verzichteten viele Mütter darauf, bei Alarm in den Luftschutzstollen zu gehen. Frau J. hat damals mit ihrer kleinen Tochter Salzburg verlassen.

> Die Kinder sind in der Umgebung weggestorben, sehr überraschend eigentlich. Durch die Masern und durch das Stollengehen sind sie wahrscheinlich verkühlt worden und dann ist irgendwie die Lunge angegriffen worden. Man hat damals gesagt, das ist die Lungenpest. Und jetzt habe ich die Flucht ergriffen und bin hinauf auf den Hochkönig mit meiner Kleinen. Dort war ich irgendwie geborgen und habe mich wohl gefühlt, hingegen zu Hause das Elend war.

Auf der anderen Seite wurden im Stollen auch einige Kinder geboren. Das erste dieser „Stollenkinder“ erblickte am 15. November 1944 in dieser schrecklichen Zeit das Dunkel der Welt.

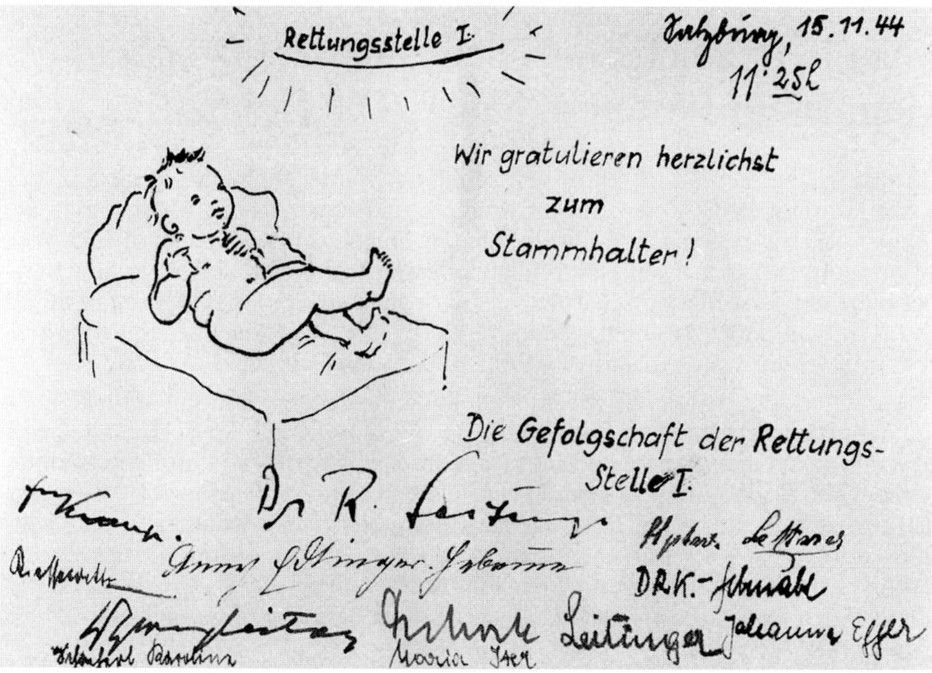

Abb. 55: Die Glückwunschkarte zur Erinnerung an die Geburt des ersten „Stollenkindes“ am 15. November 1944 in der Rettungsstelle I hinter der Pferdeschwemme.

Je länger sich der Krieg und damit die Luftangriffe hinzogen, desto mehr breiteten sich Lethargie und Gleichgültigkeit aus, verbunden mit der Hoffnung, der Schrecken möge nur bald ein Ende haben. Die unerhörte Tatsache, daß sich fast 80.000 Menschen stundenlang in künstlichen Höhlen verkrochen und die Stadt damit praktisch zu einer menschenleeren Ansiedlung wurde, ist aus heutiger Sicht ebensowenig beschreibbar wie der emotionale Zustand, in dem sich die Menschen damals befanden. Eine Annäherung bietet vielleicht eine lapidare aber bezeichnende Beschreibung in den Erinnerungen von Johanna Schuchter:

> Saßen wir zwei oder drei Stunden schweigend in dem schlecht beleuchteten „Stollen"? Man durfte wegen des Sauerstoffverbrauchs nicht reden. Einige Frauen strickten. Die Kinder schliefen auf dem Schoß ihrer Mütter, doch einige waren schwer ruhig zu halten. Bei den Einschlägen schaute man sich erschreckt an. Einmal hörten wir fünf, sechs rapide hintereinander und so, als wären sie über unseren Köpfen erfolgt, jedenfalls ganz in der Nähe. Einer flüsterte „Kapuzinerberg", ein anderer „ja, Luftlinie Gnigler Verschiebebahnhof". Waren es also Fehlschläge auf die Wälder des Kapuzinerbergs? Doch wieder war es wie eine Kanonade und ein stummes Entsetzen in den Mienen der sich Anblickenden. Was mochte wieder in Trümmer gefallen und welche Häuser eingestürzt sein?![47]

„Auf heimatlichem Boden zum Schutze der Heimat auf Posten stehen" – Die Heimatflak

Ebenso wie der zivile Luftschutz vernachlässigt wurde, sah man auch in militärischer Hinsicht lange Zeit keinen Grund, in und um Salzburg Maßnahmen zur Flugabwehr zu treffen. Der Schwerpunkt der Flugabwehr lag verständlicher Weise im Norden und Westen Deutschlands im Einflugbereich der britischen Bomberverbände. Erst die Verschärfung des Krieges und die Eröffnung der zweiten Luftfront von Süden zwang die deutsche Luftwaffe, Gegenmaßnahmen zu ergreifen. In Salzburg wurde man diesbezüglich im ersten Halbjahr 1943 aktiv.

In der Zeit vorher wurde die Mozartstadt hin und wieder von mobilen Flakeinheiten heimgesucht, wenn sich Hitler mit seinem Führungsstab im Schloß Kleßheim bzw. auf dem Obersalzberg aufhielt. Die zum Schutz der NS-Führung in Stellung gebrachten Flak-Geschütze wurden nach deren Abreise wieder verlegt. Offensichtlich fühlte sich Hitler trotz des aufwendig errichteten Bunkers in Kleßheim vor Angriffen aus der Luft nicht gänzlich sicher. Beim leisesten Verdacht eines Luftangriffs auf Salzburg verließ der Führer Hals über Kopf die Stadt und begab sich auf den Obersalzberg. Herr H. T., geb. 1928, damals Luftwaffenhelfer:

> Wir wußten schon lange, bevor wir Alarm hatten, „Alpenrose" oder „Enzian", da ist die Mercedes-Kolonne von Kleßheim aufgebrochen – und damals war überhaupt kein Autoverkehr auf der Autobahn – und in rasender Fahrt auf den Obersalzberg in

> die absolut bombensicheren Bunker. Der Bunker in Kleßheim war zwar auch sehr sicher, ich war nie drinnen, aber man hat mir berichtet, das er mit allen Raffinessen ausgestattet war, mit einem Notstromaggregat von einem U-Boot-Motor und so weiter. Aber dem haben sie scheinbar nicht vertraut.

Aus organisatorischen und sicherheitstechnischen Gründen, vor allem wegen der Nähe Salzburgs zum Obersalzberg, wurden Ende Februar 1943 der Flughafen und der Gaisberg aus dem Luftgau XVII (Wien) ausgegliedert und exterritorial dem Luftgau VII (München) zugeschlagen.

Für den militärischen Luftschutz der Städte war mit Beginn 1943 kaum noch ausgebildetes Militärpersonal verfügbar. Nach diversen Auskämmaktionen für die Wehrmacht standen auch keine Männer im wehrfähigen Alter mehr bereit. So wurde die sogenannte „Heimatflak" ins Leben gerufen. Als Bedienungspersonal wurden ältere Jahrgänge meist umliegender Betriebe als „Flakwehrmänner" ausgebildet, die Hauptlast der Luftverteidigung des Hinterlandes lag jedoch bald auf den schmalen Schultern der „Luftwaffenhelfer", 16- bis 17jährige Schüler der Jahrgänge 1926 und 1927, ab 1944 auch des Jahrganges 1928.

Der Heranziehung schulpflichtiger Jugendlicher für die Heimatflak ging ein internes Politikum zwischen Reichskanzlei, Luftwaffe, Erziehungsministerium und HJ voraus, inwieweit Schüler zum Kriegsdienst abgestellt werden könnten und sollten. Leopold Banny führt dazu in seinem grundlegenden Buch über die Luftwaffenhelfer aus:

> Am 7. Jänner 1943 fiel die Führerentscheidung nach schier endlosen Konferenzen der direkt und am Rand betroffenen Ministerien und Institutionen. Hitler stellte persönlich die Weichen für die Heranziehung der Schüler [...], machte aber den Einsatz bei der Flak von mehreren Voraussetzungen abhängig. Nur ein Teil der 16- und 17jährigen Schüler der höheren und mittleren Schulen durfte anfangs eingezogen werden.
>
> Der Einsatz hatte [...] örtlich zu erfolgen. [...] Der Einsatz von Mädchen wurde vorerst völlig ausgeklammert.
>
> Der Hitlerjugend wurde schließlich das Recht zugestanden, zehn Prozent der einzuziehenden Luftwaffenhelfer als Hitlerjugendführer zurückbehalten zu können[48].

Für die Bevölkerung, vor allem aber für die Eltern der „Flakhelfer", bedeutete dies mitten in der Kriegszeit eine neuerliche schwere Belastung. Schuldirektoren und Kreisleiter hielten „Aufklärungsversammlungen" ab, um die Eltern von der Notwendigkeit dieser Maßnahme zu überzeugen. Bei den Betroffenen selbst bedurfte es in den allermeisten Fällen keinerlei Überzeugungsarbeit. Die Schüler waren mit Feuer und Flamme bei ihrer neuen Tätigkeit und zugleich froh, sowohl der Schule als auch der HJ entkommen zu sein. Trotzdem sollte der Schulunterricht in eingeschränkter Form weitergeführt werden.

Die Aufstellung der Heimatflak in Salzburg begann im Frühsommer 1943 mit der Einberufung von Haupt- und Mittelschülern des Jahrgangs 1926 und 1927. Im

September desselben Jahres erfolgte eine weitere Einberufung. Die Luftwaffenhelfer wurden zunächst in einem Luftwaffenlager ausgebildet, das sich an der Innsbrucker Bundesstraße im Bereich Karolingerstraße–Stieglbahn befand, und anschließend den einzelnen Flakstellungen zugeteilt.

Grundsätzlich standen zur Luftverteidigung Salzburgs drei schwere und eine mittlere Flak-Batterie bereit. Bereits seit März 1943 war eine Flakstellung ständig besetzt: In Itzling im Bereich der heutigen Goethe-Straßen-Siedlung befand sich eine Flak-Batterie mit vier Geschützen des Kalibers 8,8 cm. Hier wurde auch ausgebildet. Im Juli 1943 wurden dann von regulären Verbänden zwei Flak-Batterien abgegeben und von der Heimatflak übernommen. Sie erhielten die Bezeichnungen 226/VII (Salzburg 1) und 227/VII (Salzburg 2). Die 226/VII bestand aus sechs russischen Beutegeschützen des Kalibers 8,5/8,8 cm und befand sich zunächst im Bereich Glanhofen/Taxham. Später wurde die Stellung nach Wals verlegt. Die 227/VII mit vier russischen Geschützen desselben Kalibers bezog Stellung im Raum Morzg. Im Sommer 1944 erhielten beide Stellungen Verstärkung von sechs weiteren Geschützen mit Luftwaffenhelfern aus Niederösterreich und wurden zu einer sogenannten „Großkampfbatterie". Anläßlich des „Tages der Deutschen Wehrmacht" fand auch einmal die Vorführung eines 10,5 cm Geschützes statt.

Ende September 1944 schließlich wurden die Morzger nach Hallwang verlegt, wo sie mit zwölf Geschützen ebenfalls eine Großkampfbatterie bildeten. Die verwaiste Morzger Stellung übernahmen statt dessen ab 29. November 1944 zwei SS-Flakbatterien, über die allerdings nicht mehr bekannt ist.

Neben den schweren Flakbatterien gab es noch die mittlere Heimatflakbatterie 34/VII mit zunächst zwei, später fünf Zügen. Die 34/VII besaß 3,7 cm-Geschütze – ausschließlich russische Beutewaffen – und bezog an mehreren Punkten der Stadt Stellung, die zum Teil auch verlegt wurden. Mitte Februar 1944 waren die fünf Züge wie folgt verteilt: Gaswerk, Robinighof, Scherzhausen, Nonntal und Riedenburg. Später befanden sich Stellungen auch in Himmelreich, unmittelbar neben der Autobahn und beim Gasthof „Kugelhof".

Der Geschützpark bestand wie schon erwähnt ausschließlich aus russischen Beutewaffen, die in Deutschland hergestellt, im Jahr 1939 an die UdSSR verkauft und im Verlaufe des Krieges von der Deutschen Wehrmacht erbeutet wurden. Die sogenannte „Russenflak" besaß den Nachteil, daß das ursprüngliche Kaliber 8,5 cm auf das größere deutsche Kaliber 8,8 cm aufgebohrt werden mußte, und es daher zu gefährlichen Pannen wie Ladehemmungen, Hülsenklemmungen und Rohrkrepierern kommen konnte. Die Bedienung einer solchen Flak-Batterie erforderte einen relativ hohen Personalstand. Einem Geschütz waren neun Kanoniere und drei Mann für die Entfernungsmessung zugeteilt. In der Batterie 227/VII in Morzg mit ihren vier Geschützen befanden sich im Dezember 1943 beispielsweise 75 Luftwaffenhelfer. Dazu kamen 20 Mann Stammpersonal – aktive oder „bedingt kriegsverwendungsfähige" Soldaten, die die Schlüsselfunktionen vom Geschützführer bis zum Batteriechef einnahmen.

Abb. 56 und 57: 16jährige Luftwaffenhelfer in der Morzger Flakstellung. Im Bild unten ist im Hintergrund links neben dem Geschütz das Krematorium erkennbar.

Abb. 58 und 59: Zwei Stellungen der Heimatflak. Bild oben in Schallmoos (rechts im Hintergrund der Robinighof), Bild unten im Nonntal.

Abb. 60 und 61: Luftwaffenhelfer beim Meßgerät (Bild oben) und beim Aufmalen eines Ringes auf dem Kanonenrohr für einen zuerkannten Flugzeugabschuß (Bild unten).

Abb. 62 und 63: Auch ältere Jahrgänge wurden zur Heimatflak eingezogen.

Abb. 64 und 65: Ausbildung am Geschütz. Im Bild unten im Hintergrund der Flugplatz.

Abb. 66: Zur Unterstützung der Flak wurden starke Scheinwerfer auf mehrere Meter hohe Holzgestelle montiert. Die Scheinwerfer sollten bei einem Angriff in der Dunkelheit die Bomber am Nachthimmel ausmachen.

Zwei Luftwaffenhelferinnen waren im Fernmeldedienst tätig. Die Nachtschicht übernahmen dann die „Flakwehrmänner" der älteren Jahrgänge, die mit ihren Offiziersdienstgraden aus dem Ersten Weltkrieg Wache schoben. Und für die manuelle Schwerarbeit waren 30 russische Kriegsgefangene, sogenannte „Hiwis" (Hilfswillige), gut genug, die ihrerseits froh waren, dem Hungerdasein des Gefangenenlagers entkommen zu sein: Sie waren Munitionsträger und bauten die Geschützstände aus. Der oft freundschaftliche Kontakt zwischen Russen und Mittelschülern mußte in allen Flakstellungen von den Vorgesetzten immer wieder unterbunden werden.

Mitte Februar 1944 waren im Raum Salzburg insgesamt 172 Luftwaffenhelfer im Einsatz, die mittlere Heimatflak 34/VII bestand ausschließlich aus 16jährigen Schülern. In dieser Zeit, genau am 22. Februar, wurden erstmals amerikanische Maschinen beschossen, die Salzburg überflogen.

Die Frage, wie effizient die Luftverteidigung gegenüber den amerikanischen Bomberverbänden war, läßt sich schnell beantworten: Den Salzburger Flakbatterien war nur in seltenen Fällen ein Erfolg, sprich Abschuß eines Flugzeuges, beschieden. Dazu H. P., Luftwaffenhelfer des Jahrgangs 1928:

> [...] Wir haben zwar geschossen, aber der Erfolg war mehr oder weniger gering. Und dann sind sie wieder weg gewesen auf einmal.

Die Gründe waren vielgestaltig: Die Flugzeuge flogen in der Regel zu hoch, um erfolgreich anvisiert werden zu können, die Flugabwehrtechnik hinkte der Flugtechnik hinterher und mit dem zunehmenden Munitionsmangel gegen Ende des Krieges war anstatt des Sperrfeuers nur mehr der gezielte Einzelschuß erlaubt. Der direkte Abschuß eines Flugzeuges bildete die Ausnahme, eher mußten die US-Flieger mit einer Beschädigung durch Granatsplitter rechnen. Nach amerikanischen Quellen gingen im Verlaufe der 15 Luftangriffe auf Salzburg elf US-Maschinen durch Flakbeschuß verloren, 26 weitere wurden beschädigt. Das heißt aber nicht, daß alle diese Treffer der Salzburger Heimatflak zugeschrieben werden dürfen, sondern genausogut irgendwo zwischen Hin- und Rückflug passiert sein können. Einige Treffer wurden jedenfalls von den zuständigen Wehrmachtsdienststellen den Salzburger Flakstellungen offiziell zuerkannt und durften auf den Geschützen vermerkt werden.

Beachtlich war die Anzahl der abgegebenen Schüsse: Beim Luftangriff am 22. November 1944 etwa wurden aus den Flakstellungen rund um Salzburg 1.429 Granaten auf 76 B-17 und B-24-Bomber abgefeuert. Die Amerikaner hatten nach diesem Angriff drei Verluste und zehn Beschädigungen zu beklagen, wobei – siehe oben – nicht bekannt ist, von wo aus die Flugzeuge getroffen wurden.

> Der Anblick hunderter feindlicher Bomber, die einem Ameisenstrom gleich, von Süden über das Tennengebirge über die Stadt hinweg nach Norden flogen, gehört zu den unvergeßlichsten Eindrücken der Jungen. Auf die Idee, daß diese unendliche Überlegenheit des Feindes für sie irgendwelche Konsequenzen haben könnte, ist

damals keiner gekommen. Die Flughöhe betrug zumeist über 6000 m, damit lagen die Ziele nur im günstigsten Fall im Bereich. Zumeist aber hieß es: „Ziel außer Bereich“[49].

Ein Bestandteil der Luftverteidigung bildete die künstliche Vernebelung der Stadt durch im gesamten Stadtgebiet installierte Vernebelungsgeräte. Durch den Austritt eines Chlorsulfonsäure-Schwefeltrioxyd-Gemisches sollte den amerikanischen Bomberverbänden die Sicht auf das Angriffsziel genommen werden. Bereits im März 1943 wurde zu diesem Zweck die motorisierte Nebelabteilung 1/IV aus Jena nach Salzburg verlegt. Die Berichte über die Effizienz der künstlichen Vernebelung sind sehr unterschiedlich und reichen von *geringer Wirkung* bis *geschlossene Nebeldecke*.

Eine Testvernebelung Salzburg–Obersalzberg am 8. Juli 1944 brachte für den eigenen Beobachter aus 3.500 Meter Flughöhe folgendes Ergebnis:

> Eintreffen über Salzburg 10.50 Uhr. Flughöhe 3.500 m. Nebeldecke über Objekt Salzburg geschlossen. Nebelbildung gut. Erdsicht durch Nebeldecke nicht möglich. Salzach, Hauptteil des Stadtgebietes, Hauptbahnhof frei.
>
> Vorschlag:
>
> Einsatz weiterer Nebelgeräte am Ostrand der Stadt, damit Vernebelung des gesamten Stadtgebietes Salzburg erzielt wird[50].

Ebenso spricht der amerikanische Einsatzbericht nach dem ersten Luftangriff am 16. Oktober 1944 von einer dichten künstlichen Vernebelung:

> Salzburg very effective smoke screen over city. Smoke screen just starting when first came over target area. 10 minutes later smoke screen had grown very effective[51].
>
> (Sehr wirksame Nebeldecke über der Stadt Salzburg. Vernebelung begann bei Eintreffen der ersten Maschinen über Zielgebiet. Zehn Minuten später war die Nebeldecke bereits sehr wirksam.)

Zeitzeugenberichte indes sprechen eine andere Sprache und Fotografien zeigen statt einer dichten Nebeldecke oft nur einzelne Rauchschwaden.

Die Vernebelung brachte jedoch den US-Flugzeugen auch Vorteile: Durch die Einnebelung des Salzachtales bei jedem Anflug größerer Bomberverbände waren diese vor Flakfeuer geschützt, wie ein ehemaliger Luftwaffenhelfer in seinen Erinnerungen beklagte.

Anfang November 1944 wurde die Nebelabteilung 1/IV durch die Nebelkompanie 53 abgelöst. Letztere hätte ursprünglich dem Luftgau XI zugeteilt werden sollen, wurde aber schließlich als „führungswichtig“ nach Salzburg verladen. Die Kompanie kam am 5. November in Salzburg an und sollte bis zum 13. ihre Geräte aufstellen. Dabei kam es zu einem Eklat, als festgestellt wurde, daß 80 Prozent der 420 Nebeltöpfe nicht einsatzbereit waren. Es folgten gegenseitige Schuldzuweisungen der einzelnen Dienststellen und eine gründliche Überholung der Geräte direkt in den Stellungen. Außerdem dauerte es einige Zeit, bis alle Geräte in Stellung gebracht und „nebelklar“ waren.

> Trotz weiterer Arbeit und Zuführung von 60 Geräten ist infolge Betriebstoffmangel und Fehlens von Kfz für den weitverzweigten Einsatz nur ein schrittweises Vorwärtstreiben des Gesamteinsatzes möglich. Preßluft- und Nebelsäureversorgung kann bis zum Eintreffen der angeforderten und notwendigen Lkw. nur durch 2 Lkw. [...] nicht ausreichend durchgeführt werden[52].

Die Nebelkompanie dürfte anschließend bis Kriegsende in Salzburg verblieben sein. Was die Flakbatterien betrifft, so ist bekannt, daß die zuletzt in Hallwang befindliche Batterie 227/VII Ende März 1945 an die Westfront nach Württemberg abkommandiert wurde. Die Luftwaffenhelfer des Jahrgangs 1928 waren zuvor entlassen worden, mit diesen auch H. P.:

> Und in Hallwang war das Ende. Der letzte Batteriechef war der Hauptmann Negele, glaube ich, hat er geheißen, der war aus Nürnberg, der hat sich dann verabschiedet und zu uns gesagt: „Geht's heim und schaut's, wie es euch geht“.

Und sie gingen heim. Bis auf einen Todesfall gab es bei den Luftwaffenhelfern in Salzburg keine Verluste zu beklagen.

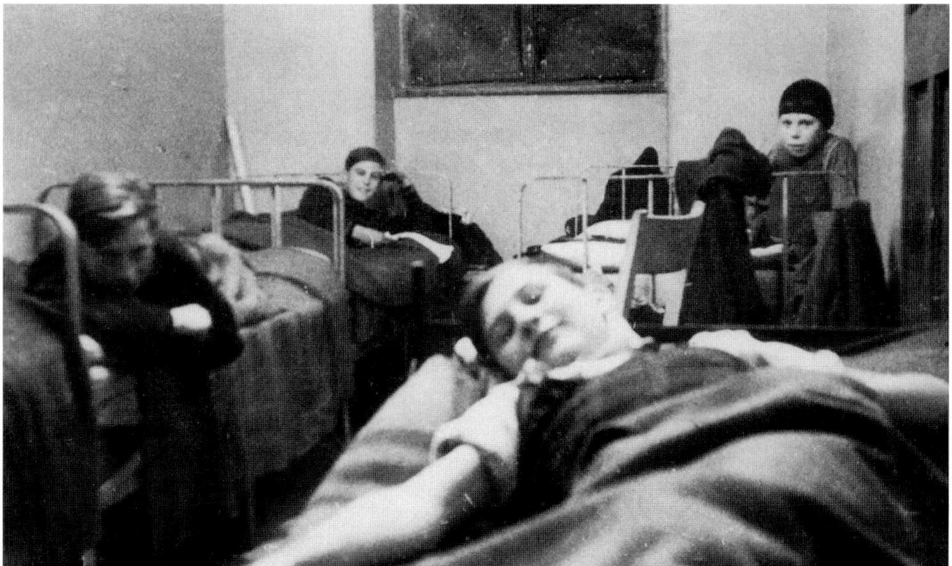

Abb. 67: Die älteren Schüler der Hauptschulen, Mittelschulen und der Lehrerbildungsanstalt waren als Brandwache ausgebildet und mußten „im Einsatz“ in ihrer Schule übernachten, wie hier im Bild in der Hauptschule St. Andrä.

Abb. 68 und 69: Künstliche Vernebelung der Stadt im Bereich Imbergstraße/Giselakai: Mit insgesamt 480 Nebeltöpfen wollte man eine geschlossene Nebeldecke erreichen, um so das Stadtgebiet für amerikanische Bomberverbände zu verbergen.

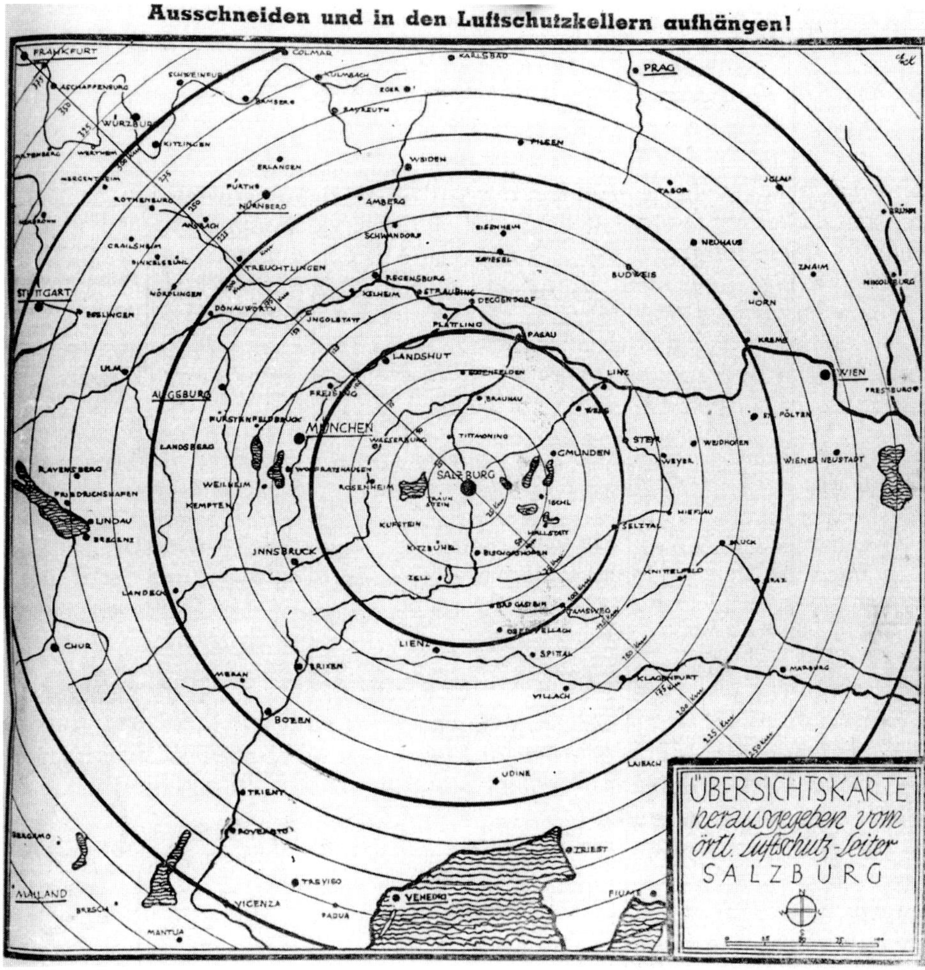

Abb. 70: „Übersichtskarte herausgegeben vom örtlichen Luftschutz-Leiter Salzburg.“ Die Erläuterung unterhalb der Karte lautet: „Bekanntlich werden auch in Salzburg bei besonderer Luftgefahr und bei Luftalarm eigene örtliche Luftlagemeldungen über Drahtfunk und teilweise auch über Rundfunk gegeben. Der Bevölkerung sind die Luftlagemeldungen ein wesentlicher Anhaltspunkt. Die obige Karte ist zum Verständnis der von Salzburg durchgegebenen Luftlagemeldungen unbedingt wichtig. Die eingezeichneten Kreislinien zeigen die Entfernung von der Gauhauptstadt von je 25 km an“.
Diese Karte wurde extra gedruckt und verteilt, aber auch in der „Salzburger Zeitung“ abgedruckt. Sie sollte ausgeschnitten und in den Luftschutzkellern aufgehängt werden. Jeder Kreis bedeutete eine Flugzeit von ca. fünf Minuten, weshalb „Luftlage 20“ angab, daß sich die anfliegenden Flugzeuge in einer Entfernung von vier Kreisen, z. B. gerade über München oder Lienz befunden hatten.

„Terrorpilot aufgespürt" – Über notgelandete Bomberbesatzungen

Über das Schicksal von notgelandeten Bomberbesatzungen ist im allgemeinen nur wenig bekannt. In der Anfangszeit des Bombenkrieges wurden jene Besatzungsmitglieder, die sich mit dem Fallschirm retten konnten, in den meisten Fällen in Kriegsgefangenenlagern interniert. Mit der zunehmenden Radikalisierung des Krieges, der sich abzeichnenden Niederlage Hitler-Deutschlands und der Ausweitung des Bombenkrieges gegen deutsche Städte änderte sich die Lage für die alliierten Bomberbesatzungen dramatisch. Ab dem Frühsommer 1944 wurde die Bevölkerung quasi aufgefordert, mit notgelandeten Feindfliegern kurzen Prozeß zu machen. Dazu schreibt Thomas Albrich:

> Schon in den Wochen vor der Invasion hatte das Regime versucht, im herrschenden Klima der Angst und Anspannung die zweifellos vorhandenen Aggressionspotentiale unter der Bevölkerung auf äußere Feinde zu lenken. Hier bot der Luftkrieg einen geradezu idealen Ansatz. Mit Schlagzeilen wie „Neue verbrecherische Methode des Luftterrors. Tiefangriffe der Luftangriffe gegen die Zivilbevölkerung" oder „Luftgangster morden Frauen und Kinder" wurde die Luftkriegspropaganda im Frühsommer 1944 bewußt radikalisiert[53].

Das Parteiblatt „Salzburger Zeitung" stand solchen Schlagzeilen in nichts nach. In einem Leitartikel im „Völkischen Beobachter" vom 27. Mai 1944 forderte Propagandaminister Goebbels offen zur Lynchjustiz an abgeschossenen Fliegern auf, ein ebensolches Vorgehen empfahl Bormann in einem Rundschreiben an alle Reichs-, Gau- und Kreisleiter.

Die für die Angriffe auf Salzburg eingesetzten US-Bomberbesatzungen liefen also grundsätzlich Gefahr, im Falle eines Abschusses von der Bevölkerung umgebracht bzw. übel zugerichtet zu werden. Das amerikanische Luftflottenkommando empfahl den Fliegern, daß sie sich bei einem Absprung im Salzburger Land an Bauern wenden sollten, die sehr freundlich und hilfsbereit wären[54]. Aus der Steiermark und aus Tirol ist bekannt, daß aufgegriffene Besatzungsmitglieder in einzelnen Fällen sowohl auf der Stelle gelyncht oder verhört und anschließend umgebracht, aber auch völlig korrekt behandelt wurden. In einigen Fällen wurde alliierten Fliegern durch den Einsatz von Zivilpersonen und Angehörigen der Exekutive auch das Leben gerettet.

Wieviele Flugzeuge in Stadt und im Land Salzburg zwangsweise niedergingen, ist nicht bekannt. Maschinen, die über Salzburg getroffen wurden, gingen nur selten auch in Salzburg nieder. Oft mußten getroffene Maschinen erst viele Kilometer nach dem Angriffsziel aufgegeben werden.

Sehr widersprüchlich sind die Angaben über das Schicksal jener Besatzungsmitglieder einer B-24 „Liberator", die im Frühjahr 1944 direkt über der Stadt

Salzburg mit dem Fallschirm niedergingen. Die Maschine dürfte bereits andernorts getroffen worden sein bzw. eine Havarie gehabt haben, jedenfalls war sie in niedriger Flughöhe und allein unterwegs. Von der Salzburger Flak erhielt sie einen Volltreffer. Luftwaffenhelfer H. T. war daran beteiligt:

> Wir dachten, der haut uns die Bomben in die Stellung, war aber nicht und ich dreh' die Kurbel ganz rauf und wie der schreit „Sprung!" habe ich genau diesen Einstellpunkt erreicht gehabt, den der von der Kommandozentrale durchgegeben hatte. Die Gruppe[55] fuhr raus, also Feuer, ich schau wieder rauf, zwei sind wieder dahinter und ein Volltreffer, das war unser Geschütz, der hat ihn mittschiffs getroffen.

Über die nächsten Minuten gibt es widersprüchliche Erinnerungen, was das weitere Geschehen und auch das Datum betrifft. Einig sind sich die Zeitzeugen nur darüber, daß ein Mitglied der Besatzung mit dem Fallschirm in der Salzach landete. Zunächst ein Ausschnitt aus der Tagebucheintragung des Luftwaffenhelfers H. G., Freitag, 9. Mai 1944:

> Plötzlich kommt eine 4-mot. Maschine auf Salzburg nieder. 3 Fallschirme öffnen sich und auch wir setzen noch eine „Gruppe" hinein. Im selben Moment platzt die Maschine auseinander und die brennenden Trümmer trudeln langsam zur Erde. Im ganzen sind 6 Fallschirme in der Luft. Nach etwa 10 Min. verschwinden sie hinterm Mönchsberg[56].

Dazu noch einmal Luftwaffenhelfer H. T.:

> Von den zwölf Mann, die drinnen waren, sind, glaube ich, zehn Mann rausgekommen, waren zwei tot oder ist bei einem der Fallschirm nicht aufgegangen, das konnte man nachher nicht mehr feststellen [...]. Einer ist mit ungeöffnetem Fallschirm beim Bäcker Schallhart in Maxglan vis-à-vis vom Haasmann in den Garten reingedonnert. [...] Die anderen wurden eben durch den Wind vertrieben. Einer ist in der Salzach gelandet, einer am Mönchsberg, ein Neger.

Das wahrscheinlichere Abschußdatum ist der 9. Juni 1944. Mit diesem Todesdatum sind im Friedhofsbuch des Salzburger Kommunalfriedhofs die drei US-Flieger-Sergeants Marian Fritsch, Lyle Eberspecher und Edgar Ferguson als Tote und dort Beerdigte eingetragen. Die Leichen wurden nach dem Krieg exhumiert.

Herr S. M., geb. 1930, beobachtete die Fallschirmlandung eines Besatzungsmitgliedes vom Eingang des Stollens „Kaltenhauserkeller" nahe dem Klausentor:

> [...] da haben wir auch Dröhnen gehört, Flakbeschuß der Flugzeuge. Auf einmal, wir stehen draußen vor dem Eingang [des Stollens, Anm. d. Hg.], schwebt vor unseren Augen am Fallschirm ein Mann herunter und fällt genau in die Mitte der Salzach. Wir haben immer gehört, wie der geschrien hat „Help, help!". Jetzt haben wir uns gesagt, das muß ja ein Besatzungsmitglied eines abgeschossenen Bombers sein. Und dann haben wir gesehen, wie die Leute drüben am Ufer zusammengelaufen sind und bei der Eisenbahnbrücke hat man den Mann herausgezogen. Dem ist

> angeblich nichts passiert. Kurz darauf ist ein Regierungsauto vorbeigefahren, da ist er drinnengesessen, das hat ihn dann geholt.

Herr R. A., damals zehn Jahre alt, glaubt sich erinnern zu können, daß jener Amerikaner von einer aufgebrachten Menge gelyncht wurde:

> Jedenfalls ist einmal auf der Sandbank beim Müllnersteg, da ist ein Alliierter heruntergekommen, der ist damals erschlagen worden, soviel ich weiß, haben sie den damals gesteinigt [...], fast gesteinigt, könnte sein, weiß ich nicht mehr ganz genau.

Herr R. P., geboren 1929, ist sich dagegen sicher, daß der Amerikaner gerettet wurde:

> [...] Abspringer hat es auch gegeben, der ist in der Salzach gelandet und das war knapp daran, daß der gelyncht worden wäre. Was ich gehört habe, war da ein sehr vernünftiger politischer Funktionär, der mit der Waffe in der Hand gesagt hat, laßt's das.

Und schließlich Herr H., nach dessen Erinnerung der Soldat am Leben blieb:

> [...] neben der heutigen Lehener Brücke ist mit dem Fallschirm der Pilot oder einer von der Besatzung gelandet, das war ein Neger, der ist in der Salzach gelandet, den hat man dann herausgezogen, es sind einige dort gestanden mit der Pistole und haben den bedroht. Es ist dann aber reguläres Militär gekommen, die ihn dann in Empfang genommen haben und als Gefangenen weggebracht haben.

Abb. 71: Die Trümmer eines abgeschossenen US-Bombers in Maxglan.

Die Trümmer dieser abgeschossenen Maschine stürzten in Maxglan, im Bereich der Kleßheimer Allee, zu Boden. Einige trafen auch ein Einfamilienhaus, in dem damals der LBA-Schüler J. R. (Jg. 1927) wohnte:

> Der Propeller, das war so ein dreiflügeliger Propeller, mit dem Motorblock dran, ungefähr 600 kg schwer. Der hat das Dach durchgeschlagen. Er ist Gott sei Dank auf eine Zwischenwand getroffen, die die Wucht ziemlich verringert hat und ist dann im Parterre liegengeblieben mit einem riesigen Schutthaufen. Mein Vater war zu Hause, ist nach einer Magenoperation noch im Bett gelegen. Der hat riesiges Glück gehabt.

Zu einem heftigen Briefwechsel mit Sachverhaltsdarstellungen führte der Absturz eines US-Bombers im Lungau. Am 25. Februar 1944 fand über dem Lungau ein Luftkampf statt, in dessen Verlauf vier US-Flugzeuge abgeschossen wurden, zwei davon mußten im Lungau niedergehen. Die Chronik des Gendarmeriepostens Zederhaus meldete den Absturz eines amerikanischen viermotorigen Bombers, der unterhalb der Ballon-Spitze zerschellte. Die Besatzung konnte sich rechtzeitig mit dem Fallschirm retten und landete im Murwinkel. Aus der zweiten Maschine stiegen nach einer Meldung des Gendarmeriepostens Tamsweg 14 Mann aus und landeten im Gebiet Tamsweg–Lessach.

> 10 Mann von der gelandeten Besatzung wurden hier aufgegriffen und ohne Widerstand gefangen genommen. Die noch weiteren 4 Mann hatte der Posten Stoder, Steiermark, aufgegriffen[57].

Hinter dieser lapidaren Meldung tat sich aber die tiefe Kluft zwischen der Menschlichkeit einiger Lungauer und der Menschenverachtung des NS-Regimes auf. Einer der US-Flieger war in der Nähe des Prebersees niedergegangen, wurde vom dortigen Hotelier Julius Funcke aufgegriffen und im Hotel verköstigt. Ein weiteres Besatzungsmitglied betrat ein Haus in Seetal, wo er von einer Austragbäuerin mit Kaffee und Brot bewirtet wurde. Und schließlich wurden noch drei Amerikaner von der Landwachtpatrouille aufgegriffen, nach Seetal gebracht und dort ebenfalls mit Essen und Trinken versorgt. Die Geschichte drang bis zum Chef der Sicherheitspolizei und des SD, Ernst Kaltenbrunner, der sich darüber seinerseits beim Salzburger Gauleiter und Reichsstatthalter Scheel beschwerte. Dieser wiederum schickte einen geharnischten Brief an den Lungauer Landrat Simel.

> Sollte der Vorgang zutreffen, werde ich die betreffenden Bauern in eine stark zerstörte Stadt schicken und ihnen wenn möglich auch die Leichen gefallener deutscher Frauen und Kinder zeigen, damit sie begreifen, um was es heute geht[58].

Es bedurfte eines beschwichtigenden Briefes des Landrates, der die Vorkommnisse in einem regimegünstigen Licht zeigte sowie einer ausführlichen Sachverhaltsdarstellung von Funcke, um die Angelegenheit auf sich beruhen zu lassen.

Abb. 72: Überreste des am 25. Februar 1944 im Zederhaustal niedergegangenen US-Bombers; die Besatzung hatte sich mit dem Fallschirm retten können.

Weniger Glück hatte der Pilot des Bombers mit dem Kennzeichen „Y 297165-4 A“, der im Gemeindegebiet von Lessach abstürzte, nachdem die Besatzung ausgestiegen war. Neun Mann wurden im Gemeindegebiet von Mariapfarr festgenommen, der Pilot, der als letzter abgesprungen war, versteckte sich zunächst im Raum Ramingstein. Dort wurde er schließlich von HJ-Angehörigen entdeckt, die ihn beinahe umbrachten.

> Die Gendarmerie bat das Lager der Hitler-Jugend um Unterstützung.
>
> Die Jungen durchstreiften die Almen und Waldstücke und schließlich wurde gegenüber Ramingstein der Terrorpilot aufgespürt. Er wurde mit einer gehörigen Tracht Prügel bedacht und wurde nur durch das rasche Nahen des Gendarms vor seinem Tod bewahrt.
>
> Bezeichnend ist, daß der Terrorpilot als erstes einen Rosenkranz aus der Tasche zog und ihn den Hitler-Jungen entgegenhielt.
>
> Ebenso hatte er mehrere Maria-Medaillons in Besitz und wies sie gleichsam als Ausweis vor[59].

Herr H. F. (Jg. 1929) war als HJ-Angehöriger bei der Suche nach den abgesprungenen Besatzungsmitgliedern dabei:

> Ich bin damals einem Postenkommandanten vom Volkssturm zugeteilt worden, mit dem wir über die Almen den ganzen Tag unterwegs waren und die verschiedenen Sennerinnen gefragt haben, ob sie jemanden gesehen haben und so weiter. Na klar, die haben sich natürlich irgendwo versteckt. Am Abend, wie wir dann zurückgekommen sind, haben wir erfahren, daß die den, es war eh nur mehr ein einziger abgängig, daß die den gefunden haben und zwar in der Nähe von Ramingstein, irgendwo im Gebüsch und habe auch erfahren, daß der, von denen die ihn gefunden haben, furchtbar verprügelt wurde. Eben die Einstellung. Aber was für mich eigentlich in der Erinnerung wesentlich ist, daß es allgemein geheißen hat, es darf kein Mensch erfahren, daß der verprügelt worden ist, weil das hätte für die Leitung des Lagers furchtbare Folgen gehabt. Also man hat damals zumindest das Recht dem Kriegsgefangenen gegenüber schon noch gewahrt.

Über das weitere Schicksal der in Salzburg notgelandeten US-Flugzeugbesatzungen ist nichts bekannt.

„Sicherung in ausreichendem Maße getroffen" – Die Auslagerung von Kulturgütern

> Die letzten Terrorangriffe auf Großstädte haben gezeigt, daß es in dichtbesiedelten Stadtteilen sichere Gebäude, in denen Archivbestände unbedenklich aufbewahrt bleiben können, nicht mehr gibt. [...] Es bleibt also nichts anderes übrig, als die Archivgebäude, die sich in dichtbesiedelten Gegenden befinden, restlos zu räumen[60].

Der moderne Luftkrieg war nicht nur für die Zivilbevölkerung des Hinterlandes eine tödliche Gefahr, sondern brachte auch eine akute Gefährdung beweglicher und unbeweglicher Kulturgüter wie Baudenkmäler, Museen, Archive und Bibliotheken mit sich. Welch unersetzliche Verluste sich dabei ergaben, hat zunächst die Deutsche Luftwaffe bei ihrem Luftkrieg gegen England vorexerziert, als im deutschen Bombenhagel englische Baudenkmäler wie die National Gallery, die Tate Gallery, das British Museum oder die Westminster Abbey zerstört oder schwer beschädigt wurden.

Im Dritten Reich wurde dem Schutz von Kulturgütern in der Anfangszeit des Zweiten Weltkrieges wenig Beachtung geschenkt. Er stand auf der Prioritätenliste des Kriegsaufwandes unter ferner liefen. Vier Tage vor dem Kriegsbeginn gegen Polen wurde noch schnell eine Empfehlung herausgegeben, in der es hieß, Vorbereitungen für eine Auslagerung kulturhistorisch bedeutsamer und unersetzlicher Kunstwerke an feuer- und bombensichere Orte zu treffen. Für andere wichtige Kunstwerke sollte eine sichere Unterkunft im bisherigen Gebäude gefunden werden.

Offensichtlich als Reaktion auf diese Empfehlung sowie aufgrund des Kriegsausbruchs ersuchte der Leiter des Salzburger Reichsgauarchives (heute Landesarchiv), Hofrat Franz Martin, in einem Schreiben vom 4. September 1939 um Weisungen über notwendige Sicherheitsvorkehrungen. Das Landesarchiv war zu jener Zeit noch im Dachgeschoß des Residenz-Neugebäudes untergebracht, wodurch es dem Archivdirektor besonders gefährdet schien. Martin machte sich bereits zu dieser Zeit Gedanken über die mögliche Auslagerung der Archivbestände und war damit seinen Amtskollegen weit voraus. Denn die Archiv- und Bibliotheksleiter im Deutschen Reich zeigten bis zur Ausweitung des Bombenkrieges nur wenig Interesse an einer Auslagerung, da dadurch die Benützung ihrer Einrichtungen unmöglich geworden wäre. In Salzburg hingegen legte Martin bereits einen detaillierten Entwurf zur Bergung vor. Demnach fielen 65 Kubikmeter Archivbestände in die Gruppe 1 („Das wertvollste und unbedingt zu Bergende"), die in der Kirche von Scheffau bei Golling gelagert werden könnten; die Bestände der Gruppe 2 („Das weniger Wertvolle") sollte in gewölbten ebenerdigen Räumen untergebracht werden; alles andere wäre als 3. Gruppe in den bisherigen Räumen zu belassen und benannte sich dementsprechend als „Das Preiszugebende". Geschehen ist nach diesem Schreiben übrigens nichts.

Insgesamt kam erst im Frühjahr 1942 Bewegung in die Sache, als man sich über die Zerstörungen wertvoller Baudenkmäler in Lübeck und Rostock durch alliierte Bomber geschockt zeigte. Von Mai 1942 an versuchten mehrere Ministerien mit einer Reihe von Erlässen, einen verbesserten Luftschutz für Kunstgegenstände zu erreichen. Auch von Hitler selbst kam eine diesbezügliche Anordnung[61]:

> Höchst bedauerlicherweise sind bei verschiedenen schweren Bombenangriffen auf deutsche Städte unersetzliche Kulturwerte (Ölgemälde, Stiche, Möbel, wertvolle Akten und Bücher, Noten, Architekturzeichnungen usw. usw.) verbrannt. Damit dergleichen Verluste nicht wieder eintreten, haben die Gauleiter dafür zu sorgen, daß <u>sämtliche Kulturwerte</u> ihrer Gaue <u>bomben- und brandsicher untergebracht werden</u>. Der Führer macht die Gauleiter, wie ich im Auftrage mitteile, voll für die notwendigen Maßnahmen verantwortlich. Sollten irgendwelche Schwierigkeiten auftreten, ist umgehend zu berichten.
>
> Führerhauptquartier, 5. 5. 1942
> Heil Hitler!
> gez. M. Bormann

In einem Rundschreiben des Reichsministeriums des Innern vom 23. Juli 1942 wurde zu einer Verbesserung der Luftschutzmaßnahmen in Archiven aufgefordert, wobei nach wie vor davon ausgegangen wurde, den Hauptbestand an Ort und Stelle zu belassen.

> [...] Im Hinblick auf die sich häufenden Luftangriffe auf Wohn- und Kulturstätten sind die bereits getroffenen Luftschutzmaßnahmen in den staatlichen Archiven nachzuprüfen und erforderlichenfalls in der notwendigen Weise zu ergänzen[62].

Die „Richtlinien zur Durchführung des Luftschutzes in Archiven" vom Juli 1942 fordern zusammenfassend:

1. einen ständigen Luftschutzbereitschaftsdienst
2. Feuerlöschgeräte
3. Bereitstellung von Wassergefäßen und -bassins
4. Freimachung der Dachböden
5. verschiedene bauliche Maßnahmen
6. eine geeignete Stellung und Kennzeichnung der Archivalien in den Räumen.

Doch Papier ist geduldig. Trotz der zahlreichen Erlässe ließ keine übergeordnete staatliche Behörde des Dritten Reiches besondere Aufwendungen für den Schutz von Kultur- und Kunstgütern zu. Vielmehr blieb es den Museums-, Archiv- und Bibliotheksdirektoren überlassen, Auswege und Hilfe zu finden. Von diesen war es auch in erster Linie abhängig, inwieweit bewegliche Kulturgüter aus bombengefährdeten Gebieten ausgelagert wurden. Daneben mußte auch an die Sicherung wichtiger Amtsschriften gedacht werden. In einem Rundschreiben vom September 1942, das aus dem Büro des Salzburger Gauleiters und Reichsstatthalters Scheel kam, hieß es, daß Panzerschränke und feuersichere Kassen zur Unterbringung von Amtsschriften vor Luftangriffen ausreichend seien. Angesichts der zunehmenden Luftangriffe war elf Monate später aus demselben Büro zu vernehmen, daß alle wichtigen Akten, Archive und Karteien aus der Stadt Salzburg zu entfernen sind.

In Salzburg waren von der sich anbahnenden Auslagerung zahlreiche Stellen und Institutionen betroffen. Ohne das Engagement der einzelnen Verantwortlichen schmälern zu wollen, so ist als treibende Kraft der Auslagerung Salzburger Kulturgüter Hofrat Franz Martin anzusehen. Martin bemühte sich nicht nur um den Schutz der Bestände des Archivs, sondern versuchte insgesamt, Salzburgs Kunst- und Kulturhistorie zu retten. Außer den Beständen des Landesarchivs sind hier in erster Linie jene des Salzburger Museums Carolino Augusteum, der damaligen Studienbibliothek (heute Universitätsbibliothek), des Konsistorialarchivs sowie die zahlreichen kirchlichen Kunstgegenstände zu nennen, wobei letztere in den Kirchen und Klöstern der Stadt verteilt waren. Damit stand eine gewaltige Aufgabe vor der Tür. Bei den Beständen handelte es sich einerseits um gewaltige Volumen, die außerdem mit großer Sorgfalt behandelt werden mußten. Andererseits war es bei der allgemeinen Verknappung der Ressourcen (Transportmittel, Benzin, Arbeitskräfte etc.) auch in Salzburg nicht leicht, die Behörden von der Dringlichkeit dieser Aufgabe zu überzeugen bzw. die nötigen Dinge zu erhalten. Dringlich waren zu jener Zeit nur als „kriegswichtig“ eingestufte Bereiche. Für das Landesarchiv etwa schien es im Herbst 1943 unmöglich, einen Tischler zu finden, der 50 Kisten für die Bergung von Archivgut herstellte. Die spätere Museumsdirektorin Friederike Prodinger, die damals mit der Bergung der Museumsgüter beschäftigt war, berichtet über ähnliche Erfahrungen:

> [...] da mußte ich zu einer Behörde gehen, um Treibstoff zu bekommen zum Abtransportieren, und da wurde mir meistens ziemlich lümmelhaft gesagt, ja, wir müs-

> sen Kartoffeln fahren, wir haben kein Benzin für Sie. Dann war es meistens so, daß ich selber Fahrzeuge organisiert habe und mit meinen Rauchermarken, Zigarrenmarken, und Zigarettenmarken den Fuhrmann auch mit eigenem Geld beschwichtigt habe, daß er mich nach Hellbrunn hinausgefahren hat [...].

Ein weiterer Punkt betraf die Wahl der Lagerstätte. Die Räume sollten trocken, sicher, nicht allzu weit von der Stadt entfernt sowie etwas abgelegen sein. Der Standort sollte natürlich für einen Luftangriff völlig uninteressant sein. In Betracht kamen dabei vor allem Schlösser, Landhäuser, Pfarrhöfe und das Salzbergwerk im Dürrnberg.

Die planmäßigen Auslagerungen begannen im Sommer 1942 und dauerten zunächst bis zum Ende des Jahres. Im Februar 1943 wurde die Bergungsaktion wieder aufgenommen, die sich anschließend über das gesamte Jahr hinzog. Einzelne Bestände wurden auch noch 1944 verlegt. Um den Umfang dieser Arbeiten etwas zu verdeutlichen, seien ein paar Zahlen angeführt: Das Landesarchiv verlagerte ca. 90 Prozent seiner damaligen Archivalien, das waren 4.000 Pakete und Aktenbündel, 2.600 Urkunden, 9.000 Handschriften sowie 4.000 Karten und Pläne an sieben verschiedene Orte. Das Museum Carolino Augusteum konnte nach Aussage von Friederike Prodinger etwa zwei Drittel der Bestände bergen und in 16 Bergungsorten im ganzen Land Salzburg unterbringen. Kistenweise wurden die wertvollsten Bestände der Studienbibliothek und des Konsistorialarchivs ausgelagert. Allein die Matrikenabschriften aller Pfarren der Erzdiözese, die Konsistorialprotokolle, Pergamenthandschriften und Inkunabeln des Konsistorialarchivs, die im Pfarrhof von Berndorf eingelagert wurden, hatten ein Gewicht von 12.000 kg. Die Kataloge der Studienbibliothek wurden in acht Pakete gebündelt, in die Fronfeste nach Thalgau transportiert und dort in Särgen verwahrt. Im Schloß Söllheim standen seit Februar 1943 u. a. 905 Bände Salzburger Zeitungen.

Geborgen wurden teilweise ferner die Bestände der enteigneten Erzabtei St. Peter, Teile des Domschatzes und andere kirchlichen Kunstgegenstände aus den Salzburger Stadtkirchen und Klöstern. Die berühmte Pacher-Madonna vom Hochaltar der Franziskanerkirche wurde am 1. September 1942 in die Dekanatskirche von St. Georgen transportiert und dort aufgestellt.

Auch andere Stellen und Institutionen wie die Stadtbücherei oder die Stiftung Mozarteum brachten ihre Unterlagen aus dem Gefahrenbereich. Das Salzburger Grundbuch, sonst im Justizgebäude aufgestellt, kam mit seinen 456 riesigen Bänden nach Schloß Anif. Teile der in St. Peter verbliebenen Bibliothek wurden nach dem ersten Luftangriff in die „Katakomben" oberhalb des Friedhofs gebracht. Einen zentralen Anlaufpunkt für unterzubringende Archivalien und Kunstgegenstände bildete das Salzbergwerk im Dürrnberg mit der Verlängerung des Wolf-Dietrich-Stollens und der Lethschachthalle. Hierher kamen nicht nur Bestände aus der Studienbibliothek, der Erzabtei St. Peter, dem Museum und dem Landesarchiv, sondern darüber hinaus auch Schriften und Kunstgegenstände von auswärts.

Vieles wurde auf diese Weise ausgelagert, vieles blieb allerdings auch in der Stadt zurück. Leidtragender war das Museum, das bei den Luftangriffen am 16. Oktober und am 17. November 1944 schwere Schäden davontrug. Teile des Bestandes konnten noch während und nach dem Krieg wieder ausgegraben werden, darunter das romanische Marien-Tympanon aus dem alten Dom, Marmorfiguren, gotische Holz- und Steinplastiken und J. M. Sattlers großes Panorama von Salzburg. Die anderen Institutionen hatten keine nennenswerten Schäden und Verluste zu beklagen.

Durch Diebstähle an den Auslagerungsorten noch während des Krieges und nach dem Kriegsende verschwand allerdings einiges an wertvollem Schriftgut und Kunstgegenständen. Am bekanntesten ist der Verlust von fast 2.500 Gold-, Silber- und Kupfermünzen des SMCA, die als individuelle Beutestücke amerikanischer Soldaten den Weg nach Übersee gefunden haben[63].

Auf eine weitere Facette im „Kunstschutz" des Dritten Reiches sei kurz hingewiesen. Sie bestand in der fotografischen Dokumentation kulturgeschichtlich wertvoller Bauwerke, um im Falle einer durch Bomben eingetretenen Beschädigung oder Zerstörung nach dem „Endsieg" eine originalgetreue Kopie hinzustellen. Die Grundlage dazu bildete ein Auftrag Hitlers vom 9. April 1943, künstlerisch und historisch wichtige Decken- und Wandgemälde farbfotografisch zu erfassen. Der Auftrag kam zunächst nur in den Regierungsbezirken Köln, Düsseldorf, Würzburg und Aachen zur Ausführung, doch dürfte er bald auch auf andere Landesteile ausgedehnt worden sein.

Auch in Salzburg wurden diesbezüglich Dokumentationsaufnahmen gemacht. Auftraggeber war hier der damalige Landesplaner Richard Schlegel. Ein Mitarbeiter seines Büros, ein gewisser Herr Benedikt, hatte im Auftrag Schlegels kunsthistorisch bedeutsame Bauwerke en detail fotografisch dokumentiert. Eine Angehörige Schlegels erinnert sich daran:

> Genauestens und das hat der Herr Benedikt immer alles gemacht, der ist ja den ganzen Tag mit seinem Apparat herumgelaufen. Da muß ich Ihnen eine kleine Geschichte erzählen: Auf die Domkuppel war doch damals der Angriff und [...] vielleicht eine Stunde vor dem Angriff war der Herr Benedikt mit großem Stativ in der Domkuppel droben und die Stiege ist doch furchtbar eng und jetzt war Voralarm, jetzt mußte er eiligst hinunter und ist in der Aufregung überall steckengeblieben, und kaum war er herunten und weg, war der Hauptangriff.

Nach einer anderen Quelle waren Fotos vom Inneren der Domkuppel von einem Dr. Halevic gemacht worden. Ob es sich hierbei um eine doppelte Arbeit gehandelt hat, läßt sich nicht mehr feststellen. Auf alle Fälle boten die angefertigten Fotos nach dem Krieg die Möglichkeit, eine Kopie der verlorengegangenen Kuppelgemälde anzufertigen. Die Fotos selbst sind heute verschollen. Auch von anderen Gebäuden wurden Aufnahmen gemacht, so von der Dreifaltigkeitskirche, der Residenz, dem Festspielhaus sowie von Schloß Leopoldskron und Schloß Mirabell. Sie befinden sich heute im Besitz des Bundesdenkmalamtes.

Tabelle 11: Auslagerung von Kulturgütern aus der Stadt Salzburg.

Institution	Auslagerungsorte
SALZBURGER LANDESARCHIV:	
	Thalgau/Fronfeste
	Dürrnberg/Salzbergwerk
	Puch/Schloß Urstein
	Puch/Landhaus Müller
	Neumarkt/Pfarrhof
	Köstendorf/Pfarrhof
	Berndorf/Annakapelle
SALZBURGER MUSEUM CAROLINO AUGUSTEUM:	
	Werfen/Schloß Blühnbach
	Dürrnberg/Salzbergwerk
	Faistenau/Pfarrhof
	Glanegg/Meierhof
	Hellbrunn/Monatsschlößchen
	Henndorf/Villa Mayr
	Saalfelden/Schloß Lichtenberg
	Mattsee/Villa Hinterstoißer
	St. Jakob/Schloß und Kirche
	Neumarkt/Schloß Sighartstein
	St.Georgen/Dekanatshof
	St.Gilgen/Villa Welz
	Salzburg/St.Peter-Stollen
	Salzburg/Schloß Mirabell
	Salzburg/Landeshypothekenanstalt
STUDIENBIBLIOTHEK (heute Universitätsbibliothek):	
	Thalgau/Fronfeste
	Dürrnberg/Salzbergwerk
	Anif/Schloß Anif
	Bergheim/Schloß Söllheim
KONSISTORIALARCHIV:	
	Thalgau/Dechantshof
	Berndorf/Pfarrhof
STIFT ST. PETER	
	Thalgau/Fronfeste
	Dürrnberg/Salzbergwerk
	Saalfelden/Schloß Lichtenberg

Quellen: SLA, SMCA-Jahresschrift 1955, UBS, KAS.

ANMERKUNGEN

[1] GUSTAV KOCH, Die Knebelung der Kriegsgefahr, Salzburg-Itzling 1914.

[2] KAS, Akt Luftschutz-Maßnahmen 12/14 Rr1, Kundmachung des k. k. Landespräsidenten im Herzogtume Salzburg vom 20. April 1917, Zl. 7091/Präs. betreffend die Verhaltensmaßregeln im Falle eines Fliegerangriffes.

[3] Archiv der Republik, KOLU-LuzRef., Sbg. I, Nr. 595. Siehe dazu auch den Erlaß des Bundesministeriums für Heerwesen 16.737-4 von 1924.

[4] Salzburger Volksblatt, 22. 7. 1933; und zit. n. ERNST HANISCH, Die Erste Republik, in: Heinz Dopsch, Hans Spatzenegger (Hg.), Geschichte Salzburgs. Stadt und Land Bd. II/2, Salzburg 1988, S. 1110.

[5] Salzburger Volksblatt, 5. 6. 1935.

[6] Salzburger Volksblatt, 27. 8. 1936.

[7] Archiv der Republik, KOLU-LuzRef., Sbg. I, Nr. 595.

[8] AStS, Luftschutzakten, Schaubergwerk.

[9] Salzburger Chronik, 16. 9. 1937. Siehe dazu auch den „Bericht über die Verdunkelungsübung in Salzburg vom 15. auf den 16. September 1937 und über das Ergebnis der Luftschutzübungen im Jahre 1937" (Archiv der Republik, KOLU-LuzRef., Luz-Übungen 1937–38, Nr. 575).

[10] Salzburger Chronik, 16. 9. 1937.

[11] Zitiert nach OLAF GROEHLER, Bombenkrieg gegen Deutschland, Berlin 1990, S. 241.

[12] Salzburger Landeszeitung, 11. 5. 1939.

[13] GROEHLER (wie Anm. 11), S. 238.

[14] AStS, Ratsherrensitzungsprotokolle 1940–1941, Beilage 1 zum Protokoll vom 25. 7. 1941.

[15] AStS, Ratsherrensitzungsprotokolle 1940–1941, Beilage zum Protokoll vom 27. 11. 1940.

[16] AStS, Sitzungsprotokolle der Beigeordneten 1938–45, Beigeordneten-Sitzung am 22. 8. 1939.

[17] AStS, Luftschutzakten, Luftschutz in den städt. Schulen.

[18] AStS, Luftschutzakten, Allgemeines.

[19] AStS, Luftschutzakten, Allgemeines.

[20] SLA, RSTH I/3 V 139/1943.

[21] Salzburger Zeitung, 7. 8. 1943.

[22] Salzburger Zeitung, 12. 8. 1943.

[23] Salzburger Zeitung, 2. 9. 1943.

[24] Salzburger Zeitung, 13. 9. 1943.

[25] Salzburger Zeitung, 8. 8. 1943.

[26] Salzburger Zeitung, 8. 8. 1943.

[27] Salzburger Zeitung, 26. 7. 1944.

[28] Salzburger Zeitung, Septemberausgaben 1944.

[29] THOMAS MAYRHOFER, Fünfzehnmal Bomben auf Salzburg, masch. Manuskript, [Salzburg 1947].

[30] Salzburger Zeitung, 7. 8. 1943.

[31] Salzburger Zeitung, 11. 8. 1943.

[32] Salzburger Zeitung, 11. 8. 1943.

[33] Salzburger Zeitung, 11. 8. 1943.

[34] Salzburger Zeitung, 11. 8. 1943.

[35] SLA, RSTH V/1 218/1945.

[36] AStS, Nachlaß Hermann Fischer. Senatsrat i. R. Fischer hat diese Aufzeichnungen extra für dieses Buchprojekt auf Bitten des Archivs der Stadt Salzburg noch knapp vor seinem Ableben im Jahre 1994 angefertigt. An dieser Stelle sei auch Herrn Senatsrat Manfred Hangler sehr herzlich gedankt, der Akten und Bilder aus den Beständen des städtischen Maschinenamtes dem Archiv zur Verfügung gestellt hat.

[37] Salzburger Zeitung, 24. 10. 1943.

[38] Salzburger Zeitung, 24. 10. 1943.

[39] Salzburger Zeitung, 12. 1. 1944.

[40] AStS, Luftschutzakten, Verschiedenes.

[41] Salzburger Zeitung, 2. 3. 1944.

[42] KAS, W. a. N. LXXXVI.

[43] Salzburger Zeitung, 22. 12. 1944.

[44] Salzburger Zeitung, 25. 10. 1944.

[45] AStS, Nachlaß Emanuel Jenal, S. 56.

[46] THOMAS BERNHARD, Die Ursache. Eine Andeutung, München 1992, S. 28 f.

[47] JOHANNA SCHUCHTER, So war es in Salzburg. Aus einer Familienchronik, Salzburg 1976, S. 121 f.

[48] LEOPOLD BANNY, Dröhnender Himmel, brennendes Land. Der Einsatz der Luftwaffenhelfer in Österreich 1943–1945, Wien 1988, S. 25.

[49] HANS GUGG, Der Einsatz von Luftwaffenhelfern (LWH) aus den höheren Schulen in Berchtesgaden, Bad Reichenhall, Freilassing und Salzburg von 1943–1945, Masch. Manuskript, Berchtesgaden o. J., S. 17.

[50] BA/MA, RL 19/114, Fernschreiben von Flakeinsatzführer des Luftgaukommandos VII an SS-Kommando Obersalzberg 10. 7. 1944.

[51] NA, RG 18/7/514, Bericht des Piloten 1st Lieutenant (= Oberleutnant) G. W. Sorenson des Bombers Nr. 436 der 99. BG.

[52] BA/MA, RL 19/114, Schreiben des Kompaniechefs der Nebelkompanie 53 an das Luftgaukommando VII vom 14. 11. 1944.

[53] THOMAS ALBRICH, ARNO GISINGER, Im Bombenkrieg. Tirol und Vorarlberg 1943–1945. Innsbrucker Forschungen zur Zeitgeschichte, Bd. 8, Innsbruck 1992.

[54] NA, RG 18. So lauteten die „Escape"-Informationen in den *Field Orders* (Angriffsbefehlen).

[55] Als eine „Gruppe" wird eine Salve aller Geschütze bezeichnet.

[56] Zit. n. GUGG (wie Anm. 49), S. 18 f.

[57] Chronik Gendarmerieposten Tamsweg 1865–1978.

[58] SLA, RSTH, Bd RSTH 132/1944, Schreiben Scheel an Simel vom 20. 3. 1944.

[59] SLA, Schreiben Oberbannführer Neutatz (HJ Salzburg) an Scheel vom 31. 7. 1944.

[60] SLA, Archivakten, Archivaliensammlung 1942–1944, Rundschreiben vom 27. 10. 1943 des Generaldirektors der Staatsarchive als Kommissar für den Archivschutz.

[61] SLA, Archivakten, Archivaliensicherung 1942–1944.

[62] SLA, Archivakten, Archivaliensicherung 1942–1944.

[63] Vgl. dazu die Beiträge der Kustoden des SMCA in: Museum in Trümmern, Begleitheft zur 178. Sonderausstellung des Salzburger Museums C. A. anläßlich der 50. Wiederkehr der Zerstörung des Museumsgebäudes durch Fliegerbomben, Salzburg 1994.

„Dann ging es Schlag auf Schlag“
Die Bombenangriffe auf die Stadt Salzburg

von Erich Marx

Die Vorbereitungen der 15. US-Army Air Force

Britische und amerikanische Generalstabsoffiziere hatten schon zu Beginn des Jahres 1941 die gemeinsamen strategischen Ziele für den Fall des Kriegseintrittes der USA festgelegt. Ihnen war klar, daß einer zukünftigen Landoffensive geballte Luftangriffe auf Industrieanlagen, die Treibstoffversorgung und das Transportwesen vorauszugehen hätten. Mit Kriegseintritt der USA im Dezember 1941 übernahm die Organisationsabteilung des Vereinigten Generalstabs die gesamte Planung des alliierten Luftkrieges. Trotz dieses gemeinsamen Kommandos konnten sich die West-Alliierten nicht auf eine einheitliche Vorgangsweise einigen: Die Amerikaner flogen ihre Angriffe bei Tag gegen ausgewählte Einzelziele, die Engländer bei Nacht mit Flächenbombardements.

Bis 1943 bestand für Salzburg nur wenig Gefahr eines Luftangriffes, weil die Reichweiten der in Großbritannien stationierten Bomberflotten dafür kaum ausreichten. Eine völlig neue Situation ergab sich ab Ende 1943 mit dem alliierten Sieg in Nordafrika und der anschließenden Eroberung von Sizilien und Süditalien. Die Amerikaner begannen im Großraum Foggia, wo sie über 16 Flugplätze verfügten, die 15. US-Luftflotte aufzubauen, die schon im Jänner 1944 aus 21 schweren Bombergruppen (mit B-17 und B-24), sieben Jagdbombergruppen (P-38 und P-51) und zwei Photo-Gruppen mit acht Staffeln bestand. Dazu kam noch das 205. Geschwader der Royal Air Force, das allerdings über weit weniger Maschinen verfügte als die Amerikaner. Das Hauptquartier für die mehr als 3.600 amerikanischen Offiziere und rund 17.000 Mann, die gegen Ende 1943 über 931 einsatzfähige Flugzeuge verfügten, befand sich in Bari[1].

Die 15. US-Luftflotte setzte ausschließlich zwei Typen von schweren Bombern ein: die Boeing B-17 und die Consolidated B-24. Die B-17, auch Flying Fortress (fliegende Festung) genannt, hatte eine Besatzung von 10 Mann und eine Defensivbewaffnung von 13 Maschinengewehren, wodurch sie ihren Beinamen gerecht wurde. Die maximale Bombenzuladung betrug über 7.000 kg. Wollte man aber die maximale Reichweite von 2.860 km ausschöpfen, mußte die Nutzlastbeladung dementsprechend reduziert werden. Die B-24 Liberator (Befreier) konnte als Bomber, Transporter und Aufklärungsflugzeug eingesetzt werden. Sie hatte ebenfalls zehn Mann Besatzung, besaß aber nur zehn Maschinengewehre zur Verteidigung gegen deutsche Jäger. Sie konnte zwar etwas weniger Nutzlast aufnehmen als die B-17, verfügte aber über eine größere Reichweite von ca. 3.360 km. Ihr äußeres Markenzeichen war das Doppelleitwerk.

Abb. 73: Ein schwerer US-Bomber des Typs B-24M Liberator beim Start.

Ständige Begleiter der Bomber waren die neuentwickelten Geleitjäger der Type North American P-51 Mustang, die allerdings in der letzten Phase des Luftkrieges kaum mehr auf deutschen Widerstand stießen. Mit den Mustangs hatten die Amerikaner das beste Jagdflugzeug des Zweiten Weltkrieges, das nur von der wenig produzierten, mit zwei Düsentriebwerken ausgestatteten Messerschmitt ME-262 übertroffen wurde. Der Mustang konnte bis zu einer Tonne Bombenlast zuladen und bis zu 3.300 km in das Feindesland eindringen. Vor allem für Tieffliegerangriffe setzten die Amerikaner den Jagdbomber Lockheed P-38 Lightning ein, dessen äußeres Erscheinungsbild durch den Doppelrumpf geprägt war.

Die Besatzung eines amerikanischen Bombers bestand normalerweise aus vier gründlich geschulten Offizieren, dem Piloten, dem Kopiloten, dem Navigator und dem Bombenschützen, sowie sechs Unteroffizieren. Jedes Besatzungsmitglied mußte im Notfall zumindest eine andere Aufgabe übernehmen können, insbesondere die Bedienung der Maschinengewehre an Bord, im Falle eines gegnerischen Jägerangriffes.

Abb. 74: „Fliegende Festungen" auf dem Flug über die Alpen.

Abb. 75: Die deutsche Fliegerabwehr wird gegen Kriegsende immer schwächer. Die US-Air-Force hat daher nur geringe Verluste zu beklagen. Im Bild ein brennender B-24.

Tabelle 12: Gliederung der Bomber-Verbände der 15. US-Luftflotte der amerikanischen strategischen Luftstreitkräfte im Mittelmeerraum.

Die Bomber der 15. US-Luftflotte (Stand: Mai 1944)		
Bomber Wing (Geschwader-Nr.)	Bomber Group (Gruppen-Nr.)	Bomber Base Stationierungsort
5	301	Lucera
	463	Celone
	2	Amendola
	97	Amendola
	99	Tortorella
	483	Sterparone
47	376	San Pancrazio
	98	Lecce
	450	Manduria
	449	Grottaglie
49	451	Castellugio
	461	Toretto
	484	Toretto
55	464	Pantanella
	465	Pantanella
	460	Spinazzola
	485	Venosa
304	456	Stornara
	459	Giulia
	454	San Giovanni
	455	San Giovanni

Quelle: Nach Rust, 15. AF-Story, S. 18.

Abb. 76: Amerikanische Bomber B-24 Liberator laden ihre tödliche Fracht ab. Das Bild läßt die große Höhe erahnen, aus der die Angriffe erfolgten.

Luftangriffe waren bis ins letzte Detail durchgeplant. Am Tag zuvor wurden Angriffsziel samt Ausweichzielen, Anflugroute, mögliche Abwehrmaßnahmen des Feindes inklusive der Flakstellungen am Zielort detailliert in einem schriftlichen Einsatzbefehl festgehalten. In der Nacht checkten Mechaniker noch alle Funktionen der Maschine durch, in den frühen Morgenstunden wurden die Tanks gefüllt, dann die Bomben geladen –bei den Angriffen auf Salzburg meist zwölf Stück Sprengbomben zu je 250 kg – während die Offiziere noch die letzten Informationen über die Wetterlage und Ziel erhielten. Nach dem schon zum Ritual gewordenen Uhrenvergleich bestiegen die Mannschaften ihre Maschine, Pilot und Kopilot gingen ihre Prüfliste durch und schließlich erfolgte der Start im Minutenabstand. Jeder Maschine war eine exakte Position im Bomberverband zugewiesen, den sie an einem bestimmten Punkt in der Luft einzunehmen hatte. Technische Probleme zwangen einzelne Bomber immer wieder zu einer frühzeitigen Rückkehr. Die übrigen versuchten, so sie nicht nur Schlechtwetterfronten zu einer Kursänderung gezwungen waren, ihre vereinbarte Flugroute einzuhalten. Hatten sie den *Initial Point*, den Ausgangspunkt für ihren Angriff erreicht, mußten sie sich in Staffeln zu sechs bis neun Maschinen formieren. Dabei waren die Abstände genau einzuhalten, um nicht von einer Bombe des davor und höher fliegenden Kameraden getroffen zu werden. Bei diesem Anflugmanöver waren die viel schneller fliegenden Geleitjäger längst schon zum Bomberverband gestoßen und gaben ihm mit entsprechendem Sicherheitsabstand bis nach dem absolvierten Angriff Schutz. In der letzten Phase des Zielanflugs schaltete der Pilot der Führungsmaschine den Autopiloten ein, der die Höhe (über Salzburg meist um die 7.000 Meter) und Richtung des Flugzeuges steuerte. Die Bombenschächte wurden geöffnet, das Zielgerät war mit dem Autopiloten verbunden und steuerte das Flugzeug. Zu einem vorher, nach Flughöhe und Windstärke berechneten Zeitpunkt klinkte die Führungsmaschine die ersten Bomben aus, die anderen folgten. Aus manchen Maschinen wurden noch Luftaufnahmen gemacht und von einem vereinbarten Sammelpunkt kehrten die Staffeln gemeinsam zu ihrem Heimatflugplatz zurück.

Für den Fall eines Abschusses ihrer Maschine hatten die Bomberbesatzungen genaue Anweisungen. Der Pilot hatte die Maschine so lange wie möglich in der Luft zu halten, um seinen Kameraden das Aussteigen mit dem Fallschirm zu ermöglichen, dann ging auch er von Bord. Bei einer Landung im Nahbereich von Salzburg sollten die Besatzungen versuchen, sich Richtung Süden am Westufer der Salzach bis Radstadt durchzuschlagen, dann weiter über Mauterndorf, Spittal an der Drau und Villach in das Gebiet südlich Klagenfurt oder Tarvis, wo sie möglicherweise auf befreundete Partisanen treffen könnten. Gewarnt wurden die Flieger vor einer Überquerung der Alpen und vor der Versuchung, die schwere, aber warme Kleidung abzulegen. Kontakte waren nur zu Bauersleuten angeraten, die meist sehr freundlich und hilfsbereit wären. Ergeben sollten sie sich im Falle des Falles nur regulären deutschen Wehrmachtsangehörigen und niemals der Gestapo oder der SS.

Abb. 77: Verteilung der zehn Mann Besatzung, Ausrüstung und Bewaffnung in einem schweren Bomber des Typs B-17G Flying Fortress.

Die Bomberbesatzungen hatten den strikten Auftrag, ihre Angriffe aus ca. 7.000 Meter Flughöhe durchzuführen, weil sie in dieser Höhe von der Flak kaum mehr erreichbar waren. Der große Nachteil bestand in der großen Kälte (–30° C waren keine Seltenheit) und dem geringen Sauerstoffgehalt der Luft, weshalb immer eine Sauerstoffversorgung mitgenommen werden mußte[2].

Verständlicherweise kam es immer wieder zu Abweichungen vom Standardprogramm der Luftangriffe, besonders, wenn Maschinen von den in der Luft zerberstenden Granaten der Flak beschädigt oder Besatzungsmitglieder verwundet wurden. Dann konnte es schon passieren, daß die Bombenlast zu früh oder zu spät abgeladen wurde, ohne Rücksicht darauf, ob diese Bomben das vereinbarte Ziel treffen würden. Auch bei Schlechtwetter und deshalb mittels Radarsteuerung durchgeführten Angriffen konnten infolge der Ungenauigkeit der Zieleinrichtung erhebliche Abweichungen vom Bombenziel eintreten. Bei aller materieller Überlegenheit der Amerikaner, vor allem in der letzten Phase des Luftkrieges, gilt es doch zu bedenken, daß in den Maschinen meist sehr junge Soldaten saßen, die in heiklen, das eigene Leben bedrohenden Situationen auch Fehler machten, die wiederum am Boden zu großen Katastrophen führen konnten.

Im ersten Halbjahr 1944 richteten sich Luftangriffe der 15. US-Luftflotte vor allem gegen die Flugzeugindustrie im Süden und Osten des Reiches, sowie gegen die Hauptverkehrswege und Bahnknotenpunkte. In dieser Zeit hatten vor allem Wiener Neustadt, die steirischen und oberösterreichischen Industriebezirke, Innsbruck und die Brennerstrecke schwere Angriffe zu erdulden.

Die Verluste an Mensch und Material waren in den Sommermonaten 1944 gewaltig. Die deutsche Luftwaffe büßte allein zwischen Mai und Oktober 40.000 Mann und im Durchschnitt 500 Maschinen wöchentlich ein. Die von Großbritannien aus operierende 8. US-Luftflotte verlor im Juni 1944 280 Maschinen, im Juli 324 und im August 318 Maschinen. Die Verluste der 15. Air Force waren noch höher. Sie verlor allein im August 1944 318 schwere Bomber.

Eine neue Phase des Luftkrieges begann am 13. September 1944, als das gemeinsame alliierte Oberkommando entschied, die künftigen Bombenangriffe vorrangig gegen die Werke für die Erzeugung von synthetische Treibstoffe und die Transportwege zu richten. Diese Entscheidung hatte auch für die Stadt Salzburg, die bis dahin von Luftangriffen verschont geblieben war, fatale Folgen.

Die Luftaufklärung

Bis zum Jahr 1944 wußten die Alliierten durch ihre ausgezeichnete Luftaufklärung genauestens Bescheid über alle kriegswichtigen Anlagen und Bauten im Feindesland und somit auch in der Stadt Salzburg. Die Photo-Staffeln der 15. Air Force hatten die Aufgabe, durch Luftbilder aller wichtigen Städte, Straßen, Brücken, Bahnen, Fabrikanlagen usw. die Grundlagen für die Aufklärung zu liefern. 1944 arbeiteten bereits 1.715 Aufklärungsspezialisten in der *Allied Central Interpretation Unit* (ACIU) in Medmenham an der Themse[3].

Als Angriffsziele in der Stadt Salzburg für die US-Bomber wurden im Jahr 1944 die Bahnanlagen und das Heereszeugamt in der Kleßheimer Allee (heute Struberkaserne) ausgewählt und für die Bomberpiloten detailliert beschrieben. Diese *Target Information Sheets* durften sie aber nicht in die Luft mitnehmen, damit sie nicht im Falle eines Abschusses in die Hände des Gegners fallen konnten.

Weitere Aufklärungsberichte und Beschreibungen liegen uns über den Salzburger Flugplatz Maxglan vom 18. November 1944 sowie vom 19. März 1945 über das Barackenlager in der Rosittengasse bzw. *barracks and hutted camp* in Lehen zwischen Glan und Scherzhauserfeldstraße vor. Letzteres bestand in Wirklichkeit aus der Wohnsiedlung Scherzhauserfeld und dem Barackenlager in der Paumannstraße (meist kurz „Lager Paumannplatz" genannt). Dem Flugplatz maßen die Amerikaner keine große Bedeutung bei. Abgesehen von geringem Transportverkehr und einigem Segler-Training sei er bisher *relatively inactive* gewesen. Der Neubau der Piste ließ sie jedoch vermuten, daß hier in naher Zukunft auch Jagdflieger landen könnten.

Abb. 78: Ein alliiertes Aufklärungsluftbild der Salzburger Bahnanlagen, aufgenommen im Jahr 1940 aus einer Flughöhe von ca. 4.300 m. Rechts oben im Bild deutlich erkennbar die Baustelle der „Reichsautobahn", unten links die alte Rennbahn in Aigen.

Die Angriffsziele

Die Bahnanlagen – Target No. 6(d)(vi)130

Der Salzburger Hauptbahnhof inklusive Verschubgleisen wurde von der alliierten Luftaufklärung als der – nach Wien – größte in Österreich angesehen. Seine Kapazität betrug nach amerikanischer Schätzung eine tägliche Abfertigung von 2.000 Waggons. Die Alliierten sahen im Salzburger Bahnhof einen Knotenpunkt zwischen Wien, München, Innsbruck und Villach. Die Bahnanlagen wurden den Piloten als ein auf dem Kopf stehendes „U" erläutert, mit Armen von je 2.000 Yards (ein Yard = 0,914 Meter) Länge, der östliche (Gnigler Verschubbahnhof) mit einer maximalen Breite von 200 Yards, der westliche (Hauptbahnhof) mit einer größten Breite von 400 Yards. Das Zielgebiet reichte somit von der Salzachbrücke über den Hauptbahnhof samt Lokalbahnhof und dem Ischlerbahn-Areal bis zu den Verschubgleisen in Gnigl auf Höhe der Eichstraßenbrücke. Als wichtigstes Ziel sahen die Alliierten die Zerstörung von Lokomotiven, Waggons und der Gleiskörper an, die Bahnanlagen sollten für den Nachschub ausfallen.

Die Aufklärungsspezialisten konnten auf ihren Luftaufnahmen vom 30. Jänner 1944 im Stadtgebiet keine Scheinanlagen und keine Einrichtungen zur Tarnung bzw. Vernebelung feststellen.

Wenn die Amerikaner auch klare, militärisch wichtige Ziele für ihre Bombenangriffe ausgesucht hatten, so war ihnen trotzdem bewußt, daß sie die Zivilbevölkerung gefährden und treffen würden. Das *Target Information Sheet* über die Salzburger Bahnanlagen enthält den direkten Hinweis auf die an die Bahnanlagen angrenzenden Wohngebiete und daß sich im Stadtkern keinerlei industrielle oder militärischen Objekte befinden. Die Bahnanlagen sollten zum Hauptziel der 15 Bombenangriffe auf die Stadt Salzburg werden[4].

Das Heereszeugamt in Taxham – Target No. 3(k)63

An der Kleßheimer Allee mit Anschluß an das Stiegl-Gleis hatte die Deutsche Wehrmacht zuerst die Heeres-Bekleidungs-Werkstätten (Reste der Baracken sind noch erhalten) und dann das Heereszeugamt (heute Struberkaserne) errichtet. Der amerikanischen Luftaufklärung war dieser Neubau trotz der dunkel gestrichenen Dächer in den Luftaufnahmen vom 18. Juli 1944 natürlich nicht verborgen geblieben. Damit bot sich das Heereszeugamt als ein mögliches Angriffsziel an. Die US-Bomber-Piloten wurden in dem *Target Information Sheet* vom 8. Oktober 1944 auf einen Komplex mit einem großen Objekt, drei Standard-Gebäuden mit Rampen und mehreren verschiedenartigen Häusern hingewiesen, in dessen näherer Umgebung sich keine Wohnsiedlungen befänden. Die US-Aufklärung hatte auch die Information erhalten, daß das Heereszeugamt von Wien-Simmering und von Freilassing aus beliefert werde[5].

~~SECRET~~
~~U.S. SECRET~~

NOT TO BE TAKEN INTO THE AIR

Date 8 October, 1944

TARGET INFORMATION SHEET

AUSTRIA

Op. No. GN 5838	Place SALZBURG (Maxglan)	Lat. : 47° 48' N.
A.M. No. 3(k)63	Category LAND ARMAMENTS	Long. : 13° 01' E.
D.T.M. No. -	Sub-catgy. Military Establishments	Alt. : 1400 feet

ALL PREVIOUS INFORMATION SHEETS AND AMENDMENTS THERETO ARE CANCELLED.

TARGET MAP — STANDARD 1941 (MAGNETIC) TYPE MAP DATED

DESCRIPTION

(i) The TARGET is the ORDNANCE DEPOT at SALZBURG (Maxglan). It stands some 1¼ miles N.W. of the centre of the city, and some 1 mile due W. of the canalised and straightened course of the SALZACH river, which here flows roughly SE-NW. Approximately 1½ miles N.W. of the target is the canalised course of the MÜR BACH, which here flows SW-NE to join the SALZACH. The target adjoins the rather sparsely built-up area of suburban SALZBURG on its E. and S. sides, but its N. and W. boundaries adjoin low-lying open ground which is completely devoid of all settlement.

(ii) The target consists of one large standard building of dimensions 580' x 150', three standard type ramped buildings of dimensions 220' x 75', as well as a number of miscellaneous type buildings. The depot is road and rail served and appears active. The target is a Branch Ordnance Depot (H.N.Za) situated within Wk XVIII and there is information to the effect that it functions in conjunction with WIEN (Simmering)(GN 3860) and FREILASSING (GN 5817).

(iii) The total target area is some 340 yds. long from NE.-SW. and it has a mean width of some 270 yds. NW.-SE. The entire target is most compact in outline. Its chief distinguishing features are the large ordnance building (1), and the ramped structures (2)-(4).

Information is not at present available regarding detailed particulars of Obstructions to low flying attacks in the area of this target, and rather than delay the issue of this Information Sheet, this data is being omitted for the present. If this information is required for this particular target it will be obtained and supplied at short notice on application to A.I.3c(1).

The most prominent landmark near this target is the city of SALZBURG situated 1½ miles SE. of the target.

VITAL PARTS

Instructions with regard to Aiming Points on particular targets are usually given in Operational Orders, but the following notes are given for guidance purposes and for consideration in relation to other operational factors involved.

The vital parts selected are as follows, the identity numbers referring to illustration 3(k)63/2:

(i) The PRIMARY VITAL PART is the large building (1)
(ii) The SECONDARY VITAL PART is the area covered by (2) - (4).
(iii) A GENERAL AIMING POINT taking into account the concentration of more important parts of the target compex is at the centre of the target area.

DECOYS

For all particulars of Decoys refer to "Gazetteer of Decoys" and subsequent amendments thereto as issued by H.Q., R.A.F. Bomber Command.

CAMOUFLAGE

Ordinary dark paint appears to have been applied to the roofs of all the buildings in the target area so that they tone into their landscape.

There is no evidence of a smoke screen in the target area.

A.I.3.c. (1)

Abb. 79: Die Titelseite des Zielinformationsberichts der US-Aufklärung über das Heeres-Feldzeug-Lager an der Kleßheimer Allee (heute Struberkaserne).

~~SECRET~~ **NOT TO BE TAKEN INTO THE AIR**

~~U.S. SECRET~~

Date 7 MAY, 1944

TARGET INFORMATION SHEET

---- AUSTRIA ----

Op. No.	GH.5530	Place	SALZBURG	Lat. :	47° 49' N.
A.M. No.	6(d)(vi)130	Category	TRANSPORTATION	Long. :	13° 03' E.
D.T.M. No.	–	Sub-catgy	Railway Marshalling Yard	Alt. :	1,400 feet

ALL PREVIOUS INFORMATION SHEETS AND AMENDMENTS THERETO ARE CANCELLED.

TARGET MAP STANDARD 1941 (MAGNETIC) TYPE MAP DATED

DESCRIPTION

(i) The TARGET is the RAILWAY TRAFFIC CENTRE at SALZBURG on the north eastern outskirts of the town. The best landmark for the target is the River SALZACH which flows S-N through the town of SALZBURG, passing under the bridge which forms the western extremity of the target. The town of SALZBURG and the target lie in a small plain surrounded by mountains on all sides. Some 20 miles due east of the target are the lakes of the SALZKAMMERGUT and 25 miles to the west of it is the large water area of the CHIEM SEE.

The western end of the target adjoins the closely built-up town of SALZBURG. The central portion of the town contains neither industrial nor military objectives. A small but compact suburban area lies to the east of the eastern end of the target. Between the eastern and western ends of the target are a few scattered houses and some small factories.

(ii) This Railway Traffic centre is one of the largest in Austria, excluding those in VIENNA, and lies on the main MUNICH-VIENNA route at a point where an alternative route from MUNICH to INNSBRUCK branches off to the south. This southern line carries the main line from MUNICH to VILLACH and thence into Italy via TARVISIO. This route is reported to be working to capacity at present, and traffic on the main VIENNA Line is also likely to be very heavy.

The traffic centre includes a Marshalling Yard in its eastern arm. This yard, for which no figures of throughput capacity are available, appears to be one of the larger ones in Austria and may well have a throughput capacity of about 2000 wagons in 24 hours.

The target lies on the following main routes.

Direction	Nearest Large Centre	Destination of Route
W.	ROSENHEIM	1. MUNICH 2. INNSBRUCK
E.	WELS	VIENNA
S.	SCHWARZACH ST. VEIT	1. VILLACH and TARVISIO 2. INNSBRUCK and BRENNER

(iii) The target (see illustration 6(d)(vi)130/2) is shaped like an inverted letter U, the top being at the north and the two arms each 2000 yards long, the eastern one with its main axis NNW-SSE with an average width of 200 yards, and the western arm with its main axis NNE-SSW with an average width of 400 yards. The main features in the target area are the sorting sidings (1) which lie in the western arm, and the main station (12) which lies in the south of the eastern arm. There are two active locomotive depots, one in the S.W. corner of the eastern arm (4 & 5) and the other just to the north of the main station in the western arm (6). One of the most vital parts of the the target area is the bridge carrying the railway over the river in the extreme S.W. of the target area (15).

A.I.3.c. (1) / There

Abb. 80: Die Titelseite des Zielinformationsberichts der US-Aufklärung über die Salzburger Bahnanlagen.

Abb. 81: Im Mai 1944 werden die Salzburger Bahnanlagen von der 15. US-Army Air Force als „Target 6(d)(vi)130“ (= Angriffsziel) ausgewählt. Die US-Aufklärung weiß über die einzelnen Bahneinrichtungen sehr genau Bescheid (Bildlegende Pt. 1–28).

Abb. 82: Die US-Aufklärung ist über die Einrichtungen auf dem Flugplatz Maxglan exakt informiert (Luftaufnahme am 13. September 1944).

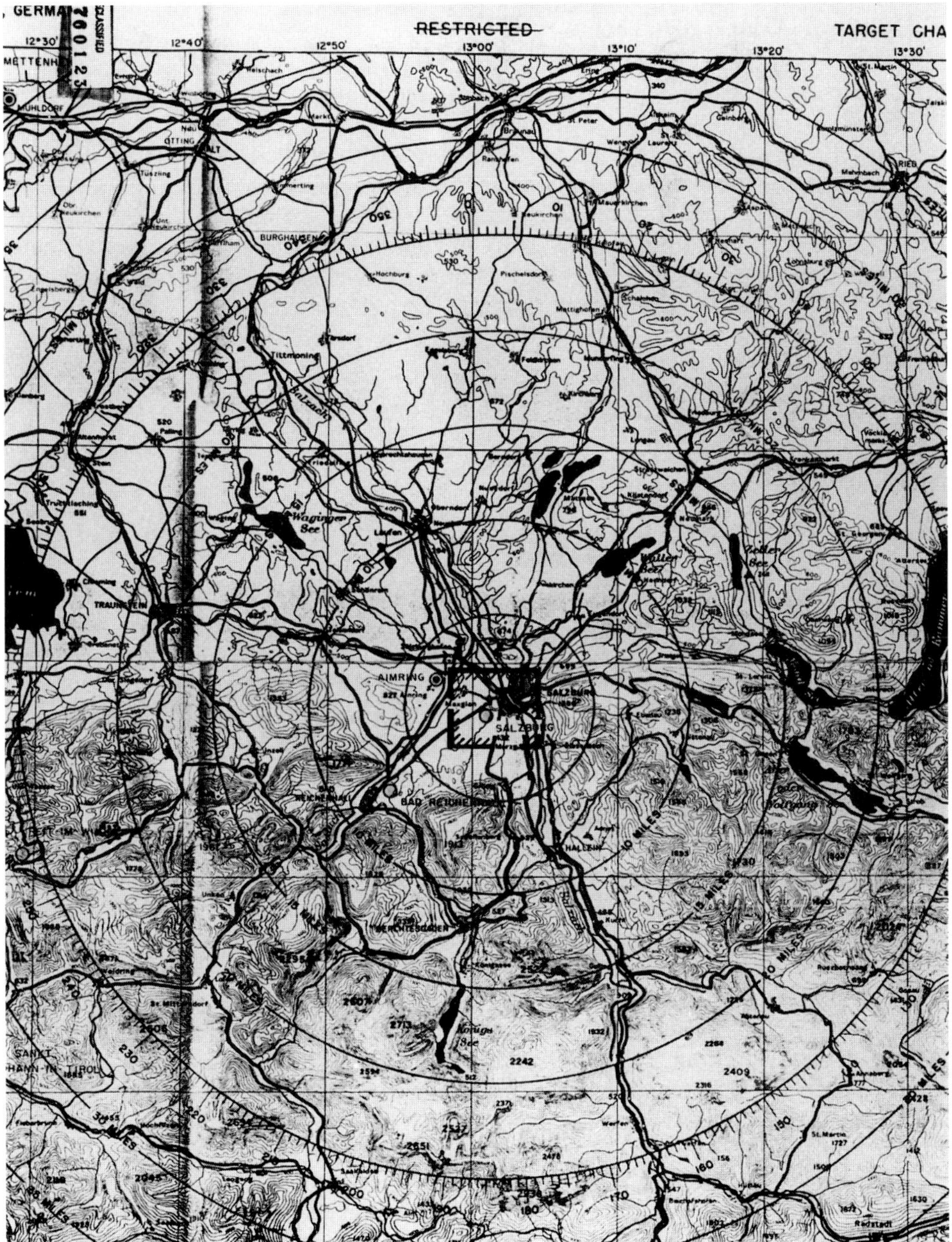

Abb. 83: Amerikanische Karte für das Angriffsziel Flugplatz Maxglan. Jeder Kreisring bedeutet eine Entfernung von fünf Meilen.

Erster Kontakt mit Bomben

Am 22. Februar 1944 war ein amerikanischer Bomber auf dem Rückflug nahe der Stadt zu einem Notabwurf gezwungen. Die Flak feuerte an diesem Tag und löste möglicherweise diese Reaktion aus. Die Stadtbewohner bemerkten von dem allen nicht viel. Diese ersten Bomben im Stadtgebiet richteten kaum Schaden an. Sie rissen in die Wiesen an der Ziegelstadelstraße einige Krater, die die Salzburger interessiert besichtigten. Die erste Bekanntschaft mit dieser neuen Facette des totalen Krieges motivierte die Salzburger aber nur sehr gering, die Luftschutzstollen und Bunker in verstärktem Maße aufzusuchen.

Der 1. Bombenangriff am 16. Oktober 1944

Vorbereitungen in Süditalien

15. Oktober 1944. Im Hauptquartier der 15. Luftflotte in Süditalien werden detaillierte Pläne für einen Großeinsatz der Bomberflotte am 16. Oktober geschmiedet. Um 18 Uhr unterschreibt Lt. Col. Vernon E. Fairbanks die *Operations Order Nr. 750*, die festlegt, daß am folgenden Tag alle fünf Bomber-Geschwader der 15. Air Force Ziele im Südosten des Deutschen Reiches angreifen sollen: das 5. Bomber-Geschwader die Ölraffinerie von Brüx im Sudetenland, das 47. und 55. Bomber-Geschwader die Tanklager von St. Valentin nahe Linz, das 49. Geschwader die Hermann Göring-Werke[6] in Linz und das 304. Bomber-Geschwader die Steyr-Daimler-Puch-Werke in Graz.

Das 5. Bomber-Geschwader mit der 2., 97., 99., 301., 463. und 483. Bomber-Gruppe erhält für den Fall von Schlechtwetter oder anderen Problemen, die einen Angriff auf das angegebene Hauptziel verhindern könnten, als Alternativziele zugeteilt: 1. Skoda-Werke in Pilsen, 2. Öllager in Regensburg, 3. der Hauptbahnhof in Wels, 4. das Feldzeuglager in Wels und als 5. und letztes das Heereszeugamt in der Stadt Salzburg[7]. Die Anflugroute für das 5. Bomber-Geschwader soll über Pola–Venedig–Monfalcone–Nervesa–Udine–Salzburg–Ried–Linz–Passau–Pilsen nach Brüx führen. Dabei ist aus Sicherheitsgründen – die Amerikaner kennen die Flakstellungen – jeweils in einem Abstand zwischen acht und achtzehn Meilen an den genannten Städten vorbeizufliegen. Für den Rückflug wird dieselbe Route vorgeschlagen. Die Bomberbesatzungen werden auch über die möglichen Angriffe durch 50 deutsche Jäger aus dem Raum Wien, 100 aus Nürnberg oder 175 bis 200 aus Leipzig informiert. Rücksicht zu nehmen haben die Bombenschützen auch auf Kriegsgefangenenlager, die sich nach amerikanischen Vermutungen in der Nähe von Toplitz und eine Meile südwestlich des Salzburger Angriffszieles befinden sollte, demnach im Bereich Flugfeld-Maxglan/Glanhofen. Daraus ist zu entnehmen, daß die amerikanischen Angaben nicht immer sehr exakt waren.

Angriffe der 2. und 99. Bomber-Gruppe

In die Morgenstunden des 16. Oktober 1944, ab zwei Uhr früh machen die Bomberbesatzungen und das technische Personal auf den süditalienischen Flugplätzen im Raum Foggia die schweren Bomber des 5. Geschwaders startklar. Eine letzte Einsatzbesprechung und ab 6 Uhr starten je 36 Bomber in fünf Gruppen in kurzen Abständen und visieren das Primärziel Brüx an. Dort herrscht jedoch schlechtes Wetter und nur die 97. Bomber-Gruppe (BG) kommt zum Angriff. 33 Maschinen der 2. BG werden nach Salzburg umdirigiert und erreichen die Stadt um 10.58 Uhr. In mehreren Wellen greifen sie an. Das eigentliche Angriffsziel ist kaum zu erkennen, weil die künstliche Vernebelung weite Teile der Stadt bedeckt. Trotzdem laden die Bomber innerhalb weniger Minuten 390 Sprengbomben des Typs 500 RDX (= Cyclonit) mit einem Gesamtgewicht von 97,5 Tonnen sowie 56 Pakete mit Flugblättern ab. Die Amerikaner haben eine Flughöhe zwischen 21.400 und 21.800 Fuß (= 6520 bzw. 6640 Meter) gewählt, um der schweren Flak mit ihren 8,8 cm Geschützen zu entkommen. Die amerikanischen Bomber-Piloten melden dann nach ihrer Rückkehr um 13.30 Uhr, daß der Flak-Beschuß zwar nicht sehr intensiv, aber sehr genau war. Schließlich sind vier Flugzeuge schwer beschädigt gelandet.

Nachdem auch die 99. Bomber-Gruppe Brüx nicht hatte bombardieren können, teilt sie sich. 17 Bomber fliegen mit ihrer unheilvollen Last in Richtung Villach, 18 B-17-Bomber laden um 11.16 Uhr 144 Bomben mit insgesamt 36 Tonnen über der Stadt Salzburg ab. Zwei Flugzeuge werden von der Flak beschädigt, doch können alle Maschinen knapp vor 14 Uhr in Tortorella wieder landen.

An diesem 16. Oktober 1944 sind insgesamt fast 600 schwere Bomber der 15. Luftflotte im Einsatz und haben außer Salzburg noch Brüx und Pilsen, Linz, St. Valentin, Steyr, Graz, Trieben, Zeltweg, Eisenerz, Klagenfurt, Villach, Spittal an der Drau und andere Orte bombardiert.

Der 16. Oktober 1944 in Salzburg

Montag, ein strahlend schöner Herbsttag begrüßt die Salzburger. Das Leben in der Stadt nimmt seinen gewohnten Lauf mit all seinen kriegsbedingten Einschränkungen. Niemand rechnet ernstlich mit einem Bombenangriff auf die Stadt Salzburg. Schließlich gibt es hier keine kriegswichtigen Fabriken, keine großen Militärlager. Die Amerikaner haben doch vor dem Krieg immer die schöne alte Stadt bewundert und gerne die Festspiele besucht. So etwas muß doch trotz des brutalen Krieges zählen. Und die Briten? Die werden Salzburg auch nicht angreifen. Schließlich soll Premier Winston Churchill Salzburg sehr schätzen und hier sogar im Sanatorium Wehrle behandelt oder gar operiert worden sein, lauten die sich hartnäckig haltenden Gerüchte. Konkrete Informationen – manche hören ja doch heimlich die Feindsender – oder Beweise für diese Vermutungen gibt es nicht.

Abb. 84: Die Staffeln der 99. Bomber-Gruppe treffen am 16. Oktober 1944 um 11.16 Uhr über Salzburg ein und laden die 250 kg-Sprengbomben aus rund 8.000 Meter Höhe ab. Deutlich sichtbar zwischen den fallenden Bomben oben die Morzger Straße, nach rechts führt die Firmianstraße, entlang der Vernebelungstöpfe aufgestellt sind. Rechts unten das Heereszeugamt (heute Struberkaserne) zwischen der Kleßheimer Allee (dunklere Linie mit Bäumen) und der Siezenheimer Straße (helle schmale Linie nach rechts unten). Rechts am Bildrand, knapp unter der Mitte ist ein Teil des Flugplatzrollfeldes zu sehen, daneben starker künstlicher Nebel. Die schräge Aufnahme verzerrt die Fallrichtung der Bomben. Tatsächlich fällt die tödliche Last auf die Altstadt.

Abb. 85: Dieses Bild stammt von einem Flugzeug der 99. Bomber-Gruppe und ist während der Angriffswelle am 16. Oktober 1944 um 11.17 Uhr aus einer Flughöhe von mehr als 8.000 Meter aufgenommen worden. Links unten erkennt man deutlich die Explosionswolken nach den Treffern in der Altstadt, im Bürgerspital, beim Museum, in der Gstättengasse und ganz unten links in Mülln. Der helle Fleck links in der Mitte ist der Rainberg-Steinbruch, wo sich heute das Akademische Gymnasium befindet. Entlang der Firmianstraße (oben in der Mitte des Bildes) sieht man die rauchenden Töpfe für die künstliche Vernebelung. Die dunkle Linie an der rechten Bildseite ist die Glan, daneben verläuft die Kendlerstraße.

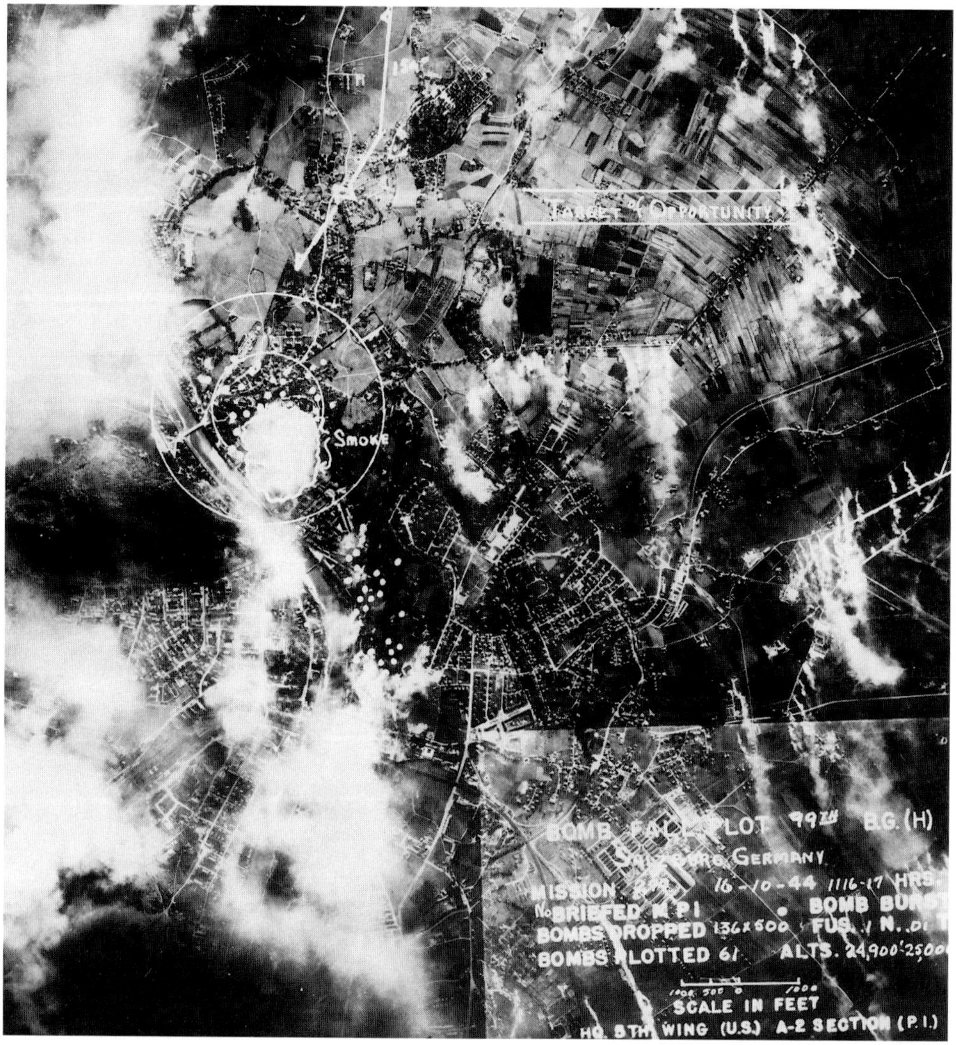

Abb. 86: Ein Schwerpunkt der Bombentreffer liegt laut Eintragungen der US-Aufklärung im Bereich südliche Altstadt/Nonntal (innerhalb der beiden Kreise). Die weißen Punkte darunter kennzeichnen die Bombeneinschläge in der nördlichen Altstadt und in Mülln. In der Mitte oben sind die Angriffsrichtung (154°) und der Nordpfeil eingetragen. Der Vermerk „Target of Opportunity" bedeutet, daß Salzburg nur ein Gelegenheitsziel war. Unter diesem Schriftzug ist die Firmianstraße erkennbar. Am rechten Bildrand oberhalb der Beschriftung ist die Flugplatzpiste erkennbar, die nur teilweise durch Vernebelung bedeckt ist. Die Beschriftung nennt die Bomber-Gruppe, die Angriffsnummer, das Datum (16. Oktober 1944) und die Uhrzeit, die Anzahl der abgeworfenen Bomben und der festgestellten Treffer sowie die Flughöhe (24.900–25.000 Fuß).

Abb. 87: Die US-Aufklärung beschreibt die Folgen des Angriffs am 16. Oktober 1944 im Bereich der Bahnanlagen folgendermaßen (siehe Ziffern im Bild): 1) Rundgebäude zu 80 Prozent, Werkstätten weitgehend zerstört. 2) Wracks und Trümmer von Waggons. 3) Zwei Gebäude zu 50 Prozent, ein Schuppen gänzlich zerstört. 4) Zwei Lagergebäude zu ca. 50 Prozent zerstört. 5) Zwei Objekte teilweise bzw. zur Gänze zerstört. 6) Beschädigung unbekannter Industrieanlage (in Wirklichkeit die Wohnhäuser nördlich der Union-Lebensmittelwerke). 7) Schwere Beschädigung unbekannter Gebäude (= Wohnhäuser an der Fanny-von-Lehnert-Straße). 8) Schuppen zu 60 Prozent zerstört. 9) Große Remise leicht beschädigt. 10–12) Unbekannte Gebäude beschädigt. 13) Beträchtliche Schäden in Wohngebieten. 14–16) Mehrere Gebäude zerstört. 17) Wohnhaus beschädigt.

Doch wenn bis jetzt in Salzburg nichts passiert ist, dann klammert man sich gerne weiter an jeden Strohhalm. Es wird den Salzburgern in ihrer altehrwürdigen Stadt doch nicht so gehen wie den Wienern, Grazern, Linzern, Wiener-Neustädtern oder Innsbruckern, die alle schon ganz entsetzliche Bombenangriffe erleiden mußten.

Als um 10.02 Uhr wieder einmal die Sirenen Voralarm und 24 Minuten später Vollalarm heulen, begeben sich bei weitem nicht alle Stadtbewohner in die Stollen, Luftschutzkeller oder Splittergräben. Die säuregefüllten Vernebelungstonnen werden in Betrieb gesetzt. Die beißenden Geruch hervorrufenden Nebelschwaden verbreiten sich über der Stadt. Schließlich will man dem Feind aus der Luft kein sichtbares Angriffsziel bieten. In den Krankenhäusern werden die Patienten – soweit sie nicht selbst gehen können – in die Keller, in Luftschutzbunker oder in die nahen Stollen getragen. In den Flakstellungen sind Soldaten und Luftwaffenhelfer in höchste Alarmbereitschaft versetzt. Die Luftbeobachter des Militärs und der Polizei haben ihre Positionen eingenommen. Die Spitzen der Stadtverwaltung und die für die Sofortmaßnahmen nach Luftangriffen verantwortlichen Herren eilen in den Befehlsstollen hinter dem Festspielhaus. Junge Melder der HJ warten dort auf ihre Einsatzbefehle, Telefonistinnen auf Anrufe. Die Schulen sind längst geräumt, die Schüler in den Stollen. Nur manche dürfen nach Hause, einige sind einfach abgehauen und freuen sich, daß der Unterricht schon wieder ausfällt. Für die Erwachsenen ist zu Hause zu bleiben zwar nicht erlaubt, doch wenn der Luftschutzwart sie nicht entdeckt, kann man vom Fenster aus oder gar von noch besseren Aussichtspunkten auf den Stadtbergen aus die anfliegenden Bomber beobachten.

Herr K. S. erinnert sich:

> Da bin ich oben gestanden und habe gedacht, da fliegt wieder einmal ein Pulk drüber. Nur ist der relativ tief geflogen und dann direkt auf Salzburg zu, was ja nie üblich war, weil er dem Flakbeschuß auskommen wollte. Sie sind dann so eingeschwenkt gekommen, die haben da so eine eigenartige Angriffstechnik gehabt. Sie sind so auseinandergegangen, damit sie sich gegenseitig nicht behindern. Dann ist es losgegangen, man hat das direkt gesehen. Da sind die Bomben geflogen, man hat nicht gesehen, wie sie runtergeflogen sind, das wäre zu weit gegangen, aber gescheppert und gekracht hat es dann und da habe ich gewußt, das ist der erste Angriff auf Salzburg.

In den Stollen ist auf den Holzbänken noch ausreichend Platz, als die Menschen das dumpfe Grollen und die Erschütterungen verspüren. Herr E. M. (Jg. 1927):

> Die Leute, die haben sich ziemlich ruhig verhalten, erstaunlicherweise ruhig. Es ist weder eine Panik gewesen oder sonst was, es war sofort die allgemeine Erkenntnis, aha, jetzt sind Bomben gefallen, das waren die ersten Reaktionen. Und die nächste Reaktion war, weil dieser Stollen noch keine Türen hatte, daß von der Kaigasse drüben wie in einem Kaminsog dieser Mörtel- und Ziegelstaub in den Stollen plötzlich hereingekommen ist.

Herr R. A. (Jg. 1929):

Drinnen hörten wir das dumpfe Poltern, das haben wir nicht gekannt, ein sicherlich etwas anderes Geräusch als sonst. Wir waren ziemlich am Eingang, wegen der besseren Luft. Da saß eine Berliner Flüchtlingsfamilie. Die Frau sagte plötzlich: „Das sind Bomben." Das hat keiner geglaubt. Es war eine gewisse Unruhe im Stollen drinnen, die sich natürlich noch verstärkt hat, wie die ersten hereingekommen sind, die den Angriff draußen überlebt haben. Grau von oben bis unten, alles Mörtelstaub, teilweise Blut im Gesicht. Das war ein Schock. Dann sind die Gerüchte gegangen, Salzburg gibt es nicht mehr, sämtliche Brücken sind zerstört, der Dom ist kaputt.

Manche, die zu Hause geblieben sind, haben auch unwahrscheinliches Glück, wie der Schüler H. S. (Jg. 1934):

Ich war ein bißchen krank, als Kind habe ein bißchen erhöhte Temperatur gehabt. Meine Mutter sagte, bleib zu Hause und wenn Alarm ist, gehst halt hinunter in den sogenannten Keller. Das war ein ebenerdiger Raum in der Griesgasse 8. Plötzlich war dann der Alarm, ich habe mich ganz langsam mit dem Gedanken vertraut gemacht, soll ich runtergehen, soll ich nicht runtergehen und plötzlich war eine ziemlich starke Erschütterung im dritten Stock, das ganze Haus hat gewackelt. Ich habe ziemliche Angst gekriegt und habe mich schleunigst in den Keller begeben und dann sind wir ein paar Minuten gesessen. Es waren ein paar alte Frauen drunten und haben schon ein bißchen gejammert, eine hat gesagt „Lieber Gott laß mich bloß heut nicht sterben", was mir ja noch sehr witzig vorgekommen ist. Eine hat ein Gebet gesagt, das hat mich irgendwie beeindruckt, ich weiß nicht in welcher Weise, ich war erstaunt. Ich war das einzige Kind da unten. Dann ist plötzlich ein fürchterlicher Kracher gewesen. Wir sind alle so kunterbunt durcheinander geflogen und nachher habe ich festgestellt, daß ich von oben bis unten rußig war. Das waren die Kohlen, die mit uns gemeinsam durch die Gegend geflogen sind und man hat nichts mehr gesehen, das Licht war aus. Es hat irgendwer eine Taschenlampe gehabt, die hat er eingeschaltet. Es war aber ein schlechtes Licht, praktisch der ganze Keller war voll Staub. Es haben dann einige gejammert, um Gottes Willen, wir sind verschüttet, wir müssen umkommen, keine Rettung mehr. Da habe ich eigentlich gedacht, das gibt es doch nicht und habe mich zum Ausgang vorgetastet. Ich war dann im großen Flur, der noch bestanden hat, da war es auch vollkommen staubig und habe mich vorgetastet zur Haustüre und aufgemacht und bin in der Sonne gestanden. Bei der Fassade sind Fetzen herunter gehängt, die ganzen Fensterscheiben waren kaputt, der Obusdraht, der damals vorbeigegangen ist, ist runtergehangen, eine Taube ist sehr humpelnd an mir vorbeigegangen. Man hat dann das Gefühl, ist es ein Traum oder Wirklichkeit. Dann hab ich mir gedacht, was mache ich jetzt, habe raufgeschaut auf den Mönchsberg, der erste Gedanke war natürlich, hin zu meiner Klasse in den Stollen.

Der HJ-Melder J. S. aus Mülln schreibt später nieder:

Als nun Flakfeuer einsetzte, kam Vater gerade heim. Wie nun aber das Flakfeuer anschwoll, forderte ich meine Eltern und Geschwister auf, in den Luftschutzstollen zu gehen. Sie waren eben dabei, dieser Forderung nachzukommen, als es auch schon anfing zu sausen und zu krachen. Es waren die ersten Bomben, die Salzburg aufs Dach bekam. Schnell brachte ich Mama sowie meine Schwester mitsamt dem Töchterlein Ditilein in den Hauskeller, Müllner Hauptstraße 8a. Dort angelangt dachten wir erst darauf, daß Geld und Wertsachen noch in der Wohnung waren. Ich lief zurück, holte das Vergessene nach, kam jedoch am Rückweg nur noch bis zur Fleischerwerkstatt, da kam eine neue Bomberwelle und lud ihren Segen ab. Ich warf mich sofort auf den Boden, da krachte es auch schon im Bräustübl und bei der Monikapforte. Von dort warf es einen Steinregen herunter auf die Straße und Dächer. Im selben Moment wurde in der Wurstküche die Türe aufgestoßen und zwei Schweineschlögel lagen neben mir auf dem Boden. In flotten Sprüngen gelangte ich in den Keller im Haus und fand da ein jammervolles Bild. Einige Insassen knieten, die anderen lagen auf dem Boden weinten und beteten um Hilfe. Durch die Erzählung von den fliegenden Schweineschlögeln konnte ich die Aufregung mildern und die Leute zur Ruhe bringen. Inzwischen war es auch in der Luft ruhiger geworden. Rasch packte ich das Ditilein und im Laufschritt ging es in den sicheren Stollen. Die anderen kamen hinterher.

Die damals 15jährige Schülerin A. S.:

Plötzlich hat es gekracht. Meine Tante und ich rennen bei der Tür raus, hören ein Krachen und ein Bersten, kommen gar nicht mehr in den Keller, sondern flüchten uns in die Holzlage. Das war ein drei bis vier Quadratmeter großes Loch hinten im Felsen. Der Luftdruck hat schon die Tür hinter uns zugehaut und es war alles finster. Wir haben uns umklammert und richtige Angst gehabt. Dann ist sofort mein Onkel vom Keller raufgekommen und hat uns hinuntergeholt. Erst dann haben wir gesehen, daß vom Haus vorne ein ganzes Eck gefehlt hat.

Der 12-jährige Schüler H. Sch. überlebt, seine Großmutter kommt im Haus Kaigasse 8 ums Leben:

Ja und wie wir drunten waren in dem Keller ist unsere Großmutter noch einmal zurückgerannt und hat einen Mantel geholt. Es war ja doch schon kühl. Es war der 16. Oktober. Ja und das waren eigentlich die entscheidenden Minuten, die ihr dann gefehlt haben, eben daß sie dann umgekommen ist. Ich habe den Mantel hinunter getragen in den Keller zu meinem Großvater und bin wieder rauf. Eine Partei, die hat G. geheißen, hat die Tür offen gehabt und da hat der Radio gesagt: „Mit einem Bombenangriff ist zu rechnen.“ Also toll eigentlich irgendwie. In dem Moment, wie ich über die Stiege hinaufgehe – das war so ein Prachtbau von der Erzdiözese mit Marmorstiegen – wir haben im zweiten Stock gewohnt und im ersten Stock, wie ich rauf bin, ist das gewesen, wie ein Wasserfall. Zuerst hat es die Fenster aufgerissen, dann ist das Ganze runtergefallen, die Tram und das Ganze. Mich hat es hinuntergeworfen, ich war verschüttet. [...] Na und dann war natürlich eine Mords Schreierei. Die Leute, die im ersten Stock gewesen sind, da waren Frauen daheim, und total alles verstaubt und so. Und ich habe mich dann irgendwie ausbuddelt, meine Tante hat mir auch geholfen. Ich bin dann runter auf die Straße.

Der Schüler H. K. (Jg. 1931) schaut in der Kaigasse im Freien den anfliegenden Bombern zu, als plötzlich die Bomben fallen:

> Und da bin ich dann um mein Leben gelaufen, ich bin gerade noch hinten in den Posthof hineingekommen zur Tür und da hat es nämlich schon gekracht. Und da haben wir dann schon einen Volltreffer gehabt. Und da hat es mich dann in den Keller hinuntergehaut und hinter mir ist das Stiegenhaus zusammengefallen und da sind die Stufen runtergekommen. In den Kellern, die waren gepölzt und da hat es Durchbrüche gegeben. Da sind wir durchgekrochen ein Nachbar und ich und dann hinaus durch ein Fenster ins Freie. Es war fast dunkel durch den Staub und den Dreck, daß man nur ein paar Schritte gesehen hat. Vor dem Haus 41 ist der Herr L. gelegen, der war tot. Zwischen Haus 39 und 41 sind zwei Kinder tot gewesen. Dann auf dem Schuttkegel ist der F. mit dem Oberkörper heraußen gewesen, der war mit Staub angezuckert, wie eine Statue. Die habe ich ein paar Minuten vorher noch lebend gesehen.

Feuerwehr und Rettung haben mit ihren Fahrzeugen die im Alarmfalle schon gewohnten Positionen im Neutor-Tunnel eingenommen. Mit dabei der junge DRK-Helfer R. P. (Jg. 1929):

> Links ist gestanden die Feuerwehr, rechts das Rote Kreuz, wenn man hinaus schaut. Und wir sind nach Ertönen der Sirenen dort hineingefahren, wir waren immer fröhlich und guter Dinge weil wir gesagt haben, na, das ist eine phantastische Geschichte, da brauchen wir nicht die Unterrichtsstunden auch noch besuchen und es ist weitaus angenehmer als Betriebswirtschaftslehre zu lernen. Wir saßen da im Neutor und haben nie daran gedacht, wie im übrigen alle unsere Angehörigen, nicht, daß wir jemals bei einem Bombenangriff zum Einsatz kommen würden. Da bin ich wieder im Neutor gestanden. Überflogen ist die Stadt ja mehrfach geworden und wir haben also dieses dumpfe Grollen der Bomberverbände gehört und die Detonationen der Flakgeschosse, denn sie sind unter Feuer genommen worden. Ja, wir haben uns aber gedacht, daß das eine der üblichen Luftblasen ist. Auf einmal hörten wir eine Detonation und das war die Explosion einer 250- oder 350-Kilo-Bombe über dem Neutor. Da ist ein kleiner Vorbau, dort ist diese Bombe hineingefallen, hat uns aber nicht getroffen, denn die ganzen Splitter gingen ja in einem hohen Bogen drüber hinaus. Und dann ging es Schlag auf Schlag.

Weitere Rettungsfahrzeuge sind am Stadtrand aufgestellt, wo ein Arzt und DRK-Personal auf ihren Einsatz warten. Der damals im Reserve-Lazarett I tätige Arzt H. W. (Jg. 1913):

> Ich wurde sofort bei Alarm mit einem Pkw (das war ein Befehl), der bereit stand, hinausgebracht nach Hellbrunn, wo eine Sonderstaffel des Roten Kreuzes mit ungefähr 10 bis 12 Krankenwägen mit Volksdeutschen aus Jugoslawien als Fahrern, bereitstand, um sofort Hilfe hineinzubringen. Es war ein Sanitätslager draußen, aber kein Lazarett natürlich. So bin ich hinausgekommen nach Hellbrunn und konnte den Angriff von Hellbrunn aus sehen.

Die Schäden in der Stadt

Um 11.43 Uhr ertönt die erste Vorentwarnung, um 12.00 Uhr erfolgt jedoch wieder Fliegeralarm. Nach der zweiten Vorentwarnung um 13.42 Uhr gibt es um 13.50 Uhr endlich Entwarnung, in den rechts der Salzach gelegenen Stadtteilen mittels einer auf ein Fahrzeug montierten handbetriebenen Sirene, weil die Stromversorgung dort zusammengebrochen ist. In der Befehlsstelle laufen nach und nach die ersten erschütternden Schadensmeldungen ein. Noch gibt es keinen Überblick über das tatsächliche Ausmaß der Schäden. Die seit Monaten vorbereiteten Maßnahmen für den Ernstfall müssen sich nun erstmals bewähren.

Melder der HJ werden ausgesandt, um Nachrichten zu überbringen bzw. einzuholen, wie der 15-jährige H. H.:

> Wie die ersten Meldungen eingegangen sind in dieser Befehlsstelle, haben sie uns losgeschickt. Das waren jeweils drei bis vier von den Jungen, die losgeschickt wurden. Wir haben das Motorrad beim Berg stehen gehabt und sind dann losgefahren. Als erstes sollten wir nach Itzling fahren. Wo heute das Stadtkino steht, da ist alles ein See gewesen, da sind wir gar nicht durchgekommen. Da ist das Wasserreservoir am Mönchsberg getroffen worden. Man mußte dann den Umweg nehmen über das Neutor, über die Augustinergasse um nach Itzling zu fahren. In der Kreuzstraße, da haben wir die ersten schreien gehört, die es verschüttet hat. Da hat es einen Splittergraben dort getroffen, und da haben wir auch die ersten Toten gesehen. Das hat mich sehr schockiert, nachdem ich mit meinen jungen Jahren noch nie im Krieg draußen war.

Abb. 88: Die Salzburger sind geschockt: Die Domkuppel erhält einen Volltreffer. Die weißen Flecken auf dem Dach sind Schnee.

Abb. 89: Die klaffende Wunde im Dom.

Nach der Entwarnung strömen die Menschen aus den Stollenausgängen im Mönchsberg und wollen nach Hause. Dichter Staub in der Luft empfängt sie. Ein erster Blick auf den Dom bringt die schreckliche Gewißheit. Die Kuppel ist eingestürzt. Der heutige Domdechant Prälat Johannes Neuhardt dazu:

> Zum Zeitpunkt des Einschlags der Bombe saß der Herr Dompfarrer Daniel Etter im Beichtstuhl. Einige Domherren und der Obermesner Franz Aschauer saßen im Keller des Nordturmes, weil dieser als überaus sicher angegeben wurde. Domkapellmeister Professor Joseph Messner saß an der Orgel am Chor des Domes. Daß diese Personen den Einschlag überlebt haben und nicht an einem Lungenriß gestorben sind – im Beichtstuhl oder auf der Orgel war ja keinerlei Schutzmauer davor – ist dem Umstand zuzuschreiben, daß der Luftdruck ja hinauf ging, weil die Kuppel eben zerstört war. Dompfarrer Etter kam vollkommen staubbedeckt und weiß dorthin, wo die übrigen im Nordturmkeller saßen und war fassungslos, was jetzt geschehen sei[8].

Abb. 90: Wie durch ein Wunder entstehen im Inneren kaum weitere Schäden.

Das Viertel zwischen Mozartplatz und Rudolfsplatz (damals Georg-von-Schönerer-Platz) ist schwer getroffen. Hier kommen 72 Menschen ums Leben. Die ärgsten Schäden betreffen die Häuser in der Kaigasse bei der Einmündung der Kapitelgasse, den Bereich an der Straßenkreuzung Pfeifergasse–Sebastian-Stief-Gasse (dort entstand nach dem Krieg der Papagenoplatz), dann die Gebäude zwischen Kaigasse und Nonnbergstiege. Die Neue Residenz wird leicht, das Mozartkino schwer beschädigt. Im Reservelazarett I kommen durch einen Volltreffer im Trakt gegenüber dem Chiemseehof acht Soldaten ums Leben. (Das Lazarett wird in den folgenden Tagen in die neue Hauptschule nach Oberndorf verlegt.) Der Stieglkeller ist ebenso beschädigt wie die meisten Häuser in der Herrengasse.

Frau H. H. (Jg. 1922) wartete damals gemeinsam mit einem Lehrer im Gasthaus „Pflaum“, Pfeifergasse 5, auf ihr Essen, mußte dann aber wegen des Fliegeralarms in den Mönchsbergstollen:

Als wir aus dem Stollen zurück zur Wirtin in die Pfeifergasse wollten, ist am Anfang der Kaigasse ein Mann gestanden und hat gesagt „Da könnt' ihr nicht hinein, da ist alles tot drinnen." Wir sind aber trotzdem rein. Wir sind dann auf den Trümmern gesessen und überlegten, wie wir graben und den Wirtsleuten noch etwas retten könnten. Da stieg uns der Duft des Schweinsbratens in die Nase, den uns die Wirtin vor dem Alarm versprochen hatte und dann haben wir eine Stunde oder eineinhalb gegraben bis wir zum Herd gekommen sind, der noch heiß war. Und auch der Schweinsbraten war noch drinnen.

Abb. 91: Der Dom im Jahr 1946. Zwei Jahre bleibt das Dominnere den Unbilden des Wetters ausgesetzt, weil kein Material für eine provisorische Abdeckung zur Verfügung gestellt wurde.

Abb. 92: Blick von der Kaigasse zur Nonnbergstiege vor der Zerstörung.

Abb. 93: Kaigasse–Nonnbergstiege nach dem ersten Bombenangriff.

Abb. 94: Im Vordergrund die zerstörten Häuser zwischen Nonnbergstiege und Kaigasse, in der Mitte der schwer beschädigte „Posthof".

Abb. 95: Blick vom Hohen Weg auf die Kaigasse – Der „Posthof“ mit einem riesigen Loch in der Fassade.

Abb. 96: Die Trümmer liegen auch im Garten zwischen Kaigasse (unten) und Chiemseehof (im Bild oben).

Abb. 97: Im Reservelazarett I (heute Krankenhaus der Barmherzigen Brüder) kommen durch die Bomben mehrere Patienten ums Leben.

Abb. 98: Die aufgerissene Fassade des Hauses Krotachgasse 3.

Abb. 99: Die Krotachgasse ist kaum passierbar – Blick Richtung Kaigasse.

Abb. 100 und 101: Blick über das schwer beschädigte Kaiviertel; im Bild oben Richtung Krotachgasse, im Bild unten Richtung Kajetanerkirche.

Abb. 102: Noch am Nachmittag des 16. Oktober 1944 beginnen die Aufräumungsarbeiten im Kaiviertel.

Abb. 103 und 104: Die völlig zerstörten Gebäude Pfeifergasse 5 und 7. Oben der Blick Richtung Mozartplatz, unten Richtung Sebastian-Stief-Gasse, in der bereits ein provisorisches Gleis für den Abtransport des Schutts in die Salzach verlegt ist.

Abb. 105: Wo sich heute der Papagenoplatz befindet, klafft ein gewaltiges Loch im Boden. In der Bildmitte links die Trümmer des Eckhauses Pfeifergasse 10, nach rechts kann man den Verlauf der Pfeifergasse Richtung Mozartplatz erahnen.

Abb. 106: Blick von der Kapitelgasse Richtung Kaigasse. Die Häuser Kaigasse 10 (links am Ende der Kapitelgasse) sowie Kaigasse 21, 23 und 25 sind total zerstört.

Abb. 107 und 108: Kaigasse–Kapitelgasse, oben der Blick vom „Mozartkino" Richtung Dom, unten Richtung Norden zur Sebastian-Stief-Gasse.

In der Nonntaler Hauptstraße, im Erhardgäßchen und in der Nonnberggasse fallen mehrere Häuser den Bomben zum Opfer. Auch im Kloster Nonnberg gibt es Schäden. Mehr darüber erfahren wir aus einem Brief der jungen E. M. vom 19. Oktober 1944 an ihre Schwester:

> Bei der Erentrudisbrunnen-Zisterne im Garten schlug eine Bombe ein, hob den Brunnen und riß im Haus eine Lücke, sodaß sechs Krankenzellen entleert wurden. Das Dach darüber ist erhalten. Unglaubliche Verwüstung im Garten. Fast alle Fensterscheiben hin im ganzen Haus. Beim Erentrudisbrunnen im Küchenhof riß es an der Statue die Hand mit dem Bischofsstab und den Heiligenschein weg.

Das damals noch bewohnte Bürgerspital ist durch einen Volltreffer zur Hälfte zerstört. Allein dort finden 15 Menschen den Tod. Auch die Blasiuskirche trägt Schäden davon. Der junge Rettungsmann R. P., der sich während des Angriffs mit der Rettungskolonne im Neutor aufgehalten hatte, trifft noch vor der Entwarnung dort ein:

> Es lagen die Trümmer im Hof des Bürgerspitals herum, auf der linken Seite hing ein Seil herunter, ich ging auf das Seil zu, nahm es in die Hand, das Seil war glitschig und ich sah hinauf, da ist eine Frau von außen her hinaufgeworfen worden in den 1. Stock. Da waren schwere Haken, um diese Blumenkisten zu halten und die Frau ist dort aufgespießt worden und der Bauch war offen und die Innereien hingen da herunter. Das war kein Seil, es war der Darm aus dem 1. Stock, der da herunterhing.

Auf dem Mönchsberg ist das Wasserreservoir zerstört, die Wassermassen ergießen sich auf den Museumsplatz (heute Anton-Neumayr-Platz) und in die Griesgasse. Getroffen sind auf dem Mönchsberg auch der Sendemast des Rundfunks und die Gaststätte im Bürgerwehrsöller. Die Restauration „Elektrischer Aufzug“ ist beschädigt. Auch die Oberschule für Mädchen im Ursulinenkloster (heute „Haus der Natur“) erleidet Schäden und muß teilweise vorübergehend gesperrt werden. Die meisten Häuser in der Gstättengasse haben zerbrochene Fensterscheiben. Die Trümmer des Hauses Nr. 21 versperren die Straße. Vor dem Mönchsbergaufzug liegt ein Autowrack in einem Bombentrichter.

Schwer getroffen wird das Museum, aus dem trotz aller Bemühungen noch lange nicht alles an sichere Orte verbracht werden konnte[9]. Der Museumsdirektor und einige Mitarbeiter, die sich während des Angriffes im nicht beschädigten Teil des Gebäudes aufhalten, überleben. Wertvollste Teile der Sammlungen sind unwiederbringlich verloren. Manches kann nach tagelangen Grabungsarbeiten aus dem Schutt noch gerettet werden.

Zwischen Dr.-Franz-Rehrl-Platz (damals Karolinenplatz) und Café „Corso“ hat der Luftdruck der Bombenexplosionen fast alle Fensterscheiben in den Gebäuden am Kai und in der Imbergstraße zerstört. Das Diakonissenkrankenhaus ist ebenso beschädigt wie der Mozartsteg. Auch die Uferböschungen der Salzach sind aufgerissen.

Eine Sprengbombe trifft Mozarts Wohnhaus am Makartplatz und zerstört den Trakt am Eck zur Theatergasse. Frau H. Z. (Jg. 1913) befand sich zu diesem Zeitpunkt im Keller des Hauses Schwarzstraße 13:

> Wir sind im Keller gesessen und haben gesagt: „Na, was soll sein." Und auf einmal war ein wahnsinniger Krach, ein Gedröhne und Getöse und in dem Moment hat der Luftdruck ein Fenster aufgesprengt, unter dem die Frau Gräfin M. gesessen ist, und die ist so wahnsinnig erschrocken. Es hat ja groteske Momente gegeben. Und die Frau A., auch eine Partei von unserem Haus, schwerhörig, die hat gesagt, was ist denn. Und ihr Sohn der Frankie [...] hat so gelacht. und da hat er eine Ohrfeige erwischt von seiner Mutter während des Angriffs. Und da haben wir gesagt: Jetzt haben sie Bomben geschmissen. In dem Moment, in dem langen Gang, der bei uns war, kommen zwei Männer herein, die sehe ich noch heute vor mir, in weißen Arbeitsmänteln, von oben bis unten in rosa Ziegelstaub einpaniert und wir haben gefragt: „Was ist denn passiert?" Und die haben gesagt: „Mozarts Wohnhaus ist getroffen." Die sind im Theater in die Kuppel hinaufgestiegen, schauen wo die Flieger kommen. Und in dem Moment ist die Bombe in Mozarts Wohnhaus. Das war ein wahnsinniger Luftdruck, die hat's hinuntergeworfen über die Stiege und die sind, als nächstes Haus haben sie unseres erwischt, die sind dann herinnen geblieben bis Entwarnung war. Da sind wir hinauf und haben erst die Bescherung gesehen.

Die Bahnanlagen im Bereich des Hauptbahnhofes sind durch mehr als 50 Bombentreffer stark in Mitleidenschaft gezogen. Die Polizei meldet an Sachschäden:

> Lokomotivschuppen, Drehscheibe, Betriebsgebäude, Ölmagazin, Personalgebäude, Wohngebäude im Werkstättengelände, Kraftwagenhalle und Elektromeisterei ganz bzw. teilweise zerstört. Sieben Elektrolokomotiven schwer beschädigt. Ölgasanlage teilweise abgebrannt, die Gasbehälter blieben erhalten. Der Bauhof mit Ausländerbaracken schwer beschädigt und unbewohnbar. Die Weichengruppe auf der Ostseite teilweise beschädigt, die Weichen- und Gleisanlagen im Betriebswerk gänzlich zerstört, die Gleisanlage in der Personenwagenremise schwer beschädigt, Fenster von Zugsgarnituren an den Bahnsteigen zertrümmert[10].

Besonders schwer getroffen wird das westlich des Hauptbahnhofes gelegene Wohngebiet. Zwischen Itzlinger Hauptstraße und Bahnhofstraße ist die Mehrzahl der Häuser zerstört oder schwer beschädigt. Im Luftschutzbunker an der Kreuzstraße sind zehn, im Splittergraben an der Ischlerbahnstraße gar 19 Menschen getötet worden. In den getroffenen Wohnhäusern in der Fanny-von-Lehnert-Straße 4, 6, 10 und 29 kommen insgesamt 16, in den nebeneinander liegenden Häusern Elisabethstraße 45 und 47 sowie Itzlinger Hauptstraße 2 und 4 jeweils zehn Menschen ums Leben.

Bei den Aufräumungsarbeiten dürfen die Toten eigentlich nur von Erwachsenen aus den zerstörten Häusern geborgen werden. Trotzdem kommt es immer wieder vor, daß auch junge Burschen diese grauenvolle Aufgabe erfüllen müssen, wie der damalige Hitlerjunge A. H. (Jg. 1928) in Itzling:

> Was die Bomben da angerichtet haben, war furchtbar. Wenn man also hergehen und die Bestandteile eines Menschen einsammeln muß. Da liegt ein Arm, dort sind die Eingeweide, der Oberschenkel, der Kopf. Und die mußten wir damals mit unserer Schaufel einsammeln und in Behälter geben. Für mich Sechzehnjährigen hat damit eigentlich der Krieg angefangen.

Frau A. F. (Jg. 1916) erinnert sich an eine andere schreckliche Situation in Itzling:

> Ich war beim Roten Kreuz und wir haben damals oft Einsatz gehabt, auch, wie in den Gemeindebauten, da in Itzling die Bomben eingeschlagen haben. Ich sag Ihnen, der F., den hab' ich gut gekannt, aber dann (bei den Aufräumungsarbeiten) bin ich 99 Mal über ihn drübergestiegen: Ich hab' ihn nicht mehr wiedererkannt. Die Bomben haben die Leute momentan aufgebläht und dann sind sie zusammengefallen. Dann ist nur mehr so ein Häuferl da gewesen. Und der K.! Das Gemeindehaus ist ja ganz zerbombt gewesen, und er ist im Bombenloch drinnen gesessen, mit einem Sessel, und hat sich nicht mehr rühren können. Den hat der Luftdruck so niedergepreßt, der hat nicht mehr gerade stehen können und gar nichts mehr. Den haben wir direkt herauszerren müssen und gleich ins Spital liefern. Im ehemaligen Konsum beim Bahnhof, das war das Auffanglazarett. Da haben wir die Verwundeten hingebracht. Über hundert Leute sind bei diesem Bombenangriff in Itzling zugrundegegangen. Das war furchtbar. Und dann die vielen zerstörten Wohnungen bei uns in Itzling – die Leute haben ja nicht gewußt, wohin, [...][11].

Dabei gab es auch manch ungewöhnliche Situation, wie jene, die Frau H. Z. schildert:

> Und da war eine Masseurin, die Frau R., die ist in Itzling in der Badewanne gesessen, der hat es das halbe Haus abrasiert. Die war pudelnackt, hat nicht herauskönnen, weil's ihr die Stiege weggerissen hat. Vom Schlafzimmer und von der Küche hat sie noch etwas gehabt. Notdürftig hat sie sich angezogen und ist mit Sack und Pack, wie sie gewesen ist, zu mir, weil sie gewußt hat, daß ich ein leeres Zimmer habe, und die habe ich dann lange gehabt.

Auch östlich des Hauptbahnhofes fallen Bomben und richten schwere Schäden an der Gniglerstraße, den städtischen Wohnhäusern in der Moosbauernstraße und im Barackenlager in der Bergerbräuhofstraße an, wo sieben Kriegsgefangene, die als Hilfsarbeiter zur Arbeit in verschiedenen Betrieben eingeteilt sind, ums Leben kommen.

Nur mit Glück entgehen Patienten im Landeskrankenhaus dem sicheren Tod. Drei Bomben fallen als Blindgänger in freies Gelände, eine davon nahe der Unfallstation direkt neben einen Splittergraben, in den die Patienten gebracht worden sind. Eine Explosion hätte fürchterliche Folgen gehabt.

Eine Bombe trifft das Lassergut in Morzg und erschlägt das Besitzerehepaar samt einer Landarbeiterin.

Abb. 109: Blick über die Verwüstungen hinauf zum Kloster Nonnberg, das auch beschädigt ist.

Abb. 110: Staubwolken über dem Kaiviertel verdecken den Blick zur Festung. Mit Krampen und Schaufeln wird nach Überlebenden gesucht.

Abb. 111: Noch Brauchbares wird in der Sebastian-Stief-Gasse ausgegraben.

Abb. 112: Für einen schmalen Durchgang ist an der Einmündung der Kapitelgasse in die Kaigasse bereits Platz geschaffen worden.

Abb. 113: Vorher – Hinter den Arkadengängen des Bürgerspitals befinden sich Wohnungen, im Erdgeschoß ein Eingang in den Luftschutzstollen im Mönchsberg.

Abb. 114: Nachher – Im Bürgerspital kommen beim ersten Bombenangriff am 16. Oktober 1944 fünfzehn Menschen ums Leben.

Abb. 115: Das Wasser vom Reservoir auf dem Mönchsberg überflutet die Griesgasse.

Abb. 116: Auch die Werkstätten der Wasserwerke in der alten Münze an der Griesgasse sind beschädigt.

Abb. 117: Die Trümmer des Wasserbehälters auf dem Mönchsberg.

Abb. 118: Die Aufräumungsarbeiten setzen bald nach dem Angriff ein.

Abb. 119 und 120: Das schwer beschädigte Museum hat den unwiederbringlichen Verlust von wertvollen Kulturgütern zu beklagen.

Abb. 121: Die Trümmer des Museums. Im Hintergrund sind Gebäude an der Gstättengasse und die Felswand des Mönchsberges zu erkennen.

Abb. 122: Die Gstättengasse ist durch die Trümmer des Hauses Nr. 21 unpassierbar.

Abb. 123: Ein Auto liegt in einem Bombentrichter an der Griesgasse (heute Anton-Neumayr-Platz 4). Im Hintergrund die „Alte Münze" (nach dem Krieg abgetragen).

Abb. 124: Der Schaden an Mozarts Wohnhaus von der Theatergasse aus gesehen. Im Hintergrund das Theatergebäude.

Abb. 125 und 126: Mozarts Wohnhaus am Makartplatz in Trümmern.

Abb. 127: Kinderalltag inmitten von Ruinen.

Abb. 128: Schwere Schäden entstehen auch im Nonntal. Im Bild links die Bäckerei Holztrattner (heute Bäckerei Funder), rechts das Haus Nonntaler Hauptstraße 30.

Abb. 129 und 130: Nonntaler Hauptstraße 32 und 34 (heute Fa. Podlogar).

Nach dem Bombenangriff

Noch am Nachmittag des 16. Oktober werden in der Gewerbeschule, in der Nonntaler Schule und in Itzling Auffangstellen eingerichtet. Dort bekommen die Ausgebombten von der NSV eine einfache Verköstigung. Wer nicht bei Verwandten oder Freunden unterkommt, erhält ein Notquartier zugewiesen. Die Stadtverwaltung stellt für die Bombengeschädigten einen eigenen Ausweis aus, mit dem man das Nötigste einkaufen kann. Für die Aufräumungsarbeiten sind Angehörige der Schutzpolizei, der Luftschutzpolizei, der Stadtwacht, der Wehrmacht, von NSDAP-Dienststellen, der Technischen Nothilfe und des Ergänzungs-I.-Dienstes eingesetzt[12].

Das städtische Bauamt gibt zu Protokoll:

14 h 30 Örtl. LS Leiter gibt Befehl „Der Makartplatz muß befahrbar gemacht werden."
14 h 50 Stadtwerke fordern an: 50 Mann mit Krampen u. Schaufel und Beleuchtung 16 h Pferdeschwemme Siegmundsplatz.
15 h 15 Vom Fuhrpark 30 Mann auf den Makartplatz abgegangen.
14 h 50 Feldmeister vom RAD Berchtesgaden meldet sich zum Einsatz mit 100 Mann.
15 h 50 Oberstfeldmeister Kröll nimmt Auftrag entgegen.
1.) 50 Mann f. Stadtwerke am Siegmundsplatz
2.) 50 Mann für Räumung Gstättengasse
Es stehen noch an Arbeitskräften zu Verfügung:
150 Wehrmachts- od. SS Männer auf der Festung, Anruf 4246
150 Wehrmachts- od. SS Männer, Anruf Bergwald 6236.
16 h 10 40 Mann f. Hausratsicherung Mirabell stellen.
16 h 15 Oberfeldmeister Kröll meldet, daß Gstättengasse bereits geräumt und ins Kai-Viertel schon Räumung entsendet.
16 h 30 Ing. Krieger meldet Schallmoos-West keine Schäden.
16 h 45 Behensky geht nach Fertigstellung der Arbeiten am Makartplatz ins Kai-Viertel hinüber.
17 h Bmst. Blaha meldet, Gnigl westl. Linzerreichsstraße kein Schadensfall.
17 h 10 Hofrat Exner verlangt Räumung des Almkanales in der Gstättengasse, damit das Wasser in den Stadtarm wieder eingelassen werden kann. Es ist für Feuerlöschzwecke notwendig. Die Schleuse bei Hangenden Stein wurde um 15 h 10 wieder aufgemacht.

Aus den zerstörten Gebäuden können immerhin noch 129 Personen lebend ausgegraben werden[13]. Die Bergung der Toten dauert zum Teil mehrere Tage. Die Überlebenden versuchen aus den Ruinen von ihrem Hausrat noch etwas Brauchbares zu retten. Angehörige von BDM und HJ helfen dabei und schaffen geborgene Möbel in die als Lagerräume vorgesehenen Kirchen von Itzling und Gnigl, die Kirche der Landesheilanstalt und die Arkaden des Sebastiansfriedhofes[14].

Die offizielle Trauerfeier auf dem Kommunalfriedhof am 20. Oktober wird zu einer großen Propagandaveranstaltung umstilisiert[15]. Gauleiter Scheel hält selbst die Trauerrede und prangert den Angriffe „auf wehrlose Frauen, Kinder und Greise in zynischer Mordgier und maßloser Vernichtungswut" an. Die Propaganda wäre gar nicht notwendig gewesen. Der Zorn der Menschen richtet sich ohnehin in erster Linie gegen den Feind und seine „feigen Terrorangriffe".

Das amtliche Parteiorgan, die „Salzburger Zeitung", berichtet zwar über den Bombenangriff, hält sich aber hinsichtlich der Darstellung des wirklichen Schadensausmaßes zurück.

Eine Geschichte rührt viele Salzburger, jene des kleinen elfjährigen Pimpfen Hansi, der anderen tapfer geholfen und dann seine Mutter gesucht hat. Niemand wollte ihm sagen, daß sie tot unter den Trümmern des Hauses Nonnbergstiege 2 lag. Gauleiter Gustav Adolf Scheel zeichnet ihn am 21. Oktober im Namen des Führers sogar mit der Kriegsverdienstmedaille aus. Der damalige Pimpf Johann Skall (Jg. 1933) erinnert sich heute:

> Wir wohnten damals im Haus Nonnbergstiege 2. Ich war von der HJ als Melder eingeteilt. Ich sollte Nachrichten in die Befehlsstelle bringen. Beim Fliegeralarm bin ich aus der Griesschule nach Hause gerannt. Unterwegs habe ich im Brunnen mein Taschentuch naß gemacht, weil es von der Vernebelung am Residenzplatz so gestunken hat. Ich habe meinen Helm geholt, das war ein russischer mit zwei Kilogramm. Einen blauen Luftschutzhelm habe ich nicht mehr bekommen. Mit meiner Meldertasche bin ich dann in die Luftschutzeinsatzstelle Nonnbergstiege 6 gegangen. Dort haben wir, der Luftschutzwart und noch einige Leute, im gewölbten Stiegenhaus gewartet. Es hat zum Pfeifen angefangen und dann ist schon alles zusammengefallen. Mich hat die Tür am Kopf getroffen, doch durch den Helm ist mir nichts passiert. Ich bin dann durch einen schliefbaren Kamin hinausgekrochen und habe draußen darauf aufmerksam gemacht, daß da noch Verschüttete drinnen sind. Dann habe ich begonnen, meine Mutter zu suchen. Ich bin in die Krankenhäuser und Rettungsstellen gegangen. Niemand konnte mir sagen, wo sie ist. Zu Hause war alles kaputt, das Haus ein Trümmerhaufen. Einen Platz zum Schlafen habe ich leicht gefunden. In den Bombenruinen war Platz genug. Zum Essen habe ich in der Verpflegsstelle in der Nonntaler Schule jeden Tag einen Leberkäse und einen Tee bekommen. Erst nach zehn oder elf Tagen hat man meine Mutter im Haus Nonnbergstiege 2 ausgegraben und ohne mein Wissen gleich in einem Massengrab auf dem Kommunalfriedhof beerdigt. Die mußten sie aber wieder ausgraben, weil ich wollte, daß die Mutter in unser Familiengrab kommt. Damit ich beim Begräbnis etwas zum Anziehen habe, hat mir unser damaliger Bannführer Walter Leitner eine DJ-Uniform geschenkt[16].

Auch Mädchen wurden für Aufräumungsarbeiten herangezogen. Die Schülerin M. H. (Jg. 1929) schreibt ihrem Vater über ihre Erlebnisse:

> [...] So gegen 10 Uhr [17. Oktober] kam dann die Bannmädelführerin. In jeder Klasse durften nur 6 Mädel bleiben, die anderen mußten sich sofort am Bann[17] mel-

Abb. 131: Das Haus Rudolfskai 44 hat einen schweren Treffer erhalten. Die Gewerbeschule (heute Institutsgebäude der Universität) ist hier noch unbeschädigt.

Abb. 132: Die Aufräumungsarbeiten am Rudolfskai an der Einmündung der Landhausgasse.

den. Von dort aus wurden wir dann in die Kaigasse geschickt, in der ich bis Samstag Abend eingesetzt war. In dieser Gasse ist alles ein Schutt. Wir meldeten uns im Luftschutzrevier und wurden von da aus weiter eingesetzt. Ich mußte gleich zu einer Familie im 3. Stock. Im Hauseingang war alles Schutt. Die Stiege war so wackelig, daß sie jede Minute einzustürzen drohte. Da mußten wir drei Zimmer ausräumen und die Sachen waschkorbweise ungefähr 10 Minuten lang bis zum Mozartplatz tragen. Auf einmal hieß es Alarm, die Sirenen gehen nicht. Da rannten alle Leute mit Kinderwagen und Koffern in die Stollen, nach einer Stunde war wieder Entwarnung. Zu Mittag wurden wir von der NSV verpflegt. Es gab Kartoffelgulasch mit zwei Semmelknödeln. Wir bekamen nachmittags nochmals Luftgefahr. Da war dann die ganze Kaigasse wie ausgestorben. Abends kam ich mit dem 7-Uhr-Zug todmüde heim. Am Mittwoch in der Früh um 7 fuhr ich sofort wieder weg. Da mußten wir ein Haus räumen, das nicht sehr beschädigt war, aber hinter dem ein Blindgänger lag. Es wurden alle Tage noch so viele Tote ausgegraben. Da war ein kleiner Bub als Melder. Er war verschüttet, konnte sich aber sofort durcharbeiten. Er stand immer auf dem Schutt, um nach seiner Mutter zu suchen. Um ihn endlich loszuwerden, sagten sie ihm, seine Mutter hätten sie schon gefunden, sie liege im Spital. Der kleine Hansi war natürlich außer sich vor Freude. Gestern sind die Pioniere nun beim Graben auf seine Wohnung gestoßen. Hansi konnte noch Wertpapiere, Wäsche und Geschirr bergen. So gegen Abend mußte dann Hansi viele Meldegänge machen. In dieser Zeit wurde dann seine Mutter ausgegraben. Hansi hat keine Ahnung davon, er glaubt immer noch, seine Mutter liege im Spital. Stinken tut dieses Viertel, nicht zum Aushalten. Hinter unserem Revier liegt unterm Schutt nun schon den 7. Tag ein Pferd und niemand hat Zeit, es auszugraben [...].
Am Freitag hatten wir Alarm. Ich war gerade am Dach, die kaputten Ziegeln hinabwerfen und die guten aufschichten. Da heulten die Sirenen. Bald schoß auch die Flak. Ich war im Stollen beim St.-Peter-Friedhof, da kamen die Meldungen, daß starke Verbände über den Untersberg im direkten Anflug auf die Stadt sind. Alle Leute rechneten mit einem neuen Angriff auf unser schönes Salzburg. Die Flugzeuge flogen aber weiter nach Rosenheim. Ein Flieger wurde im Nonntal abgeschossen. In Hammerau warfen die Flieger viele Flugblätter. Wir erwischten keines mehr. Unsere Polizei ist auch so ein Kapitel für sich. Flugblätter müssen doch sofort der Polizei abgeliefert werden. Dabei sagte der Polizist gar nichts, sondern ging auf der Straße auf und ab und las selbst diese Fetzen. Am Freitag um 5 war dann die Totenfeier für die Gefallenen. Es waren bis jetzt 187, es sind aber viele noch nicht ausgegraben und von vielen wissen sie die Namen gar nicht [...].

Viele Grüße sendet Dir M.

Viele Grüße auch von Mutti und H.

Als ich gestern abend zur Bahn ging, marschierte der Volkssturm zur Stadt. Zuerst eine lange Kolonne zivile Männer, dann kam der Arbeitsdienst und dann die 16-jährige HJ mit Trommeln. Die Jungen riefen im Chor: „Wir wollen! Heil unserm Führer!" Mußt Du auch zum Volkssturm? Ich möchte so gerne ein Junge sein und mitmarschieren.

Nochmals viele herzliche Grüße, Deine M.

Bitte Papa, bringe mir diesen Brief bitte wieder, ich möchte ihn mir aufheben[18].

Abb. 133 und 134: Die Schäden im Bahnhofsbereich sind erheblich. Oben der Blick Richtung Südosten über das Heizhaus und die halbrunde Lokomotiven-Remise. Der Kamin des Heizhauses ist stehengeblieben. Unten die Sicht Richtung Gnigl, im Vordergrund das Verbindungsgleis, dahinter das Gleis der Salzkammergut-Lokalbahn.

Abb. 135 und 136: Durch einen Volltreffer in einen Splittergraben an der Ischlerbahnstraße kommen 19 Menschen ums Leben. Die Itzlinger Kirche ist noch unbeschädigt.

Abb. 137 und 138: Nicht nur Gebäude und Kraftfahrzeuge, sondern auch Straßen und Versorgungsleitungen sind schwer in Mitleidenschaft gezogen.

Abb. 139 und 140: Schwere Schäden an den Wohnhäusern in Itzling.

Abb. 141: Die Menschen in Itzling bergen aus den Trümmern ihre Habseligkeiten.

Abb. 142 und 143: Schäden in Itzling – Auf dem Dach eine Sirene (Bild unten).

Die Bilanzen aus unterschiedlicher Sicht

Die zuständigen Behörden mußten nach dem 1. Bombenangriff auf der Stadt Salzburg 245 Bombenopfer zählen: 64 Männer, 121 Frauen, 31 Kinder, 11 Wehrmachtsangehörige und 18 Ausländer bzw. Kriegsgefangene. 89 Personen wurden schwer, 75 leicht verwundet. 13 Menschen blieben vermißt.

146 Gebäude wurden als total zerstört, 73 als schwer, 90 als mittelschwer und 210 als leicht beschädigt eingestuft[19]. Unter den zerstörten Objekten befanden sich 129 Wohngebäude. 2.362 Menschen verloren ihre Wohnung[20].

An den Gas- und Wasserleitungen sind schwere Schäden entstanden. Die Reparaturen dauern zum Teil mehrere Tage. Die unterbrochenen Stromleitungen können größtenteils innerhalb eines Tages wiederhergestellt werden.

Die Personenzüge müssen in den folgenden drei Tagen außerhalb des Hauptbahnhofes stehen bleiben, der Güterverkehr ist für diese Zeit überhaupt unterbrochen.

Die amerikanischen Bomberbesatzungen können nach ihrer Rückkehr zu den Flugplätzen in Süditalien vorerst nur grobe Angaben über die Ergebnisse ihrer Bombardierung machen. Sofort nach dem Verlassen der Bomber werden die Besatzungen jeder einzelnen Maschine über ihren Einsatz, besondere Beobachtungen während des Fluges, die Abwehrtätigkeit der Flak und über die Erfolge der Bombenabwürfe befragt. Der auf Grund der Befragungen noch am 16. Oktober erstellte *final strike assessment report* faßt als Ergebnis der 2. Bomber-Gruppe zusammen:

1.) Bombentreffer konzentriert im zentralen Westteil der Bahnanlagen und im angrenzenden Stadtgebiet.
2.) Verstreute Treffer auf Gleise und rollendes Material, wobei einige Linien unterbrochen und eine geringe Anzahl von Waggons beschädigt wurden.
3.) Vermutlich einige direkte Treffer auf den Lokomotivschuppen, die Drehscheibe und rollendes Material. Benachbarte kleine Gebäude beschädigt durch direkte Treffer und nahe Fehlwürfe.
4.) Eine Explosion passierte nahe beim Lokomotivschuppen entweder in einem kleinen Lagerhaus oder inmitten des rollenden Materials.
5.) Schwere Beschädigung an Wohngebäuden und anderen Gebäuden westlich des Lokomotivschuppens[21].

Das Ergebnis der 99. Bomber-Gruppe lautet:

> Alle Bomben fielen sichtlich auf und zwischen Wohngebäude und andere Bauten an der Westseite der Salzach ungefähr drei Meilen südlich der westlichen Gleisanlagen[22].

Ein Aufklärungsflug bringt dann sehr detaillierte Erkenntnisse, die der tatsächlichen Lage genau entsprechen. Die Amerikaner stellen nach der Fotoauswertung fest, daß alle Bahnlinien wieder durchgehend befahrbar sind und schreiben weiter in nüchternem Stil:

> Das Schwergewicht des Bombenangriffs traf den Bereich des Lokomotivschuppens und hat das Rundgebäude völlig zerstört. Einige Treffer haben einige nicht näher bekannte Bauten zerstört. Beträchtliche Zerstörungen an den Wohnbauten westlich des Bahnhofes sind erkennbar. In der Altstadt südlich des Bahnhofes und links der Salzach ist die Kuppel des Domes gänzlich zerstört und es gibt möglicherweise noch mehr Schäden im Inneren. Die Kajetanerkirche südlich des Domes ist an einer Seite zerstört, sowohl das Museum als auch die Oberschule für Mädchen und das Nordende der Altstadt sind schwer beschädigt. Es gibt auch einige Schäden an den Wohngebäuden direkt südlich des Domes und etwas weiter südlich der Altstadt.

Abb. 144: Die Wohnhäuser an der Fanny-von-Lehnert-Straße sind schwer beschädigt (im Bild die Häuser an der Ostseite, im Anschluß daran die Union-Lebensmittelwerke).

Der 2. Bombenangriff am 11. November 1944

Dieser Samstag ist ein typischer Herbsttag, mit bedecktem Himmel und zeitweiligem Schneefall. Nur selten reißt die Wolkendecke auf. Trotzdem herrscht an diesem Tag rege Flugtätigkeit der amerikanischen Bomber und Begleitjäger. Um 9.40 Uhr werden aus Lienz die ersten einfliegenden Verbände dem Luftgaukommando XVII in Wien gemeldet[23]. Diese Information wird sofort weitergegeben und um 9.44 Uhr heulen in der Stadt Salzburg die Sirenen Voralarm. Die Vernebelung setzt um 10.08 Uhr ein. Der sogenannte Mantel hält aber nicht einmal eine halbe Stunde. Um 11.01 Uhr erreichen zwei weitere Bomberverbände Lienz, bombardieren die kleine Osttiroler Stadt und fliegen Richtung Salzburg weiter. Nach dem Hauptalarm suchen diesmal fast 60.000 Menschen Schutz in den Stollen[24]. Der erste Angriff an diesem Tag erfolgt um 11.32 Uhr. Die amerikanischen Bomberpiloten merken nichts mehr von der künstlichen Vernebelung, sehr wohl aber von der schweren Flak, die in vier Batterien mit 20 Rohren 322 Schuß abgibt[25] und offensichtlich auch einige Maschinen beschädigt. Ein Teilverband fliegt bis in den Raum Passau, geht dann wieder auf Südkurs und greift Salzburg von 11.54 bis 12.26 Uhr an. Unmittelbar danach greifen noch fünf Kampfflugzeuge im Tiefflug die Bahnanlagen in Aigen an und beschießen mit Bordwaffen das Bahnwärterhaus in der Uferstraße. Die insgesamt 120 B-17-Bomber haben an diesem Tag 1.247 Sprengbomben mit einer Gesamtlast von 311.750 Kilogramm abgeworfen. Einzelne Bomben laden sie beim Rückflug noch über dem benachbarten bayerischen Gebiet ab[26].

Erst nach der Entwarnung um 13.51 Uhr sehen die Menschen die angerichteten Schäden. Betroffen sind die Bahnanlagen als eigentliches Ziel, dann vor allem die Neustadt, aber auch Itzling, Schallmoos, Gnigl, Parsch, Aigen, Nonntal, Lehen und Maxglan. Die am 15. November 1944 abgegebene Schlußmeldung der Polizei weist 104 total zerstörte, 95 schwer, 97 mittel und 406 leicht beschädigte Objekte aus. 1.530 Menschen sind obdachlos. 40 Menschen kommen ums Leben, darunter sechs Kinder. 13 Personen werden schwer und 50 leicht verletzt. Die größte Katastrophe ereignet sich in den Kellern der Wohnhäuser Weiserstraße 3a–c, wo 20 Tote zu beklagen sind. Neun Menschen sterben unter den Trümmern des Gasthauses „Zur Schranne" (Schrannengasse 10), drei im Haus Haydnstraße 13 und zwei in der Kühbergstraße 8.

Obwohl in Itzling wieder zahlreiche Bomben explodiert und viele Gebäude vor allem entlang der Itzlinger Hauptstraße zerstört oder beschädigt sind, gibt es hier diesmal keinen Toten. Die Bewohner haben sich entweder in die Stollen oder außerhalb der Stadt in Sicherheit gebracht.

Beschädigt werden in der Neustadt u. a. die Loretokirche, die alte Schranne und die Andräschule, die Zentralberufsschule in der Weiserstraße, der Hexenturm, die Wirtschaftsoberschule und die DRK-Rettungsstelle in der Paris-Lodron-Straße und das Centralkino in der Linzer Gasse. Die beiden Nachbarhäuser Nr. 19

Abb. 145 und 146: Zerstörungen durch den zweiten Bombenangriff. Oben Haydnstraße 24 und 26, unten die Pensionsversicherungsanstalt an der Faberstraße.

Abb. 147 und 148: Die bombenbeschädigte Pensionsversicherungsanstalt von der Markus-Sittikus-Straße aus gesehen.

und 21 sind fast völlig zerstört, die Hütten des Grünmarktes in der Franz-Josef-Straße nur mehr ein Trümmerhaufen.

Von den Militärdienststellen werden der Sitz des Generalkommandos XVIII im Hotel „Europe" beschädigt, in der Paris-Lodron-Straße die Franz-Josef-Kaserne (Nr. 5–9) und die Wehrmachtskommandantur (Nr. 21), sowie die Heeresstandortverwaltung im Haus Wolf-Dietrich-Straße 12, die Heeresdienststelle Amt Heer (Hubert-Sattler-Gasse 3) und die Dienststelle des Korps- und Wehrkreisarztes im Haus Franz-Josef-Straße 11. Einen Totalschaden erleidet das Heeresfeldzeugkommando XVIII (Paracelsusstraße 3). Zwei Tote und schwere Schäden zu beklagen sind bei der Hundeersatzstaffel in der Rochuskaserne gegenüber der Stieglbrauerei in Maxglan.

Auf den Bahnanlagen werden 70 Bombeneinschläge gezählt. Der Betrieb im Hauptbahnhof und im Bahnhof Gnigl ist wegen der Zerstörung von insgesamt zwölf Gleissträngen und von zahlreichen Fahrleitungen für drei Tage unterbrochen. In dieser Zeit verkehren die Züge auf der Bischofshofener Strecke nur bis zum und ab Bahnhof Aigen. Der Umsteigeverkehr wird mit Autobussen abgewickelt. Die Münchner Strecke beginnt und endet für drei Tage in Freilassing, der Personenverkehr von und nach Linz wird über den Bahnhof Gnigl geführt[27].

Arg erwischt es die Salzkammergut-Lokalbahn, deren Gleiskörper an zwei Stellen auf einer Länge von jeweils 40 Metern zerstört ist. Auch die Salzburger Eisenbahn- und Tramway-Gesellschaft hat schwere Schäden an den Gleis- und Oberleitungsanlagen zu melden. Das alte Remisengebäude und die Werkstätten am Südtirolerplatz sind ebenso kaputt wie das Kohlenmagazin. Die Kraftwagenhalle der städtischen Verkehrsbetriebe (Elisabethstraße 45a) ist schwer beschädigt, der Betrieb für drei Tage unterbrochen.

Für die Aufräumungsarbeiten werden außer den Kräften der dafür zuständigen Dienststellen – vom 11. bis 15. November jeweils mehr als 1.000 Mann – laut Meldung der Polizei erstmals auch KZ-Häftlinge eingesetzt[28].

Zu Unstimmigkeiten kommt es offensichtlich hinsichtlich der Einstufung der Gebäudeschäden. Am 15. November 1944 führt der Polizeidirektor als örtlicher Luftschutzleiter im Begleitschreiben zur abschließenden Schadensmeldung an den Höheren SS- und Polizeiführer Alpenland aus:

> Die in der Meldung enthaltenen Angaben sind mit den einzelnen in Betracht kommenden Dienststellen abgestimmt worden. Größere Differenzen, die sich zu evtl. Meldungen der NSDAP-Kreisleitung und der Stadtverwaltung Salzburg hinsichtlich der Gebäudeschäden ergeben könnten, sind auf die Verschiedenart des den einzelnen Stellen vorgeschriebenen Meldeschemas zurückzuführen. Von der Kreisleitung muß die Schadensmeldung auf die Zahl der unbenutzbaren Wohnungen, von der Stadtverwaltung, ohne Rücksicht auf kleinere Anbauten, Baracken und Werkstätten, nur vom Standpunkt des Baufachmannes aus gesehen, erstattet werden. Überdies gliedern diese beiden Stellen die Gebäudeschäden nur in die 3 Begriffe total, schwer und leicht[29].

Abb. 149: Kirche und Kloster Loreto nach dem zweiten Angriff am 11. November 1944.

Abb. 150: Das Haus der Baufirma Dorigo & Mastnak, Bayerhamerstraße 31, nach dem dritten Angriff am 17. November 1944.

Der 3. Bombenangriff am 17. November 1944

Der 17. November 1944 sollte zu einem der schrecklichsten Tage für Salzburg während des Bombenkrieges werden. Die Stimmung in der Bevölkerung nach dem dritten Angriff widerspiegelt ein Satz aus dem Brief der R. L. (Jg. 1929) vom 19. November 1944:

> Unser Salzburg haben sie uns ja ganz fürchterlich hergerichtet, diese Hunde.

Für diesen Freitag hat die 15. Air Force als Bombenziel wieder die Ölraffinerie in Brüx ausgewählt. Der Salzburger Bahnhof ist nach den Skoda-Werken in Pilsen das zweite Alternativziel noch vor den Bahnanlagen in Rosenheim. Die Bombenladung der B-17 soll diesmal aber nicht nur die üblichen Sprengbomben mit Aufschlagzünder des Typs 500 RDX enthalten, sondern pro Flugzeug auch jeweils zwei Zeitzünderbomben mit einer Verzögerungszeit von 6 bis 72 Stunden.

Die amerikanische Aufklärung weist in ihrem Bericht für die Bomberpiloten darauf hin, daß die Salzburger Bahnanlagen für den deutschen Nachschub zu den Truppen in Ungarn und Jugoslawien sehr wichtig sind. Deshalb wäre eine Unterbrechung der Bahnlinien in Salzburg von großer Bedeutung. Gewarnt wird vor der Flak, die zwar nicht sehr stark sei, dafür aber sehr genau ziele. Deutsche Jägerabwehr erscheint den Amerikanern als sehr unwahrscheinlich. Höchstens 50 bis 60 könnten aus Wien kommen.

Die Luftgaukommandos in München und Wien sind über die amerikanischen Flugbewegungen sehr genau informiert, allein es fehlen ausreichende Abwehrkräfte. So kann die 15. AF fast ungestört ihre Pläne realisieren.

In den frühen Vormittagsstunden erkunden einzelne amerikanische Aufklärungsflugzeuge des Typs Lightning die Lage über der Ostmark. Es folgen 350 Bomber, die Kurs Richtung Graz und Wien nehmen. Zwei Verbände mit jeweils mehr als 100 Flugzeugen wenden sich aber Richtung Norden. Einer dieser Verbände mit insgesamt 117 Bombern vom Typ B-17 dreht über Oberösterreich um und greift, begleitet von Jägern, die Stadt Salzburg aus mehr als 8.000 Metern Höhe an[30]. Vier Wellen um 12.17, 12.20, 12.37 und 12.50 Uhr laden ihre tödliche Last auf den Hauptbahnhof ab. Während die 99. Bomber-Gruppe nach der Landung zahlreiche Treffer im Bereich des Hauptbahnhofes meldet, wissen die Besatzungen der 301., 463. und 483. Bomber-Gruppe, daß sie ihr Ziel weitgehend verfehlt und Wohngebiete getroffen haben.

In der Stadt wird nach fast zweieinhalb Stunden Luftalarm um 13.33 Uhr Entwarnung gegeben. Die Folgen der Abwürfe von 1.216 Bomben mit einem Gesamtgewicht von 303.500 Kilogramm sind katastrophal. Obwohl diesmal nach Angaben der Luftschutzbeauftragten schon 70.000 Menschen die Stollen aufgesucht haben, kommen trotzdem 118 Menschen ums Leben.

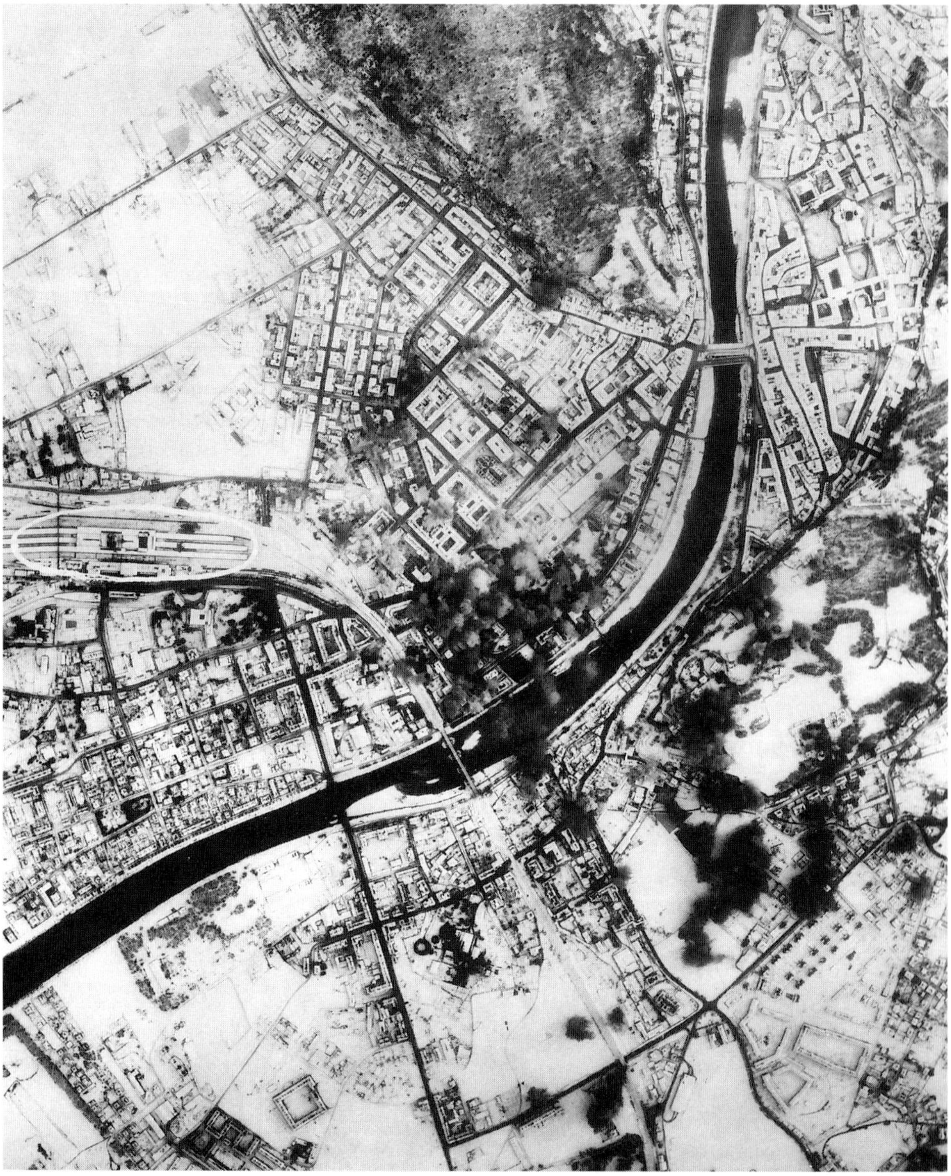

Abb. 151: Die Bomben der ersten Staffel verfehlen den (nachträglich mit einer elliptischen Linie gekennzeichneten) Hauptbahnhof und treffen statt dessen die Neustadt und Mülln. In der schneebedeckten Stadt sind die Straßenzüge als dunkle Linien sehr gut erkennbar. Die Nebelgeräte sind während dieses Angriffs nicht in Betrieb. Den Angreifern bietet sich aus 8.000 m Höhe eine völlig freie Sicht.

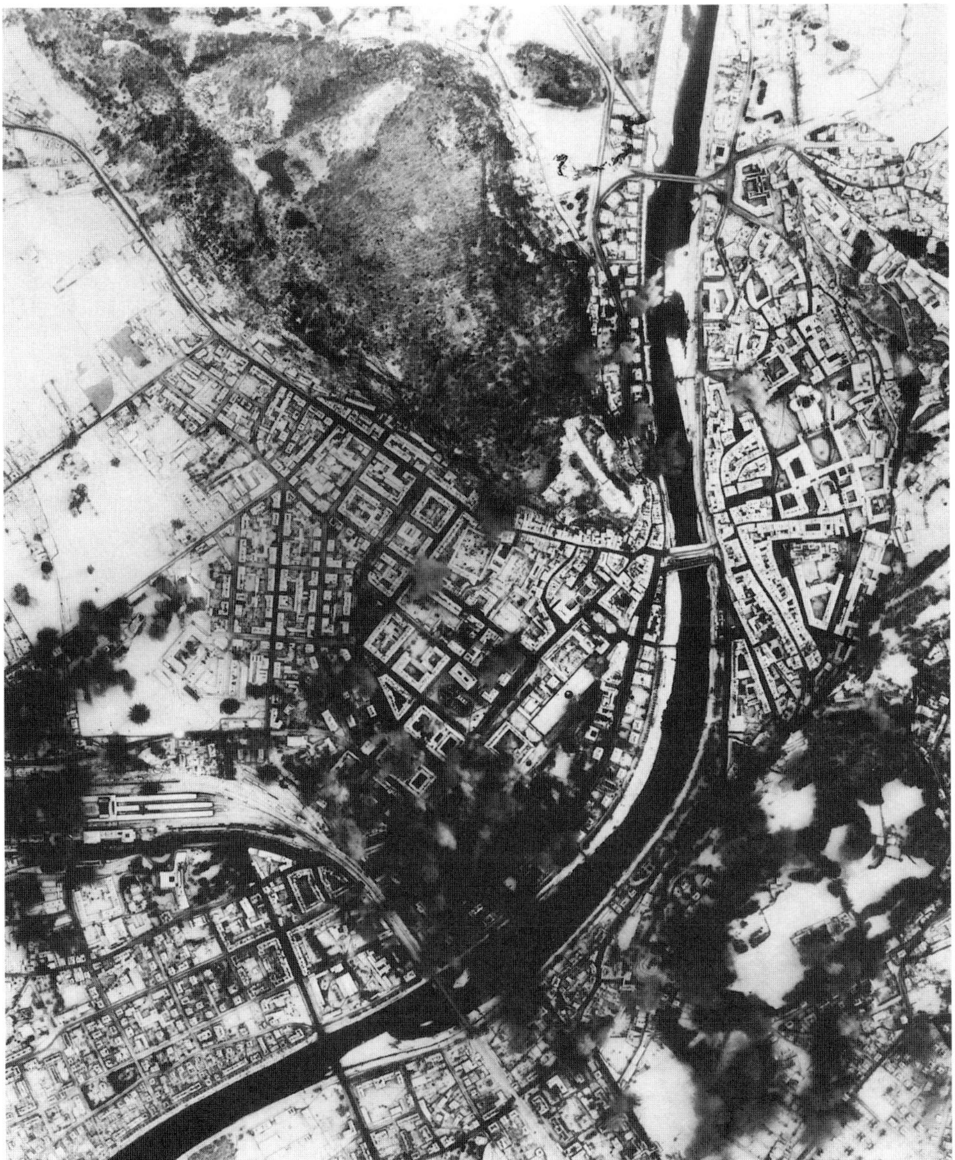

Abb. 152: Nach dem Bombenabwurf durch die nächste Staffel sind bereits deutlich mehr Einschläge und Rauchwolken erkennbar, insbesondere im Bahnhofsbereich (im Bild links unten). Weitere Explosionswolken sind im Bereich zwischen Salzach und Kapuzinerberg, sowie am Mozartplatz sichtbar. Aus dem schneebedeckten Dach des Domes sticht das schwarze Loch an der Stelle der zerstörten Kuppel hervor.

Abb. 153: Eine Aufnahme wenige Sekundenbruchteile nach dem Ausklinken der Bomben aus einem B-17 Bomber der 99. Bomber-Gruppe. Am Boden ist in der weitgehend schneebedeckten Landschaft links unten im Bild die Einmündung der Saalach in die Salzach zu sehen, rechts darüber der Salzachsee neben dem dunklen Band der Salzach, in der Mitte des oberen Bildrandes der Kapuzinerberg.

Abb. 154: Die Bombentreffer sind mit weißen Punkten in die Luftaufnahme eingetragen, die nach der Bombardierung durch die 99. Bomber-Gruppe um 12. 20 Uhr aufgenommen worden ist. Die Treffer der etwas später ebenfalls am 17. November 1944 angreifenden 463. und 483. Bomber-Gruppe sind noch nicht erfolgt. Deren Bomben treffen dann u. a. die Andräkirche, die Schranne und das Hotel „Europe".

Abb. 155: *Ein seltenes Bilddokument, der dritte Angriff vom Gaisberg aus fotografiert.*

Abb. 156: *Im US-Aufklärungsfoto sind die Treffer am Bahnhof, in der Neustadt und in Itzling gekennzeichnet. Die dunklen Flecken im Schnee nördlich des Kapuzinerberges sind Bombenkrater.*

E X T R A C T

INTERPRETATION REPORT NO. D.B. 263, dated 19 November 1944.

AUSTRIA

60 S.A.Sqdn., Sortie SA60/850 dated 19 November 1944

SALZBURG. (11.09 Hours)

Attacked 17 November, 1944 by 15th Air Force.
Last Report: D.B. 248 dated 28 October 1944.

The most effective part of the attack was caused by several clusters of bombs that fell in the southern half of the West M/Y, damaging the main passenger station extensively, cutting tracks, and damaging rolling stock. Limited traffic through the yards is possible. There appears to be little change in the disposition of wagons since the time of attack, as shown by strike phots. The Yard is about ¼ full.

The East M/Y has not been damaged. It, too, is about ¼ fu ll and shows considerable activity. Three trains are seen in motion at time of cover.

Civic and residential damage was light and scattered, mostly in the vicinity of the West M/Y. The large Hotel de l'Europe was heavily damaged, and several bombs fell in the courtyard of the JOHANS SCHLUBL probably causing blast damage.

DETAILS OF DAMAGE

1. The main terminal building has been severely damaged by several direct hits and the three covered station platfroms on either side have been partially wrecked. The large terminal office building has suffered blast damage from a near hit on the platform that runs along its East side.

2. Both local line terminals in the SUDDIROLER Pl. have received blast damage from near hits.

3. The HOTEL DE L'EUROPE has been heavily damaged by direct hits.

4. A large industrial building has been destroyed and nearby buildings damaged.

5. An area of scattered residential and civic damage.

Prints : 4006-08; 4007+; 3006-08
Comparative : 683/724; 4100-01; 4119-20
Plan of SALZBURG: GS.4485.

Abb. 157: Zusammenfassender Aufklärungsbericht (Interpretation Report) über den Angriff am 17. November 1944.

Abb. 158: Das schwer beschädigte Regierungsgebäude Mozartplatz 1.

Abb. 159: In einem Bombenkrater am Mozartplatz werden die Leitungen repariert.

Abb. 160: Die Fassade des Hotels „Pitter" ist aufgerissen, die Mauern sind gepölzt.

Abb. 161: Trümmer am Max-Ott-Platz. Im Hintergrund das Gebäude der Wiener Städtischen Versicherung und rechts das bereits eingerüstete Hotel Pitter.

Abb. 162: Blick von der Ecke Max-Ott-Platz/Markus-Sittikus-Straße zum Fünfhaus und weiter in Richtung Eisenbahnbrücke Plainstraße.

Abb. 163: Ein schwerer Treffer an der Ecke Auerspergstraße/Rainerstraße.

Abb. 164 und 165: Der „Hexenturm", einer der letzten Reste der Stadtbefestigung in der Neustadt, hat alle Diskussionen über seinen Abbruch überstanden, zwei Bombentreffer jedoch nicht. Im Bild oben der „Hexenturm", rechts die Paris-Lodron-Straße Richtung Mirabellplatz, unten die Trümmer, dahinter das Haus Wolf-Dietrich-Straße 12.

Abb. 166: Ein Volltreffer im Haus Faberstraße 9. Auch an der Franz-Josef-Straße wurde ein Teil dieses gründerzeitlichen Ensembles zerstört und nach dem Krieg mit neuer Fassade und ohne Rücksicht auf die Geschoßanzahl und die einzelnen Geschoßhöhen wieder aufgebaut.

Abb. 167: Das Handelskammer-Gebäude an der Ecke Faberstraße/Auerspergstraße liegt in Trümmern (heute Bibliothek der Kammer).

Abb. 168: Blick zur Kreuzung Faberstraße/Straße der SA (heute Auerspergstraße) wieder mit dem zerstörten Handelskammergebäude im Hintergrund. Beim Gebäude links im Bild erkennt man die Vormauerung beim Eingang in den Luftschutzkeller, der überdies mit zwei weißen Pfeilen an der Hausmauer gekennzeichnet ist.

Abb. 169 und 170: Die schwer beschädigte alte „Schranne" neben der Andräkirche.

Abb. 171: Schäden an der Auerspergstraße (damals „Straße der SA").

Abb. 172: Die Trümmer des Hauses der DAF (heute Arbeiterkammer).

Abb. 173: Ein Teil der Wohnhäuser an der Plainstraße ist zerstört.

Abb. 174: Schäden an Bahngleisen werden so rasch als möglich behoben (im Bild vorne das Lokalbahngleis, dahinter das Gleis der Salzkammergut-Lokalbahn).

Abb. 175: Vom „Kirrlwirt", Müllner Hauptstraße 33, bleiben nur mehr Trümmer.

Abb. 176: Die nach der Explosion eines Zeitzünders ausgebrannte „Salzachmühle".

Schwerstens beschädigt sind im Hauptbahnhof – abgesehen von zahlreichen Gleisen – die Bahnsteigdächer, die Restauration, die Wartehalle, die Fahrdienstleitung Ost und die Pakethalle des Bahnhofpostamtes. Der Luftschutzraum im alten Abgangstunnel hat einen Volltreffer (vier Tote), ebenso die sogenannte Linzerkaserne, in der das Zugbegleitpersonal untergebracht wird (11 Tote).

Das Hotel „Europe" ist zum Teil zerstört. Aus dem dortigen Luftschutzraum können zehn Personen nur mehr tot geborgen werden. Das Generalkommando XVIII muß zum größeren Teil in die Riedenburgkaserne übersiedeln.

Die meisten Opfer gibt es aber im Splittergraben im Garten des evangelischen Kindergartens an der Schwarzstraße. Dort haben Kinder, Kindergärtnerinnen und im Haus wohnende Angehörige der Polizei Zuflucht gesucht. Durch einen Volltreffer kommen 30 Menschen zu Tode. Ein Kind überlebt, der heute 55-jährige H. S.:

> Da war so ein Bunker im Hof des Kindergartens und da sind wir runtergeführt worden und da sind wir gesessen. Dann sind noch Erwachsene hereingekommen. Und ich kann mich erinnern, wie wir so auf der Bank gesessen sind und auf einmal war es halt aus, da ist ein Volltreffer reingegangen, und daß mir halt dann erzählt worden ist, daß es noch einen anderen herausgeschleudert hat aus der Sandkiste und der lebt nicht mehr. Und mich hat es auf einen Baum hinaufgeschleudert vom Luftdruck und die anderen sollen alle tot gewesen sein. Und von dem Baum hat mich dann ein in der Nähe wohnender Arzt runtergeholt und hat mich dann in das Lazarett für Schwerverletzte gebracht. Dann haben sie meine Mama verständigt, und die ist dann auch gekommen. Es haben alle gesagt, ich soll ganz grau gewesen sein und muß wie ein alter Mann ausgeschaut haben.

Schwer beschädigt sind der Schlachthof[31], die Gauwirtschaftskammer, das Sanatorium Wehrle, das Kurhaus, das Schloß Mirabell, die Andräkirche, das Schrannengebäude, das Hotel „Pitter", das Mirabellkino, die Andräschule, der NS-Gauverlag in der Bergstraße 12, das alte Borromäum (mit dem Marionettentheater), das Café „Corso", das Neugebäude am Mozartplatz, neuerlich das Museum und die Oberschule für Mädchen im Ursulinenkloster, das Bräustübl, das Johannis-Schlößl auf dem Mönchsberg. Der Hexenturm ist nun endgültig zertrümmert. Weiters zählt man 125 zerstörte und 665 beschädigte Wohngebäude in Schallmoos, Gnigl, Parsch, Mülln und Maxglan, wodurch 5.860 Menschen obdachlos geworden sind, wie Frau E. K. (Jg. 1919) im Haus Bayerhamerstraße 31:

> [...] da sind wir ja nur über Glasscherben, über Trümmer, über Splitter nach Hause gegangen. Die Straßen waren voll mit Glassplittern und Trümmern von Häusern und was halt so rumgeflogen ist. Außerdem hat es alle Augenblicke irgendwo gekracht, das waren die vielen Zeitzünder. Man hat Angst gehabt und dann kommt man heim und kann nicht mehr ins Haus. Es hat an der Rückseite einen Treffer hineingekriegt, da hat es das Haus gehoben und das ist ganz schräg gestanden. Die Treppenhäuser waren schief, die Stiegen waren durchgerissen, das ganze Haus mußte damals geräumt werden. Da konnte niemand mehr drinnen wohnen.

Die Zeitzünder

Eine neue schreckliche Erfahrung müssen die Salzburger nach dem dritten Bombenangriff mit den Zeitzündern machen, die auf knapp hundert Bomben montiert sind. Man versucht, diese Bomben zu entschärfen und setzt dazu Gefangene und KZ-Häftlinge ein. Als Belohnung für diese lebensgefährliche Tätigkeit sollte ihnen ein Teil der Strafe nachgelassen werden. Drei politische Häftlinge aus dem Salzburger Gefängnis, die Eisenbahner Karl Böttinger, Matthias Holzer und Andreas Rehrl kommen bei der versuchten Entschärfung eines Zeitzünders am Max-Ott-Platz, die Häftlinge Josef Bieronsky, Martin Gay und Lech Manschak aus dem KZ Dachau beim „Münchnerhof" in der Dreifaltigkeitsgasse ums Leben. Sie werden offiziell den Terroropfern des 3. Bombenangriffes hinzugezählt, wodurch sich die Opferbilanz auf 119 Tote erhöht.

Die Gefahrenstunden nach dem Erkennen der Zeitzünder sind vielen Betroffenen in deutlicher Erinnerung geblieben, wie der Arzttochter E. A. (Jg. 1913) aus der Riedenburger Straße:

> Mein Vater ist um das Haus herumgegangen und hat da an der Ecke ein großes Loch gesehen. Er ist noch darübergestanden, hat da runter geschaut und kurz darauf ist ein Luftschutzwart gekommen und hat das auch gesehen und hat gesagt, sofort raus aus dem Haus, das sind Zeitzünder, man weiß nicht, wann die losgehen. Dann haben wir halt zusammengerafft, was man so in der Geschwindigkeit schafft und wir haben mit entfernten Verwandten ausgemacht, die in der Franz-Berger-Straße wohnten, wenn sie ausgebombt werden, kommen sie zu uns und umgekehrt. Wir sind dann halt hinüber, die ganze Familie. Und meine Schwester, die war ja tollkühn, muß ich sagen, die ist noch um halb zwölf in der Nacht, ein Bekannter hat sie begleitet, hier ins Haus und hat noch verschiedene Sachen herausgeholt. Sie hatte dann nachher gesagt, es war ein sehr mulmiges Gefühl. Wir haben in dieser Nacht natürlich nicht schlafen können. Alle Augenblicke hat es irgendwo gekracht. Und um zwölf Uhr Mitternacht, da hat es einen Tuscher gegeben, daß es uns aus den Betten gehoben hat. Und das war der Zeitzünder bei unserem Haus hier. Am Morgen haben wir einen Mann hergeschickt. Meine Eltern haben sich nicht getraut. Meine arme Mutter hat sich so maßlos aufgeregt, sie war ganz fertig. Dann ist der Offizier, der etwas couragierter war als wir, zurückgekommen und hat gesagt, das Haus steht noch, es schaut zwar nicht sehr schön aus, aber es steht. Und dann haben wir uns hergetraut.

Die damalige Schülerin G. H (Jg. 1933):

> Eine sehr starke Erinnerung ist, wie die Familie Zrost, von der großen Bäckerei in unserer unmittelbarer Nähe, bei uns war und da verzweifelt gesessen ist, weil sie wußten, daß in ihrem Haus, das war in der Nähe der heutigen Handelskammer, ein Zeitzünder lag. Und trotz aller Bitten haben sie keine Erlaubnis bekommen, zurück in ihr Haus zu gehen und noch wertvolle Dinge herauszuholen. Da war alles abgesperrt. Sie haben bei uns gewartet, bis das Haus in die Luft geflogen und ganz zerstört war.

Herr A. R. (Jg. 1904), Luftschutzwart in Mülln, bemüht sich, die Salzachmühle zu retten:

> Da ist ein Zeitzünder drinnen gelegen im Mehl. Ich bin reingefahren zur Befehlsstelle vom Luftschutz und hab das gemeldet. Ich sagte: „Ich bitt Euch, kommt raus zum Entschärfen, wir haben eh nichts zu essen, da liegt das Mehl und die Bombe drinnen." „Wir werden schauen, wir haben an allen Ecken und Enden zu tun," haben die gesagt. Es mußten dann alle Leute von Mülln hier weg. Nach vier Uhr Nachmittag ist dann eine furchtbare Explosion gewesen. Da ist die ganze Salzachmühle in die Luft geflogen, mitsamt dem Mehl drinnen. Bis in die Nacht hinein hat es dann gebrannt, mehrere Stunden. Die Feuerwehr hat dann gelöscht.

Frau H. Z. im Haus Schwarzstraße 13:

> Auf einmal ist die Mühle unten beim Landeskrankenhaus explodiert, da war ein Zeitzünder drinnen, das war ein Feuerstrahl, wie wenn, ich kann das gar nicht sagen, weil das ganze Mehl explodiert ist. Ein Wahnsinn. Und das hat leider mein kleiner Sohn gesehen. Der hat dann einen richtigen Schock gehabt. Der hat unentwegt geschrieen: „Weg, weg, weg!" Angst, ist eh klar. Und die dritte Nacht haben wir dann im Keller geschlafen, bei der Hausmeisterin, die hat die Küche unten gehabt. Und da haben wir uns sicher gefühlt. Und in der Früh, das weiß ich noch wie heute, war es so still und ich höre ein Vogerl zwitschern und denke mir, na ja, jetzt ist das auch vorbei. Und in dem Moment macht es einen Tuscher, ist unten in der Schwarzstraße die ehemalige Landwirtschaftskammer [damals Kreisbauernschaft, heute wieder Landwirtschaftskammer, Anm. d. Hg.] in die Luft gegangen.

Die Aufräumungsarbeiten erfordern nach dem 3. Bombenangriff den bisher höchsten Personalbedarf. Am 17. und 18. November sind mehr als 2.500 Mann von Schutzpolizei, Luftschutzpolizei, Stadtwacht, Wehrmacht, Technischer Nothilfe, SA, DRK und der Feuerwehr im Einsatz, an den beiden folgenden Tagen es immer noch rund 2.000 Mann, abgesehen von allen privaten Helfern sowie den BDM-Mädchen und Burschen der HJ[32].

Seine Erlebnisse vom 17. November schildert der Inhaber der Büromaschinen-Firma Alfred Sprna (Linzergasse 28) in einem Brief an seine Mutter vom 4. Dezember 1944:

> [...] Ich selbst war gerade bei Schider um an einer Lichtleitung etwas zu reparieren, als Alarm war. Ich blieb bei Loisl, als schon die Bomber ankamen und zählte 35 Stück. Der Radio sagte, daß der Kurs der Feindverbände aus Richtung Mattsee–Mattighofen sei, plötzlich eine Ansage: Feindverbände aus Richtung Nord kommend fliegen unsere Stadt an. Ich zählte wieder und es war derselbe Verband und plötzlich sah ich auch schon die Bomben sausen. Ein Laufen und Stürzen in Loisl's Keller und schon bebte die Erde. Ich lief wieder aus dem Keller und sah wie gegenüber in der Priesterhausgasse die Rauchwolken aufstiegen. Sofort nahm ich vom Haus zwei Feuerlöscher und stürzte um die Ecke Bergstraße laufend zum Brandherd, versuchte dort zu löschen, aber es war vergebens. Es brannte beim Mechaniker Frey in

der Werkstätte. Neben diesen ist Rustler, der doch dort sein Lager an Benzin, Alkohol, Weingeist etc. hatte. Ich versuchte die Türe aufzubrechen, was nicht gelang, lief nach einem Krampen und schlug damit eine Eisentüre auf und ... auf einmal hieß es, daß schon wieder über uns feindliche Flugzeuge sind. Ich ließ mich nicht abhalten und rollte die Fässer aus dem Haus heraus, als schon wieder Bomben fielen. Da war die eine in der Dreifaltigkeitsgasse hinein und zwar bei Mayer und Neumayer, dann wieder eine bei Stuböck (Ecke Bergstraße und Dreifaltigkeitsgasse) und dann einen in die Salzburger Druckerei (neben Schider). Ich will nun jetzt nicht wieder Dir gegenüber als Held erscheinen, aber ich habe dennoch den ganzen Bestand von Benzin weggebracht, trotz des Bombenregens und war die Gefahr die, wenn der Benzin Feuer gefangen hätte, dann würde der Brand zu Schider weiter zu Martin (der sein Lager anschließend von der Linzergasse hinunter zu Schider's hat) und vielleicht auch über unser Haus gekommen sein. Für diese Leistung wurde ich vom Gauleiter persönlich mit dem Kriegsverdienstkreuz ausgezeichnet. Seine Worte waren: „Es fehlen mir Worte, um Ihnen die Tat zu danken."

Eine Zeitzünderbombe trifft den Generalihof (Ecke Dreifaltigkeitsgasse/Paris-Lodron-Straße), von dem ein Teil nach der Explosion einstürzt. Auch das Nebenhaus (Fa. Mayr und Neumayr) wird schwer beschädigt. Die Schülerin E. W. wohnte damals im Generalihof. Sie schildert einige Tage nach dem Angriff in einem Brief an ihre Mutter ausführlich die Ereignisse und schreibt:

[...] Ungefähr um 11 h war Alarm. Dann flogen die Bomber in drei Staffeln an. Jede Staffel warf Bomben. Wir glaubten der Berg müßte einstürzen. – Um 2 h war Entwarnung. Mit unbeschreiblichen Gefühlen kämpfte ich mich über Trümmer hinweg zum Generalihof durch. Das Haus anschließend an Neumayer ein Trümmerhaufen. Neumayer teilweise mitgerissen. Die Blumenhandlung Gristanegg [richtig: Christanell, Anm. d. Hg.] gleichfalls kaputt. Ebenso der Hexenturm, die St. Andräkirche, das Kurhaus, das Unfallsgebäude, das Mutterhaus, die Kinderkrippe, das Regierungsgebäude in der Residenz, die Lehenerkaserne, der Bahnhof, die evang. Schule usw. Man sieht nur Schutt und Dreck. In der Neustadt ist kein Haus unbeschädigt. Auch das Hotel Europ (jetzige Generalkommando) brennt. Es brennen überhaupt sehr viele Häuser. [...] In unserem Keller lag ein Blindgänger bzw. Zeitzünder. Onkel Georg erkundigte sich auch, ob wir das Haus räumen müßten. Man sagte, der Blindgänger wäre entschärft. Hätten wir geahnt, daß dies nicht der Fall war, wir wären keine Sekunde länger im Haus geblieben („Viel Wissen macht Kopfweh!"). Wir legten uns aber ganz ruhig schlafen. – Um 20' vor 12 h ging der 1. Zeitzünder los. In Abständen von einer ½ h immer einer. Fünf Minuten vor ½1 h kam unserer daran. Es war eine ungeheure Detonation. Ich glaubte mein Bett stünde nur mehr allein heroben und alles andere wäre hinuntergestürzt. Ich war nicht fähig auch nur eine Zehe zu bewegen. Dann rief mir Hilde, die im Wohnzimmer am Diwan lag. Auch sie glaubte, mein Zimmer und das Schlafzimmer wären weg. Den Rest der Nacht beteten wir. Bei der kleinsten Erschütterung schwankte der Generalihof wie eine Zündholzschachtel im Wind. Erst gegen den Morgen gab es noch einmal ein Krachen und Beben. Da stürzte das ganze Eck [...] ein. [...] Du kannst Dir denken, was für einen Schutzengel wir hatten.

Abb. 177 und 178: Zahlreiche Schulgebäude erlitten Schäden. Hier im Bild oben der Innenhof der Andräschule, im Bild unten die Berufsschule.

Der Schüler Leid und Freude

Je länger der Krieg dauerte und je mehr er zum totalen ausartete, desto schwieriger wurden auch die Bedingungen für den Unterricht in den Salzburger Schulen. Die männlichen Lehrer wurden nach und nach zum Militär eingezogen, die pensionierten mußten wieder zurück in die Klassenzimmer. Dic beinahe regelmäßigen Luftalarme machten einen normalen Unterricht fast unmöglich. So mancher Schüler freute sich, daß er mitten in der Stunde seine Schularbeit abbrechen und in den Stollen eilen mußte. Die Oberschüler waren mehr und vielfach lieber bei der Flak als in den Lehrstunden.

Jetzt kamen noch die Zerstörungen durch die Bomben dazu. Die schwierige Situation schildert ein mit 19. November 1944 datierter und an ihren Vater gerichteter Brief der damals 15-jährigen M. H. sehr eindrucksvoll. Der Vater war strafweise in eine Munitionsfabrik in Wolfratshausen versetzt. Das Mädchen fuhr täglich aus dem benachbarten Bayern mit dem Zug nach Salzburg, weil es hier die Oberschule für Mädchen im ehemaligen Ursulinenkloster und privaten Klavierunterricht besuchte:

> Mein lieber Papa!
>
> Dein letzter Brief war aber sehr kurz, umso länger wird der meine. [...] Du weißt doch gar nicht, wie es bei uns auf und zu geht. Am Samstag, den 11. 11. war doch der zweite Angriff auf Salzburg. Am Montag in der Frühe konnte ich dann nach Freilassing fahren. Dann gingen wir bis Salzburg zu Fuß, da die Autobusse so überfüllt waren. Mittags kam ich auf vielen Umwegen zur Bahn (zwischen Mirabellplatz und Bahnhof waren drei Blindgänger, auch Gleise waren zerstört). Von dort aus wurden wir mit Autobus nach Freilassing befördert, bei diesem Angriff waren mehrere Schäden hinter der Andrä-Kirche [...].
> Unsere Schule beginnt jetzt seit Mittwoch um 7 Uhr, dafür haben wir mittags eine Stunde eher aus. Das nützt mich gar nichts. In der Früh versäume ich die erste Stunde und mittags kann ich so nicht heimfahren, da ja immer Alarm ist. Oft habe ich nur 20 Minuten Schule. Die 1. Stunde versäume ich, 2. Stunde fehlt bestimmt eine Lehrkraft und 3. Stunde dann Alarm. Ein Schulbetrieb ist das, nicht zu beschreiben. Am Freitag, den 17. 11., war dann wieder Luftgefahr, eine Stunde später voller Alarm. Starke Verbände im direkten Anflug auf unsere Stadt, mit Bombenabwürfen ist zu rechnen. Im Stollen waren so viele Menschen, daß einem schier der Atem weg blieb. Die großen Eisentüren wurden geschlossen. Da hieß es, Taschenlampen bereithalten. Auf einmal bumm, bumm, krach, flogen die Bomben auf den Berg. Der Dreck kam von oben auf uns herabgeflogen. Frauen wurden ohnmächtig, Kinder fingen an zu weinen, und dann war wieder alles ruhig. Auf einmal wieder, so ging das dreimal. Um 2 Uhr war Entwarnung, es wurde im Stollen durchgegeben, Altstadt keine Bomben, nur Bahnhof. Als wir hinauskamen, waren alle Fensterscheiben auf der Straße. Auch unsere Schule, die mühsam wieder verglast wurde, hat statt der schönen Fenster nur leere Rahmen. Am schlimmsten war es dann in der Neustadt. Schläuche waren über den Makartplatz gelegt, Straßen abgesperrt, und riesige Menschenmassen bewegten sich hin und her. Dieser letzte Angriff war der Schlimmste

von den dreien. Vom Mirabellplatz bis Bahnhof ist fast alles kaputt. Frl. K. ihre Wohnung ist zum Teil ausgebrannt. Der Stubegg [richtig Stuböck, Anm. d. Hg.], das große Farbengeschäft gegenüber vom Kinderhort, und das große Schuhgeschäft sind kaputt. Von der Andrä-Kirche wurde der hintere Teil mit dem Hochaltar herausgerissen. Ich glaube, Sch. sind auch so ein bisserl fliegergeschädigt. Das große Lazarett gegenüber der Sparkasse [im damaligen Kurhaus, Anm. d. Hg.] bekam mehrere Treffer. Teile des Mirabellgartens sind direkt umgepflügt. Mitten auf der Straße sind Trichter, darüber aufgebogene Straßenbahnschienen. Die DAF [in der Auerspergstraße, Anm. d. Hg.] fing nachmittag zwischen vier und fünf Uhr durch einen Zeitzünder zu brennen an. Es wurden überhaupt massenhaft Zeitzünder geworfen. Es knallte die ganze Nacht hindurch und den ganzen nächsten Tag und sogar heute am Sonntag gingen noch welche los. Weiters sind auch Café Pitter, Fünfhaus und fast alle Häuser bis zum Bahnhof zerstört oder schwer beschädigt. Am Bahnhof selbst brannte es. Die große Eisenbahnbrücke über die Salzach wollten sie treffen, das gelang ihnen aber Gott sei Dank nicht. Direkt vor der Brücke wurde das Gleis schwer beschädigt. Auch rund um das Spital fielen Bomben. Im Krankenhaus selbst fast keine Schäden.
Ich fuhr nun am Samstag sofort wieder nach Salzburg, wir konnten bis Lehen (Obushalle) fahren. Ich schaute gleich nach Frl. K., konnte sie aber nirgends finden. Ins Haus durfte ich nicht, denn davor lag ein Blindgänger. Als ich nun zu unserer Schule hinkam, da sah ich, daß ein Blindgänger durch zwei Stockwerke fiel und dann liegenblieb. Auch fiel ein Stück der Seitenwand heraus. So ist es unmöglich, daß wir wieder einziehen. Sie ist nun zu baufällig. Eine Angst haben die Salzburger. Die wandern in der Früh um neun mit Kind und Kegel von Lehen herein und warten mit Kind und Kegel vor den Stollen, bis Alarm kommt. Da stehen sie von unserer Schule bis zum Neutor und noch weiter. Das ist alles eine schwarze Menschenmenge. Das führt zu einer Überfüllung der Stollen. Das Stollenkommando wird den Leuten nicht mehr Herr. Nun wurde heute über Draht und Rundfunk bekanntgegeben, daß werdende Mütter, Mütter mit Kinder und alte Leute nach Zell am See evakuiert werden. Und als ich da eben am Samstag in der Stadt war, war Alarm. Da bin ich bei der T., beim Rex [Schuldirektor, Anm. d. Hg.] und bei mehreren Lehrpersonen im Stollen gewesen. Der Rex weiß nicht, wohin mit uns. Unsere Schule ist also hin, ins Gymnasium können wir nicht, das muß für Lazarett geräumt werden, Andrä-Schule ist beschädigt, Gries-Schulen haben selbst keine Fenster und Andrä-Schüler einquartiert. Voraussichtlich haben wir 8–14 Tage frei. Bis dorthin waren die Flieger ja schon wieder zehnmal da. Bei allem bin ich noch halb krank. Ich habe Gelenkrheumatismus. [Rest fehlt, Anm. d. Hg.][33].

Der 4. Bombenangriff am 22. November 1944

Aus Sicht der 15. US-Army Air Force

München ist an diesem Mittwoch als erstes Angriffsziel der 464. Bomber-Gruppe des 55. Bomber-Geschwaders ausersehen. Verfolgen wir – exemplarisch – den Weg vom Start bis zur Rückkehr in Süditalien.

Der Start der 26 schweren Bomber B-24 erfolgt ab 7.20 Uhr. Die 464. Bomber-Gruppe formiert sich in zwei Verbänden. Den ersten Verband führt heute Brigadegeneral George R. Acheson, der kommandierende General des 55. Bomber-Geschwaders, höchstpersönlich, den zweiten Oberleutnant Lewis M. Perkins. Die vorgesehene Zusammenkunft mit der 465. Bomber-Gruppe kommt nicht zustande. Sehr wohl funktioniert die Vereinigung mit der 486. Bomber-Gruppe über der nördlichen Adria. Von den 26 gestarteten Flugzeugen müssen vier sehr bald wieder umkehren. Die B-24 Liberator mit der Nr. 42-51760 ist sofort nach dem Start zu einem Notabwurf der geladenen Bomben gezwungen, weil ein Motor nicht die nötige Betriebstemperatur erreicht und landet bereits um 7.40 Uhr. Die Maschine Nr. 42-52070 dreht über der Adria um, weil ein Motor ausgefallen ist. Die B-24 Nr. 44-41337 verläßt die Formation um 10.30 Uhr mit einem kaputten Motor und landet mit den Bomben um 11.45 Uhr. Die Liberator Nr. 41-29453 verliert ihren Verband in einer Schlechtwetterfront ohne ein Gelegenheitsziel zu bombardieren. Die Landung erfolgt um 14.06 Uhr. Nach Überfliegen der Frontlinie reduziert sich die 464. Bomber-Gruppe um weitere vier Flugzeuge. Nr. 42-78514 verliert Öldruck und fliegt zurück. Drei andere verlieren ihre Gruppe in einer Schlechtwetterfront. Bomber Nr. 42-78612 sucht sich als Gelegenheitsziel die Autobahnbrücke bei Amaro aus und landet um 14.16 Uhr. Nr. 42-50962 bombardiert eine Eisenbahn- und eine Autobahnbrücke nahe Udine und kehrt um 14.30 Uhr nach Foggia zurück. Bomber Nr. 42-95337 schließt sich der 460. Bomber-Gruppe an, kann seine Bomben aber nicht über Salzburg abladen, weil der Bombenschacht zugefroren ist. Er kann ihn später über Lend öffnen und seine Bomben abwerfen.

Die verbleibenden 18 Bomber fliegen im Verband Richtung Bayern, werden nahe Mühldorf[34] umdirigiert und wenden sich dann aber unter dem Geleitschutz von 14 P-38-Jägern und 25 P-51 Mustang dem ersten Alternativziel Salzburg zu, weil in München sehr schlechtes Wetter herrscht. Die erste Welle um 12.24 Uhr mit sieben Liberator findet ihr Ziel mittels der Pfadfinder-Methode und lädt aus einer Höhe von 27.400 Fuß 14 Tonnen Bomben auf die angepeilten Bahnanlagen ab. Der Führer der zweite Welle muß seine zehn Flugzeuge aus 18.000 Fuß Höhe nach Sicht bombardieren lassen, weil sein *C-1 automatic pilot* ausgefallen ist. Beide Wellen werden von der schweren Flak beschossen. Ein Besatzungsmitglied erleidet durch einen Glassplitter eine leichte Verwundung. Die 18 Maschinen landen zwischen 14.25 und 15.10 Uhr.

Nach der Landung melden die Besatzungen ihre Beobachtungen während des Einsatzes. Flakstellungen haben sie außer in Salzburg auch in Venedig, Udine, Berchtesgaden und Traunstein entdeckt. Während des Hinfluges haben die Amerikaner zwölf deutsche Flugzeuge zwischen Lienz und Zell am See beobachten können, die deutlich tiefer und in südliche Richtung geflogen sind. Die sofort entwickelten Fotos zeigen eine Konzentration der Bombentreffer am Südende des Salzburger Bahnhofes und weitere Einschläge westlich davon im bewohnten Gebiet zwischen Bahnhof und Salzach. Eine Meile südöstlich werden Treffer an der Salzachböschung vermutet.

Soweit der ausführliche *Narrative Mission Report* der 464. Bomber-Gruppe vom 22. November 1944. An diesem Angriff auf Salzburg sind zusätzlich noch 59 Bomber von sieben anderen Bomber-Gruppen beteiligt, die gemeinsam mit der 464. insgesamt 607 Bomben mit einem Gesamtgewicht von 151,75 Tonnen abwerfen. Die Amerikaner verlieren bei diesem Einsatz drei Maschinen, zehn werden beschädigt.

Die Meldungen des Luftgaukommandos VII

Knapp nach 10 Uhr vormittag wird der erste amerikanische Aufklärer vom Typ Lightning über den Zillertaler Alpen mit Flugrichtung Nord geortet. Eine Stunde später werden weitere feindliche Jäger über den Alpen gemeldet. Zwischen 11.36 und 12.06 Uhr lassen die auf Nordkurs einfliegenden rund 500 Kampfflugzeuge mit Jagdschutz nichts Gutes erwarten. Ein Verband von etwa 70 bis 100 Flugzeugen biegt im Raum Hohe Tauern nach Süden ab zum Angriff auf die Tauernbahn. Die übrigen Verbände fliegen weiter Richtung Landshut, dann drehen zwischen 70 und 100 Flugzeugen wieder nach Süden zum Angriff auf Salzburg ab, während 300 bis 350 Flugzeuge München und 20 bis 30 Flugzeuge Regensburg angreifen. Der letzte Ausflug der Kampfverbände aus dem Luftgau VII erfolgt um 13.40 Uhr. Die Flugzeugtypen werden als Fortress und Liberator bei den Bombern und als Lightning und Mustang bei den Jägern identifiziert.

Die Angaben zur Flaktätigkeit im Luftgau VII:

München:	32 schwere Batterien, 204 Rohre, 6.873 Schuß
Regensburg:	3 schwere Batterien, 16 Rohre, 270 Schuß
Augsburg:	5 schwere Batterien, 33 Rohre, 86 Schuß
Salzburg:	4 schwere Batterien, 24 Rohre, 1.429 Schuß
Obersalzberg:	3 schwere Batterien, 16 Rohre, 564 Schuß.

Drei sichere, drei wahrscheinliche Abschüsse.

Mantel in München von 11.16 bis 13.26 Uhr sehr gut, in Salzburg von 11.01 bis 13.04 Uhr gut.

Hochangriff von 70 bis 100 Maschinen auf Salzburg aus einer Angriffshöhe von 6–8.000 Meter. Schwerpunkt ist die Stadtmitte mit Stadtteil Morzg, die Gegend Eisenbahn Gnigl, sowie die Stadtteile Plain, Parsch und Schallmoos[35].

Die Ereignisse aus Salzburger Sicht

Das Kommando der Schutzpolizei gibt um 9.55 Uhr „Luftgefahr 20“ an die Feuerwehr durch, d. h. in 20 Minuten könnten feindliche Flieger Salzburg erreicht haben. Um 10.20 Uhr werden neun amerikanische Aufklärer in 15 Minuten Entfernung entdeckt. Um 10.30 Uhr ist die Luftgefahr vorläufig vorüber und wird nach einer Viertelstunde neuerlich gegeben. Um 11.00 Uhr heulen die Sirenen Vorwarnung, zehn Minuten später Fliegeralarm.

Abb. 179: Das Central-Kino an der Ecke Linzergasse/Bergstraße (rechts im Bild) wird durch einen Volltreffer weggerissen, das Haus Bergstraße 9 (Bildmitte) ist bis zum Erdgeschoß vernichtet und bereits provisorisch abgedeckt.

Abb. 180: Durch einen Bombentreffer in der Elisabethstraße wird das Geschäftsportal des Druck- und Verlagshauses Kiesel (Rainerstraße 19) in Mitleidenschaft gezogen.

Abb. 181: Die am 22. November 1944 zerstörten Häuser an der Steingasse von der Imbergstraße aus gesehen. Links unten ist der bereits wieder freigelegte Stolleneingang erkennbar.

Diesmal eilen fast 80.000 Menschen in die Stollen, um dort Schutz zu suchen. Die Luftbeobachter melden drei Angriffe um 11.54, 12.24 und 12.30 Uhr mit insgesamt 110 Flugzeugen. Erst um 14.11 Uhr gibt es Entwarnung. Die Zahl der abgeworfenen Bomben wird auf 300 geschätzt. 30 Häuser sind total zerstört, 50 Gebäude schwer, 34 mittelschwer und ca. 100 leicht beschädigt.

Wiederum sind die Bahnanlagen schwer getroffen, sowohl im Hauptbahnhof als auch in Gnigl. Die Gleisanlagen sind im Bereich zwischen Schwabenwirtsbrücke und Eichstraßenbrücke durch Volltreffer schwer in Mitleidenschaft gezogen. Einige Blindgänger erschweren die Aufräumungsarbeiten.

Die Gebäudeschäden konzentrieren sich auf das Areal zwischen Elisabethstraße–St.-Julien-Straße–Plainstraße, auf die Bergstraße, Paris-Lodron-Straße und Linzergasse, wo unter anderem das Centralkino endgültig zerstört ist.

Die Trümmer verschütten den Stollenausgang in der Steingasse. Im Stollen befindet sich auch Frau H. V. (Jg. 1923), die Besitzerin des Hauses Imbergstraße 23/Steingasse 44:

> [...] da haben wir eine Druckwelle drinnen gehabt, die Füße hat es uns weggerissen, dann war Staubentwicklung drinnen und der Cafetier und damalige Besitzer vom Hotel „Corso" der war Stollenwart. Und zu dem bin ich dann vorgegangen und habe gesagt: „Herr S., was ist jetzt eigentlich, hat es uns erwischt?" Dann sagte er:

„Nein, nein." Sage ich: „Jetzt erzählen Sie mir nichts, das muß sein, weil was anderes gibt es gar nicht." Und dann hat er mir eben gesagt. „Ja machen Sie sich gefaßt, Euer Haus hat es erwischt." Und wie wir durch den Stollen gegangen sind, ist die Hebamme dann dahergekommen, die Frau B. und die hat mich bedauert und hat gesagt: „Mein Gott na, furchtbar Frau V." und so. Und ich hab noch zu ihr gesagt: „Frau B., ich kann nichts mehr ändern, das einzige Positive daran ist, daß mein Mann jetzt auf Urlaub kommt, weil er Bombenurlaub kriegt." Wir sind dann beim Notausgang, ich habe den sonst nie in Anspruch nehmen müssen, nur beim Bombenschaden, da sind wir dann hinausgegangen. Dann bin ich halt da vorgegangen und bin vor dem Trümmerhaufen gestanden. Es war ja, wie soll ich sagen, es war grotesk. Ich habe am Tag vorher Wäsche eingespritzt, einen ganzen Korb voll, und der Korb ist in der Imbergstraße gelegen. Den hat es vorgeschleudert und die Wäsche war so rausgestreut, die obere war wie ein Nudelsieb und die untere habe ich zusammengepackt und bin damit gegangen. Dann die Federbetten, Tuchent und Polster, die hat es zerrissen, die sind auf den Bäumen gehangen, da war alles voll mit Federn. Also wie gesagt, grotesk hat es ausgeschaut. Man hat das Gefühl gehabt, es hat geschneit.

Die zahlreichen Schäden an den Gas-, Wasser- und Stromleitungen werden fast schon zur Routine. Dramatisch sind die Treffer im Gaswerk, die einen Gasbehälter vernichten und den zweiten schwer beschädigen. Die Gasproduktion sinkt auf unbestimmte Zeit um 40 Prozent. In der Franz-Neumeister-Straße sind die Gemeinde-Wohnhäuser Nr. 6 und 8 fast vollständig zerschlagen, die angrenzenden Häuser – auch das Druckhaus Kiesel – schwer in Mitleidenschaft gezogen.

Nach dem 4. Angriff sind nur vier Todesopfer zu beklagen. Die Aufräumungsarbeiten dauern wieder viele Tage und binden alle verfügbaren Kräfte. Rund 1.000 Menschen sind obdachlos. Bis zum nächsten Angriff folgen nun zwei Wochen Verschnaufpause, wenn man davon absieht, daß es jeweils am 25. und 30. November, am 1., 2. und 3. Dezember 1944 Fliegeralarm gegeben hat.

Der 5. Angriff am 7. Dezember 1944 – der einzige während der Nacht

Am 7. Dezember erlebt die Stadt Salzburg den ersten und einzigen Angriff während der Nachtstunden, konkret in den frühen Morgenstunden zwischen 5.03 und 5.40 Uhr durch lediglich acht Bomber, die zwischen 1.39 und 2.38 Uhr in Süditalien gestartet sind. Nach dem amerikanischen Angriffsbefehl sollte der Hauptbahnhof das Ziel sein. Die Steuerung mit dem *C-1 automatic pilot* funktioniert jedoch nicht exakt, denn die 72 Bomben mit insgesamt 18.000 kg gehen in der Ziegelstadelstraße, im Plainbergwald, in Scherzhausen und in der Ignaz-Harrer-Straße nieder. Zwei Ostarbeiter sterben am Plainberg, wo sie offensichtlich von ihrer Arbeitsstelle im damaligen Rüstungsbetrieb Oberascher in Kasern aus beim

Alarm hingegangen waren. Ein Pensionist kommt im zerstörten Haus Ignaz-Harrer-Straße 33 ums Leben.

Unmittelbar nach dem Abwurf der einzeln angreifenden Maschinen greift ein deutscher Jäger einen amerikanischen Bomber an. Ein anderer Bomber nimmt noch einen kurzen Hilferuf auf. Die Maschine bleibt verschollen. Auf dem Rückflug tauchen über den Hohen Tauern vier deutsche Jäger auf und schießen eine amerikanische Maschine südlich von Rauris ab. Ein weiterer amerikanischer Bomber geht auf dem Rückflug verloren. Ein verstümmelt aufgefangener Funkspruch gibt den Amerikanern keine Hinweise auf die Ursache des Absturzes.

An mehreren Stellen, darunter in Mallnitz und Lienz erhalten die US-Bomber Lichtsignale vom Boden. Auch in Salzburg meldet ein in der Scherzhauserfeldsiedlung wohnender Arbeiter eine auffällige Beobachtung und gibt zu Protokoll:

> Während des heutigen Fliegeralarms befand ich mich in der Nähe der Kirche Maria Plain und beobachtete um ca. 5.30 Uhr auf der Wiese nordwestlich der Scherzhauserfeldsiedlung ein Licht, vermutlich von einer stärkeren Taschenlampe stammend. Dieses bewegte sich – nach oben gerichtet – innerhalb einer Minute dreimal kreisend. Ich hatte den Eindruck, daß es sich um ein beabsichtigtes Lichtsignal handelt. Etwa 5 Minuten später wurden in diesem Raum Bomben abgeworfen. Ich bemerke noch, daß ich von meinem Standpunkt aus sehr gute Sicht hatte und dies einwandfrei erkennen konnte[36].

Ob es sich dabei tatsächlich um Signale an die amerikanischen Bomberbesatzungen gehandelt hat, läßt sich nicht mehr feststellen, weil keine weiteren Informationen zu diesem Fall erhalten geblieben sind.

Abb. 182: Das beim fünften Angriff zerstörte Wohnhaus Vogelweiderstraße 71.

S E C R E T

HEADQUARTERS
SECOND BOMBARDMENT GROUP (H)
Office of the Operations Officer

APO #520,
Ø December 1944.

OPERATIONS ORDERS)
:
NUMBER.........326)

1. This Group will furnish three (3) aircraft to bomb and destroy SALZBURG WEST M/Y, SALZBURG, AUSTRIA. Alternate Target: Any Transportation Target along briefed route in AUSTRIA.

2. Rendezvous: West Tip LAKE LESINA; 7250 - 8000 - 8750 [illegible] 0227 - 0228 - 0229A.

3. Route Out: Departure Point to SANSEGO (4430/1419) to ZOLLA (4553/1400) to Control Point to WORGL (4729/1203) to IP to TARGET.

4. Route Back: Rally Point to TOPLICE (4608/1500) to BASE.

5. IP: South West Tip of CHIEM LAKE (4750/1222).

6. Bombing Altitude: 28,250 - 29,000 - 29,750 feet.

7. Bomb Load: Ten (10) 500 pound RDX bombs, one tenth second nose fuse, one hundredths seconds tail fuse.

8. Escort: None.

9. Communications: Recall - SKIPPER.

By order of Colonel CULLEN:

WILLIAM R. HEDGOOD,
Major, Air Corps,
Operations Officer.

S E C R E T

Abb. 183: Der Angriffsbefehl für den 7. Dezember 1944.

15. Dezember 1944 – ein mißglückter Angriff

Für den 15. Dezember ist ein Angriff der 449. und der 450 Bomber-Gruppe mit zusammen 72 Maschinen auf den Salzburger Hauptbahnhof vorgesehen. Um exakt 11.54 Uhr soll vor allem rollendes Material, d. h. Lokomotiven und Waggons, vernichtet werden. An diesem Tag ist der Himmel sowohl über dem Startgebiet als auch über dem Zielgebiet mit einer dichten Wolkendecke verhangen. So funktioniert schon das Sammeln der Maschinen nach dem Start nicht richtig. Schließlich erreichen nur 21 Maschinen das Ziel und laden 31 Tonnen normale Sprengbomben und 10 Tonnen mit Zeitzündern aus rund 7.000 Metern Höhe ab. Zu diesen 125 kommen noch fünf Bomben mit Propagandamaterial. Wegen der geschlossenen Wolkendecke erfolgt die Zielorientierung mittels des H2X-Radargerätes im Pfadfinder-Flugzeug. Der Gruppenführer ist nach der Rückkehr überzeugt, den Salzburger Hauptbahnhof getroffen zu haben. Er meldet voller Stolz, *that his set worked perfectly and that no difficulty was experienced in navigation to the target*[37]. Getroffen hat er in Wahrheit das Gebiet um Gartenau und Rif. Keine einzige Bombe fällt auf die Stadt Salzburg. Kein Wunder, daß ein Aufklärungsflieger am 16. Dezember um 13.05 Uhr über der Stadt erstaunt feststellt, daß hier keinerlei neue Schäden sichtbar und alle Bahnlinien betriebsbereit sind. Dies stellt er fest, obwohl ein Teil der Stadt während seines Fluges vernebelt ist.

Der 6. Bombenangriff am 17. Dezember 1944

Der Auftrag an die 99. und die 376. Bomber-Gruppe für den dritten Adventsonntag hat die Zerstörung der Verschubgleise im Gnigler Bahnhof zum Inhalt. Ab 7.50 Uhr starten 57 Liberator. 51 davon erreichen ohne Zwischenfall bei strahlend blauem Himmel um 12.17 Uhr den Angriffsraum Salzburg. Jagdflugzeuge begleiten sie und greifen vorerst einmal im Tiefflug an. Sie beschießen einen Transportzug im Bahnhof Freilassing und verletzen sechs Personen schwer. Der Lokführer und ein Wehrmachtsangehöriger erliegen im Landeskrankenhaus ihren Verletzungen.

Die Bomber greifen in fünf Wellen bis 12.35 Uhr aus mehr als 7.000 Metern Höhe an und werfen 382 Sprengbomben mit 95 Tonnen Gesamtgewicht ab. Jede vierte Bombe trägt einen Zeitzünder, der mit einer Verzögerung von einer bis zwölf Stunden die Explosion auslöst. Eigentlich sollten noch mehr Bomben abgeworfen werden, doch beim Führungsflugzeug eines Pulks gibt es technische Probleme mit dem Bombenschacht, weshalb dieser Richtung Süden weiterfliegt und Villach anvisiert. Unterwegs öffnet ein Flugzeug um 12.40 Uhr infolge eines Verständigungsfehlers seinen Schacht und klinkt die Bomben aus, die in Hallein und Umgebung einschlagen.

Unmittelbar nach dem Angriff versuchen amerikanische Aufklärungsflugzeuge, die Bombardierungsergebnisse festzustellen. Sie entdecken 16 neue Krater im Bereich des Verschubbahnhofes und sehen brennende Waggons.

Beschädigt wird an diesem Tag auch die prachtvolle, frühere Villa des Barons Karl Schwarz, in dem nach ihm benannten Park am Ende der Vogelweiderstraße. Herr P. S. war einer der damaligen Hausbewohner:

> Der Vater meiner Freunde war beim Bahnbusunternehmen beschäftigt und an diesem Tage auch in der Garage anwesend. Weil wir das wußten, rannten wir gleich über die Baron Schwarz-Brücke zur Garage, um mit dem Vater meiner Freunde mitfahren zu können. Als wir vom Nordbrückenkopf in Richtung Garage (Rettenlackstraße) liefen, sahen wir plötzlich im Tiefflug drei Lightnings aus Richtung Itzlinger Kirche zum Bahnbereich heranfliegen. Wir warfen uns sofort in den Straßengraben, denn über unsere Köpfe brauste eines dieser Flugzeuge hinweg und wir dachten, man würde auf uns schießen. Wir gelangten dann zur Bus-Garage und konnten auch noch den Bus vom Vater meiner Freunde erreichen. Wir fuhren dann auf den Gaisberg bis zur Höhe der Gersbergalm, von wo man den größten Teil der Stadt und besonders Itzling/Schallmoos gut sehen konnte. Es war an diesem Tage dunstiges Wetter aber genügend Sicht. Nachdem wir am Berg angelangt waren, dauerte es auch nicht lange und man vernahm das typische Dröhnen der Flugzeugformationen und in nordwestlicher Richtung konnte man am dunstigen Himmel schemenhaft die Flugzeuge erkennen. Bald vernahm man dann das eigenartige Geräusch der durch die Luft pfeifenden Bomben und die erkennbaren Einschlagstellen wirkten so, als wenn ein Gegenstand in eine Schichte Staub oder Puder fällt, wobei alles trichterförmig auseinander stiebt. Die Einschlagstellen ließen sich einigermaßen lokalisieren und ich glaubte zu ahnen, was mich erwarten würde. Nach der Entwarnung wurde mit dem Bus zurückgefahren und die Wohnung sahen wir in Trümmern. Es war zum Weinen. Die Wohnung war gänzlich zerstört und von der Einrichtung vielleicht noch 20 Prozent übrig. Einige Tage schaufelten und gruben wir noch im Schutt herum, wobei uns zwei russische Kriegsgefangene überaus hilfreich zur Seite standen. Einiges konnte dadurch noch geborgen werden. Die ersten Tage ohne eigene Wohnung konnten wir bei Nachbarn im unzerstörten Teil des Hauses bleiben und dann zogen wir in Untermiete zu einer Familie [...].

Der Wehrwirtschaftsoffizier im Wehrkreis XVIII gibt über den Angriff folgende Meldung ab:

> Schlußschadensmeldung über den am 17. 12. 44 erfolgten Luftangriff auf den LS-Ort Salzburg.
>
> 1.) Angriff: Der Einflug erfolgte aus NW und W in der Zeit von 12.18 bis 12.35 Uhr in Wellen von insgesamt 43 Flugzeugen. Schwerpunkt lag: Reichsbahn von Frachtenbahnhof bis Bahnhof Gnigl, Ortsteil Itzling und Gnigl.
> 2.) Abwurfmittel: 300 mittlere Sprengbomben, 3 Propagandabomben mit Flugblättern, Hinweise auf LZZ.
> 3.) Personenverluste: 3 Gefallene, 2 Schwer- und 3 Leichtverwundete, 577 Obdachlose.

4.) Gebäude- und sonstige Schäden:
   a) Wohngebäude: 20 Häuser total zerstört, 40 schwer, 57 mittelschwer und 60 leicht beschädigt.
   b) Wirtschaftsgebäude: 5 Firmen mittelschwer, 2 Betriebe total zerstört. Großtischlerei Forsthuber und Heinisch Betrieb stillgelegt. Die Maschinenfabrik Retha schwer beschädigt, Betrieb jedoch aufrecht. Sägewerk Ostertag durch 20 Sprgb. schwer beschädigt, Betrieb auf unbestimmte Zeit stillgelegt, desgl. Betonwerk Ing. Sperl und Iporit-Werk Ing. Sigmund.
   c) Elektrizitätswerke: 1-25000 Volt Speiseleitung in 6 Spannfeldern total zerstört; desgl. 7 Hochspannungskabel. 3-3000 Voltleitung und 2 Trafostationen schwer beschädigt. Umfangreiche Niederspannungsstörungen im Ortsteil Gnigl beschädigt.
   d) Wasserwerke: 3 Hauptleitungen der Wasserversorgung der Stadt S. zerstört.
   e) Reichsbahn: Bahnhof Gnigl: Aufnahmegebäude, Zugbegleiterkaserne, Bahnmeistereigebäude, Familienhäuser der Reichsbahn, Unterkunftsräume der 4. Rangiergruppe, Ölgaskessel, Gleise 1–28 in Länge von 200 m, Oberleitung, Lichtleitung, Stofflager der Bahnmeisterei 1, Stellwerk 2, 9 Güterwagen schwer beschädigt, 5 Güterwagen total zerstört, 23 Güterwagen leicht beschädigt, einige Personenwagen durch Bordwaffen mittelschwer beschädigt. Der Zugverkehr wird ab Aigen–Graz geführt. Durchgangsverkehr wahrscheinlich wieder am 20. 12. 1944 (Nach Innsbruck).

5.) Erntevorräte: 30.000 kg Heu verbrannt.

Probleme mit der Wasserversorgung

Nicht extra erwähnt sind in dieser knappen Zusammenfassung die Beschädigung des städtischen Altersheimes in der Karl-Höller-Straße, in dessen näheren Umgebung vier Bombentreffer gezählt werden. Einer davon zerstört die Hauptleitung der Fürstenbrunner Wasserleitung. Wegen eines daneben liegenden Blindgängers verzögert sich die Behebung des Schadens. Die Wasserversorgung der Stadt bleibt für einige Zeit unterbunden. Auch die Aigner Leitung fällt zeitweise aus, weil die Motoren und Pumpen des dortigen Pumpwerkes Treffer erhalten und infolge der dadurch eingetretenen Überschwemmung stillgelegt werden müssen. Am 24. Dezember sind die Schäden an den Hauptleitungen behoben, und die Stadt ist zum großen Teil wieder mit Wasser versorgt.

Der 7. Bombenangriff am 20. Dezember 1944

Für den 20. Dezember planen die Strategen im Hauptquartier der 15. USAF die Zerstörung des Bahnhofes Freilassing, im besonderen des Lokomotivschuppens. Als erstes Ausweichziel wird der Salzburger Bahnhof festgelegt. Zwei Bombergruppen Liberator sind dazu eingeteilt. Sie sollen sich nach dem Flug über die Alpen auf der Route Mittersill–Kufstein über Chieming formieren, dann einschwenken, ab Traunstein der Autobahn folgen und das Ziel bei der Mündung zweier Flüsse [gemeint sind Salzach und Saalach, Anm. des V.], noch vor der Stadt Salzburg anvisieren. Ausdrücklich gewarnt wird vor den 54 Flak-Geschützen im Raum Freilassing–Salzburg, wovon nach amerikanischer Ansicht 23 nicht über die ausreichende Reichweite verfügten. Um sich möglichst geringen Gefahren von seiten der Flak auszusetzen, sollten die Staffeln in einer Linie direkt hintereinander fliegen. Soweit die Anweisungen.

Die geschlossene Wolkendecke verhindert dann allerdings den Sichtflug, weshalb über Chieming entschieden wird, das Alternativziel Salzburg mittels Pfadfinder-Methode anzugreifen. 48 Bomber der 449. und 450. Bomber-Gruppe haben den Anflug bis hierher geschafft und befinden sich in mehreren Staffeln im Anflug auf Salzburg. In den dichten Wolken verliert eine Staffel den Sichtkontakt zur vorderen und kann mangels eines eigenen Radars das Ziel nicht finden. Noch eine Staffel hat Orientierungsschwierigkeiten, muß eine Runde drehen, fliegt schließlich unverrichteter Dinge ab und meldet nach der Rückkehr den Notabwurf ihrer Bomben über dem Tennengebirge.

Die 483. Bomber-Gruppe ist schon früher gestartet und dreht auf dem Flug Richtung Brüx aber gemeinsam mit anderen Gruppen über Passau Richtung Westen ab. 20 Maschinen lösen sich und bombardieren die Stadt Salzburg um 11.39 Uhr. Der Hauptteil des Verbandes mit mehr als 200 Bombern bleibt auf Westkurs und greift zur Mittagsstunde Regensburg an.

An diesem Tag haben die drei Bomber-Gruppen aus 56 Flugzeugen insgesamt 509 250-Kilo-Bomben, die zum Teil mit Zeitzündern ausgestattet waren, abgeworfen. Ohne die Navigationsprobleme einzelner Staffeln hätte es noch viel ärger kommen können. Nur ein Teil der Bomben trifft den Bahnhof und zerstört den Führer-Aufgang, die Kanzlei des Vorstandes, die elektrische Vorheizanlage mit Transformatorenstation und einige Gleise.

Erstmals explodieren Bomben auch im Bereich des Flugplatzes in Maxglan, zerstören eine kleine Halle und vier Segelflugzeuge des Nationalsozialistischen Flieger-Korps (NSFK), richten aber an der Rollbahn selbst keine Schäden an. Getroffen wird der Kommunalfriedhof. Die Eingangsarkaden samt Grüften, zahlreiche Gräber und das Verwaltungsgebäude sind schwer beschädigt, die Spitze des Rainer-Obelisken wird abgerissen und liegt (als Mahnmal bis heute) daneben am Boden.

Schäden an Baracken entstehen im Pionierlager Alpenstraße, im Wehrkreis-Sanitätspark Kleingmain und neben dem (bereits schwer beschädigten) Hotel „Europe". Zahlreiche Gebäude in Alt- und Neumaxglan werden getroffen, darunter der Gasthof „Ganshof". Im Haus Moserstraße 17 kommt durch einen Volltreffer ein Ehepaar mit fünf seiner sieben Kinder ums Leben. Während des Löschens eines Brandes in der Farbenfabrik Lauer (Elisabethstraße 16) explodiert ein Zeitzünder und tötet den Feuerwehrmann Richard Poneschitzky. Herr H. F. (Jg. 1929), damals als HJ-Angehöriger dem Roten Kreuz zugeteilt:

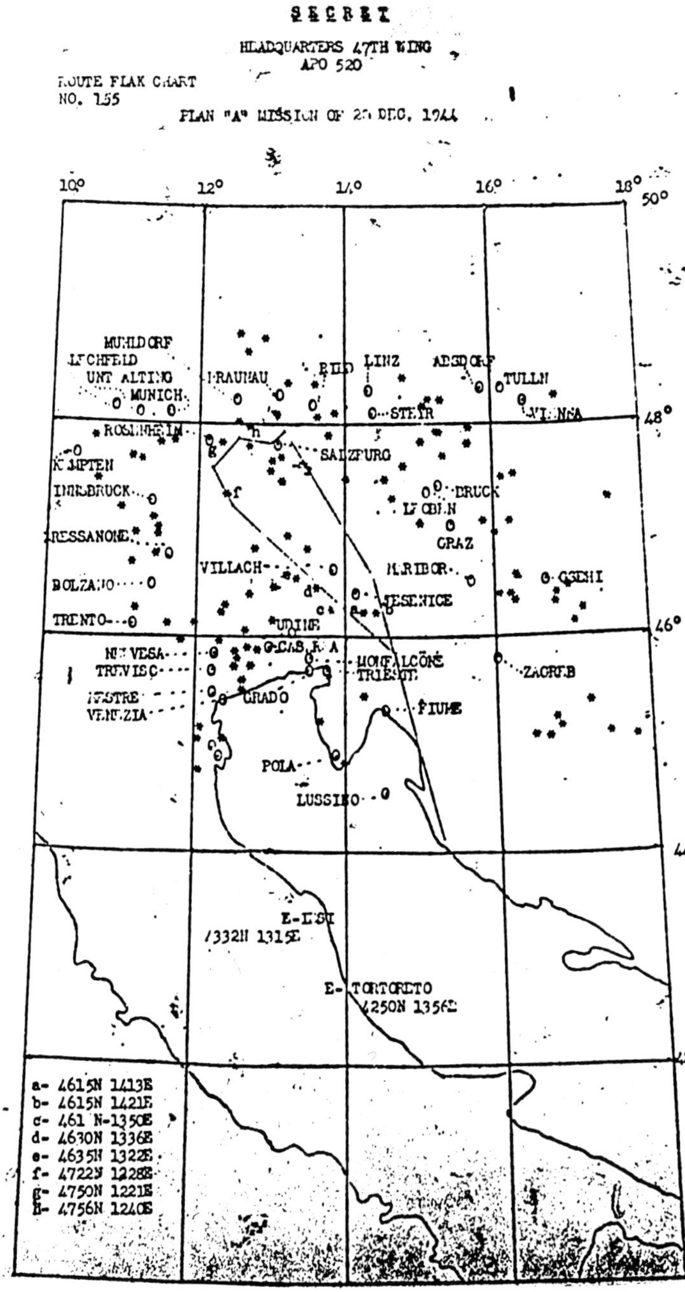

Abb. 184: Plan mit der Flugroute für den Angriff am 20. Dezember 1944. Jedes Sternchen weist auf eine Flakstellung hin.

Abb. 185 und 186: Schwere Schäden entstehen an den Arkadengrüften und vielen Gräbern im Kommunalfriedhof.

> Da war die frühere Farbenhandlung Lauer. Das war ein totaler Trümmerhaufen und da sind zwei Feuerwehrleute auf dem Schutthaufen gestanden und haben da hineingespritzt, weil im Farbenkeller drinnen hat es gebrannt. Und wir haben die gefragt, ob sie was wissen von Verletzten. Die haben gesagt nein, sie wissen nichts und wir sind dann wieder weiter mit unserer Tragbahre und wie wir wieder auf der Straße waren, da ist so eine Mauer, ungefähr beim Bayrischen Hof, ist dieser Schutthaufen, wo die zwei Feuerwehrleute darauf gestanden sind, in die Luft geflogen. Wir haben natürlich damals ein Riesenglück gehabt.

Die Elisabethkirche wird beschädigt, der schräg gegenüberliegende Plainhof fast zur Gänze vernichtet. Das nur notdürftig reparierte Dach der Plainschule stürzt wieder ein.

Die beiden letzten Angriffe im Jahr 1944

Ende des Jahres 1944 ist die amerikanische Aufklärung mit den Bomberpiloten sehr unzufrieden. Sie stellt kritisch fest, daß die meisten Bomber-Gruppen Schwierigkeiten hätten, das Angriffsziel zu finden und formuliert:

> Most Groups of 5th Wing had difficulty in picking up target, only one Group succeeding in hitting assigned target.

Die offenkundigen Probleme mit der Navigation in den Führungsflugzeugen sind daran schuld, daß Salzburg zum Jahresausklang 1944 noch zwei Mal bombardiert wird. Der 8. Angriff am 28. Dezember kommt nur deshalb zustande, weil zuerst eine einzelne Fortress ihre Gruppe beim Anflug auf Regensburg verliert und statt dessen das Ausweichziel Salzburg um 11.57 Uhr angreift. Dann versäumt es eine Zwölfergruppe von B-17 während des Angriffs auf Regensburg, ihre Bomben abzuladen. Auch diese fliegen weiter nach Salzburg und ziehen bei bester Bodensicht mit ihren 120 Bomben einen Streifen der Zerstörung von Lengfelden über den Wald in Maria Plain, dann Itzling samt Hauptbahnhof und die Elisabeth-Vorstadt bis an den Rand der Neustadt. Eine Frau kommt ums Leben, 50 Gebäude werden beschädigt.

Am nächsten Tag, dem 29. Dezember, spielt sich ähnliches ab. Das Hauptziel Mühldorf in Bayern ist durch Wolken bedeckt, die 24 Bomber der 456. Gruppe steuern das erste Alternativziel Linz an. Nach zwei erfolglosen Angriffsversuchen wird die Zeit knapp und auf dem Rückflug laden sie 392 kleinere Sprengbomben zu je 125 Kilogramm über dem Moorgebiet im Süden der Stadt Salzburg ab. Dort kommen vier Menschen ums Leben, darunter die junge Wirtin vom Gasthof „Mostwastl“, die mit ihrem beiden Kindern Schutz in einem Heustadel gesucht hat. Eine Bombe explodiert unmittelbar davor. Der Luftdruck tötet Mutter und Tochter, der kleine Sohn überlebt praktisch unverletzt. Er war weiter hinten im Heu und schaute in die andere Richtung.

Eine erste Zwischenbilanz zum Jahresende

So geht ein schreckliches Jahr 1944 für die Salzburger zu Ende. Bis zum 16. Oktober hatte fast niemand geglaubt, daß die Stadt noch soviel menschliches Leid und so schwere Zerstörungen erleiden werde müssen. Tausende Menschen sind obdachlos, haben bei Verwandten oder Freunden Unterschlupf gefunden. Immer mehr Menschen versuchen irgendwo auf dem Land unterzukommen, um sich nicht weiter den drohenden Gefahren aus der Luft auszusetzen. Trotzdem haben sich beim städtischen Wohnungsamt seit dem ersten Fliegerangriff 980 obdachlos gewordene Familien mit 3.103 Personen – 2.546 Erwachsenen und 557 Kindern – um eine neue Unterkunft angemeldet. Von diesen sind 72 Familien mit 240 Personen in Wohnungen, 47 Familien mit 197 Personen in Behelfsheime und 595 Familien mit 1.336 Personen in unterbelegte Wohnungen eingewiesen worden. Zum Jahresende suchen noch immer 266 Familien mit 1.057 Personen, davon 129 Kinder, eine Wohnmöglichkeit. Trotz aller Probleme funktioniert die Lebensmittelversorgung nach wie vor. Freilich braucht man die entsprechenden Lebensmittelkarten und muß auf jeden, noch so kleinen Luxus verzichten. Hauptsache man lebt noch. Für ausgelassene Silvesterfeiern war zur Jahreswende 1944/45 wohl kaum jemand aufgelegt.

Der 1. Angriff im neuen Jahr – 20. Jänner 1945

Am 8. Jänner 1945 soll laut Aufzeichnungen der 15. US-Luftflotte ein amerikanischer Bomber vier Bomben auf die Stadt abgeworfen haben. An diesem Tag gibt es in Salzburg knapp vor Mittag wohl Fliegeralarm, doch von Bombentreffern ist nichts bekannt. Die Bomben werden außerhalb der Stadt explodiert sein.

Schlechtwetter verhindert, daß Salzburg am 10. und 12. Jänner 1945 bombardiert wird. Für beide Tage liegen konkrete Angriffsbefehle vor, doch können die Bomber wegen des schlechten Wetters nicht einmal starten. Erst am 20. Jänner 1945 erfolgt wieder ein Angriff, nun bereits zum zehnten Mal. Auch diesmal soll der Angriff eigentlich anderen Städten gelten, Salzburg dient wiederum als Ausweichziel.

Die Bomber-Gruppen haben sich völlig unkriegerische Code-Wörter für den Funkverkehr ausgesucht wie *Foxtail, Smuggler, Timid* oder *Wildlife*. Die Funküberwachung der Amerikaner empfängt auch den Funkverkehr zwischen den deutschen Flugzeugen und deren Bodenstationen. Es bereitet ihnen wenig Probleme, die mit den üblichen Deckwörtern gesprochenen Meldungen zu übersetzen. Beim Flug Richtung Regensburg hören und schreiben sie mit und fertigen ein Protokoll an:

Time/Zeit	German/Deutsch	Translation/Übersetzung
11.35	Bitte kommen	Please come in
	Indianer im Raum Innsbruck	Allied fighters in the Innsbr. area
11.40	Die Quelle der Indianer ist Caruso 70	The position of the allied fighters is curas 70
11.45	Bitte kommen, drehen sie um 260	Come in, turns 260
	Luftlage, die Indianer sind abgeflogen Caruso Nord.	Airsituation the fighters are away direction nord
	Ich habe keine neue Indianer-Meldung	There isn"t any new fighter report
12.01	Antreten 340, bitte kommen	Come in, take heading 340
	Victor, Indianer jetzt in E. A. 6	Roger, fighter are E. A . 6 (47 50 N–10 30 E)
	Luftlage, dicke Autos Caruso Nord	Airsituation, allied bombers heading north
	Drehen Sie wieder zurück an Caruso 270	Turn back again, heading 270
	Die feindlichen Indianer sind jetzt nahe Stuttgart	The enemy fighters are near Stuttgart now
12.07	Anfrage, gehen Bahnhof	Question, shall I land
	Vic, Vic	Roger
	Komme mit Indianermeldung	Come in with fighter report
	Wir machen Lucie Anton in Friedrichsfeld	We will land in Friedrichsfeld

Deckworte:

Indianer = Feindliche Jäger; Quelle = Standort; Caruso = Kurs; Antreten: Kürzesten Kurs aufnehmen in Richtung ...; Viktor = verstanden; dicke Autos = feindliche 4-mot. Flugzeuge; Bahnhof = Heimatflughafen; Lucie Anton = Landung.

Der Flug von Süditalien zum Angriffsziel und zurück verläuft für die Amerikaner wieder einmal alles andere als planmäßig. Schon über der nördlichen Adria hat ein Teil der Bomber wegen einer Schlechtwetterfront umgedreht und ist unverrichteter Dinge zurückgekehrt. Eine Formation steuert Regensburg an, doch 30 Meilen davor kommt aus dem Führungsflugzeug der Befehl, Salzburg zu bombardieren. Diesem Auftrag kommen 32 Flugzeuge aus fünf verschiedenen Bomber-Gruppen nach.

Abb. 187: Durch die Wucht der Bombe – zum Glück ein Blindgänger – wird in der Itzlinger Pfarrkirche der Chor samt Orgel herabgerissen.

Abb. 188: Die Bombe reißt ein Loch in das Dach der Itzlinger Pfarrkirche.

Abb. 189: Durch einen Bombentreffer wird im Lagerhaus „Wildenhofer“ in Schallmoos ein Brand ausgelöst, den die Feuerwehr zu löschen versucht.

Abb. 190: Die Lokalbahnremise wird beim ersten, zweiten, siebten und elften Angriff beschädigt (im Bild der Blick aus der getroffenen Remise Richtung Elisabethstraße). Der Lokalbahn kommt während des Krieges große Bedeutung zu, weil mit ihr einerseits Materialtransporte für den Obersalzberg durchgeführt werden müssen und andererseits in Bürmoos ein Lokomotivausbesserungswerk der Deutschen Reichsbahn geplant ist. Die Remise wird unmittelbar nach Kriegsende von den US-Truppen vorübergehend als Werkstätte für Panzer und Kraftfahrzeuge verwendet.

Sie greifen nicht in der vorgesehenen Formation an, sondern innerhalb von mehr als einer Stunde (12.18 bis 13.36 Uhr) zuerst mit einem einzelnen Flugzeug, dann noch vier Mal mit jeweils zwischen fünf und 18 Bombern. Zwischendurch kommt eine andere Formation, die ihr eigentliches Ziel Linz wegen Zeitverzögerung durch Schlechtwetter nicht mehr erreichen kann und bombardiert ihrerseits Salzburg mit 18 Liberators um 12.45 Uhr. In Summe fallen an diesem Tag 1.586 Bomben, der größte Teil davon mit einem Gewicht von 50 Kilogramm.

In einem der Bomber stirbt während des Angriffes auf Salzburg ein Besatzungsmitglied durch eine defekte Sauerstoffzufuhr. Seine Kameraden entdecken diesen Fehler zu spät und können ihm nicht mehr helfen. Zu diesem Zeitpunkt beträgt die Temperatur in dem knapp 8.000 Meter hoch fliegenden Flugzeug minus 50° C. Zwei Bomber kehren nicht mehr zurück: einer wird von der Flak abgeschossen, über das Schicksal des anderen ist nichts bekannt.

Über die Folgen dieses 10. Bombenangriffes schreibt die Feuerwehr in ihr Tagesjournal:

> Schäden entstanden in den Lebensmittelwerken „Union“, die Postsortier- und Pakethalle am Hauptbahnhof, die Kirche in Itzling, das Haus des Bauern Eder in Itzling wurde neuerdings getroffen. Weiters fielen Bomben im Gebiet des Haupt- und Rangierbahnhofes und richteten Zerstörungen an Geleisen und Gebäuden an. Am Frachtenbahnhof wurden verschiedene Hallen zertrümmert. Das Lagerhaus Wildenhofer erhielt mehrere Treffer in die Haupthalle, welche dann zu brennen anfing und total vernichtet wurde. Das Gasthaus „Drescher“, Poschingerstraße 1, erhielt einen Treffer und wurde teilweise zerstört. Weiters wurde das Steiner Lagerhaus, Eberl & Co., (ehemals Konitzer), das Gemeindegebäude in der Vogelweiderstraße vis-à-vis vom Paischer an der südlichen Ecke getroffen. Weitere Schäden beim Basetto im Holzlagerplatz, Haus des Herrn Hiesel in der Bergerbräuhofstraße ganz zerstört. Teilweise Zerstörungen in der Fabrik Forsthuber-Heinisch und Ostertag. Treffer in die Hausruine des Herrn Lerperger in der Bergerbräuhofstrasse. Blindgänger in die Hausruine des Karl Dicht in der Fabrikgasse 3. 28 neue Bombentrichter in der Stabauerwiese beim Ostertag. Zerstörung der Mechanikerwerkstätte Eder in der Gnigl und viele Blindgänger im ganzen Gebiet Itzling–Haupt- und Rangierbahnhof.

Die Zerstörungen in der Itzlinger Pfarrkirche vermerkt Pfarrer Peter Paul Bramböck in seinem Verkündbuch[38] mit den Worten:

> Volltreffer durch Kirchendach an der Rückseite, ganzer Sängerchor mit Orgel fortgerissen. Die eingestellten Möbel teilweise schwer zertrümmert, die Kuppel über Hochaltar und der linke Seitenaltar gesprengt – sämtliche Fenster vollständig zerschlagen, Greuel der Verwüstung! Große Teilnahme des Kirchenvolkes. Frauen kommen sofort zum Aufräumen. Sanctissimum unversehrt im Tabernakel.

Welche Zerstörungskräfte von einer Bombenexplosion ausgehen, schildert der Bericht der Salzburger Zündwarenfabrik Handler & Pfifferling in Sam sehr eindrucksvoll:

> Der Bombenaufschlag erfolgte auf dem, dem Magazin zunächstliegenden Holzganter, auf dem sich ca. 6–8 fm Buchenstammholz, das kurz vorher angeliefert worden war, befand. Durch die Detonation der Bombe wurden nicht nur Stämme zersplittert, sondern auch einzelne Stämme ca. 100–150 m weit weggeschleudert. Ein Stamm traf den Vorbau der Schlosserei, der vollkommen umgelegt wurde, ein anderer wurde über das Fabriksgebäude geschleudert, der beim Herabfallen einen Dachreiter und die Dachdeckung beschädigte.

Der 11. Bombenangriff auf Salzburg

Eigentlich sollte Salzburg laut *operations order* bereits am 4. Februar angegriffen werden, doch wieder einmal verhindert Schlechtwetter das Unternehmen. Am folgenden Tag starten 141 Bomber des Typs Liberator Richtung Alpen. Nordöstlich Bad Aibling in Bayern formieren sie sich die vier Gruppen – jede Gruppe mit vier Staffeln zu sieben bis neun B-24 – zum Angriff auf Salzburg und erhalten dabei Begleitschutz durch mehrere Dutzend Mustangs. Jeder Staffel ist es je nach Wetterlage freigestellt, ob sie das Ziel mittels der Zieleinrichtungen im Pfadfinder-Flugzeug anvisiert, das die Abwurfstelle für die unmittelbar dahinter fliegenden Bomber mit einem Rauchzeichen markiert oder ob sie die zielgenauere Methode mit direkter Bodensicht anwendet. Was in den nächsten Minuten für den amerikanischen Bombenschützen im Führungsflugzeug der Staffel die falsche Entscheidung gewesen sein mag, kann für die Menschen auf dem Boden die Rettung vor Tod und Verderben bedeutet haben. Die Mehrzahl der sechzehn Staffelführer entscheidet sich für die Pfadfinder-Methode und läßt zwischen 13.21 und 13.44 Uhr aus den Schächten von insgesamt 88 Flugzeugen 689 Bomben auf Salzburg fallen. Sechs Staffeln versuchen einen *visual run* und müssen unverrichteter Dinge abfliegen. Warum, schildert der amerikanische Ergebnisbericht:

> Ein Pfadfinder-Angriff wurde gestartet, doch die Wolken rissen in den letzten Minuten vor dem Angriff auf, der Bombenschütze entschied sich für einen Sichtangriff. In den letzten Sekunden schloß sich die Wolkendecke darunter auf 9/10 und es war dann zu spät, um wieder auf die Pfadfinder-Methode zurückzukehren. Die Angriffsstaffel drehte um zum ersten Ausweichziel (Bahnhof Rosenheim West) und führte einen exzellenten Pfadfinder-Angriff durch.

In der Stadt müssen die Menschen von 11.50 bis 15.05 Uhr in den Luftschutzstollen und Kellern ausharren, bis sie das Ausmaß der Zerstörung sehen, das Thomas Mayrhofer unmittelbar nach dem Krieg folgendermaßen zusammenfaßt:

> 27 Objekte, größtenteils Wohnhäuser wurden total zerstört, 36 schwer und 105 leichter beschädigt. Diese Schäden verteilen sich auf Itzling – 17 Totalzerstörungen, 24 schwere und 73 leichtere Schadensfälle, – die Elisabethvorstadt 4 Totalzerstö-

rungen, 6 schwere und 20 leichtere Schäden und Schallmoos-Ost. Auch dieser Angriff galt also in erster Linie den Verkehrseinrichtungen. Das Streckenstück Hauptbahnhof–Gnigl der Reichsbahn wurde von Neuem so schwer mit Bomben belegt, daß die Reisenden mehrere Tage hindurch in Zubringerautos vom Hauptbahnhof nach Gnigl gebracht werden mußten. Die Verluste an rollendem Material waren bedeutend. Rings um den Hauptbahnhof gähnten wieder neue große Bombentrichter, darunter einer an der Stelle, an der einst der am 11. November vernichtete Fremdenverkehrs-Kiosk gestanden war. In der näheren und weiteren Umgebung des Bahnhofs gab es natürlich schwere Glasschäden.
Die schon so oft heimgesuchte Elisabethvorstadt erlitt wieder arge Schäden. Selbst der Straßenkörper war kaum mehr als Verkehrsweg anzusehen, so übersät von Trümmern und so zerrissen von Bombenkratern war er. Neue Ruinen gesellten sich zu den alten. Vom früheren Hotel „Elisabeth" (Elisabethstraße Nr. 11) blieben nur mehr Reste stehen. Vollkommen zerstört wurde die benachbarte Villa Hauptmann (Nr. 13), ebenso das Gasthaus „Neue Welt" (Nr. 45). Sehr schwer beschädigt wurden das Photo-Atelier im Hinterhaus des Hauses Nr. 27 und das Nachbarhaus Nr. 29. Das Haus Stauffenstraße Nr. 17 wurde durch einen Brand, der nach dem Einschlag einer Bombe ausbrach, zur Ruine. Traurige Reste waren alles, was von den Häusern Stauffenstraße 15 und Jahnstraße 17 stehen blieb. Der äußere Teil der Elisabethstraße war kaum mehr passierbar, da stand Ruine neben Ruine. Wind und Wetter vollendeten das Zerstörungswerk der Bomben. Ganz trostlos sahen jedoch die zwischen den Bahnhöfen und der äußeren Elisabethstraße liegenden Eisenbahn-Remisen und -Werkstätten aus: Zersplitterte und eingesunkene Flugdächer und Glaswände, übereinander getürmte Waggontrümmer, wie erstarrtes Schlangengeringel, verbogene Schienen, Haufen von zerspelltem, verrostendem Metall, Blech, Rädern usw. und darüber und dazwischen Kot und Nässe [...]
In der Plainstraße wurde u. a. das Haus Nr. 29 vernichtet. Die auf derselben Straßenseite gelegenen Gärten zwischen der Stauffenstraße und der Jahnstraße waren von zahlreichen Bombentrichtern durchwühlt. Die Reparaturwerkstätten der Österreichischen Automobilfabrik (Nr. 41) war zu einem wüsten Trümmerhaufen geworden. Neue Treffer auf die Plainschule hatten diesen schönen, modernen Schulbau noch mehr zur Ruine gemacht.
In Itzling wurden zahlreiche Häuser, namentlich in der Mozart- und Erzherzog-Eugen-Straße, teils zerstört, teils schwerbeschädigt, darunter die Garage des Milchhofes. Der Bahnhof Itzling erhielt mehrere Volltreffer, durch die das Aufnahmegebäude, das Magazin und der Wasserkran stark zu Schaden kamen und die Geleise-Anlagen zwischen der Fanny-von-Lehnert-Straße und dem Nordende des Bahnhofes Itzling bis zu 30 Prozent zerstört wurden. Die Oberbau-Anlagen vor der Remise, diese selbst und das Werkstättengebäude wurden schwer beschädigt. Dank den sofort mit voller Energie aufgenommenen Wiederherstellungsarbeiten konnte der Verkehr zwischen Itzling und Lamprechtshausen schon am 7. wieder aufgenommen werden. Die Wasserversorgung Itzlings und der Elisabethvorstadt war durch Bombentreffer ausgeschaltet, doch konnte ein Teil Itzlings schon am 7., der Milchhof, in dessen Umgebung zahlreiche Bombentreffer in der Schillerstraße und Otto-Nußbaumer-Straße die Wasserleitung beschädigt hatten, am 8. wieder mit Wasser beschickt werden.

Auch in Schallmoos-West, Gnigl, Parsch, – hier wurden zwei Baracken zerstört, zwei weitere schwer beschädigt, – in Aigen, Lehen und Glanhofen fielen Bomben, doch kam es nur in Parsch zu nennenswerten Gebäudeschäden. In Schallmoos aber traten sehr bedeutende Wasserleitungsschäden ein. Die Hauptleitung an der Schallmooser Hauptstraße zur Rupertgasse wurde zerstört, Bombentreffer in der Lasser-, Bayerhamer- und Vogelweiderstraße machten diesen Stadtteil wasserlos.
Der Angriff forderte drei Todesopfer, 48 Ausgebombte nahmen Notquartiere in Anspruch[39].

Auch im Bereich des Flugfeldes Maxglan waren einige Bombenkrater zu verzeichnen, die allerdings keinen größeren Schaden anrichteten.

Abb. 191: Nach mehreren Bombentreffern und Bränden eine Ruine: das einst renommierte Hotel „Europe", bis 1944 Sitz des Generalkommandos XVIII.

HEADQUARTERS
98TH BOMBARDMENT GROUP (H) AAF
Office of the Operations Officer

MISSION NO. 367 DATE 5 February 1945

OPERATIONS INFORMATION

SALZBURG MAIN STATION M/Y.

SQUAD. SHIP NO.	PILOT	CO-PILOT	TIME OF TAKE-OFF	TIME LANDED	REMARKS
Lead Sq-- 343rd.					
600 A	BINCK		0857	1420	(TB) Air Speed Ind. out
457 B	McKEE		0817	1425	(TB) Super Chargers
008 C	HARRELL-KEVAN		0816	1701	
916 H	GERDOCK		0818	1700	
989 K	BLOMBERG (415)		0915		Land Ramitella- 1 Eng
586 O	SHREVE		0818	1702	
420 Q	MURPHY (415)		0839	1656	
344th					
Lead A/C- 361 S	NELSON-GUSTAVSON (343rd)		0815	1700	
526 R	SCHMID		0825	1636	
990 C	CRITZ		0831	1642	
174 D	ERDMAN		0833		(Land Foggia) RON
785 E	SEITZ		0829	1703	
632 F	TAYLOR		0830	1610	
782 G	JAMIESON		0825	1448	(TB) Collided with
624 H	BONNIFIELD		0827		Land Foggia- RON
559 K	FLOURNOY		0832	1705	
787 L	FORSHEE		0831	1157	(TB) Sick Man
022 M	TUGGLE		0826	1703	
981 O	GERTSMA		0828	1634	
917 P	McCREANY		0845		Land Foggia-RON
345th					
892 A	HARDAGE		0820	1640	
823 B	KING		0821	1701	
527 C	RYAN		0822	1702	Land Foggia-gas
305 J	BABER		0823	1800	Land Brindisi
954 L	CLARK		0824		Land Foggia Main-gas
986 M	WEIR		0819	1705	
415th					
003 R	FRASE		0834	1655	
099 A	SODERQUIST		0835	1654	
913 B	WILLIAMSON		0834	1655	
039 C	WILLIAMS, L.		0844	1651	
031 D	BLANTON		0842	1648	
058 F	POTTER		0840	1650	
161 I	STINSON-	Col DAY	0842	1652	
110 K	WHEATON		0837	1652	
942 M	ESTES		0841	1650	
382 N	WILLIAMS, R.		0838	1656	
062 P	HUNT		0843	1652	

Abb. 192: Die Amerikaner führen genau Buch über jeden Bomber, mit Flugzeug-Nummer, Pilot, Start- und Landezeit, hier im Bild die Aufstellung der 98. Bomber-Gruppe für den Angriff am 5. Februar 1945.

CONFIDENTIAL

HEADQUARTERS
376th Bombardment Group (H)
APO 520

6 February 1945.

SPECIAL NARRATIVE REPORT NO. 187.
MISSION NO. 401: 5 February 1945 - SALZBURG M/Y, Austria.

I. CHRONOLOGY

At 0825 hours, 32 B 24s took off to bomb the important marshalling yard at Salzburg, Austria. This traffic center is located on the main line between Munich and Linz and connects with lines which supply the Italian front. Photo cover showed these lines to be active after the attack of 20 January with 503 units in the east yard and 203 in the west yard.

There were three non-effective sorties, two of which jettisoned 2 tons of bombs each in the Adriatic and the third jettisoning 2 tons at 4732N 1202E at 1306 hours due to gas shortage. 29 sorties were effective dropping 55.25 tons of 500 lb. GP bombs with fusing of .1 nose and .01 tail delay on the target at 1321-1324 hours from 22,400 to 25,100 feet.

29 A/C returned to base at 1602 hours. None was lost, none missing and none landed at friendly fields.

II. ROUTE AND ASSAULT

The 376th Bombardment Group, flying last in the wing formation, made rendezvous at San Vito di Normanni as briefed and flew to 4538N 1259E to Sacile (4557N 1230E) to Bad Aibling (4752N 1201E) to Altenmarkt (4801N 1232E), the IP, to the target. Over the Adriatic the formation flew approximately 20 miles to the right of the briefed course because of weather.

The method of attack was pattern bombing by boxes in trail, the lead bombardiers sighting for range and deflection and all others dropping on the leaders. The axis of attack, briefed for 118°, varied from 110 to 130 degrees; the IAS was 160-165 MPH; the bombing interval 25'; and the bombing altitudes from 22,400 to 25,100 feet.

Off the target the formation rallied slight left and proceeded to St. Wolfgang (4744N 1327E) to Spittal (4647N 1330E) to Fianona (4506N 1412E) to 4350N 1400E to base.

Escort: Approximately 36 P 51s met the formation at 4630N 1210E at 1240 hours and gave escort until the point where the last 7 fighters departed at 4500N 1500E at 1410 hours.

Weather: Enroute over the Adriatic, the formation encountered 8-10/10 cirrus with base at 20,000' with 3/10 cumulus tops 10,000', CAVU over the Alps, building up to 5-6/10 cumulus at 8-14,000' over the target.

III. RESULTS

Visual observations reported a good concentration in the central portion

Abb. 193: Bericht der 376. BG über den Angriff am 5. Februar 1945, Seite 1.

CONFIDENTIAL

SPECIAL NARRATIVE REPORT NO. 187. (cont'd)
MISSION NO. 401: 5 February 1945 - SALZBURG M/Y, Austria.

of the M/Y with one box dropping short on the river bank. Preliminary interpretation of the bomb strike photos reveals the following details:

a. 1st, 2nd and 3rd boxes - no hits in target area. Results unobserved due to clouds.

b. 4th box - no hits in target area. Bomb hits in river and fields on each side approximately 3600 feet west of target area. Pattern excellent. No damage.

IV. ENEMY RESISTANCE

A. Fighters: There were no enemy fighters seen or encountered at any time.

B. Flak: At the target the formation encountered slight to moderate, inaccurate heavy flak. Enroute flak was reported as follows:

1214	4555N 1255E	Observed
1229	4610N 1300E	Observed

V. SIGNIFICANT OBSERVATIONS

1342	Villach	21,000'	Approximately 100 cars in M/Y.
1345	Radstad (4723N 1320E)	21,000'	Approximately 150 cars in M/Y.
1525	4140N 1615E	10,000'	Silver plane on water.

VI. CONCLUSION

Total Losses: None.

Damage: 1 slight.

Casualties: None.

Victories: None.

Corrections to Telephone Mission Report Included Above:

Flak at target changed to slight to moderate.

For the Commanding Officer:

ROBERT E. SCHOENBERG,
Captain, Air Corps,
Ass't Group S-2.

Abb. 194: Bericht der 376. BG über den Angriff am 5. Februar 1945, Seite 2.

Zwei Angriffe Ende Februar 1945

Seit dem 11. Angriff am 5. Februar heulten die Sirenen zwar fast täglich Vorwarnung und einige Male auch akuten Fliegeralarm, doch Bomben fielen fast drei Wochen lang keine auf Salzburg. Ein in den amerikanischen Quellen angegebenes Bombardement am 18. Februar durch 13 Flying Fortress dürfte im Westen, außerhalb des Stadtgebietes erfolgt sein.

Am 25. Februar greifen 26 Liberator der 460. Bomber-Gruppe an und laden 204 250-kg-Bomben ab. Dieser verhältnismäßig schwache Angriff richtet relativ großen Schaden in Gnigl, Schallmoos und der Neustadt an. Neun Menschen sterben. 16 Wohngebäude werden zerstört, 46 schwer, 27 mittel und 102 leicht beschädigt. Drei Treffer gehen in die Baracken des Wehrkreissanitätsparks XVIII in der Gabelsbergerstraße, einer in die Garage des Heimatkraftfahrparks in der Bayerhamerstraße (Nr. 12b). Schwer beschädigt werden das Schulhaus, in der Linzer Bundesstraße zahlreiche Gebäude, darunter die Apotheke (Nr. 29), das Lebensmittelgeschäft Heger (Nr. 38), der Uhrmacher Brodik (Nr. 40), der Fleischhauer Lettner (Nr. 43) und der Thurnerwirt (Nr. 54). Zerstört werden die Mineralöl-Firma Klein (Gabelsbergerstraße 32), die Glasschleiferei Kreidl & Co. (Lasserstraße 10), die Bausteinwarenerzeugung Motzko (Sterneckstraße 5) und das Lager des Installationsgeschäftes Otto Verworner (Sterneckstraße 5). Im Bereich Bayerhamerstraße/Rupertgasse müssen infolge der Schäden die Holzhandlung Warwitz, der Modesalon Grims, die Garage Autopalast und die Autoreparaturwerkstätte Hagenauer ihren Betrieb einstellen. Auch die Bahnanlagen in Gnigl erleiden schwere Schäden an den Gleisanlagen, die allerdings innerhalb 12 Stunden repariert werden können.

Erstmals 500-kg-Bomben

Bisher hatten die amerikanischen Bomber für ihre Angriffe auf Salzburg fast ausschließlich 250-kg-Bomben (zum Teil mit Zeitzündern ausgestattet) und nur in Einzelfällen Sprengbomben zu 50 bzw. 125 Kilogramm in ihre Bombenschächte geladen. Nun glaubte man im Hauptquartier der 15. US-Luftflotte in Süditalien aufgrund geheimdienstlicher Erkenntnisse aus dem Deutschen Reich an eine aktuelle Verlagerung deutscher Regierungsstellen von Berlin nach Salzburg:

> Recent reports from inside Germany indicate also that movement of various German governmental agencies to Salzburg already is underway.

Dies war Anlaß genug, um einen massiven Schlag gegen Salzburg zu planen. Das 47. Geschwader mit der 98., 376., 449. und 450. Bomber-Gruppe werden mit mehr als 100 B-24, alle voll beladen mit 1.000-Pfund-Bomben für einen massiven Angriff auf Salzburg eingeteilt. 36 Mustangs sollen die Bomber über dem Ziel vor deutschen Jägern schützen, obwohl ein derartiger Gegenangriff kaum erwartet wird. Der Anflug erfolgt planmäßig über Schliersee, Wasserburg und Tittmoning Richtung Salzburg. Hier herrscht sehr schlechtes Wetter. Die Sicht auf den Boden ist durch eine Wolkenbank völlig verdeckt. Von den 16 Staffeln können drei trotz der Radareinrichtung im Pfadfinder-Flugzeug das Ziel nicht anpeilen und bombardieren auf dem Rückflug Lienz. Die anderen 13 Staffeln schaffen es binnen neun Minuten, aus 85 Flugzeugen 201 Tonnen Sprengbomben auf Salzburg abzuladen. Die Amerikaner wissen bei ihrer Rückkehr nicht, was sie getroffen haben. Die Wolken haben jede Beobachtungsmöglichkeit zunichte gemacht.

Die Salzburger müssen sehr lange in den Stollen ausharren und spüren diesmal drinnen die Erschütterungen besonders stark, weil die schweren Bomben reihenweise die Stadtberge treffen. Die Stollenbeleuchtung fällt aus, Menschen werden aus Angst oder Luftmangel ohnmächtig. Vor allem an den Steilhängen des Kapuzinerberges Richtung Schallmoos zerpflügen die Bombendetonationen Fels und Wald.

Eine Bombe reißt im Hof des alten Borromäums einen riesigen Trichter auf. Makartplatz, Dreifaltigkeitsgasse und Mirabellplatz sind voll Dreck, zahlreiche Fenster und Auslagen geborsten. Bombentrichter mit einem Durchmesser von 15 Metern auf dem Mirabellplatz und im Kurgarten lassen erkennen, daß die Bomben diesmal von einem größeren Kaliber gewesen sind, als bei den früheren Angriffen. Die Andräkirche wird ein weiteres Mal getroffen. So bleiben nur mehr die Außenmauern an drei Seiten stehen. Die Eckfront des als Soldatenheim genutzten Café „Krimmel" (heute Creditanstalt) ist bis in die Obergeschoße aufgerissen, das gegenüberliegende Mirabell-Stöckl schwer beschädigt.

An der Franz-Josef-Straße zeigen sich die Häuser Nr. 14 und 16 nur mehr als Ruinen, ebenso an der Auerspergstraße die Häuser Nr. 8 und 10. In letzterem kommen drei Menschen ums Leben. Das Hotel „Pitter" wird schwer in Mitleidenschaft gezogen, in der Wolf-Dietrich-Straße das Hotel „Wolf-Dietrich" getroffen, Häuser in der Umgebung weisen schwere Schäden auf.

Von der Nonntaler Brücke über den Dr.-Franz-Rehrl-Platz (damals Karolinenplatz) bis zur Arenbergsiedlung zieht sich ein Streifen der Verwüstung. Zwischen Nonntaler Brücke und Staatsbrücke sind viele der Salzach zugewandten Hausfronten beschädigt, besonders schwer der Ostflügel der Staatsgewerbeschule (später Höhere technische Bundeslehranstalt, heute Institutsgebäude der Universität). Im Nonntal wird der Petersbrunnhof zu einem Renovierungsfall.

Erstmals fallen Bomben im Bereich des Leopoldskroner Weihers, zerstören die beliebte Badeanstalt, beschädigen das Schloß und viele Häuser entlang der Firmianstraße. Auch in Gneis-Moos und in der Morzger Straße gibt es Gebäudeschäden. In Parsch schlagen Bomben am Fuße des Gaisberges in der Gegend Kreuzbergpromenade und Reitgutweg ein. Viele Objekte in der Schallmooser Hauptstraße sind ramponiert. Auf dem Gelände des Hauptbahnhofs sind vier Bahnsteige und 26 Gleise schwer beschädigt, in Gnigl das Stellwerk I und einige Rangiergleise.

1. Pol. Rev.

Nur für den Dienstgebrauch!

Luftschutz-Schadensmeldung.

— Schlußmeldung —

über den in der Nacht vom .... — .... Uhr, zum .... — .... Uhr
am 27.Feber.1945 von 13.30 bis 13.44 Uhr

erfolgten Luftangriff auf den LS-Ort S a l z b u r g .

Abgeschlossen am 28.2.1945 um 8 Uhr.

I. Angriff.

1. **Aus welcher Richtung erfolgte der Anflug:** Nord West, Südwest und West

2. **Bei Stör- oder kleineren Angriffen:**
   geschätzte Anzahl der Flugzeuge: ./.

3. **Bei Großangriffen:**
   a) wieviel Wellen wurden beobachtet: 8 Wellen
   geschätzt zu je: nicht feststellbar Flugzeugen

   b) Zeitpunkte der einzelnen Angriffe:

1. Welle:	13.3o	5.Welle	13.41
2. Welle:	13.36	6.Welle	13.42
3. Welle:	13.38	7.Welle	13.43
4. Welle:	13.39	8.Welle	13.44

   c) geschätzte Gesamtstärke des Gegners:
   (in Hunderten ausgedrückt, z. B. etwa 2—300 Flugzeuge): ?

4. **Schwerpunkt:**
   a) wo lag der Schwerpunkt: Parsch und Nonntal
   b) geschätzte Zahl der Flugzeuge: nicht feststellbar

5. **Wurden Bordwaffenangriffe beobachtet:** Nein
   Ziele und Wirkung: ./.

II. Abwurfmittel.

1. **Minenbomben:** / groß, / mittel, / leicht
   Minenbomben: / 4 kg Gewicht, mit oder ohne LZZ.
2. **Sprengbomben:** 3 groß, 6o mittel, / leicht
   darunter: a) Langzeitzünder / groß, / mittel, / leicht
   b) Blindgänger / groß, 16 mittel, / leicht
3. **Stabbrandbomben:** /, darunter .... mit Zerleger- oder Sprengsatz
4. **Phosphorbrandbomben:** /
5. **Phosphorkanister:** /
6. **Flüssigkeitsbrandbomben:** /
7. **Brandsäcke:** /
8. **Brandflaschen:** /
9. **Neuartige Sprengbomben?** /
10. **Neuartige Brandabwurfmittel?** /.
11. **Getarnte Sprengkörper** (Füllfederhalter, Lippenstifte usw.) /
12. **Flugblätter:** /
13. **Sonstiges:** /

Abb. 195: Die erste Seite der Luftschutz-Schadensmeldung des 1. Polizeireviers über den Angriff am 27. Februar 1945.

Abb. 196: Das Fassadeneck des Café „Krimmel" (heute Creditanstalt) an der Ecke Rainerstraße/Hubert-Sattler-Gasse ist wegrasiert.

Abb. 197: Die Andräkirche wird am 27. Februar 1945 zum zweitenmal schwer getroffen und stürzt zum Teil ein.

Abb. 198: Ein Blick in das Innere der schwer beschädigten Andräkirche, nachdem der meiste Schutt schon weggeräumt ist.

Abb. 199: Die Schranne, zwischen Andräkirche und Schrannengasse, als Gebäudetorso nach drei Treffern (nach dem Krieg abgetragen).

Abb. 200: Die Gewerbeschule (heute Institutsgebäude der Universität) an der Ecke Rudolfskai/Landhausgasse nach dem Angriff am 27. Februar 1945.

Abb. 201 und 202: Die Reste des ehemaligen Kurhauses an der Rainerstraße (oben Blick Richtung Auerspergstraße, unten Richtung Rainerstraße).

Abb. 203: Knapp vor Kriegsende wird auch die Festung getroffen.

Abb. 204: Der Hof neben dem Festungsrestaurant ist mit Trümmern übersät.

Das Unternehmen „Doldrums“

Die bereits erwähnte Sorge der Amerikaner, die Spitzen der deutschen Reichsregierung könnten sich mit dem Näherrücken der Front Richtung Berlin nach Salzburg bzw. auf den Obersalzberg absetzen, führte Anfang März 1945 zur Planung des Unternehmens „Doldrums“. Manfried Rauchensteiner hat es in seinem Buch über den Krieg in Österreich im Jahr 1945 bereits ausführlich dargestellt[40].

Die Amerikaner gingen davon aus, daß die NS-Prominenz in den repräsentativen Burgen und Schlössern Salzburgs Quartier beziehen werde: die Festung Hohensalzburg als Führerhauptquartier, entweder das Schloß Leopoldskron oder Schloß Hellbrunn als Sitz des Reichsaußenministeriums, das Oberkommando der Wehrmacht in Schloß Kleßheim, Heinrich Himmler im Schloß Aigen. Vor allem um die dort vermuteten unterirdischen Bunkeranlagen zu zerstören, plante die 15. US-Luftflotte den Einsatz aller verfügbaren Jäger und Bomber, die zum Teil wieder mit 1.000-Pfund-Bomben bestückt werden sollten. Doch alles kam anders: Hitler konnte Berlin nicht mehr verlassen, der Plan „Doldrums“ blieb zum Glück für die Stadt Salzburg in der Schublade. Was die Umsetzung dieses geplanten Bombardements an zusätzlicher Zerstörung in der Stadt – vor allem an den wertvollen Kulturgütern – bedeutet hätte, wagt man sich nicht auszudenken.

Der einzige Angriff der 8. US-Luftflotte

Mit der Absage des Unternehmens „Doldrums“ sind die Leiden der Salzburger noch nicht zu Ende. Nach dem Angriff vom 27. Februar tritt nun die größte Pause in den Luftangriffen auf Salzburg ein, wiewohl die Bevölkerung fast täglich durch die aufheulenden Sirenen immer in berechtigte Angst versetzt wird. Am 8., 11. und 15. April greifen amerikanische Jäger im Raum Salzburg im Tiefflug Züge und auch sonst alles an, was sich bewegt. Längst suchen die Salzburger überwiegend schon bei Voralarm die Stollen auf, immer wieder auch während der Nachtstunden.

Auch am Mittwoch, dem 25. April ertönt der Voralarm knapp nach Mitternacht. Nach einer halben Stunde können die Menschen wieder nach Hause. Um 8.40 Uhr gibt es wieder kleinen Alarm und fünf Minuten später Fliegeralarm. Die Vorentwarnung um 10.30 Uhr hält nur eine Viertelstunde bis zum nächsten Vollalarm. Die endgültige Entwarnung kommt erst um 15.20 Uhr. Von 17.18 bis 19.08 Uhr, von 19.27 bis 19.50 Uhr und von 22.10 bis 23.57 Uhr gibt es am Abend weitere Alarme.

Die meisten Salzburger haben an diesem Tag mehr als dreizehn Stunden in den Stollen zugebracht. Nach der längeren Bombardierungspause wollen das offensichtlich nicht mehr alle. 69 werden diese Nachlässigkeit mit dem Leben bezahlen.

Zwischen 10.58 und 11.03 Uhr greifen nämlich 109 Liberators *with full fighter escort* aus dem Westen kommend Salzburg an und laden 159 Sprengbomben mit einem Einzelgewicht von 500 kg, 533 zu 250 kg und 305 mit 125 kg, in Summe 250 Tonnen todbringendes Eisen und Sprengpulver ab. Dieser 14. und vorletzte Bombenangriff auf Salzburg am 25. April 1945 ist der einzige, den die in Großbritannien stationierte 8. US-Luftflotte auf Salzburg durchführt und ihr letztes Kriegsunternehmen überhaupt. Zwar sind schon zuvor am 21. April 186 B-24 der *Mighty Eigth*, wie sie sich selbst genannt hat, Richtung Salzburg unterwegs gewesen, haben aber wegen des Schlechtwetters wieder umkehren müssen[41].

Am 25. April steht allerdings Salzburg – trotz der schweren Zerstörungen – nicht im Mittelpunkt des Interesses. An diesem Tag gilt der Hauptangriff der alliierten Bomber dem Refugium Adolf Hitlers auf dem Obersalzberg und tatsächlich bleibt dort fast kein Stein mehr auf dem anderen. Auch Traunstein, Bad Reichenhall und Hallein werden bombardiert. Die kleine Nachbarstadt Freilassing wird den 25. April 1945 nie mehr vergessen können. Zuerst greift die 8. US-Army Air Force an und dann am späten Abend – nach einem Bombardement durch die 9. Air Force[42] (die als „taktische" bezeichnet wird) und die 205. RAF brennen große Teile des Ortes nieder. Bis heute hält sich hartnäckig das Gerücht, dies sei die Vergeltung dafür, daß der Bürgermeister einen notgelandeten US-Flieger erschossen hat. Von Salzburg aus sieht man am Abend den durch das Feuer geröteten Himmel.

Eine militärische Notwendigkeit für den Angriff der 8. Luftflotte von Flugplätzen in England auf Ziele im weit entfernten Salzburg gab es sicherlich nicht. Hier sollte in erster Linie die totale Luftherrschaft bewiesen werden, so wie dies die 15. Luftflotte mit einem Angriff auf Berlin am 24. März 1945 bereits demonstriert hatte.

Die amerikanischen Aufklärer machen bereits wenige Stunden nach dem Angriff Luftaufnahmen, um die Wirkungen feststellen zu können. Ihr Hauptinteresse gilt wie immer den Bahnanlagen, doch diesmal auch dem Flughafen Maxglan:

> Zumindest vier Konzentrationen und zwei Gruppen, insgesamt wenigstens 325 Krater und eine lange Reihe von Bränden sind quer über die Gleisanlagen im Norden und Süden sowie über die Rangiergleise und die Bahnsteige zu sehen. Die Eisenbahnbrücke über den Fluß hat mindestens zwei Treffer. Zahlreiche Einschläge sind an den Gebäuden und dem rollenden Material zu erkennen, außerdem viele kleine Brände.
> Eine Gruppe von ungefähr 40 schweren Treffern ist im teilweise verbauten Gebiet 600 Yards östlich der Gleisanlagen zu sehen. Circa 40 Treffer sind im Wohngebiet westlich der Eisenbahnbrücke und 700 Yards südlich davon sichtbar. Zehn verstreute Treffer sind auf einigen kleineren Betriebsgebäuden östlich des Nordendes des Hauptbahnhofes zu erkennen.
> Das Flugfeld Maxglan ist bis auf das südliche Drittel durch Wolken bedeckt. Ein mittelgroßes Flugzeug ist am Südende der Landebahn sichtbar. Es gibt vier mittlere Hangars. Die Start- und Landebahn erscheint betriebsbereit zu sein.

Abb. 205: Beim vorletzten Angriff am 25. April 1945 werden die Häuser Getreidegasse 48 und 50 völlig zerstört.

Soweit der nüchterne amerikanische Aufklärungsbericht. Tatsächlich hatten die Bomben nicht nur am Bahnhof, sondern auch in Lehen, der Innenstadt, in der Nähe des Flughafens und vereinzelt auch in anderen Stadtteilen Schaden angerichtet.

Vom Müllner Steg liegt das östliche Joch zerstört in der Salzach. Zwei Tote und mehrere Verletzte werden dort gefunden. Die Eisenbahnbrücke ist beschädigt aber weiter benützbar, die Lehener Brücke wird vorübergehend gesperrt. Zwischen Salzach und Gaswerk (das selbst auch schwere Schäden erleidet) bzw. Strubergasse und Ignaz-Harrer-Straße bietet sich ein Bild der Verwüstung. Einige Tote können dort erst nach Kriegsende aus den Trümmern der Wohnhäuser geborgen werden.

In der Altstadt ist das Viertel zwischen Blasiuskirche und Sternbräu ein Schutt- und Trümmerfeld. Total zerstört sind die Häuser Getreidegasse 48 und 50, Griesgasse 25, Badergäßchen 1 und 3 sowie Sterngäßchen 6. Mehrere Menschen kommen dort um. Frau D. G. (Jg. 1930) wohnte damals im Haus Griesgasse 27 und befand sich während des Angriffs im Mönchsbergstollen, gemeinsam mit ihrer Mutter und Tante, die beide schwanger waren:

> Herausgegangen sind wir beim Bürgerspital, da war es aber auch schon kaputt. Aber da haben wir noch drüber können. Vis-à-vis von der Blasiuskirche war der Pfarrhof, und da war ein großes Gittertor, das war alles weg. Das war weg, kaputt. Und man hat fast nichts gesehen. Die Luft hat so geschnitten, ich werde das nie vergessen, der Staub, wie wenn die Luft voller Glassplitter ist. Komm zum Badergäßchen, ja da kann ich nicht durch, da ist alles kaputt und jetzt habe ich in der Getreidegasse hinunter rennen müssen und beim Sternbräu habe ich durch können. Vorne war das Sternbräu ganz normal, aber hinten hat das halbe Sternbräu gefehlt, da wo man jetzt in den Saal hinein geht, von da weg und bei uns [Griesgasse 27], da hat es die Hälfte weggerissen, da hat es uns so schräg getroffen. Also herunten in unserem Haus da war noch alles ganz, im ersten Stock auch, dann ist es schon angegangen, aber wir waren im vierten Stock. Unsere Wohnung war gar nicht mehr da. Und das ist alles da hinunter gerutscht, alles so hinuntergefallen, es ist dann alles da gelegen. Ja, und dann haben wir nicht gewußt, wo wir hin sollen. Dann war die Auffangstelle in der Griesgassen-Schule, zu diesem Zeitpunkt noch. Für uns war mit dem Tag die Schule aus. Wir haben gar nicht mehr hinein können, also nichts, weil in der Nacht haben Leute, die von dem Angriff betroffen waren, auf den Schulbänken drinnen geschlafen. Und dann haben wir natürlich gesagt, ja die zwei Frauen, meine Mama hat im Juni entbunden, und meine Tante im April, also das war ja nicht mehr recht möglich, daß die auf einer Schulbank schlafen. Und da hat dann meine Mama herunten in einem Kabinett, wo darüber eh schon alles kaputt war, bei einer Bekannten geschlafen und ich bin zu einer Freundin, die hat in der Hofstallgasse gewohnt, die haben mich mitgenommen, ich habe dann dort geschlafen. Meine Tante haben sie sofort nach Seekirchen gebracht, weil die Frauenklinik war in Seekirchen. Meine Mama hätte eigentlich erst im Juli entbinden sollen. Nur durch die Aufregung war es dann früher. Jetzt waren meine Mama und ich alleine. Wir haben uns bei der Auffangstelle gemeldet. Dort haben wir einen hölzernen Löffel bekommen und eine

> Holzgabel – nur die Gabel hat keine Zacken gehabt – und so ein Kärtchen. Mit dem haben wir Mittag in das Sternbräu essen gehen müssen. Und da haben wir eine Soße gekriegt und so rawuzelschwarze Knödel. Meine Mama hat immer geweint an diesem Tag. Es war ihr alles zu viel.

In der Neustadt zerstören Bomben das Haus Rainerstraße 12, mehrere Häuser in der Schwarzstraße, darunter das Schulgebäude der Vöcklabrucker Schulschwestern (damals war dort die Lehrerinnen-Bildungsanstalt untergebracht), am Elisabethkai das Eckgebäude zur Markus-Sittikus-Straße und im Elektrizitätswerk ein Hauptkabel. Eine Bombe trifft den Rosenhügel und beschädigt das schmiedeeiserne Tor zum Mirabellgarten sowie die beiden marmornen Einhörner. In Schallmoos-West gehen der Gasthof „Weiserhof", das Lagerhaus der Eisengroßhandlung Roittner und das Zezi-Werk in der Bayerhamerstraße nach Bombentreffern in Flammen auf. Fünf Soldaten, die sich im Bunker neben der Baron-Schwarz-Brücke sicher gefühlt haben, überleben den Volltreffer nicht. Einzelne Bomben schlagen in der Hofhaymer Allee, sowie nahe der Schloßstraße und der Kühbergstraße ein. Itzling erleidet nur wenige Treffer, doch allein im Haus Pflanzmannstraße 13 sterben sechs Menschen.

Wenn das offizielle Ziel auch diesmal der Bahnhof gewesen ist, so hat eine Staffel möglicherweise den Flughafen bombardieren wollen. Darauf weisen nicht nur die zahlreichen Treffer in dessen Nahbereich, sondern auch die besondere Beachtung des Flugfeldes im Aufklärungsbericht hin. Jedenfalls treffen Bomben das Luftwaffenlager zwischen Flughafen und Siezenheimer Straße und töten dort vier und in der Nachbarschaft zwei Menschen. Acht Personen gehen zugrunde, die in der Autobahnunterführung in der verlängerten Siezenheimer Straße Schutz gesucht haben. Vom Flugfeld selbst liegen keine Schadensmeldungen vor.

Der letzte Angriff am 1. Mai 1945

So wie für die 8. ist Salzburg auch für die 15. US-Luftflotte Ziel des letzten Angriffes überhaupt. Nach dem Unternehmen am 1. Mai 1945 stellen die in Italien stationierten Bomber-Gruppen ihre Angriffe gegen feindliche Ziele ein.

Beim Angriff auf Salzburg am 1. Mai probieren die Amerikaner erstmals eine technische Neuerung aus. Die 15. USAF hat schon seit sechs Monaten eine verbesserte Radar-Zieleinrichtung für ihre Bomber vorbereitet, weil sie offensichtlich mit den bisherigen Ergebnissen ihrer H2X-Geräte (von den Bomberbesatzungen *Mickey* genannt) nicht zufrieden gewesen ist. Ende April 1945 ist dieses verbesserte System, genannt *VISAR (Nosmo Mod. II)*, nun einsatzfähig und soll seine erste praktische Anwendung erfahren. Dazu bedarf es eines Zieles unter einer geschlossenen Wolkendecke, bei dem ein Sichtangriff völlig unmöglich ist. Auf dem Bildschirm des neuen Radargerätes sollen die Umrisse des Zielgebietes nun deutlicher erkennbar sein und dadurch Fehlwürfe vermieden werden.

Am 30. April studiert das Flottenkommando die Wettervorhersage für den folgenden Tag. Für Südösterreich ist eine Bewölkung von 4/10 zu erwarten, in der Region Salzburg–Rosenheim hingegen 8/10 bis 10/10. Letzteres bedeutet geschlossene Wolkendecke. Im nachher erstellten Sonderbericht *Battle Test of Visar*, zu dem sogar Generalmajor Nathan F. Twining, der Kommandant der 15. Luftflotte, ein Vorwort geschrieben hat, heißt es über den weiteren Verlauf:

> [...] Diese Vorhersage eröffnete eine Gelegenheit für einen Sichtangriff auf Eisenbahnbrücken in Südösterreich, welche lebenswichtig waren für die Verbindung zwischen der deutschen Heeresgruppe Südwest und der Alpenstadt Salzburg, die vom zerfallenden Nazi-Regime als letztes militärisches und politisches Hauptquartier ausgewählt worden war.
>
> Wegen des erwünschten Angriffes auf Salzburg, sowohl auf die Eisenbahnbrücke als auch auf die Bahnlinien südlich davon, und weil die Salzburger Bahnanlagen als zufriedenstellendes Radar-Ziel angesehen wurden, erfolgte die Entscheidung, die Visar-Ausrüstung der 15. USAF ihrem ersten Kampferprobung zu unterziehen. Deshalb wurde die 2. Bomber-Gruppe angewiesen, die Salzburger Bahnanlagen mittels Visar-Methode anzugreifen, während der Rest der Air-Force-Einheiten Sichtangriffe auf Eisenbahnbrücken in Südösterreich durchführen sollte [...].

Tatsächlich starten 28 B-17-Bomber am 1. Mai knapp nach acht Uhr früh vom Flugplatz in Termoli. Sie erhalten Begleitschutz durch Jäger der 14. Jagdstaffel, weil die Amerikaner einerseits glauben, daß im Umkreis von Salzburg 60 bis 80 deutsche Me-262 (mit Düsenantrieb) einsatzfähig wären, andererseits aber damit rechnen, daß diese Maschinen wegen des Zusammenbruchs jeglicher Organisation und anderer taktischer Aufgaben gar nicht angreifen könnten. Die 2. Bomber-Gruppe fliegt über Bologna zum Chiemsee, formiert sich dort in zwei Wellen. Die erste Welle greift an. Die Flughöhe ist wegen der dichten Wolkendecke etwas höher als geplant, nämlich 7.700 Meter. Aber auch in dieser Höhe kann das Führungsflugzeug wegen der Wolken keine Markierung setzen. Sie wenden und steigen auf 8.700 Meter und kommen jetzt zum geplanten Bombenabwurf. Auch die zweite Welle braucht aus denselben Gründen einen zweiten Anlauf, um ihre Bombenlast wie vorgesehen abladen zu können.

Beide Wellen finden das Radarbild von den Bahnanlagen in Gnigl besser und zielen deshalb dorthin. Fotos können sie wegen des Schlechtwetters keine machen. Erst am 4. Mai, dem letzten Kriegstag in Salzburg, sehen die Aufklärungsflieger das Ergebnis der 319 Sprengbomben mit rund 80 Tonnen Gesamtgewicht.

In Salzburg funktioniert am 1. Mai die Alarmierung nicht optimal. Ab 10.30 Uhr gibt es mehrfach „Kleinen Alarm", „Fliegeralarm" und „Entwarnung". Nach der „Vorentwarnung" um 12.10 Uhr verlassen viele Menschen die Stollen. Die letzte Angriffswelle um 12.26 Uhr trifft die Salzburger ohne Warnung. Es gibt 20 Tote und viele Verletzte.

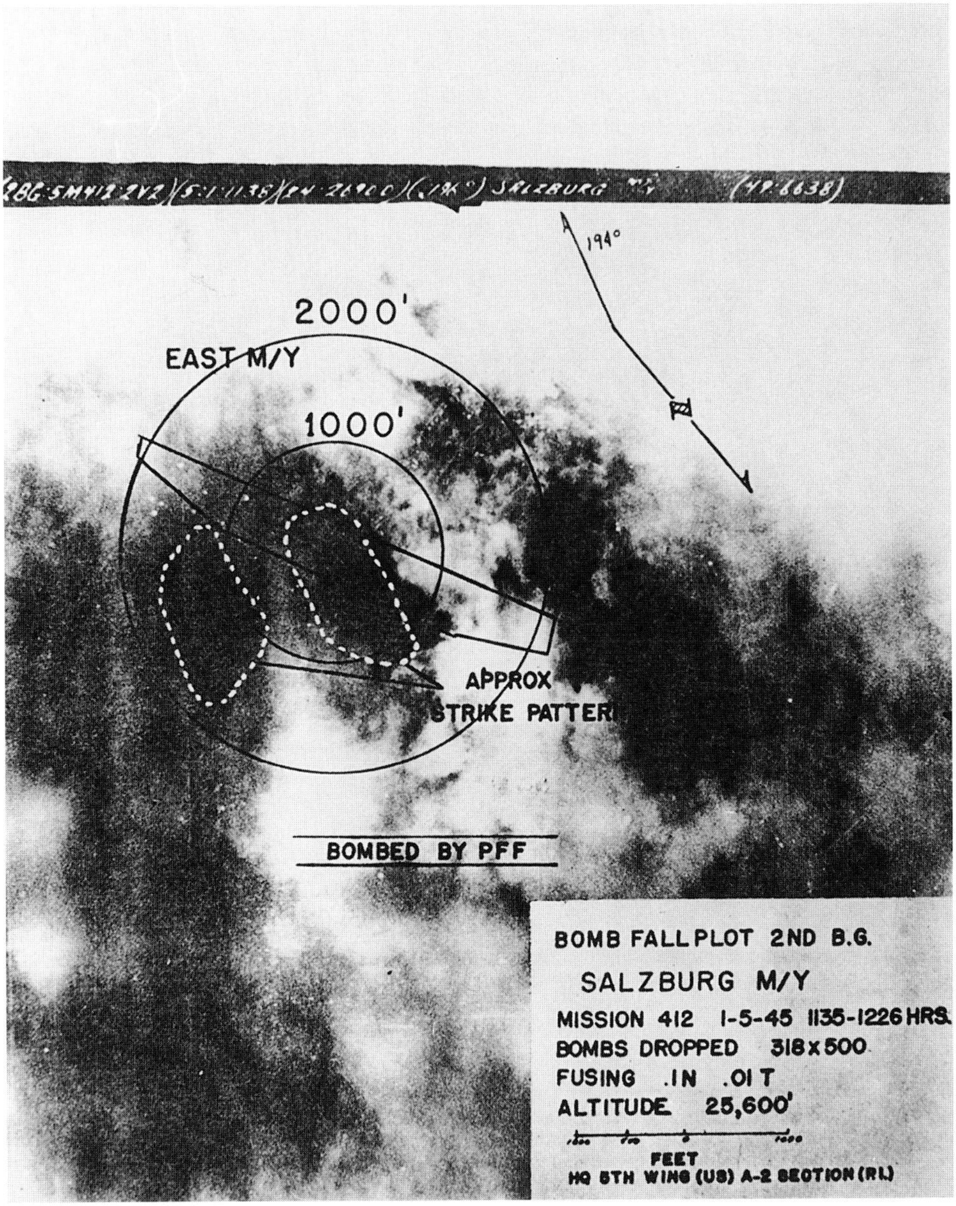

Abb. 206: Aufnahme aus rund 8.500 m Höhe auf das von Wolken bedeckte Salzburg. Die Trefferflächen sind punktiert umrandet. In der Mitte des inneren Kreises liegt der Gnigler Bahnhof. Der Gleiskörper ist der Länge nach eingezeichnet. Die punktiert umrandete Trefferfläche links ist das Wohnviertel zwischen Bahn und Linzer Bundesstraße.

Abb. 207: Deutlich erkennt man die neuen Bombenkrater nach dem letzten Angriff am 1. Mai 1945. Unterhalb der Datumseintragung „29 April“ sind die schwer beschädigte Schwarz-Villa und die alte Brücke über die Bahn zu erkennen. Rechts das Vergleichsfoto vom 4. Mai 1945, dem Tag des Kriegsendes in Salzburg.

Durch die neue Zieleinrichtung haben die amerikanischen Bomben tatsächlich den Gnigler Bahnhof getroffen und dort erhebliche Schäden an den Gleisen angerichtet. Darüber hinaus fallen die Bomben aber noch auf zahlreiche Wohnhäuser in der Schillinghofstraße, Bachstraße, Turnerstraße, Wüstenrotstraße, Albrecht-Dürer-Straße, Siedlerstraße und Linzer Bundesstraße.

Drei Tage nach diesem Angriff kapituliert Salzburg und übergibt den einrückenden amerikanischen Bodentruppen der 3. Infanterie-Division die Stadt kampflos. Reichsstatthalter Gustav A. Scheel und Kampfkommandant Oberst Hans Lepperdinger widersetzten sich sinnlosen Befehlen zur Verteidigung der Stadt. Die Zerstörungen nach 15 Bombenangriffen waren groß genug. In der Nacht vom 3. auf 4. Mai beschießen die Amerikaner von Freilassing aus die Stadt noch mit Granaten. Frau I. S. erinnert sich:

> In jener Nacht vom 3. auf 4. Mai war abends Alarm und es hieß, wir müßten in den Stollen gehen, beim Neutor. Wir gingen natürlich und kaum waren wir drinnen, kam die SS einmarschiert, mit aufgepflanztem Gewehr und sagte, wir müßten von dem Stollen heraus in die Wohnungen. Wir sind mit gemischten Gefühlen wieder heimgegangen [...] und haben da in der Wohnung, angezogen halt, die Nacht durchwacht. Uns wurde dauernd hereingeschossen. Über dem Mönchsberg hat man Artillerie gehört [...]. Endlich war der Morgen da und dann hat sich die Sache etwas beruhigt und wir haben gehört, daß Oberst Lepperdinger, dem wir sehr viel verdanken, den Amerikanern entgegengefahren ist und [...] dann konnte die Stadt übergeben werden. Das war eine lange Nacht, die allen alten Salzburgern noch gut in Erinnerung ist.

Durch den Artilleriebeschuß kommen in Maxglan eine Frau und ein Soldat ums Leben[43], viele Häuser in den westlichen Stadtteilen erleiden Schäden. Am Morgen des 4. Mai 1945 künden weiße Tücher und rot-weiß-rote Fahnen an den Häusern der Stadt den Willen der Bevölkerung zur Kapitulation. Die Stimmung unter den Menschen schwankt wohl zwischen Niederlage und Befreiung. Allgemein ist ohne Zweifel die Erleichterung über das Ende der Kriegshandlungen. Nicht nur Frau E. K. (Jg. 1919) freut sich,

> [...] daß endlich einmal eine Ruhe ist und daß man endlich einmal ruhig schlafen kann, denn man hat keine Nacht schlafen können und daß man endlich einmal nicht laufen muß und so. Irgendwo war man schon froh, daß das aus ist.

Versuch einer Bilanz

Die umfassenden Forschungen in der Vorbereitung dieses Buches sowohl anhand der in Salzburg noch verfügbaren Unterlagen als vor allem auch der für die Stadt Salzburg erstmals ausgewerteten Quellen in den amerikanischen Archiven erfordern eine gewisse Korrektur der bisher in verschiedenen Publikationen genannten Zahlen über die Bombenangriffe auf Salzburg.

Franz Martin hat erstmals im Jahr 1947 eine zusammenfassende Bilanz der Luftangriffe veröffentlicht[44] und dabei 16 Bombardements erwähnt. Der von ihm angeführte Angriff am 3. Dezember 1944 ist aber durch keine Quelle belegt und muß auf einem Irrtum beruhen.

Tabelle 13: Die Anzahl der Todesopfer der fünfzehn Bombenangriffe.

Angriff	Datum	Todesopfer
1	16. 10. 1944	245
2	11. 11. 1944	40
3	17. 11. 1944	118
4	22. 11. 1944	4
5	7. 12. 1944	3
6	17. 12. 1944	4
7	20. 12. 1944	21
8	28. 12. 1944	1
9	29. 12. 1944	4
10	20. 1. 1945	2
11	5. 2. 1945	3
12	25. 2. 1945	9
13	27. 2. 1945	4
14	25. 4. 1945	69
15	1. 5. 1945	20
Summe		547

Quellen: AStS, Opferlisten, Sterbebücher.

Bei den 15 Angriffen kamen nicht wie bisher angegeben 531, sondern 547 Menschen ums Leben. Die genaue Durchsicht der Sterbematriken hat gezeigt, daß insbesondere die Zahl der Toten bei den letzten Angriffen nicht exakt angegeben war. Dies mag wohl auf die chaotischen Verhältnisse zu dieser Zeit zurückzuführen sein. Von den 547 Opfern waren 282 (51,5 Prozent) weiblichen und 265 (48,5 Prozent) männlichen Geschlechts. Acht Prozent der Toten waren älter als 70 Jahre, neun Prozent Kinder. Unter den Opfern befanden sich sieben Kriegsgefangene, drei KZ-Häftlinge, 39 Eisenbahner und 65 Angehörige von Militär bzw. Exekutive.

Wenn man die nüchternen Zahlen der 15 Bombenangriffe auf die Stadt zwischen 16. Oktober 1944 und 1. Mai 1945 betrachtet, dann ergibt sich folgendes Ergebnis: 900 amerikanische Bomber haben 9.284 Sprengbomben mit Einzelgewichten zwischen 50 und 500 Kilogramm (in der überwiegenden Mehrzahl 250 kg) mit einem Gesamtgewicht von mehr als 2.067 Tonnen abgeworfen.

Tabelle 14: Anzahl der Bomber, der abgeworfenen Bomben und deren Gesamtgewicht bei den fünfzehn Angriffen auf die Stadt Salzburg

Angriff	Datum	Anzahl der Bomber	Anzahl der Bomben	Bombenlast in Tonnen
1	16. 10. 1944	50	534	133,50
2	11. 11. 1944	120	1.247	311,75
3	17. 11. 1944	117	1.216	303,50
4	22. 11. 1944	76	607	151,75
5	7. 12. 1944	8	72	18,00
6	17. 12. 1944	51	382	95,00
7	20. 12. 1944	56	509	127,25
8	28. 12. 1944	13	128	32,00
9	29. 12. 1944	24	392	49,00
10	20. 1. 1945	50	1.586	93,20
11	5. 2. 1945	88	689	170,05
12	25. 2. 1945	26	204	51,00
13	27. 2. 1945	85	402	201,00
14	25. 4. 1945	109	997	250,87
15	1. 5. 1945	27	319	79,75
Summe		900	9.284	2.067,62

Quellen: National Archives Washington, RG 18 und RG 243.

Die gravierendsten Folgen hatte wohl der erste Bombenangriff vom 16. Oktober 1944, weil an diesem Tag 244 Menschen zugrunde gingen. Keiner der nachfolgenden Angriffe forderte so viele Todesopfer, zumal die Menschen dann in Scharen in die Luftschutzstollen strömten. An zweiter Stelle muß der dritte Angriff am 17. November 1944 genannt werden, weil dabei die Opferbilanz mit 119 Personen am zweithöchsten war und überdies die zahlreichen Zeitzünder große Schäden angerichtet haben. Die höchste Anzahl an Bomben fiel beim 10. Angriff, doch hatten die meisten nur ein Gewicht von 50 Kilogramm. Die Schäden waren aber dennoch groß.

Abb. 208 und 209: Die Bahnanlagen sind das Hauptziel der amerikanischen Luftangriffe. An Gebäuden, Gleiskörpern, Lokomotiven und Waggons entstehen große Schäden. Die überwiegende Anzahl der Bomben hat allerdings Wohnhäuser und Betriebsgebäude außerhalb der Bahnanlagen getroffen.

Eine statistische Übersicht aus dem Jahr 1946 besagt, daß von den damals in der Stadt Salzburg bestehenden rund 7.000 Häusern 3.180 Gebäude mit 7.600 Wohn- und 153 Geschäftsräumen beschädigt worden sind und zwar:

423	Häuser total	=	807	Wohnungen
608	Häuser schwer	=	1.101	Wohnungen
2.149	Häuser leichter	=	5.692	Wohnungen.

Durch diese Gebäudeschäden sind in der Stadt Salzburg insgesamt 14.463 Personen obdachlos geworden[45].

Abb. 210: Auch die Bahnanlagen im benachbarten Freilassing wurden verwüstet.

ANMERKUNGEN

[1] SIEGFRIED BEER, STEFAN KARNER, Der Krieg aus der Luft. Kärnten und Steiermark 1941–1945, Graz 1992, S. 58 ff.

[2] Alle in diesem Beitrag verwendeten amerikanischen Quellen zu den Angriffen der 15. US Air Force befinden sich in: National Archives Washington (NA), Record Group (RG) 18 (Combat Mission Reports) und RG 243 (Strategic Bombing Survey). Weiters wurden Abzüge von Mikrofilmen aus dem Center for Air Force History at Bolling Air Force Base Washington benutzt, die die Berichte der einzelnen Bomber-Gruppen der 15. US Air Force enthalten. Aus Gründen der besseren Lesbarkeit wurde darauf verzichtet, diese Quellenangaben bei der Darstellung jedes einzelnen Angriffs auf Salzburg zu wiederholen.

[3] BEER/KARNER (wie Anm. 1), S. 75; THOMAS ALBRICH, ARNO GISINGER, Im Bombenkrieg. Tirol und Vorarlberg 1943–1945, Innsbruck 1992, S. 21 f.

[4] NA, RG 243, Target Information Sheet OP. No. GH 5530, vom 7. 5. 1944.

[5] NA, RG 243, Target Information Sheet OP. No. GH 5838, vom 8. 10. 1944.

[6] Die nachmaligen VÖEST-Werke.

[7] Das Salzburger Ziel wird im *Annex to operations order* (NA RG 18/7/514) mit *motor depot* auf 47°49' nördlicher Breite und 13°01' östlicher Länge angeführt. Diese Angabe ergibt allerdings wenig Sinn, denn in diesem Bereich in Liefering, an der Deutschen Bahn, westlich der heutigen Landesnervenklinik, befanden sich auch während der Kriegszeit nur Wohngebäude und keine Waffen- oder Maschinen-Depots. Die Zielinformation vom 8. Oktober 1944 gibt das Feldzeuglager (heute Struberkaserne) mit 47°48' nördlicher Breite und 13°01' östlicher Länge an. Hier liegt möglicherweise ein Schreibfehler vor. Die unmittelbar nach der Rückkehr der Bomber aufgenommenen ersten *Mission Reports* der 99. Bomber-Gruppe geben als Ziel in Salzburg völlig unterschiedlich einmal *Munitions Dump*, dann *Railroad bridge* an. Die am 10. November 1944 erstellte zusammenfassende Aufstellung der Oktober-Angriffe (NA RG 243/2m/13) weist für die 99. Bomber-Gruppe am 16. Oktober *Railroad bridges* aus. Als Ziel der 2. Bomber-Gruppe ist in den Berichten immer *West Marshalling Yard* ausgewiesen.

[8] Prälat Johannes Neuhardt in einer ORF-Sendung am 15. 10. 1994.

[9] Museum in Trümmern, Begleitheft zur 178. Sonderausstellung des Salzburger Museums C. A. anläßlich der 50. Wiederkehr der Zerstörung des Museumsgebäudes durch Fliegerbomben, Salzburg 1994.

[10] Bundespolizeidirektion Salzburg, Luftschutzakten, Luftschutz-Schadensmeldung des 3. Polizeireviers vom 17. 10. 1944. – Die Luftschutzakten in der Bundespolizeidirektion Salzburg enthalten zu jedem der 15 Luftangriffe ausführliche Schadensberichte und Pläne, in die die Bombentreffer eingetragen sind. Aus Gründen der besseren Lesbarkeit wurde darauf verzichtet, diese Quellenangaben bei der Darstellung jedes einzelnen Angriffs auf Salzburg zu wiederholen.

[11] INGRID BAUER, THOMAS WEIDENHOLZER, Baracken, Flüchtlinge und Wohnungsnot: Salzburger Nachkriegsalltag, in: Wohnen in Salzburg. Geschichte und Perspektiven, Schriftenreihe des Archivs der Stadt Salzburg Nr. 1, Salzburg 1989, S. 40.

[12] Noch am selben Tag sind nach Polizei-Angaben insgesamt 2.350 Mann im Einsatz, am 17. Oktober 1000 Mann, am 18. Oktober 917 Mann, am 19. Oktober 842 Mann, am 20. Oktober 668 Mann, am 21. Oktober 1.000 Mann und am 22. Oktober 939 Mann (Bundespolizeidirektion Salzburg, Luftschutzakten, Luftschutz-Schadensmeldung vom 24. 10. 1944).

[13] AStS, Aufzeichnungen des Statistischen Amtes.

[14] THOMAS MAYRHOFER, Fünfzehnmal Bomben auf Salzburg, (masch.) Manuskript, Salzburg [1947], S. 9. Diese Angaben bestätigten mehrere Zeitzeugen in den Interviews.

[15] Salzburger Zeitung 21. 10. 1944.

[16] Interview mit Herrn Johann Skall am 24. 10. 1994.

[17] Bezirksführung der HJ.

[18] Kopie des Briefes im AStS.

[19] Bundespolizeidirektion Salzburg, Luftschutzakten, Luftschutz-Schadensmeldung, Abschlußmeldung vom 23. 1. 1945. Spätere Statistiken weisen in diesem Punkt leicht differente Angaben auf. Dies liegt offensichtlich auch in den unterschiedlichen Angaben der Hausbesitzer auf der einen und der Polizei auf der anderen Seite begründet.

[20] Bundespolizeidirektion Salzburg, Luftschutzakten, Statistische Zusammenstellung der Angriffe.

[21] *1. Bombs concentrated in West-Central section of the Yards and in adjacent City area.*
2. Scattered hits on tracks and rolling stock severing a few lines and damaging small number of wagons.
3. Several probable direct hits on Locomotive Depot, Turntabel and rolling stock. Adjacent small buildings damaged by direct hits and near misses.
4. One explosion occured near Locomotive Depot either in small warehouse or among rolling stock.
5. Severe damage to residential an other buildings adjecent to Locomotive Depot on West.
(NA, RG 18/7/514).

[22] *All bombs visible fell on and among residential and other buildings on W side of the Salzach River approximately 3 miles S of the W M/Yd.* (NA, RG 18/7/514).

[23] Luftgaukommando XVII, Abendmeldung vom 11. 11. 1944 (BA/MA, RL 19/103). Für diese und andere Hinweise darf ich an dieser Stelle Herrn Vizeleutnant Renato Schirer, Zwölfaxing, sehr herzlich danken.

[24] Bundespolizeidirektion Salzburg, Luftschutzakten, Statistische Zusammenstellung der Angriffe.

[25] Luftgaukommando VII, Abendmeldung vom 11. 11. 1944 (BA/MA, RL 19/97).

[26] Für diese und andere Informationen darf ich Herrn Frederic Müller-Romminger, Bad Reichenhall, sehr herzlich danken.

[27] Lagebericht des örtlichen Eisenbahnluftschutzleiters Salzburg der Deutschen Reichsbahn vom 14. 11. 1944 (Bundespolizeidirektion Salzburg, Luftschutzakten). Die Anzahl der abbeförderten Reisenden pro Tag betrug Richtung Freilassing 4.600, Richtung Linz 2.800 und Richtung Bischofshofen 3.800 Personen.

[28] Bundespolizeidirektion Salzburg, Luftschutzakten, Luftschutz-Schadensmeldung, Schlußmeldung vom 15. 11. 1944.

[29] Bundespolizeidirektion Salzburg, Luftschutzakten, Luftschutz-Schadensmeldung, Begleitschreiben zur Schlußmeldung vom 15. 11. 1944.

[30] BA/MA, RL 19/97 und RL 19/103. Die erste Welle überfliegt genau zur Mittagsstunde die Stadt, wirft ihre Bomben aber erst über Grödig ab und richtet dort verheerenden Personen- und Sachschaden an (Bundespolizeidirektion Salzburg, Luftschutzakten, Schadensmeldung von Grödig).

[31] Damals zwischen Elisabethkai und dem heutigen Gebirgsjägerplatz.

[32] Bundespolizeidirektion Salzburg, Luftschutzakten, Luftschutz-Schadensmeldung, Schlußmeldung vom 21. 11. 1944.

[33] Kopie des Briefes im AStS.

[34] Zieländerung bei 48°17' nördlicher Breite und 12°39' östlicher Länge.

[35] BA/MA, RL 19/97.

[36] Bundespolizeidirektion Salzburg, Luftschutzakten, Vernehmungsprotokoll vom 7. 12. 1944.

[37] [...] *daß seine Einrichtung perfekt arbeitete und keine Schwierigkeit bei der Navigation festzustellen war.*

[38] Pfarrarchiv Itzling. Für diesen Hinweis danke ich Herrn Mesner Lugstein.

[39] MAYRHOFER (wie Anm. 14), S. 30 f.

[40] MANFRIED RAUCHENSTEINER, Der Krieg in Österreich 1945, Schriften des Heeresgeschichtlichen Museums, Bd. 3, Wien 1985, S. 76 f. – Herrn Doz. Rauchensteiner darf ich an dieser Stelle für einige wertvolle Hinweise herzlich danken.

[41] ROGER A. FREEMAN, The Mighty Eigth War Diary, London 1990, S. 495 f.

[42] KIT C. CARTER, ROBERT MUELLER, The Army Air Forces in World War II. Combat Chronology 1941–1945, Washington 1973, S. 638.

[43] AStS, Standesamt, Sterbebuch Nr. 902/45 und Nr. 1218/45.

[44] FRANZ MARTIN, Die Luftangriffe auf die Stadt Salzburg, in: MGSL 86/87 (1946/47), S. 118–121.

[45] AStS, Amt für Statistik, Bombenschäden, Aufstellung vom 18. Juli 1946.

„Kopf hoch, das Leben geht weiter!“

Erste Maßnahmen nach einem Luftangriff

von Harald Waitzbauer

Ein Bombenangriff war vorüber, nun sollte alles wie am Schnürchen gehen. Dem NS-Regime war bewußt, daß der Leidensfähigkeit der Bevölkerung Grenzen gesetzt waren. Und die Bombenangriffe hätten wahrscheinlich durchaus eine demoralisierende Wirkung auf die Menschen gehabt (wie dies u. a. von alliierter Seite gedacht war), wenn die allgemeinen Sofortmaßnahmen nicht auf der Stelle eingesetzt hätten. Doch die NS-Führung hat aus dem Ersten Weltkrieg die Lehren gezogen, als sich eine allgemeine Hungersnot und mangelnde Organisation in den letzten beiden Kriegsjahren auf den Durchhaltewillen der Bevölkerung verheerend ausgewirkt hatten. Es galt daher für die Nationalsozialisten als oberstes Gebot, die Versorgung der Zivilbevölkerung mit Gütern des täglichen Bedarfs unter allen Umständen zu sichern. Im Fall der alliierten Bombenangriffe waren Partei und Behörde besonders darauf bedacht, die Lebensumstände so schnell wie möglich zu normalisieren und den Bombengeschädigten moralisch und materiell entgegenzukommen. Die Menschen sollten das Gefühl erhalten, es werde für sie gesorgt, Partei und Führer lassen niemanden im Stich. Trotzdem konnte es die Propaganda nicht lassen, den Verlust eines Hauses oder einer Wohnung herunterzuspielen:

> Auch für uns gilt: ohne Haus können wir leben, ohne Vaterland nicht! Darum: Kopf hoch, das Leben geht weiter![1]

Salzburg hat für den Tag X tatsächlich zahlreiche Vorkehrungen getroffen, wie bereits früher dargestellt wurde. Die vielen Fliegeralarme bis zum Herbst 1944 boten auch reichlich Gelegenheit, den Ernstfall zu proben: Die Presse wies immer wieder darauf hin, wohin man sich als Bombengeschädigter zu wenden hätte. Die eingeteilten Aufräummannschaften standen bereit, und Feuerwehr und Rotes Kreuz warteten abfahrbereit im Neutor auf ihren Einsatz. Das Rote Kreuz war auch die erste Einheit, die im Ernstfall ausrückte, oft noch im Laufe des Bombardements zwischen zwei Angriffswellen. Während des ersten Angriffs am

16. Oktober standen 90 männliche und 124 weibliche Rotkreuzhelfer im Einsatz. Im allgemeinen Chaos nach dem Angriff wurden acht Verbandsplätze eingerichtet, und in der Stadt waren zwei Großeinsatzwagen, 15 Krankenwagen und ein Autobus mit 36 Sitzen unterwegs. Bergearbeit, Verarztung und Verletztentransport dauerten für das Rote Kreuz in der Regel fünf Stunden, durchschnittlich waren nach jedem Angriff 100 bis 200 Rotkreuzhelfer im Einsatz. Sämtliche Zivilärzte hatten sich nach jedem Luftangriff bei der Befehlsstelle der örtlichen Luftschutzleitung im Hof des Festspielhauses zu melden.

Jeder Angriff brachte je nach Heftigkeit und Treffergenauigkeit eine Vielzahl unterschiedlicher Schäden. Abgesehen von zerstörten oder beschädigten Wohn- und Betriebsgebäuden zeigte sich die ganze Empfindlichkeit der städtischen Komplexität bei den übrigen Schäden an den Gas- und Wasserleitungen, an Stromkabeln, bei den Gleis- und Oberleitungen der Eisenbahn, an den Straßenschäden etc. Zu diesen „Grundschäden" kamen bei fast jedem Angriff zahlreiche weitere öffentliche Einrichtungen zu Schaden, wie z. B. Zerstörung oder Beschädigung von Trafostationen, Gasometern und Hochwasserbehältern. Dazu die herumliegenden Gebäudetrümmer, Schutthaufen, Blindgänger, Bomben mit Langzeitzünder, Bombentrichter, Möbel, Hausrat – und die Toten, von denen etliche schrecklich zugerichtet auf den Straßen lagen. All diese Wundmale des Bombenkrieges waren nach dem Willen der Stadt- und Gauleitung aufs schnellste zu beheben.

Abb. 211: Das schwer beschädigte alte Museumsgebäude bereits mit einem provisorischen Dach. Die niedrigen Gebäude zwischen dem ehemaligen Ursulinenkloster (heute „Haus der Natur") und Museum wurden im Zuge des Museumsneubaus abgebrochen.

Der damalige Betriebsingenieur des Elektritzitätswerks H. L. (Jg. 1906) erinnert sich an die Vorsorgemaßnahmen und an die Schadensbeseitigung:

> Wir haben mit Materiallagerungen, zur Behebung der Schäden bei Freileitungen und bei Kabeln vorgesorgt. Das ist bewußt außerhalb der Stadt bei den Umspannwerken in Aigen, in Hallwang und in Maxglan gelagert gewesen. Wir hatten vielleicht das Glück, daß wir in den Kraftwerken selbst keinen Schaden hatten, auch nicht in den großen Umspannwerken. Also weder Maxglan, noch Hallwang, noch Aigen. Das war ein Glück. Die Schäden bezogen sich alle auf das Freileitungsnetz und auf das Kabelnetz. Die waren allerdings enorm. Es ist sehr schwer zu sagen, wieviele das waren. So approximativ haben wir, glaube ich, 2.700 Schäden gezählt insgesamt. Die Störungstrupps kamen nach den Angriffen herein, die warteten alle außerhalb der Stadt. Wenn es ging, wurden die sofort losgeschickt oder begannen ihre Arbeit, und wenn sie nicht fertig wurden, ist am nächsten Tag, weitergearbeitet worden. Denn in der Nacht konnte man nicht sehr viel arbeiten, wegen der Verdunkelung. Wir konnten also die Schäden, ich würde sagen, doch relativ schnell beheben.

Nach jedem Luftangriff standen meist zwischen 1.000 und 2.000 Arbeitskräfte für erste Aufräum- und Instandsetzungsarbeiten im Einsatz – nach dem dritten Angriff am 17. November waren es fast 2.800 –, die sich aus den unterschiedlichsten Gruppen zusammensetzten: Sie kamen aus den offiziellen Stellen wie Polizei, Wehrmacht, Rotes Kreuz, HJ und Reichsarbeitsdienst. Weiters eingesetzt waren der „Erg.-I-Dienst", der sich aus Betriebsangehörigen zusammensetzte, und die Technische Nothilfe (TN), und natürlich setzte man als Arbeitskräfte die in Salzburger Lagern untergebrachten Kriegsgefangenen und Ostarbeiter („fremdländische Hilfskräfte") ein. Zeitweilig wurden auch KZ-Häftlinge aus Ebensee und Dachau zu Aufräumarbeiten herangeschafft. Zum Ausgraben von Blindgängern wurden vorzugsweise Strafgefangene herangezogen. Ein Einsatzstab der Gauwirtschaftskammer koordinierte die Sofortmaßnahmen, die in die Bereiche Handwerk, Handel und Gewerbe fielen.

Ebenso wichtig wie Räumarbeit und Instandsetzung war die Versorgung von Bombengeschädigten. Eine zentrale Rolle nahm hierbei die „Nationalsozialistische Volkswohlfahrt" (NSV) ein. Die NSV organisierte die Ausspeisung und erste Einquartierung der Obdachlosen in behelfsmäßigen Notunterkünften. In der Stadt wurden insgesamt 18 Auffangstellen, in jeder Ortsgruppe der NSDAP, vorbereitet. Totalbombengeschädigte hatten sich bei der zuständigen Auffangstelle der NSV zu melden, und erhielten dort Verpflegungskarten und Umquartierungszuweisungen. Es wurden Hinweise veröffentlicht, an welches Amt man sich im Zusammenhang mit Bombenschäden wenden konnte. Dies ging vom *Ersatz für Raucher-, Kleider- und Seifenkarten* (Wirtschaftsamt im ehemaligen Ursulinenkloster, Franz-Josef-Kai 21) über die *Anmeldung behebbarer Schäden, Zuweisung von Material zur Selbsthilfe in größerem Ausmaße* (Stadtbauamt, Rathaus, 3. Stock, Zimmer 95) bis zur Anfrage nach den *Begräbniskosten* (Versorgungsamt, Bärengäßchen 10a). Insgesamt sollte der Eindruck vermittelt werden, daß Partei und Staat trotz der Angriffe durch „Terrorpiloten" und

„Luftbarbaren" alles unter Kontrolle hätten. In einem Zeitungsbeitrag wird die Tätigkeit in einer Auffangstelle wie das bunte Treiben in einem Pfadfinderlager dargestellt:

> In der Auffangstelle sind bereits viele fleißige Hände am Werk, die Probleme lösen, die als vordringliche Aufgabe gestellt sind. Alles vollzieht sich nach den vorbereiteten Plänen. Die städtischen Stellen arbeiten mit der NSV Hand in Hand, geben Bezugsscheine aus und verteilen Verpflegskarten. Warmes Essen wird herangebracht, es gibt Tee und Zigaretten. SA-Männer packen zu, Hitlerjungen und BDM-Mädel tun als Melder ihre Pflicht. Vieles ist zu tun und zu überlegen. [...] Die Bergung der Möbel und Einrichtungsgegenstände ist in vollem Gang. Die Fahrbereitschaft Salzburg stellte die notwendigen Fahrzeuge bereit. Alles muß rasch und unbürokratisch vor sich gehen[2].

Ein besonderes Problem bereitete die Wohnungszuweisung für Ausgebombte bei einer immer größer werdenden Verknappung an freien Wohnräumen. Die Behörde war froh, wenn Bombengeschädigte bei Verwandten oder Freunden unterkamen. Personen, die das zugewiesene Quartier nach Besichtigung zurückwiesen, verloren automatisch den Anspruch auf Unterbringung. Durch Umquartierung (etwa aufs Land) freigewordene Wohnungen konnten von der Behörde ohne weiteres beschlagnahmt und vergeben werden. Dieser sensible Bereich der eigenen vier Wände wurde oftmals durch mediale Beschwichtigungsversuche zu glätten versucht.

Abb. 212: Gebäude blieben oft länger nur provisorisch abgesichert, wie hier in Mülln der „Kirrlwirt".

Tabelle 15: Verzeichnis der Bombentrichter in Straßen nach Kriegsende.

Itzlinger Hauptstraße Nr. 1 bis Nr. 5 und weiter
Elisabethstraße Nr. 5 a bis 17, Nr. 53 bis 57
Bahnhofstraße, zerstörte Postgarage
Bahnhofstraße ab Erzherzog-Eugen-Straße nach Itzling
Karl-Wurmb-Straße weitere Abzweigung Elisabethstraße (vorerst Kanalschadenbehebung
Rainerstraße ab St.-Julien-Straße gegen Bahnhof (nachschottern)
Rainerstraße anfang Mirabellplatz (vorerst Kanalschadenbehebung)
Weiserstraße von Haydnstraße ab (Nr. 1a, 1, 2 und 4)
Haydnstraße, ab Weiserstraße gegen Straße der SA [= Auerspergstraße] zu
Lasserstraße Nr. 32 und weiter
Gabelsbergerstraße (vorerst Behebung Kanalschaden)
Lagerhausstraße Nr. 2, 10 und 15
Vogelweiderstraße, Rampe bei Baron-Schwarz-Brücke
Gnigler Straße Nr. 29
Gnigler Straße, Kreuzung Bergerbräuhofstraße
Bayerhamerstraße ungefähr Nr. 35
Röcklbrunnstraße, 3 Trichter
Linzer Reichsstraße [= Linzer Bundesstraße] vor Schwabenwirtsbrücke
Müllner Hauptstraße, 1 Trichter, vorerst Behebung Leitungsschaden
Franz-Josef-Kai
Markus-Sittikus-Straße
Straße der SA [= Auerspergstraße]
Faberstraße, Kreuzung Franz-Josef-Straße
Franz-Josef-Straße (mehrere Trichter nach Behebung der Kanalschäden)
Elisabeth-Kai zwischen Bahn und Kirche
Karolinenplatz [Dr.-Franz-Rehrl-Platz]
Gnigl, in Gegend Thurnerstraße
Schillerstraße

Quelle: AStS, Tiefbauamt, Schadensbehebungen (Liste vom 27. Mai 1945).

> Werden durch Umquartierung Wohnungen frei, so können sie jederzeit anderweitig belegt werden [...]. Diese Maßnahme mag ein wenig unpopulär sein. Aber wir müssen bedenken, daß wir jetzt auf jeden verfügbaren Wohnraum zurückgreifen müssen. Bei der Umquartierung [...] wird von zwei Seiten her Verständnis erwartet. Diejenigen, die umquartiert werden und die, welche die Umquartierten aufnehmen, sollen versuchen, durch Entgegenkommen und gegenseitige Mithilfe sich das Leben zu erleichtern, anstatt es sich zu erschweren[3].

Zur Hebung von Moral und Stimmung wurden zeitweise materielle Trostpflaster ausgeteilt. So erhielten alle Fliegergeschädigten Anfang November 1944 eine Flasche Eiercognac und zehn Dekagramm Bonbons ausgefolgt, einen Monat später konnten sich alle Bewohner der Stadt wegen der schweren Luftangriffe über eine Sonderzuteilung von 20 Dekagramm Fleisch oder Fleischwaren freuen. Auch der Staat ließ sich nicht lumpen: Für die ärztliche Versorgung und den Krankenhausaufenthalt von Personen, die durch einen Fliegerangriff verletzt wurden, kam das Reich auf. Außerdem stellte das Reichskriegsschädenamt bei Umquartierten die Rückerstattung von Reisekosten, von Fahrtkosten für Pendler, Verpflegungskosten bei getrennter Unterbringung der Familie und von „Trinkgeldern" bei der Bergung der Möbel in Aussicht.

Abb. 213: Noch Jahre nach dem Ende des Krieges prägten Bombenruinen das Stadtbild von Salzburg, so wie hier an der Ecke Bergstraße/Linzer Gasse. Heute steht an dieser Stelle das Centralkino.

Abb. 214: Die weitgehend geräumte Schadensstelle an der Ecke Franz-Josef-Straße/ Faberstraße. An diesem Platz wurde später das Hotel „Winkler“ errichtet. Heute entsteht dort wiederum ein Neubau.

Nach jedem Angriff trat die Preisüberwachung in Aktion. Die Preisbehörde stellte nach Bombenangriffen Preisverstöße vorzugsweise durch überhöhte Mieten bei möblierten Zimmern, leerstehenden Räumen oder Gebäuden für geschädigte Betriebe und bei überhöhten Rechnungen in der Gastronomie fest, Preiswucher gab es auch bei gebrauchten Einrichtungs- und Haushaltsgegenständen sowie bei Transportleistungen zum Wegschaffen geborgener Sachen. Aus Rücksicht auf die doch angespannte Stimmung durfte die Preisbehörde jedoch nur bei krasser Preisüberhöhung einschreiten.

Der Diebstahl von Gegenständen aus zerbombten Wohnungen, Hausrat, Wertsachen, Möbel, Wäsche usw. war an und für sich verpönt und kam äußerst selten vor. Trotzdem schlug hier das Regime mit seiner ganzen Gewalt zu. Mehrere Personen wurden in diesem Zusammenhang nach der sogenannten „Volksschädlings-Verordnung“ in Salzburg als Plünderer hingerichtet. Der erste „Plünderer“ wurde am 17. Oktober 1944, einen Tag nach dem ersten Bombenangriff, von der Gestapo kurzerhand aufgehängt. Es handelte sich dabei um den ukrainischen Ostarbeiter Alexander Selenko, der gemeinsam mit dem italienischen Arbeiter Arcangelo Pesenti in einem zerstörten Lagergebäude herumliegende Zigaretten aufgeklaubt hatte. Pesenti wurde am 20. Oktober von einem Sondergericht zum Tode verurteilt und am 31. Jänner 1945 hingerichtet. Am selben Tag wurde auch das Hausmädchen Hilde Schmiedberger hingerichtet, das beim ersten Angriff im Oktober aus dem Luftschutzbunker des Landeskrankenhauses ein Strickjäckchen und einen Hut entwendet hatte. Weitere Todesurteile ergingen im Jänner 1945 an die Ostarbeiterin Sonja Kiryluk aus der Ukraine sowie an Theodora Hüttermann aus Bottrop in Westfalen. Hüttermann, die selbst ausgebombt worden war, wurde für schuldig befunden, sich neben der Bergung ihrer eigenen Sachen einen Persianermantel angeeignet und weiterverkauft zu haben, Kiryluk hätte „verschiedene Sachen“ entwendet. Sonja Kiryluk kam mit dem Leben davon, da ein von ihr am 26. März 1945 eingereichtes Gnadengesuch an das Reichsjustizministerium in Berlin nicht mehr beantwortet wurde. Über das Schicksal von Theodora Hüttermann ist nichts bekannt.

Abb. 215: Die Ruine des Hauses Nonntaler Hauptstraße 13 in „aufgeräumtem“ Zustand. Hier wurde später ein Neubau errichtet.

ANMERKUNGEN

1 Salzburger Zeitung, 18. 10. 1944.

2 Salzburger Zeitung, 18. 10. 1944.

3 Salzburger Zeitung, 27. 11. 1944.

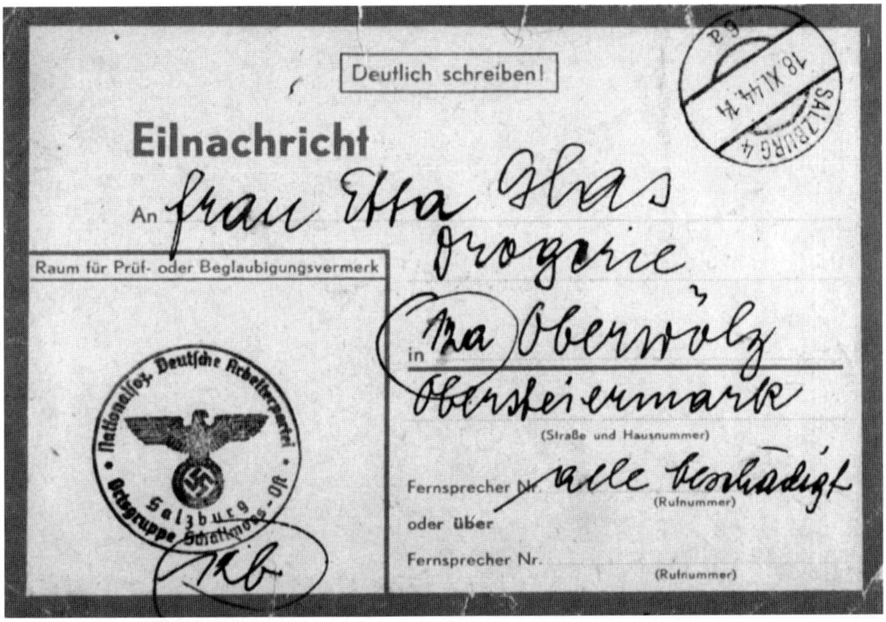

Deutlich schreiben!

Eilnachricht

An Frau Etta Glas
Drogerie
in Oberwölz
Obersteiermark
(Straße und Hausnummer)
Fernsprecher Nr. alle beschädigt (Rufnummer)
oder über
Fernsprecher Nr. (Rufnummer)

Raum für Prüf- oder Beglaubigungsvermerk

Nationalsoz. Deutsche Arbeiterpartei
Ortsgruppe
Salzburg

Salzburg 4
18.XI.44.

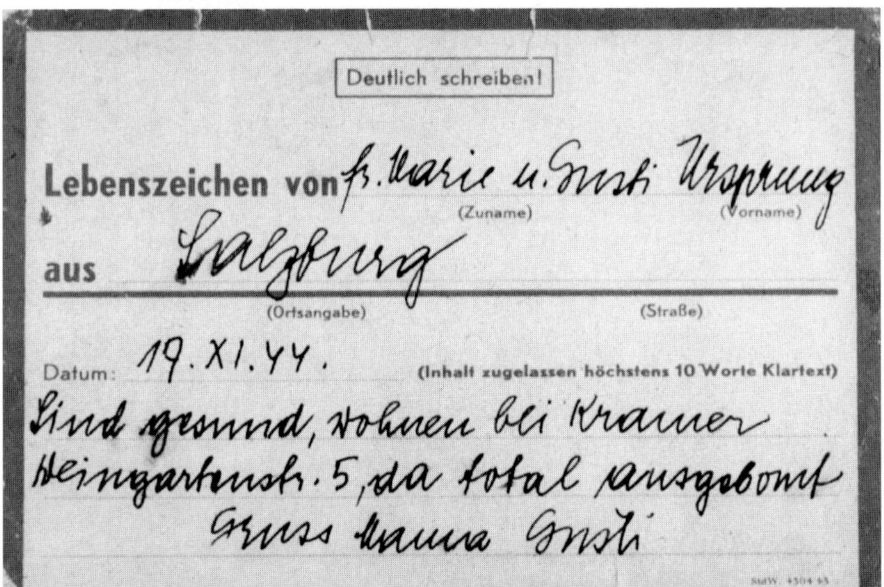

Deutlich schreiben!

Lebenszeichen von Fr. Marie u. Gusti Ursprung
(Zuname) (Vorname)
aus Salzburg
(Ortsangabe) (Straße)
Datum: 19.XI.44. (Inhalt zugelassen höchstens 10 Worte Klartext)
Sind gesund, wohnen bei Kramer
Weingartenstr. 5, da total ausgebombt
Gruss Mama Gusti

Abb. 216 und 217: Vorder- und Rückseite einer Eilnachricht an die nächsten Angehörigen nach der Zerstörung der Wohnung. Erlaubt war nur die Übermittlung von zehn Worten.

DEUTSCHES
WOHNUNGS-HILFSWERK

DWH

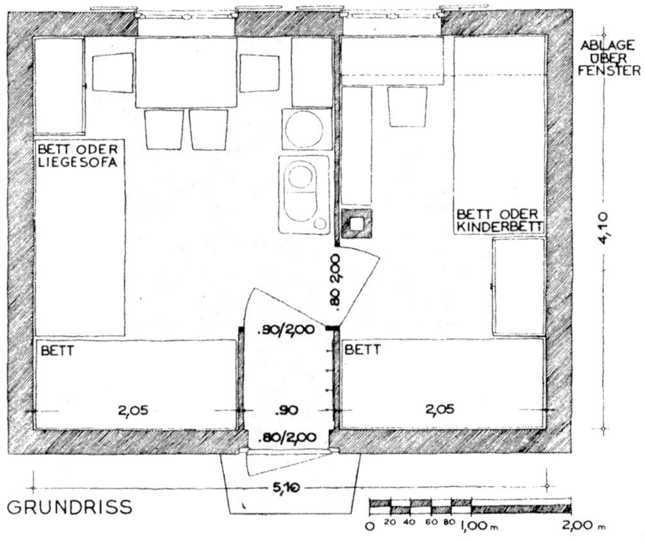

Abb. 218: Werbung des Deutschen Wohnungs-Hilfswerks für Behelfsheime.

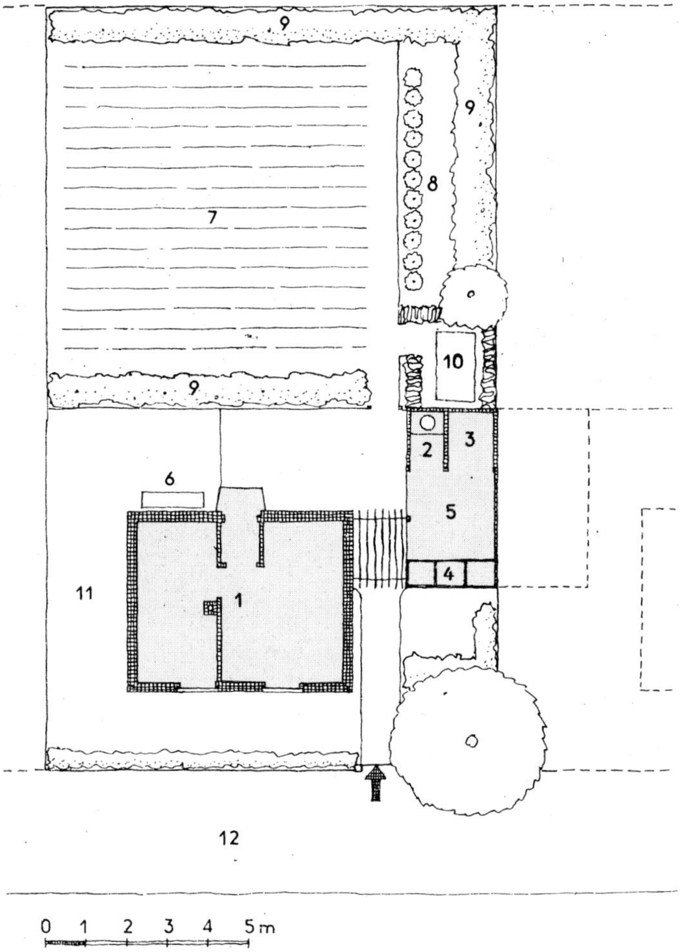

Lageplan. Maßstab 1 : 200. In der Zeichnung bedeuten

1. Behelfsheim	7. Gemüsegarten
2. Abort	8. Obstgarten
3. Geräte	9. Beerensträucher
4. Kleintierstall	10. Kompostplatz
5. Schuppen	11. Rasenfläche
6. Sitzplatz	12. Weg

Das Heim kann freistehend oder als Doppelhaus errichtet werden mit seitlichem oder rückwärtigem Eingang.

Abb. 219: Nur wenige dieser Behelfsheime konnten vor Kriegsende errichtet werden.

Berechtigt nicht zu bevorzugtem Einkauf

Ausweis für Fliegergeschädigte

Der Inhaber dieses Ausweises

Schmoller .... Matthias

Name .... Vorname

geb. 18.9.83

sowie Ehefrau .... Frieda .... geb. 16.4.93

Name

und 2 Kinder sowie — sonstige Angehörige,

bisherige Wohnung .... Vogelweiderstr. 116

sind fliegergeschädigt.

Alle Parteidienststellen und Behörden werden um weitgehende Unterstützung gebeten.

Salzburg, den 17. Dez. 44

Unterschrift des Ausstellers:

Der Leiter der Einsatzbefehlsstelle
Sondereinsatz der NSDAP. Salzburg:

5.2. 2 Kerzen Weber

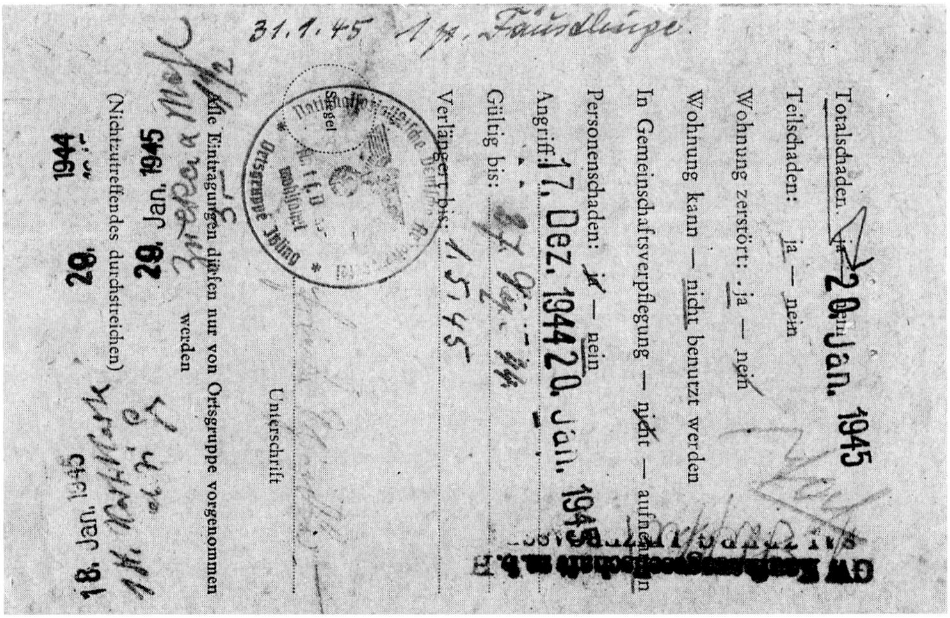
31.1.45

Totalschaden: ja — 20. Jan. 1945

Teilschaden: ja — nein

Wohnung zerstört: ja — nein

Wohnung kann — nicht benutzt werden

In Gemeinschaftsverpflegung — nicht — aufnehmen

Personenschaden: ja — nein

Angriff: 17. Dez. 1944 20. Jän. 1945

Gültig bis: 27. Dez. 44

Verlängert bis: 1.5.45

Unterschrift

Alle Eintragungen dürfen nur von Ortsgruppe vorgenommen werden

(Nichtzutreffendes durchstreichen)

29. Jan. 1945

18. Jan. 1945

Abb. 220 und 221: Ausweis für Fliegergeschädigte, der zum bevorzugten Einkauf der wichtigsten Güter des täglichen Bedarfs berechtigte (Vorder- und Rückseite).

Verzeichnis der Bombenopfer

Bei den fünfzehn Luftangriffen auf die Stadt Salzburg zwischen 16. Oktober 1944 und 1. Mai 1945 kamen mindestens 547 Menschen ums Leben. Die Namen und Daten der Opfer wurden aus den amtlichen Listen der Stadtverwaltung, den Aufzeichnungen der Polizei und den Sterbebüchern des Standesamtes zusammengestellt. In der nachfolgenden Auflistung ist bei den in der Stadt Salzburg wohnhaft gewesenen Personen nur die Straßenanschrift, bei Auswärtigen nur der ehemalige Wohnort angegeben.

Name	Geb. Jahr	Beruf	Letzte Wohnung	Auffindungsort	Angr. Nr.
Adamsky Stefan	1916	Schmiedegehilfe	Peilsteinerstraße	Schallmooser Hauptstraße 24	3
Aichinger Hilde	1913	Handels-angestellte	Höfelgasse 6	Kaigasse 32	1
Aigner Anna	1905	Ehefrau	Kreuzstraße 2a	Kreuzstraße 2a	1
Aigner Josef	1897	Altwarenhändler	Kreuzstraße 2a	Kreuzstraße 2a	1
Angerer Maria	1860	Ehefrau	Linzer Bundesstraße 54	Linzer Bundesstraße 54	12
Angleitner Katharina	1911	Ehefrau	Firmianstraße 13	Firmianstraße 13	12
Angleitner Roland	1939	Kind	Firmianstraße 13	Firmianstraße 13	12
Angulanza Marianne	1903	Ehefrau	Pfeifergasse 14	Pfeifergasse 14	1
Arhar Anton	1899	R. B.-Lokführer	Itzlinger Hauptstraße 54	Bahnhof Heizhaus	1
Auer Christian	1878	Hilfsarbeiter	Pfeifergasse 11	unbekannt	14
Babic Matthias	1905	Hilfsarbeiter	Vogelweiderstraße Lager	Vogelweiderstraße	1
Bacher Franz	1887	R. B.-Obersekretär	Turnerstraße 14	Turnerstraße 14	15
Bacher Karolina	1887	Hausfrau	Turnerstraße 14	Turnerstraße 14	15

Name	Geb. Jahr	Beruf	Letzte Wohnung	Auffindungsort	Angr. Nr.
Bahngruber Michael	1898	R. B.-Angestellter	Linzer Bundesstraße	Bahnhof Remise I	1
Balazs Fanny	1873	Trafikantin	Jodok-Fink-Straße 6	Moserstraße 17	7
Baloh Franziska	1881	Ehefrau	Virgilgasse 9	Virgilgasse 9	3
Baloh Josef	1878	Pensionist	Virgilgasse 9	Virgilgasse 9	3
Baltz v. Baltzberg Ilona	1891	Musikdirektorsgattin	Plainbergweg	Austraße 17	10
Bargehr Gustav	1895	Hauptmann	Maxglaner Hauptstraße 29	Generalkommando Hotel Europe	3
Bartok Gyula	1927	unbekannt	Balatonfüred	Bunker bei Baron-Schwarz-Brücke	14
Bauer Anna	1919	R. B.-Schaffnerin	Niedererlbach b. Moosburg	Bahnhof Linzerkaserne	3
Bauer Magdalena	1887	Ehefrau	Kreuzstraße 2a	Kreuzstraße 2a	1
Bauer Marie	1901	R. B.-Angestellte	Kühbergstraße 8	Kühbergstraße 8	2
Baumert Eugenie	1891	Pensionistin	Wien	Badergasse 3	14
Baumert Gertrude	1924	Studentin	Wien	Badergasse 3	14
Baumgartner Therese	1898	Krankenschwester	Petersbrunnstraße 3	Kaigasse 10	1
Baumgartner Eva	1863	Pensionistin	Faberstraße 9	Faberstraße 9	3
Bäuml Wilhelm	1886	Oberlokführer	Mühldorf	Bahnhof Remise I	1
Bayer Ferdinand	1889	Hauptmann	Schwarzach	im Krankenhaus verstorben	3
Bayer Franz	1891	R. B.-Wagenmeister	Teisenbergerstraße 8	Teisenbergerstraße 8	7

Name	Geb. Jahr	Beruf	Letzte Wohnung	Auffindungsort	Angr. Nr.
Bayer Paula	1890	Ehefrau	Teisenbergerstraße 8	Teisenbergerstraße 8	7
Berger Luise	1906	Köchin	Ernest-Thun-Straße 8	Ernest-Thun-Straße 8	3
Berger Susanne	1915	Telefonistin	Kirchanschöring b. Laufen	LS-Raum Gen. Kdo Hotel Europe	3
Bermadinger Maria	1920	Küchengehilfin	Luftwaffenlager Maxglan	Luftwaffenlager Maxglan	14
Biegala Antonie	1897	Hausangestellte	Kreuzbergpromenade 39	Kreuzbergpromenade 39	12
Biererfellner Alois	1875	Hilfsarbeiter	Kreuzstraße 2a	Kreuzstraße 2a	1
Bieronsky Josef	1924	KZ-Häftling	Dachau	Dreifaltigkeitsgasse Münchnerhof	3
Blesius Josef	1926	Mechaniker-gehilfe	Glockengasse 10	Schallmooser Hauptstraße 24	3
Bock Ilse	1941	Kind	Kuenburgstraße 5	Kuenburgstraße 5	3
Bock Marie	1923	Friseurin	Kuenburgstraße 5	Kuenburgstraße 5	3
Bodo Karoly	17 Jahre	Schüler	Stuhlweißenburg	beim Müllnersteg	14
Böhm Josef	1890	Maurer	Bayerhamerstraße 12	Pfeifergasse 9	1
Bondar Iwan	1913	Kriegsgefangener	Vogelweiderstraße Lager	Vogelweiderstraße 92	1
Bonolo Fioravante	1909	Zimmermann	Siezenheimer Straße 20	Autobahnunterführung Siezenheim	14
Böttinger Karl	1891	R. B.-Werkmann (Sch. H.)	Mönchsberg 3	Rainerstraße/Max-Ott-Platz	3
Bramböck Marie	1888	Küchengehilfin	Plainbergstraße 2	Schwarzstraße 45	3
Brandauer Helga	1939	Kind	Weiserstraße 3b	Weiserstraße 3b	2

Name	Geb. Jahr	Beruf	Letzte Wohnung	Auffindungsort	Angr. Nr.
Brandauer Herbert	1937	Kind	Weiserstraße 3b	Weiserstraße 3b	2
Brandauer Inge	1930	Kind	Weiserstraße 3b	Weiserstraße 3b	2
Brandauer Kurt	1929	Lokjunghelfer der R. B.	Weiserstraße 3b	Weiserstraße 3b	2
Brandauer Marie	1905	Ehefrau	Weiserstraße 3b	Weiserstraße 3b	2
Brandauer Monika	1941	Kind	Weiserstraße 3b	Weiserstraße 3b	2
Brandl Franz	1896	Gefreiter	Henndorf 69	Bahnhof Luftschutzraum	3
Breitenfelder Brigitte	1940	Kind	Paumannplatz 1	Schwarzstraße 45	3
Bretterklieber Ernst	1902	Oberwacht-meister	Schwarzstraße 45	Schwarzstraße 45	3
Burghart Erich	1898	Obergefreiter	Chemnitz	Luftwaffenlager Maxglan	14
Burgstaller Therese	1885	Ehefrau	Feldstraße 18	Feldstraße 18	1
Cabello Giovanni	1907	Hilfsarbeiter	Siezenheimer Straße 20	Autobahnunterführung Siezenheim	14
Cernitz Amalie	1892	Schauspielers-gattin	Christian-Doppler-Straße 10	Christian-Doppler-Straße 10	14
Cernitz Ignatz	1874	Schauspieler	Christian-Doppler-Straße 10	Christian-Doppler-Straße 10	14
Chadebaud Jean B.	1905	Arbeiter	Lager Südtirolerplatz 5	Südtirolerplatz 5	1
Chyran Hedwig	1882	Dominikanerin	Wolf-Dietrich-Straße 37	Wolf-Dietrich-Straße 37	3
Combaneyre Antonino	1910	Franz. Zivil-arbeiter	Lager Paumannplatz	Alterbach-Brücke	2
Dautzenberg Karl	1903	Leutnant	Paderborn	Linzerbrücke	14

Name	Geb. Jahr	Beruf	Letzte Wohnung	Auffindungsort	Angr. Nr.
Delhaes Gisela	1892	Angestellte	Kaigasse 34	Nonnbergstiege 8	1
Dengg Albert	1897	Heizer	Mühldorf	Bahnhof Remise I	1
Desemaier Franz	1909	Hauptwacht-meister	Schwarzstraße 45	Schwarzstraße 45	3
Deslak Katharina	1913	Landarbeiterin	Morzger Straße 69	Morzg	1
Diethör Anna	1905	Ehefrau	Fanny-von-Lehnert-Straße 6	Fanny-von-Lehnert-Straße 6	1
Dolejschy Anna	1895	Ehefrau	Feldstraße 18a	Feldstraße 18a	1
Dolejschy Anna	1924	Lehrmädchen	Feldstraße 18a	Feldstraße 18a	1
Dollmann Hedwig	1917	Plättmeisterin	Gaswerkgasse 13	Schwarzstraße 45	3
Dollmann Therese	1881	Pensionistin	Gaswerkgasse 13	Schwarzstraße 45	3
Donabauer Anna	1904	Köchin	Itzlinger Hauptstraße 81	Schrannengasse 10	2
Duffek Dr. Otto	1878	Hofrat a. D.	Kreuzberg-promenade 23	Generalkommando Hotel Europe	3
Duschl Elise	1876	Ehefrau	Itzlinger Hauptstraße 23	Itzlinger Hauptstraße 23	1
Ebermann Johann	1923	Obergefreiter	Ostrits	Bunker bei Baron-Schwarz-Brücke	14
Ebner Marie	1895	Landwirtsgattin	Eichet 14	Eichet 14	9
Ebner Zäzilia	1869	Rentnerin	Siezenheim 33	Siezenheim 33	14
Ecker Christine	1904	Kellnerin	Hellbrunner Straße 27	Kaigasse 34	1
Edmeier Magdalena	1921	R. B.-Schaffnerin	Landshut	Bahnhof Linzerkaserne	3

Name	Geb. Jahr	Beruf	Letzte Wohnung	Auffindungsort	Angr. Nr.
Egg Hans	1893	Hauptmann	Lindau	Generalkommando Hotel Europe	3
Egger Antonia	1895	Ehefrau	Kaigasse 21	Kaigasse 21	1
Egger Josef	1880	Friseurmeister	Kaigasse 21	Kaigasse 23	1
Ehrenreich Andreas	1864	Rentner	Keilgasse 5	Brunnengasse 4	1
Emich Hermine	1889	Pensionistin	Brunnengasse 4	Brunnengasse 4	1
Engetsberger Maria	1924	Serviererin	Lasserstraße 23	Schrannengasse 10	2
Enzinger Elise	1868	Ehefrau	Kaigasse 32	Kaigasse 32	1
Enzinger Johann	1877	Wächter	Kaigasse 32	Kaigasse 32	1
Eppenschwendtner Elise	1890	Ehefrau	Moosstraße 145	im Krankenhaus verstorben	9
Esterer Helga	1913	Ehefrau	Lengfelden	im Krankenhaus verstorben	8
Fagerer Heinrich	1910	Wehrmachts-angestellter	Winkelgasse 7	Kreuzstraße 19	1
Fagerer Hilde	1944	Kind	Winkelgasse 7	Kreuzstraße 19	1
Fagerer Maria	1915	Post-Facharbeiterin	Winkelgasse 7	Kreuzstraße 19	1
Fageth Aloisia	1905	Gastwirtin	Pflanzmannstraße 13	Pflanzmannstraße 13	14
Falkensteiner Maria	1884	Private	Elisabethstraße 53	Elisabethstraße 53	1
Falkensteiner Maria	1892	Ehefrau	Feldstraße 18a	Splittergraben Itzling	1
Fallenegger Gertraud	1873	Hausfrau	Pflanzmannstraße 13	Pflanzmannstraße 13	14

Name	Geb. Jahr	Beruf	Letzte Wohnung	Auffindungsort	Angr. Nr.
Falli Josef	1888	Kaufmann	Nonnbergstiege 2	Nonnbergstiege 2	1
Feichtinger Hannelore	1941	Kind	Werkstättenstraße 18	Werkstättenstraße 18	1
Feik Maria	1902	Ehefrau	Wien	Kaigasse 3	1
Feldmann Josef	1872	Kaufmann	Ernest-Thun-Straße 3	Schwarzstraße 45	3
Feldmann Stefanie	1883	Ehefrau	Ernest-Thun-Straße 3	Schwarzstraße 45	3
Fierlinger Elise	1886	Pensionistin	Elisabethstraße 47	Elisabethstraße 47	1
Fierlinger Rudolf	1905	Schaffner	Ansfelden	Bahnhof Linzerkaserne	3
Fimberger Josef	1890	Hilfsarbeiter	Elisabethstraße 39	Elisabethstraße 39	7
Finger Hans-Peter	1941	Kind	Ischlerbahnstraße 7	Kreuzstraße 15	1
Finger Josefine	1882	Ehefrau	Ischlerbahnstraße 7	Kreuzstraße 15	1
Finger Karl	1883	R. B.-Angestell-ter	Ischlerbahnstraße 7	Kreuzstraße 25	1
Fischer Maria	1863	Hebamme	Kaigasse 10	Kaigasse	1
Fischinger Anna	1911	Ehefrau	Weiserstraße 3b	Weiserstraße 3b	2
Fischinger Franz	1897	R. B.-Zugführer	Weiserstraße 3b	Weiserstraße 3b	2
Fleischhacker Frieda	1920	Ehefrau	Itzlinger Hauptstraße 4a	Itzlinger Hauptstraße 4a	1
Fleischhacker Ulla	1944	Kind	Itzlinger Hauptstraße 4a	Itzlinger Hauptstraße 4a	1
Fleischhacker Wilhelm	1943	Kind	Itzlinger Hauptstraße 4a	Itzlinger Hauptstraße 4a	1

Name	Geb. Jahr	Beruf	Letzte Wohnung	Auffindungsort	Angr. Nr.
Foullon Helmuth v.	1898	Leutnant d. Schutzpolizei	Schwarzstraße 45	Schwarzstraße 45	3
Fraunhuber Erika	1940	Kind	Feldstraße 9	Feldstraße 9	1
Fraunhuber Josef	1908	Maschinen-schlosser	Fanny-von-Lehnert-Straße 6	Kreuzstraße 19	1
Fraunhuber Maria	1907	Ehefrau	Feldstraße 9	Feldstraße 9	1
Freinecker Theodor	1927	Landarbeiter	Eggenfelden	Schlachthof Splittergraben	3
Fritz Franziska	1882	Strickerin	Bürgerspitalgasse 2	Bürgerspitalgasse 2	1
Fuchs Maria	1882	Private	Schmiedingerstraße 15	Elisabethstraße 23	1
Gaber Karoline	1944	Kind	Fanny-von-Lehnert-Straße 3	Fanny-von-Lehnert-Straße 6	1
Gamper Josef	1881	R. B.-Schaffner	Innsbruck	Bahnhof Linzerkaserne	3
Gangl Anna	1883	Gastwirtin	Itzlinger Haupstraße 3	Itzlinger Hauptstraße 3	1
Gangl Annemarie	1920	Lehrerin	Itzlinger Hauptstraße 3	Itzlinger Hauptstraße 2	1
Gangl Gisela	1943	Kind	Itzlinger Hauptstraße 3	Itzlinger Hauptstraße 2	1
Gangl Herbert	1944	Kind	Itzlinger Hauptstraße 3	Itzlinger Hauptstraße 2	1
Ganzenhuber Philipp	1869	Pensionist	Werkstättenstraße 5	Werkstättenstraße 7	1
Garnier Dietrich v	1912	Ober-Veterinär	unbekannt	Schwarzstraße 45	3
Gärtner Hans Erwin	1909	Leutnant	Berlin-Zehlendorf	Bahnhofsbereich	14
Gaugusch Else	1896	Ehefrau	Rainerstraße 4	im Krankenhaus verstorben	3

Name	Geb. Jahr	Beruf	Letzte Wohnung	Auffindungsort	Angr. Nr.
Gay Martin	1912	KZ-Häftling	Dachau	Dreifaltigkeitskasse Münchner Hof	3
Gerhart Albin	1894	E-Werk-Angest.	Moserstraße 20	Moserstraße 20	14
Giba Anton	1889	Hilfsarbeiter	Josef-Waach-Straße, Bk. 5	Elisabethstraße 44	1
Gindorf Werner	1939	Kind	Faberstraße 17	Schwarzstraße 45	3
Gisshammer Anna	1893	Kassierin	Pfeifergasse 18	Pfeifergasse 18	1
Glaser Berta	1892	Ehefrau	Elisabethstraße 45	Elisabethstraße 45	1
Glaser Eduard	1891	Beamter	Elisabethstraße 45	Elisabethstraße 45	1
Glaser Karl	1891	Postinspektor	Elisabethstraße 45	Elisabethstraße 45	1
Glaser Karoline	1888	Hausbesitzerin	Elisabethstraße 45	Elisabethstraße 43	1
Gogg Elisabeth	1875	Hausfrau	Christian-Doppler-Straße 10	Christian-Doppler-Straße 10	14
Gorschek Maria	1880	Private	Kaigasse 36	Kaigasse 36	1
Graf Katharina	1884	Ehefrau	Haydnstraße 13	Hadynstraße 13	2
Grillnberger Josef	1892	Obusschaffner	Kaigasse 40	Kaigasse 38	1
Grillnberger Kreszenzia	1903	Ehefrau	Kaigasse 40	Kaigasse 38	1
Groissböck Barbara	1885	Ehefrau	Ernest-Thun-Straße 7	Schwarzstraße 45	3
Groissböck Johann	1869	Bürstenerzeuger	Ernest-Thun-Straße 7	Schwarzstraße 45	3
Gruber Heinrich	1920	Handels-angestellter	Linzer Gasse 5	in Rettungsstelle I verstorben	14

Name	Geb. Jahr	Beruf	Letzte Wohnung	Auffindungsort	Angr. Nr.
Gründler Herbert	1941	Kind	Schillinghofstraße 5	unbekannt	15
Gugg Emma	1897	Arbeiterin	Linzer Bundesstraße 46	Linzer Bundesstraße 50	12
Guillet Karl	1884	Obersekretär	Pfeifergasse 10	Pfeifergasse 7	1
Gürtler Karl	1904	Oberwacht-meister	Schwarzstraße 45	Schwarzstraße 45	3
Gusenbauer Amalie	1884	Pensionistin	Kreuzstraße 9	Kreuzstraße 9	1
Gutermut Gela	1927	Kindergärtnerin	Dr.-Franz-Rehrl-Platz 2	Schwarzstraße 45	3
Haas Karl	1926	Soldat	Reserve Lazarett I	Reserve Lazarett I	1
Habring Marie	1913	Ehefrau	Weiserstraße 3b	Weiserstraße 3b	2
Hackbarth Hildegard	1920	Ehefrau	Luftwaffenlager Maxglan	Luftwaffenlager Maxglan	14
Hager Ilse	1942	Kind	Feldstraße 18a	Werkstättenstraße 18	1
Hager Rosa	1914	Verkäuferin	Feldstraße 18a	Splittergraben Itzling	1
Hammer Elise	1900	Ehefrau	Schwarzstraße 43	Schwarzstraße 45	3
Hämmerle Frieda	1924	Friseurin	Bayerhamerstraße 18	Feldstraße 18	1
Hämmerle Ludwig	1914	Soldat	Paris-Lodron-Straße 21	Kreuzstraße 19	1
Hangl Josef	1885	Schuhmacher-meister	Kirchenstraße 55	Kreuzstraße	1
Haring Walter	1943	Pflegekind	Augustinergasse 6	Augustinergasse 6	1
Hasler Karl	1910	Landarbeiter	Siezenheim 33	im Krankenhaus verstorben	14

Name	Geb. Jahr	Beruf	Letzte Wohnung	Auffindungsort	Angr. Nr.
Hattinger Margarethe	1892	Reg. Inspektorin	Kühberg 50	Pfeifergasse 5	1
Häusler Aurelius	1923	Gefreiter	Oberstauffen	Reserve Lazarett I	1
Hautzenberger Anton	1892	R. B.-Zugsführer	Linz-Urfahr	Bahnhof Linzerkaserne	3
Haviar Maria	1905	Schneiderin	Gstättengasse 21	Gstättengasse 21	1
Haviar Therese	1876	Hausmeisterin	Gstättengasse 21	Gstättengasse 21	1
Havranek Anton	1940	Kind	Feldstraße 18	Postgarage	1
Havranek Maria	1914	Ehefrau	Feldstraße 18	Kreuzstraße 18	1
Hawel Josef	1884	Kaufmann	Itzlinger Hauptstraße 23	Itzlinger Hauptstraße 23	1
Heigl Johann	1876	Pensionist	Almgasse 6	Almgasse 6	1
Heigl Maria	1877	Ehefrau	Almgasse 6	Almgasse 6	1
Heinrich Ludwig	1901	NSKK-Truppführer	Wittelsheim im Elsaß	Hauptbahnhof Betriebsamt	14
Heintze Maria	1907	Hilfsarbeiterin	Elisabethstraße 55	Elisabethstraße	1
Heiny Franz	1886	Städt. Arbeiter	Mühlstraße 16	im Krankenhaus verstorben	3
Heiss Maria	1884	Hausgehilfin	Itzlinger Hauptstraße 46	Pfeifergasse 9	1
Helmetsberger Peter	1901	Maurer	Königsgäßchen 4	Kreuzstraße 19	1
Helminger Friedrich	1902	Gefreiter	Rainerstraße 25	Generalkommando Hotel Europe	3
Herbst Ludwika	1862	Pensionistin	Kaigasse 36	Kaigasse 36	1

Name	Geb. Jahr	Beruf	Letzte Wohnung	Auffindungsort	Angr. Nr.
Herbst Maria	1888	Private	Kaigasse 36	Kaigasse 36	1
Hermannseder Karl	1893	Kaufmann	Pfeifergasse 9	Pfeifergasse 2	1
Herz Maria	1908	Ehefrau	Fanny-von-Lehnert-Straße 29	Fanny-von-Lehnert-Straße 4	1
Hess Herta	1944	Kind	Otto-Pflanzl-Straße 16	Bürgerspitalgasse 2	1
Hetscher Artur	?	Stabsgefreiter	Wien	im Krankenhaus verstorben	15
Hierl Karl	1929	Elektrolehrling	Virgilgasse 8a	Virgilgasse 8	3
Himmler Rosa	1889	Kranken-schwester	Schwarzstraße 45	Schwarzstraße 45	3
Hirscher Hans Georg	1940	Kind	Weiserstraße 3c	Weiserstraße 3c	2
Hirscher Margarethe	1913	Ehefrau	Weiserstraße 3c	Weiserstraße 3c	2
Hofbauer Ludwig	1906	Soldat	Maxglaner Hauptstraße 67	Rochusgasse Splittergraben	2
Höffler Heinrich	1886	Städt. Arbeiter	Kaigasse 21	Kaigasse 21	1
Höffler Maria	1894	Ehefrau	Kaigasse 21	Kaigasse 19	1
Hoffmann Adolf	1908	Soldat	Reserve Lazarett I	Reserve Lazarett I	1
Hofmann Adolf	1885	Pensionist	Feldstraße 18	Feldstraße 18	1
Hofmann Anna	1885	Ehefrau	Feldstraße 18	Feldstraße 18	1
Hofmann Therese	1883	Ehefrau	Elisabethstraße 55	im Krankenhaus verstorben	1
Högler Maria	1879	Pensionistin	Itzlinger Hauptstraße 23	Feldstraße 18	1

Name	Geb. Jahr	Beruf	Letzte Wohnung	Auffindungsort	Angr. Nr.
Holleis Anna	1911	Gastwirts-angestellte	Bindergasse 6	Kaigasse 3	1
Höllweger Therese	1874	Ehefrau	Gaisbergstraße 87	Gaisbergstraße 85	3
Holzer Matthias	1887	R. B.-Hilfs-arbeiter (Sch. H.)	Lintsching bei Tamsweg	Rainerstraße/Max-Ott-Platz	3
Holzinger Karl	1873	Hausbesitzer	Kaigasse 10	Kaigasse 10	1
Holzinger Therese	1873	Ehefrau	Kaigasse 10	Kaigasse 10	1
Holzner Viktoria	1888	Ehefrau	Moserstraße 10	im Krankenhaus verstorben	7
Honeder Franziska	1870	Pensionistin	Linzer Bundesstraße 14	Linzer Bundesstraße 14	3
Hopfer Wilhelmine	1915	Zahlkellnerin	Haydnstraße 16	Schrannengasse 10	2
Hörr Andreas	1885	Pensionist	Schallmoser Hauptstraße 31	im Krankenhaus verstorben	1
Horwath Karl	1900	Hilfsarbeiter	Grödig	Pfeifergasse 9	1
Hoschko Iwan	1924	Hilfsarbeiter	Bergerbräuhofstraße 26 Lager	Bergerbräuhofstraße 26	1
Hoschko Maria	1923	Hilfsarbeiterin	Bergerbräuhofstraße 26 Lager	Bergerbräuhofstraße 26	1
Hrdina Johann	1870	Altersrentner	Maxglaner Hauptstraße 67	Maxglaner Hauptstraße 67	7
Huber Karl	1944	Kind	Pfeifergasse 7	Pfeifergasse 7	1
Huber Konrad	1904	Soldat	Umsiedlerlager Parsch	im Krankenhaus verstorben	14
Huber Stefanie	1916	Handels-angestellte	Pfeifergasse 7	Pfeifergasse 7	1
Hueber Katharina	1874	Post-Ober-offizialin i. R.	Paris-Lodron-Straße 32	Paris-Lodron-Straße 32	3

Name	Geb. Jahr	Beruf	Letzte Wohnung	Auffindungsort	Angr. Nr.
Humer Johann	1880	R. B.-Pensionist	Erzherzog-Eugen-Straße 4	im Krankenhaus verstorben	1
Hüttmayr Johann	1896	Soldat	Reiffensteinstraße 3	Brunnhausgasse 21	6
Irnberger Katharina	1894	Pflegling	Karl-Höller-Straße 4	Werkstättenstraße 8	1
Irrenfried Josefa	1918	Hilfsarbeiterin	Nonnbergstiege 10	Schwarzstraße 45	3
Ischewsky Stefan	1895	Betriebsleiter	Umsiedlerlager Gnigl	Itzlinger Hauptstraße 2	1
Jelensek Eduard	1907	Funker	Wien	im Krankenhaus verstorben	15
Jungbauer Maria	1882	Ehefrau	Fanny-von-Lehnert-Straße 29	Fanny-von-Lehnert-Straße 29	1
Jungbauer Theodor	1884	R. B.-Angestellter	Fanny-von-Lehnert-Straße 29	Fanny-von-Lehnert-Straße 29	1
Kabak Iwan	1924	Bauarbeiter (K. G.)	Plainschule	Plainschule	7
Kaffl Johann	1884	R. B.-Lokführer	Freilassing	im Krankenhaus verstorben	6
Kaldy Frieda	1911	Bedienerin	Bürgerspitalgasse 2	Bürgerspitalgasse 2	1
Kaldy Julius	1905	Kraftfahrer	Bürgerspitalgasse 2	Bürgerspitalgasse 2	1
Kaldy Julius	1932	Kind	Bürgerspitalgasse 2	Bürgerspitalgasse 2	1
Kantler Emma	1893	Hausgehilfin	Grazer Bundesstraße 12	Grazer Bundesstraße 12	14
Kapeller Marie	1879	Pensionistin	Kühbergstraße 8	Kühbergstraße 8	2
Karas Maria	1869	Pensionisten-witwe	Turnerstraße 13	Turnerstraße 13	15
Karbe Rudolf	1905	Obergefreiter	Freiberg in Sachsen	Bahnhof	14

Name	Geb. Jahr	Beruf	Letzte Wohnung	Auffindungsort	Angr. Nr.
Kasprzak Adalbert	1906	Gefreiter	Lipine Kattowitz	Reserve Lazarett I	1
Kastler Johanna	1930	Pflichtjahr-mädchen	Radetzkystraße 11	Pfeifergasse 7	1
Kaufmann Franz	1903	Polizei-Reservist	Schwarzstraße 45	Schwarzstraße 45	3
Keldorfer Anna	1871	Rentnerin	Pfeifergasse 4	Pfeifergasse 4	1
Kemptner Marie	1887	Rentnerin	Paris-Lodron-Straße 32	Paris-Lodron-Straße 32	3
Kikosch Marie	1921	Arbeiterin (K. G.)	Moserstraße 17	Moserstraße 17	7
Kinz Wolfgang	1940	Kind	Stegerstraße 9	Schwarzstraße 45	3
Klenk Paraskowia	1888	Private	Erzherzog-Eugen-Straße 57	Pfeifergasse 4	1
Klepp Johann	1920	SS-Rottenführer	Standortkommando Salzburg	im Krankenhaus verstorben	3
Klicznik Johann	1900	R. B.-Lokführer	Wüstenrotstraße 3	Wüstenrotstraße	12
Klotzinger Monika	1940	Kind	Graz	Tischlerei Preimesberger	1
Koblischek Eduard	1877	Rentner	Haydnstraße 13	Haydnstraße 13	2
Koblischek Johanna	1869	Ehefrau	Haydnstraße 13	Haydnstraße 13	2
Köder Alois	1878	Pensionist	Schillinghofstraße 6	Schillinghofstraße 6	15
Köder Anna	1882	Hausfrau	Schillinghofstraße 6	Schillinghofstraße 6	15
Konezna Erwin	1918	SS-Scharführer	Kaigasse 21	Kaigasse 21	1
Korbisch Josef	1905	San. Obergefreiter	LW-Lazarett Greifenwald	im Krankenhaus verstorben	3

Name	Geb. Jahr	Beruf	Letzte Wohnung	Auffindungsort	Angr. Nr.
Körper Ingo	1937	Kind	Elisabethstraße 45	Elisabethstraße 45	1
Körtge Adolf	1910	Oberleutnant	Berlin	Feuerwehrzeugstätte Gnigl	14
Koskan Ferenc	1901	unbekannt	Ungarn	Bayerhamerstraße 18	14
Kotschegarow Iwan	1890	Ostarbeiter	Umsiedlerlager Parsch	im Krankenhaus verstorben	3
Kranz Wilhelm	1902	Oblt. der Schutzpolizei	Schwarzstraße 45	Schwarzstraße 45	3
Kreuzberger Anna	1916	Verkäuferin	Freilassing	Ernest-Thun-Straße 8	3
Krieger Frieda	1919	Stenotypistin	Gaisbergstraße 87	Gaisbergstraße 85	3
Krieger Heidrun	1942	Kind	Gaisbergstraße 87	Gaisbergstraße 85	3
Krynicki Alois	1870	Spirituosen-händler	Franz-Josef-Straße 16	Franz-Josef-Straße 16	12
Kührer Elisabeth	1913	Krankenpflegerin	Elisabethstraße 55	Elisabethstraße 45	1
Kulka Stefan	1890	Hilfsarbeiter	Südtirolerplatz 5 Lager	Bergerbräuhofstraße 5	1
Kuntz Wenzel	1889	Pensionist	Nußdorferstraße 11	Bahnhof Lokleitung Remise I	1
Kurz Thomas	1893	R. B.-Angestellter	Wüstenrotstraße 10	Bahnhof Heizhaus Remise I	1
Kurzendorfer Wally	1915	R. B.-Schaffnerin	Linz	Bahnhof Linzerkaserne	3
Laimer Kurt	1931	Schüler	Fanny-von-Lehnert-Straße 31	Fanny-von-Lehnert-Straße 29	1
Laimer Maria	1908	Ehefrau	Fanny-von-Lehnert-Straße 31	im Krankenhaus verstorben	1
Lang Antonie	1885	Kellnerin	Kaigasse 33	Kaigasse 13	1

Name	Geb. Jahr	Beruf	Letzte Wohnung	Auffindungsort	Angr. Nr.
Langer Eduard	1898	Kaufmann	Kaigasse 41	Kaigasse 41	1
Langer Gustav	1871	Hofrat	Markus-Sittikus-Straße 1	Schwarzstraße 45	3
Langer Leopoldine	1885	Ehefrau	Markus-Sittikus-Straße 1	Schwarzstraße 45	3
Lanthaler Agatha	1918	Serviererin	Nelkenstraße 16	Bombentrichter an der Lastenstraße	15
Lasser Johann	1875	Bauer	Morzger Straße 69	Morzg	1
Lasser Maria	1876	Ehefrau	Morzger Straße 69	Morzg	1
Laszlo Josef	1923	ung. Soldat	Ungarn	im Krankenhaus verstorben	14
Lauchner Elsa	1910	Kindergärtnerin	Stegerstraße 9	Schwarzstraße 45	3
Lauer Kurt	1921	Handels-angestellter	Elisabethstraße 16	Elisabethstraße 16	7
Le Provost Eugéne	1919	Hilfsarbeiter	Bergerbräuhofstraße 26 Lager	Bergerbräuhofstraße 26	1
Lederer Josef	1886	Zimmermann	Leogang	Güterhalle	11
Leeper Marie	1914	Ehefrau	Bad Reichenhall	Bahnhof Linzerkaserne	3
Lehner Herbert	1943	Kind	Kreuzstraße 11	Kreuzstraße 19	1
Lehner Hermine	1912	Kellnerin	Kreuzstraße 11	Kreuzstraße 19	1
Leitold Georg	1910	R. B.-Arbeiter	Weiserstraße 3c	Weiserstraße 3c	2
Lengauer Sebastian	1902	R. B.-Sekretär	Attnang-Puchheim	beim LS-Stollen in Aigen	4
Leonhard Elisabeth	1870	Rentnerin	Badergäßchen 3	Badergäßchen 3	14

Name	Geb. Jahr	Beruf	Letzte Wohnung	Auffindungsort	Angr. Nr.
Lerner Anna	1893	Ehefrau	Kreuzstraße 11	Kreuzstraße 19	1
Leukermoser Elvira	1909	Schneiderin	Kaigasse 34	Kaigasse 34	1
Leyrer Emilie	1871	Private	Elisabethstraße 47	Elisabethstraße 45	1
Lindenmann Erich	1904	Soldat	Hannover	im Krankenhaus verstorben	14
Linhart Grete	1925	Telefonistin	Hildebrandgasse 19	Generalkommando Hotel Europe	3
Linsgaseder August	1875	Pensionist	Feldstraße 18b	Feldstraße 18b	1
Löcker Maria	1902	Büroinhaberin	Pflanzmannstraße 13	Pflanzmannstraße 13	14
Lugstein Franz	1912	Kerkermeister	Frankenburg	Fanny-von-Lehnert-Straße 4	1
Lürzer Therese	1879	Majorswitwe	Ernest-Thun-Straße 3	Schwarzstraße 45	3
Lux Oskar	1901	Org. Todt-Mann	Plainstraße 42	Plainstraße 42	7
Machek Anton	1886	Stadtangestellter	Gstättengasse 21	Gstättengasse 21	1
Macherndl Maria	1923	Mutterschafts-helferin	Hall	Bahnhofsschwemme	1
Maderegger Josef	1866	Altersrentner	Werkstättenstraße 18	Werkstättenstraße 18	1
Mandelz Elisabeth	1913	Hausgehilfin	Gärtnerstraße 21	Kaigasse 21	1
Manschak Lech	1922	KZ-Häftling	Dachau	Dreifaltigkeitsgasse Münchner Hof	3
Markl Alois	1876	R. B.-Pensionist	Eichstraße 31a	Eichstraße 31 (im Krankenhaus verst.)	2
Masluk Danilo	1911	Kriegsgefangener	Vogelweiderstraße 92 Lager	Vogelweiderstraße 92	1

Name	Geb. Jahr	Beruf	Letzte Wohnung	Auffindungsort	Angr. Nr.
Maurer Georg	1883	Kraftfahrer	Gärtnerstraße 22	Pfeifergasse 9	1
Maurer Sebastian	1888	Rentner	Pfeifergasse 9	Pfeifergasse 9	1
Mayer Maria	1905	Ehefrau	Stadlhofstraße 13	Werkstättenstraße 18	1
Mayr Adam	1895	Direktor	Kuenburgstraße 5	Kuenburgstraße 5	3
Mayr Marie	1902	Ehefrau	Kuenburgstraße 5	Kuenburgstraße 5	3
Mazzucco Marie	1879	Witwe	Schwarzstraße 43	Schwarzstraße 45	3
Mehlhose Herbert	1902	Autounternehmer	Elisabethstraße 55	Elisabethstraße 55	1
Meichle Sophie	1928	Friseurlehr- mädchen	Weiserstraße 3a	Weiserstraße 3c	2
Meinhart Marie	1916	Angestellte	Aiglhofstraße 26	Generalkommando Hotel Europe	3
Meinikat Gustav	1902	Obergefreiter	Gelsenkirchen	unbekannt	14
Melichar Johann	1897	Rottwachtmeister	Schwarzstraße 45	Schwarzstraße 45	3
Messner Josef	1926	Soldat	Gällegasse 9	Neureiterwiese	6
Metz Dr. Ing. Ludwig	1900	Regierungsrat	Berlin-Wilmersdorf	Bahnhof Luftschutzraum (im Krankenhaus verst.)	3
Michalowa Wera	1925	Hilfsarbeiterin	Siezenheimer Straße 20	Autobahnunterführung Siezenheim	14
Miecsorek Eva	1926	RAD-Maid	Bischofswerda	Hellbrunnerstraße 16	14
Mischura Dunija	1924	Arbeiterin (K. G.)	Moserstraße 17	Moserstraße 17	7
Mitterbuchner Elisabeth	1922	Ehefrau	Winkelgasse 7	Kreuzstraße 19	1

Name	Geb. Jahr	Beruf	Letzte Wohnung	Auffindungsort	Angr. Nr.
Mitterbuchner Johann	1942	Kind	Winkelgasse 7	Kreuzstraße 19	1
Modic Franz	1910	Hilfspfleger	Ignaz-Harrer-Straße 79	Autobahnunterführung Siezenheim	14
Momot Henry	1913	Tischler	Bergerbräuhofstraße 26 Lager	Bergerbräuhofstraße 26	1
Mora Emilie	1909	Ehefrau	Innsbruck	Franz-Josef-Straße 19	3
Mora Ludwig	1905	Soldat	Franz-Josef-Straße 19	Franz-Josef-Straße 19	3
Moser Peter	1860	Pensionist	Kreuzstraße 4	Kreuzstraße 4	1
Moser Rosa	1890	Ehefrau	Feldstraße 18a	Feldstraße 18a	1
Moser Thomas	1866	Rentner	Joachim-Haspinger-Straße 7	Joachim-Haspinger-Straße 7	14
Mühl Alfred	1910	Soldat	Reserve Lazarett I	Reserve Lazarett I	1
Müller Anna	1890	Ehefrau	Fanny-von-Lehnert-Straße 6	Fanny-von-Lehnert-Straße 6	1
Müller Helmut	1933	Kind	Turnerstraße 16	Turnerstraße 16	15
Müller Johanna	1906	Hausfrau	Turnerstraße 16	Turnerstraße 16	15
Müller Josef	1898	Pensionist	Turnerstraße 16	Turnerstraße 16	15
Müller Martha	1887	Handelsangestellte	München	Bahnhof Luftsschutzraum	3
Muth Erwin	1912	Soldat	Rochusgasse Hundestaffel	Rochusgasse Splittergraben	2
Nedwed Egon	1939	Kind	Siedlerstaße 10	Wiese Albrecht-Dürer-Straße	15
Neumann Felix	1897	Kraftfahrer	Bierjodlgasse 1	unbekannt	14

Name	Geb. Jahr	Beruf	Letzte Wohnung	Auffindungsort	Angr. Nr.
Neuwirth Josef	1883	R. B.-Zugsführer	Landshut	Bahnhof Linzerkaserne	3
Niederhofer Maria	1876	Private	Kaigasse 25	Kaigasse 25	1
Nohava Josef	1916	Eisenbahner	Alterbachstraße 12	Südtirolerplatz 5	1
Noisternig Ernst	1919	Feldwebel	Maxglaner Hauptstraße 30	in Rettungsstelle I verstorben	7
Nouzieres Francois	1915	Tischler	Bergerbräuhofstraße 26 Lager	Bergerbräuhofstraße 26	1
Nussdorfer Marie	1894	Ehefrau	Gaisbergstraße 87	Gaisbergstraße 85	3
Oberrainer Georg	1898	Hauptwacht-meister	Schwarzstraße 45	Schwarzstraße 45	3
Offenhuber Maria	1899	Gastwirtin	Getreidegasse 48	Getreidegasse 48	14
Oprul Vinzenz	1895	Arbeiter	Siezenheimer Straße	Autobahnunterführung Siezenheim	14
Ortner Josef	1889	R. B.-Schaffner	Linz	Bahnhof Linzerkaserne	3
Ottoway Eva	1924	Hausfrau	Ungarn	unbekannt	14
Pachinger Josefa	1877	Pensionistin	Virgilgasse 8	Virgilgasse 8	3
Pachinger Norbert	1935	Kind	Virgilgasse 8	Virgilgasse 8	3
Pashdmow Pawel	1919	Kriegsgefangener	Vogelweiderstraße 92 Lager	Vogelweiderstraße 92	1
Pausch Konrad	1876	R. B.-Pensionist	Schillinghofstraße 14	Schule Gnigl	14
Pecher Hilda	1937	Kind	Werkstättenstraße 18	Werkstättenstraße 18	1
Pecher Hildegard	1917	Ehefrau	Werkstättenstraße 18	Werkstättenstraße 18	1

Name	Geb. Jahr	Beruf	Letzte Wohnung	Auffindungsort	Angr. Nr.
Pecher Johanna	1938	Kind	Werkstättenstraße 18	Werkstättenstraße 18	1
Penzenleitner Hilde	1909	Hilfsarbeiterin	Werkstättenstraße 18	im Krankenhaus verstorben	1
Perrer Johanna	1876	Hausfrau	Turnerstraße 14	Turnerstraße 14	15
Pesendorfer Therese	1879	Private	Elisabethstraße 45	Elisabethstraße 45	1
Peterka Marie	1861	Rentnerin	Gaswerkgasse 34	im Krankenhaus verstorben	13
Pettinghofer Johanna	1908	Ehefrau	Feldstraße 18a	Feldstraße 18a	1
Pföss Maria	1924	Telegrafen-angestellte	Itzlinger Hauptstraße 23	Itzlinger Hauptstraße 23	1
Pichler Fritz	1928	Lok. Junghelfer	Weiserstraße 3d	Weiserstraße 3a	2
Pichler Hildegard	1915	Heimarbeiterin	Fanny-von-Lehnert-Straße 6	Fanny-von-Lehnert-Straße 6	1
Pichler Johanna	1884	Private	Kaigasse 25	Kapitelgasse 2	1
Pichler Josefa	1860	Fachlehrerin a. D.	Ernest-Thun-Straße 15	im Krankenhaus Hallein verstorben	3
Pieringer Eduard	1871	Pensionist	Itzlinger Hauptstraße 23	Itzlinger Hauptstraße 23	1
Pilz Anna	1880	Ehefrau	Rupertgasse 10	Rupertgasse 10	3
Pilz Josef	1874	Pensionist	Rupertgasse 10	Rupertgasse 10	3
Pion Paolo	1920	Hilfsarbeiter	Vogelweiderstraße 92 Lager	Bergerbräuhofstraße 26	1
Pitterka Kurt	1923	Soldat	Strubergasse 8	Strubergasse 8	14
Pitterka Maria	1885	Hausfrau	Strubergasse 8	Strubergasse 8	14

Name	Geb. Jahr	Beruf	Letzte Wohnung	Auffindungsort	Angr. Nr.
Plank Anneliese	1928	Kindergarten-helferin	Bessarabierstraße 4	Schwarzstraße 45	3
Plavcak Josef	1894	Polizei-Reservist	Schwarzstraße 45	Schwarzstraße 45	3
Plenk Ferdinand	1868	R. B.-Pensionist	Morzger Straße 38d	im Krankenhaus verstorben	12
Poneschitzky Richard	1905	Tapezierermeister	Kirchenstraße 16	Elisabethstraße 16	7
Popovic Georg	1921	Arbeiter	Vogelweiderstraße 92 Lager	Vogelweiderstraße 92	1
Poschinger Franz	1907	Schneider	Kaigasse 3	Kaigasse	1
Potocnik Friederike	1939	Kind	Gaswerkgasse 13	Schwarzstraße 45	3
Pötzelsberger Karl	1882	Versicherungs-Angestellter	Bürgerspitalgasse 2	Bürgerspitalgasse 2 (in Rettungsst. I verst.)	3
Pötzelsberger Elisabeth	1903	Schneiderin	Schillinghofstraße 10	Schillinghofstraße 10	15
Priller Cäcilia	1882	Bedienerin	Badergäßchen 3	Badergäßchen 3	14
Pimiskern Berta	1885	Ehefrau	Haimlgasse 3	Bürgerspitalgasse 2	1
Profanter Edith	1944	Kind	Weiserstraße 3a	Weiserstraße 3b	2
Profanter Hilde	1914	Ehefrau	Weiserstraße 3a	Weiserstraße 3b	2
Prötzner Alois	1935	Kind	Moserstraße 17	Moserstraße 17	7
Prötzner Herbert	1942	Kind	Moserstraße 17	Moserstraße 17	7
Prötzner Hermine	1940	Kind	Moserstraße 17	Moserstraße 17	7
Prötzner Hildegard	1936	Kind	Moserstraße 17	Moserstraße 17	7

Name	Geb. Jahr	Beruf	Letzte Wohnung	Auffindungsort	Angr. Nr.
Prötzner Leopoldine	1938	Kind	Moserstraße 17	Moserstraße 17	7
Prötzner Marie	1904	Ehefrau	Moserstraße 17	Moserstraße 17	7
Prötzner Peter	1892	Maurer	Moserstraße 17	Moserstraße 17	7
Ramans Auguste	1877	Prof.-Witwe	Kaigasse 33	Kaigasse 33	1
Rauch Franziska	1907	Ehefrau	Kreuzstraße 2a	Kreuzstraße 2a	1
Rehrl Andreas	1899	R. B.-Arbeiter (Sch. H.)	Auerspergstraße	Rainerstraße/Max-Ott-Platz	3
Reich Aloisia	1903	Ehefrau	Weiserstraße 3c	Weiserstraße 3c	2
Reichl Franziska	1880	Rentnerin	Pfeifergasse 7	Pfeifergasse 7	1
Reiter Franziska	1884	Ehefrau	Markus-Sittikus-Straße 1	Schwarzstraße 45	3
Reiter Josef	1900	R. B.-Oberrangiermeister	Törringstraße 17	beim LS-Stollen in Aigen	4
Reiter Peter	1891	Tischlergehilfe	Markus-Sittikus-Straße 1	Schwarzstraße 45	3
Renner Anton	1872	Rentner	Bürgerspitalgasse 2	Bürgerspitalgasse 2	1
Reschreiter Josef	1896	Landwirt	Gaisbergstraße 85	Gaisbergstraße 85	3
Reschreiter Therese	1895	Ehefrau	Gaisbergstraße 85	Gaisbergstraße 85	3
Ribes Jeanne	1922	Küchengehilfin	Schrannengasse 10	Schrannengasse 10	2
Ringler Christine	1885	Ehefrau	Schwarzstraße 41	Schwarzstraße 45	3
Ringler Franz	1881	Hotelportier	Schwarzstraße 41	Schwarzstraße 45	3

Name	Geb. Jahr	Beruf	Letzte Wohnung	Auffindungsort	Angr. Nr.
Ripka Franz	1870	Kaufmann	Gstättengasse 39	Gstättengasse 29	1
Rodoschegg Ferdinand	1900	Gendarmerie-Hauptwachtm.	Schwarzstraße 45	Schwarzstraße 45	3
Rohling Marie	1884	Sprachlehrerin	Schwarzstraße 43	Schwarzstraße 45	3
Roithinger Anna	1873	Ehefrau	Josef-Glaab-Straße 13	Josef-Glaab-Straße 13	14
Ronacher Rosa	1913	Wäscherin	Guggenmoosstraße 2	Gailenbachweg 13	4
Rownika Ferdinand	1902	R. B.-Arbeiter (K. G.)	Bahnhofstraße 8	Plainbergwald	5
Scalizka Vinzenz	1920	Kraftfahrer	Vogelweiderstraße 92 Lager	Vogelweiderstraße 92	1
Schabes Elvira	1941	Kind	Kreuzstraße 2a	Kreuzstraße 2a	1
Schabes Maria	1904	Heimarbeiterin	Kreuzstraße 2a	Kreuzstraße 2a	1
Schachinger Adolf	1894	Hilfsarbeiter	Haimlgasse 3	Haimlgasse 3	7
Schafleitner Martin	1887	R. B.-Ober-Zugsführer	Innsbruck	Bahnhof Linzerkaserne	3
Schanil Maria	1889	Pensionistin	Bahnhofstraße 15	Bahnhofstraße 15	1
Schanil Peter	1938	Kind	Bahnhofstraße 15	Bahnhofstraße 15	1
Scharl Heinrich	1890	Schneidermeister	Elsbethen 44	Kaigasse 3	1
Schaurecker Marie	1887	Wäscherei-Inhaberin	Lasserstraße 22	Weiserstraße 3a	2
Scheinecker Marie	1911	Ehefrau	Linzer Gasse 10	Bahnhof Linzerkaserne	3
Schindlmeister Margarete	1936	Kind	Kreuzstraße 11	Kreuzstraße 19	1

Name	Geb. Jahr	Beruf	Letzte Wohnung	Auffindungsort	Angr. Nr.
Schlander Karl	1900	Soldat	Auffenbergstraße 7	Generalkommando Hotel Europe	3
Schlegel Walter	1927	Schüler	Ampfing b. Mühldorf	Schlachthof Splittergraben	3
Schlögl Alois	1884	Friseur	Pfeifergasse 9	Pfeifergasse 9	1
Schmid Franziska	1904	Postangestellte	Strubergasse 8	Strubergasse 8	14
Schmidt Matthias	1878	Rentner	Linzer Gasse 54	Schrannengasse 10	2
Schomberg Friedrich	1911	Soldat	Lazarett 4	im Krankenhaus verstorben	3
Schramek Mathilde	1867	Ehefrau	Gstättengasse 27	im Krankenhaus verstorben	3
Schreiber Charlotte	1938	Kind	Werkstättenstraße 18	Werkstättenstraße 18	1
Schreiber Walter	1940	Kind	Werkstättenstraße 18	Werkstättenstraße 18	1
Schroffner Maria	1892	Ehefrau	Turnerstraße 16	Turnerstraße 16	15
Schroffner Sebastian	1887	Lokführer	Turnerstraße 16	Turnerstraße 16	15
Schrunner Maria	1877	Pensionistin	Bürgerspitalgasse 2	Bürgerspitalgasse 2	1
Schunko Josef	1902	Schupo-Wachtmeister	Schwarzstraße 45	Schwarzstraße 45	3
Schwarz Antonie	1912	Ehefrau	Pfeifergasse 7	Pfeifergasse	1
Schwarz Franziska	1882	Ehefrau	Kaigasse 8	Kaigasse 2	1
Schwarz Heinz	1926	Schüler	Bad Bramstedt	Auerspergstraße 10	13
Seber Antonie	1866	Pensionistin	Elisabethstraße 47	Elisabethstraße 47	1

Name	Geb. Jahr	Beruf	Letzte Wohnung	Auffindungsort	Angr. Nr.
Seidl Hildegard	1920	Postangestellte	Pflanzmannstraße 13	Pflanzmannstraße 13	14
Seidl Julianne	1915	Kranken-schwester	Kaigasse 34	Kaigasse 34	1
Seidl Maria	1889	Zimmermanns-gattin	Pflanzmannstraße 13	Pflanzmannstraße 13	14
Seidl Monika	1945	Kleinkind	Pflanzmannstraße 13	Pflanzmannstraße 13	14
Seifried Paula	1902	Heimarbeiterin	Kreuzstraße 9	im Krankenhaus verstorben	1
Siegel Anna	1883	Private	Getreidegasse 22	Getreidegasse 48	14
Siegl Josef	1868	Büchsenmacher	Linzer Gasse 29	Linzer Gasse 29	4
Siepmann Klemens	1910	Leutnant	Hüsten in Westfalen	auf der Linzerbrücke	14
Silorsky Josef	1921	Zugschaffner	Südtirolerplatz Lager	Fanny-von-Lehnert-Straße 4	1
Singer Michael	1912	Pionier	Reserve Lazarett I	Reserve Lazarett I	1
Skall Rosa	1905	Wursthändlerin	Nonnbergstiege 2	Nonnbergstiege 2	1
Skudnig Maria	1893	Geschäfts-inhaberin	Santnergasse 12	Kaigasse 8	1
Slagvater Gerardus	1913	Zimmermann	Langmoosweg 6	Bergerbräuhofstraße 26	1
Smatko Helene	1926	Ostarbeiterin	Schrannengasse 10	Schrannengasse 10	2
Smentek Michael	1908	Bauhilfsarbeiter	Plainstraße 38	Brücke Grüner Wald	10
Smolik Barbara	1891	Ehefrau	Otto-Nußbaumer-Straße 7	Fanny-von-Lehnert-Straße 10	1
Smrka Karl	1887	R. B.-Angestellter	Südtirolerplatz 5	Südtirolerplatz 5	1

Name	Geb. Jahr	Beruf	Letzte Wohnung	Auffindungsort	Angr. Nr.
Söchtig Otto	1923	Obergefreiter	Weserlingen	Bunker bei Baron-Schwarz-Brücke	14
Sollereder Anna	1896	Bedienerin	Elisabethstraße 45	Elisabethstraße 45	1
Sperl Gerlinde	1909	Lehrerin	Franz-Josef-Straße 19	Franz-Josef-Straße 19	3
Sperl Rotraud	1911	Lehrerin	Franz-Josef-Straße 19	Franz-Josef-Straße 19	3
Srocziuski Lucian	1920	Bauhilfsarbeiter (K. G.)	Lager Plain	Plainbergwald	5
Stadler Josef	1896	Monteur	Schallmooser Hauptstraße 8	Bayerhamerstraße	14
Standler Katharina	1889	Ehefrau	Fanny-von-Lehnert-Straße 8	im Krankenhaus verstorben	1
Stanic Walter	1918	Arbeiter	Josef-Waach-Straße Baracke 3	LS-Stollen Thurnerwirt	12
Stefan Iwan	1909	Schutzpolizist	Wien	Bahnhof	14
Steiner Johann	1896	Pol. Oberwachtmeister	Leoben	Schwarzstraße 45	3
Steiner Maria	1910	Gastwirtin	Kaigasse 34	Kaigasse 34	1
Steiner Maria	1911	Post-Facharbeiterin	Teisenbergstraße 16	Autobahnunterführung Siezenheim	14
Steinpatz Marie	1888	Bürokraft	Rupertgasse 10	Rupertgasse 10	3
Steinwender Johann	1913	Kanonier	München	Bahnhof Luftschutzraum	3
Stelzer Hannelore	1941	Kind	Fanny-von-Lehnert-Straße 6	Fanny-von-Lehnert-Straße 6	1
Stelzer Johanna	1920	Ehefrau	Fanny-von-Lehnert-Straße 6	Fanny-von-Lehnert-Straße	1
Stelzer Renate	1944	Kind	Fanny-von-Lehnert-Straße 6	Fanny-von-Lehnert-Straße 6	1

Name	Geb. Jahr	Beruf	Letzte Wohnung	Auffindungsort	Angr. Nr.
Stockhammer Leopoldine	1890	Hilfsarbeiterin	Kreuzstraße 2	Itzlinger Hauptstraße 4	1
Stockinger Anna	1914	Angestellte	Kaigasse 13	Kaigasse 13	1
Stockinger Helmut	1924	Kfm. Angestellter	Günzburg/Donau	Auerspergstraße 10	13
Stockklauser Maria	1897	Büglerin	Bürgerspitalgasse 2	Bürgerspitalgasse 2	1
Strasser Helene	1880	Wäscherin	Bürgerspitalgasse 2	Bürgerspitalgasse 2	1
Strasser Roman	1900	R. B.-Werkmann	Paumannstraße 7	Bahnhof Lokleitung Remise I	1
Struber Johann	?	Bauer	Kuchl	beim Müllnersteg	14
Strudl Elisabeth	1888	Hilfsarbeiterin	Erhardgäßchen 1	beim Makartsteg	14
Stubenvoll Karl	1856	Schuhmacher-meister	Pfeifergasse 9	Pfeifergasse 9	1
Stübl Josef	1908	Gefreiter	Reserve Lazarett	Reserve Lazarett I	1
Stullar Josef	1907	Rottenmann der Gendarmerie	Schwarzstraße 45	Schwarzstraße 45	3
Summerer Josefine	1911	Ehefrau	Werkstättenstraße 18	Werkstättenstraße 18	1
Summerer Julius	1907	Lokführer	Werkstättenstraße 18a	Werkstättenstraße 18	1
Szymanski Kurt	1920	Obergefreiter	Berlin	Reserve Lazarett I	1
Taxer Anna	1921	Hausgehilfin	Getreidegasse 48	Getreidegasse 48	14
Thalhammer Elise	1930	Pflichtjahr-mädchen	Itzlinger Hauptstraße 3	Itzlinger Hauptstraße 2	1
Thieke Friedrich	1894	Ob.-Zahlmeister	Zillnerstraße 3	Generalkommando Hotel Europe	3

Name	Geb. Jahr	Beruf	Letzte Wohnung	Auffindungsort	Angr. Nr.
Thurner Anna	1900	Ehefrau	Weiserstraße 3b	Weiserstraße 3b	2
Tingler Alois	1924	Obergefreiter	Senstleben	Bunker bei Baron-Schwarz-Brücke	14
Traunwieser Anna	1873	Rentnerin	Kaigasse 29	Kaigasse 31	1
Turek Wilhelmine	1912	Hausbesorgerin	Faberstraße 30	Bürgerspitalgasse 2	1
Tuss Heinrich	1877	R. B.-Pensionist	Vogelweiderstraße 120	Gartenhaus Baron-Schwarz-Villa	6
Tybl Theodor	1921	Student und Bildhauer	München	Auerspergstraße 10	13
Uhl Franz	1894	Obergefreiter	Franz-Josef-Kaserne	Generalkommando Hotel Europe	3
Unterberger Anna	1939	Kind	Eichet 3	Heustadel in Eichet (im Krankenhaus verst.)	9
Unterberger Käthe	1910	Gastwirtin	Eichet 3	Heustadel in Eichet	9
Unterholzer Katharina	1901	Ehefrau	Augustinergasse 6	Augustinergasse 6	1
Valentek Maximilian	1935	Schüler	Siezenheimer Straße 20	Autobahnunterführung Siezenheim	14
Vogelhuber Irma	1867	Pensionistin	Pfeifergasse 5	Pfeifergasse 5	1
Voggenberger Rosa	1900	Ehefrau	Fanny-von-Lehnert-Straße 10	Fanny-von-Lehnert-Straße 10	1
Vogl Katharina	1914	Stubenmädchen	Schrannengasse 10	Schrannengasse 10	2
Voigtmann Martha	1871	Ehefrau	Bergheimer Straße 15	Bergheimer Straße 15	2
Volzwinkler Franz	1880	R. B.-Pensionist	Elisabethstraße 45	Elisabethstraße 55	1
Walaschek Ludwig	1884	Tapezierer	Poschingerstraße 6	Bürgerspitalgasse 2	1

Name	Geb. Jahr	Beruf	Letzte Wohnung	Auffindungsort	Angr. Nr.
Walch Olga	1897	Ehefrau	Fanny-von-Lehnert-Straße 6	Fanny-von-Lehnert-Straße 6	1
Walchshofer Therese	1882	Ehefrau	Kaigasse 21	Kaigasse 2	1
Walkner Anna	1928	Biermädchen	Lasserstraße 23	Schrannengasse 10	2
Wallner Marie	1906	Köchin	Schrannengasse 10	Schrannengasse 10	2
Walzhofer Leopold	1937	Kind	Feldstraße 19	Feldstraße 19	1
Walzhofer Maria	1920	Hausgehilfin	Feldstraße 18a	Feldstraße 18a	1
Weber Dr. Franz	1869	Studienrat	Kaigasse 21	Kaigasse 21	1
Weber Flora	1862	Privatlehrerin	Kaigasse 21	Kaigasse 21	1
Weber Margarete	1921	Stenotypistin	Kreuzstraße 19	Kreuzstraße 19	1
Weichenberger Johann	1875	Viehtreiber	Plainstraße 3	Plainstraße 3	2
Weiglmeier Ottilie	1911	Ehefrau	Kreuzstraße 10	Kreuzstraße 19	1
Weiglmeier Rudolf	1938	Kind	Kreuzstraße 10	Kreuzstraße 19	1
Weindlmayr Rudolf	1885	Hausbesorger	Augustinergasse 4	Augustinergasse 4	1
Weinmeyr Hermann	1885	Rechnungsführer a. D.	Ignaz-Harrer-Straße 33	Ignaz-Harrer-Straße 33	5
Weißböck Alois	1872	Pensionist	Keilgasse 3	Keilgasse 3	1
Welsch Walter	1922	Obergefreiter	Reutlingen	Bunker bei Baron-Schwarz-Brücke	14
Welz Franz	1895	Spediteur	Ernest-Thun-Straße 8	Ernest-Thun-Straße 8	3

Name	Geb. Jahr	Beruf	Letzte Wohnung	Auffindungsort	Angr. Nr.
Wetzelmayer Eleonore	1923	Hausfrau	Turnerstraße 14	Turnerstraße 14	15
Wetzelmayer Max	1922	Obergefreiter	Turnerstraße 14	Turnerstraße 14	15
Weymann Willy Erich	1901	franz. Kriegsgef.	Olivier de Serres	Bayerhamerstraße 1	14
Weysen Franz	1889	Org. Todt-Mann	Mönchengladbach	Vogelweiderstraße 98	11
Wieser Josefine	1893	Bedienerin	Judengasse 14	Kaigasse 13	1
Wilberger Maria	1865	Pensionistin	Bürgerspitalgasse 2	Bürgerspitalgasse 2	1
Winklmaier Franz	1883	R. B.-Pensionist	Schulstraße 5	Schule Gnigl	14
Winter Alois	1900	Wachtmeister d. Schutzpolizei	Schwarzstraße 45	Schwarzstraße 45	3
Würtz Maria	1871	Ehefrau	Universitätsplatz 6	Bürgerspitalgasse 2	1
Zauner Justine	1887	Kassiererin	Pfeifergasse 9	Pfeifergasse 9	1
Zehentner Barbara	1914	Arbeiterin	Teisenberggasse 16	Autobahnunterführung Siezenheim	14
Zellner Karl	1895	Lokführer	Weiserstraße 3c	Weiserstraße 3c	2
Zermakow Nikolai	1906	Kriegsgefangener	Vogelweiderstraße 92 Lager	Vogelweiderstraße 92	1
Zincke Paul	1903	Betriebsleiter	Mozartstraße 29	im Krankenhaus verstorben	11
Zschipke Otto	1899	Feldwebel	Leippe	Bahnhof	14
Zuckerstätter Josef	1907	Fuhrunternehmer	Henndorf	unbekannt	15
Zywina Hans	1898	Flugkapitän	Luftwaffenlager Maxglan	Luftwaffenlager Maxglan	14

Nicht identifizierte Bombenopfer

	Alter	Auffindungsort	Angr. Nr.
Männliche Leiche mit Siegelring	unbekannt	Augustinergasse 6	1
Weiblicher Fleischklumpen	unbekannt	Bürgerspitalgasse 2	1
Weibliche Leiche	unbekannt	Kaigasse 33	1
Weibliche Leiche	unbekannt	Auerspergstraße 46	3
Weibliche Leiche	unbekannt	Auerspergstraße 46	3
Elisabeth	20 Jahre	unbekannt	14
Lilly	19 Jahre	unbekannt	14

Mehrere Personen blieben nach Bombenangriffen „vermißt“ gemeldet, so nach dem 16. Oktober 1944 Anna Hörzing, Anna Kubeck und Julius Weiss (laut Meldekartei später für tot erklärt).

Liste der Bombenangriffe auf die Stadt Salzburg

Angriff Nr.	Datum	Anzahl der Bomber	Anzahl der Bomben	Bombenlast in Tonnen	Todesopfer
1	16. 10. 1944	50	534	133,50	245
2	11. 11. 1944	120	1.247	311,75	40
3	17. 11. 1944	117	1.216	303,50	118
4	22. 11. 1944	76	607	151,75	4
5	7. 12. 1944	8	72	18,00	3
6	17. 12. 1944	51	382	95,00	4
7	20. 12. 1944	56	509	127,25	21
8	28. 12. 1944	13	128	32,00	1
9	29. 12. 1944	24	392	49,00	4
10	20. 1. 1945	50	1.586	93,20	2
11	5. 2. 1945	88	689	170,05	3
12	25. 2. 1945	26	204	51,00	9
13	27. 2. 1945	85	402	201,00	4
14	25. 4. 1945	109	997	250,87	69
15	1. 5. 1945	27	319	79,75	20
Summe		900	9.284	2.067,62	547

Beschädigte und zerstörte Gebäude

Bereits im Jahr 1947 hat sich der Salzburger Historiker und Archivar Franz Martin über die äußerst mangelhaften Unterlagen zu den Gebäudeschäden infolge der Luftangriffe auf die Stadt Salzburg beklagt[1]. War es zwei Jahre nach Kriegsende bereits sehr schwierig, die Bombenschäden exakt aufzulisten, so bereitet dieses Vorhaben nach fünfzig Jahren noch viel größere Probleme. Als wichtigste Quellen stehen die Schadenslisten der Polizei[2] und die Pläne[3] der „Gauhauptstadt Salzburg" über die beschädigten und zerstörten Gebäude zur Verfügung. Außerdem wurden die baubehördlichen Akten zu den einzelnen Objekten durchgesehen, wobei diese sehr unterschiedliche Informationen über die Bombenschäden enthalten. Zum Teil finden sich dort detaillierte Angaben über die Schäden mit dem Datum des Angriffes, manchmal nur Prozentsätze der Beschädigung. In einigen Fällen fehlen im Bauakt überhaupt Hinweise auf Bombenschäden, obwohl diese laut Polizeilisten und Schadensplänen der Stadt nachweisbar sind. Die Schadenslisten der Polizei und die Pläne der Stadtverwaltung sind unmittelbar nach den jeweiligen Angriffen erstellt worden. Sie stimmen in den meisten Fällen überein, sind zum Teil aber widersprüchlich. So kann es vorkommen, daß die Polizei ein Gebäude als zerstört führt, während dasselbe Objekt im Plan der Stadt überhaupt nicht gekennzeichnet ist und umgekehrt. Lediglich über jene Gebäude, die sich im Eigentum der Stadt befunden haben bzw. noch immer befinden, liegen sehr exakte Angaben über die Bombenschäden und deren Behebung vor[4].

Diese schwierige Quellenlage hat es unmöglich gemacht, eine Unterscheidung in leicht und schwer beschädigte bzw. zerstörte Gebäude zu treffen. Wenn auch kein Anspruch auf Vollständigkeit erhoben werden kann, so wird nachfolgend trotzdem eine Liste aller jener Objekte vorgelegt, die auf Grund der Quellenlage als beschädigt oder zerstört angesehen werden müssen. In die Liste sind alle jene Anschriften aufgenommen worden, über die zumindest in zwei der oben angegebenen Quellen entsprechende Hinweise auf Bombenschäden vorliegen.

Bei den Hausnummern ist jeweils in Klammer die Ziffer des Bombenangriffes angegeben. So bedeutet z. B. die Angabe „Arenbergstraße 1 (4/13)", daß das Haus Arenbergstraße 1 bei den Bombenangriffen Nr. 4 (am 22. November 1944) und Nr. 13 (am 27. Februar 1945) beschädigt worden ist. Das jeweilige Datum zur Angriffsnummer kann der Tabelle auf Seite 320 entnommen werden. Ein „(?)" nach der Hausnummer bedeutet, daß es nicht mehr möglich ist, den Tag der nachweisbaren Beschädigung festzustellen. Gebäude mit mehreren Anschriften (z. B. Eckhäuser) sind nur dann auch unter der weiteren Adresse zu finden, wenn diesbezügliche Schadensmeldungen in den Quellen vorhanden sind.

In der Liste sind die Straßennamen in der heute gültigen Bezeichnung angeführt, die Namen aus der NS-Zeit in den Fußnoten ausgewiesen. Nach dem Krieg sind in einigen Straßenzügen die Hausnumerierungen verändert worden. In der Liste sind die heute gültigen Objekt-Nummern enthalten, obwohl in vielen Fällen die alten beschädigten Gebäude nicht mehr existieren und an ihrer Stelle Neubauten mit zum Teil völlig anderer Lage im Bauplatz errichtet worden sind. Dies trifft insbesondere auf die zahlreichen Baracken zu, die während der Kriegszeit bestanden haben und danach durch massive Neubauten ersetzt worden sind. Wo eindeutige Quellenbelege vorliegen, sind Baracken extra ausgewiesen.

Aiglhofstraße: 1 (3), 1a (3), 3 (3), 12 (3), 19 (3), 22 (3), 26 = Drei Wohnbaracken (3)
Aigner Straße: 2 (3), 4 (3), 9 (3), 10 (3), 11 (3), 21 (3), 24 (3), 32 (3), 34 (4)
Albrecht-Dürer-Straße: 1 (15), 3 (12/15), 6 (12/15), 7 (12), 8 (12), 9 (12/15), 11 (12/15), 12 (12/15), 13 (12/15), 14 (12/15), 16 (12/15), 17 (12/15), 18 (12/15)
Almgasse: 6 (1), 8 (1)
Alterbachstraße: 2 (10), 4 (10), 8 (10)
Altgasse: 9 (11)
Andrä-Blüml-Straße: 26 (3/12), 30 (12), 31 (12), 32 (12)
Andreas-Hofer-Straße: 2 (2), 4 (2), 6 (2), 8 (2), 12 (8)
Angerweg: 4 (1)
Anton-Behacker-Straße: 4 (3)
Apothekerhofstraße: 1 (2)
Arenbergstraße: 1 (4/13), 2 (4/13), 3 (4/13), 4 (4/13), 4a (4/13), 5 (13), 7 (4/13), 8 (4), 9 (4/13), 10 (4), 11 (4/13), 12 (4), 13 (4/13), 15 (4/13), 17 (4/13), 19 (4), 21 (4), 23 (4/13), 25 (4), 27 (4), 29 (4), 29a (4), 31 (4), 33 (4)
Arnogasse: 1 (3), 2 (3), 5 (3), 7 (3), 8 (3/12), 12 (3), 13 (12)
Auerspergstraße[5]: 7 (2/3), 8 (3/13), 9 (2/3), 10 (2/13), 11 (2/3), 12 (2/8/13), 13 (2/3/13), 14 (2/3/8/13), 15 (2/3/4), 16 (13), 17 (3), 18 (3), 19 (3), 20 (2), 21 (3/13), 22 (2/3), 23 (2/8/13), 24 (3), 25 (2/8/13), 25a (13), 26 (3), 27 (2/3/13), 28 (2), 29 (2/3), 30 (3), 32 (3), 33 (3), 34 (2/3), 35 (2/13), 36 (2), 37 (2/13), 39 (3/13), 40 (2/12/13), 41 (3/12), 42 (2/13), 43 (2/3/12), 45 (2/3/12), 46 (3), 47 (2/12), 48 (2/3), 49 (2/12), 50 (2), 51 (2/12), 53 (2/12), 53a (2/3/12/13), 54 (2), 55 (2/12), 57 (2/12), 59 (2/12), 61 (2/12/13), 65 (2), 67 (2), 69 (2), 71 (2)
Augustinergasse: 4 (1/3), 6 (1), 7 (3), 11 (3), 11a (3), 13 (3), 18 (3)
Austraße: 17 (10/11)
Bachstraße[6]: 6 (6), 13 (6), 15 (6), 17 (6), 18 (15), 19 (6), 21 (6), 24 (6), 40 (6), 62 (6)
Badergäßchen: 1 (14), 3 (14), 4 (14)
Bahnhofstraße: 1 (1/11), 2 (1), 2a (1), 3 (1), 4 (1), 5 (1), 6 (1), 7 (1/10/11), 9 (1/10/11), 11 (1/10/11), 13 (1/10/11), 15 (1/10), 17 = Wohnbaracken der RB (10), 18 (11), 35 (8), 37 (8), 39 (8), 45 (8)
Bärengäßchen: 6 (2/3), 8 (3), 10 (2/3/14)
Basteigasse: 1 (13), 2 (1), 4 (1)
Baumbichlstraße: 1 (2), 10 (2)
Bayerhamerstraße: 1 (3), 3 (11), 5 (11), 6 (11), 7 (3), 8 (11), 8a (11), 9 (3/11), 10 (11), 11 (3/11), 12 (3/11), 12a (3/11/12), 12b (3/12), 12c (3/12), 12d = Drei Baracken (3), 13 (3/11), 14 (2/3/12), 15 (3), 16 (3/6/11), 17 (3), 18 (2/3/6), 19 (3/12), 21 (3/12), 31 (2/3), 33 (2/13), 35 (2/12), 37 (2/12/13), 40 (3), 47 (3), 49 (3/12), 51 (3/4), 53 (3), 57 (1), 59 (1), 61 (1), 71 (1/4/10/11/13)
Berchtesgadner Straße: 12 (13)
Bergerbräuhofstraße: Baulager (1), Kriegsgefangenenlager (1), 21 (10), 22 (10), 24 (10), 26 (6/10)
Bergheimerstraße: 10 (11), 11 (2), 13 (2), 15 (2), 16 (2), 17 (2), 18 (2), 19 (2), 27 (4), 35 (4), 37 (4), 38 (7), 39 (4), 40 (2/7), 41 (2/4), 42 (7), 43 (4), 44 (7), 45 (4), 46 (2), 47 (2/4), 49 (2/4), 51 (2/7), 53 (2/7), 55 (2/4/7), 59 (7), 63 (2)
Bergstraße: 1 (4), 2 (4), 2a (4), 3 (4), 4 (4), 5 (4), 6 (4), 7 (4), 8 (4), 9 (4), 10 (4), 11 (4), 12 (3/4), 15 (4), 21 (4)
Bierjodlgasse: 6 (1)
Boenikegasse: 1 (6), 5 (6)
Bräuhausstraße: 6a (7)
Brunnengasse: 3 (1), 4 (1), 6 (1)

Bundschuhstraße: 4 (6), 8 (6)
Bürgerspitalgasse: 2 (1), Kirche St. Blasius (1/14)
Bürgerstraße: 1 (11), 3 (10), 5 (10/11), 7 (10/11)
Burgfriedgassse: 1 (2), 3 (2), 4 (2)
Bürglsteinstraße: 2 (3/13), 4 (3/13), 6 (3/13)
Chiemseegasse: 1 (1), 3 (1), 4 (1), 5 (1), 6 (1), 8 (1)
Christian-Doppler-Straße: 4 (14), 7 (14), 8 (14), 10 (14), 12 (14)
Danreitergasse: 6 (4)
Doktorschlößlweg: 1 (2), 3 (2), 5 (2), 8 (2)
Dom: (1)
Dr.-Franz-Rehrl-Platz[7]: 1 (3/4/13), 2 (4/13), 7 (3/4/13), 8 (4/13)
Dr.-Petter-Straße: 22 (5), 24 (5)
Dreifaltigkeitsgasse: 1 (3), 3 (3), 12 (1), 13 (13), 14 (1), 15 (3/13), 16 (3), 17 (3/13), 18 (3/13), 19 (3/13), 20 (3/13)
Eichet (alte Objektnummern): 1 (9), 3 (9), 6 (9), 7 (9), 8 (9), 9 (9), 10 (9), 11 (9), 12 (9), 13 (9), 14 (9), 15 (9)
Eichstraße: 1 (4), 2 (4), 3 (4), 4 (4), 5 (4), 6 (4), 11 (4), 12 (2), 14 (2), 15 (2), 16 (2), 19 (2), 21 (2), 25 (2), 27a (2), 29 (2), 31 (2), 31a (2), 33 (3), 35 (2/12), 37 (3), 39 (3), 42 (3), 44 (3), 45 (3), 46 (3), 47 (3), 49 (3), 50 (3/12), 51 (3), 52 (3/12), 54 (3/12), 56 (3/12), 58 (3), 59 (2), 60 (3), 68 (3), 70 (2)
Elisabeth-Kai: 22 (3), 26 (3), 42 (3), 44 (3), 52 (3)
Elisabethstraße: 1 (4/8), 1a (4/8), 1b (4), 2 (4), 3 (4), 5 (3), 5a (3/11), 8 (7/11), 10 (7/11), 10a (11), 11 (3/11), 12 (7), 13 (11), 14 (7), 15 (2/11), 16 (7), 17 (2/11), 18 (7), 19 (2), 20 (1/7), 21 (2), 23 (2/11), 25 (4/11), 27 (11), 28 (1), 29 (11), 30 (1), 31 (7/11), 32 (1), 33 (7), 35 (7/11), 35a (7), 36 (1), 39 (2/8/11), 40 (1/7), 41 (1/2/7/8), 43 (1/2/11), 44 (1), 45 (1), 45a (1/2/11), 47 (1/11), 49 (1/12), 52 (3), 53 (4/11), 53a (1), 55 (1), 57 (1/8), 61 (8), 63 (3/8), 65 (3/8), 67 (1)
Emil-Kofler-Gasse: 2 (12), 7 (3), 9 (3), 17 (3), 19 (3)
Erentrudisstraße: 21 (13)
Erhardgäßchen: 3 (1), 4 (1), 5 (1), 6 (1)
Ernest-Thun-Straße: 2 (3), 3 (3), 8 (3), 10 (3), 11 (3), 13 (3)
Ernst-Grein-Straße: 16 (10)
Erzabt-Klotz-Straße: 22 (13)
Erzherzog-Eugen-Straße: 5 = DAF-Wohnbaracken (11), 9 (11), 22 (11), 24 (2/11), 25 (11), 26 (11), 29 (2), 30 (1/2), 31 (2), 32 (1), 34 (1), 35 (1/2), 36 (2), 37 (2), 39 (2), 41 (1/2)
Esshaverstraße: 4 (5), 4a (5), 6 (5)
Faberstraße: 1 (2), 2 (2/13), 4 (2/13), 6 (2/3/13), 7 (2/3), 8 (2/3), 9 (2/3), 10 (2/3/13), 11 (2/3), 12 (2/3/13), 13 (3), 15 (2/3/13), 16 (2/3), 17 (2/3/13), 18 (2/3), 20 (2/3), 20a (3), 22 (2/3), 22a (2), 22b (2), 25 (2/3), 27 (2/3), 30 (3/8)
Fabrikstraße: 1 (6), 3 (6)
Fadingerstraße: 15 (10), 17 (10)
Fanny-von-Lehnert-Straße: 4 (1/11/13), 6 (1), 8 (1), 10 (1), 21 (1), 23 (1), 25 (1), 27 (1), 29 (1), 31 (1), 33 (1)
Feldstraße: 9 (1), 18 (1), 18a (1/8), 18b (1)
Ferdinand-Hanusch-Platz[8]: 1 (13/14)
Festungsgasse: 10 (1)

Firmianstraße[9]: 1 (13), 5 (13), 6 (13), 8 (13), 9 (13), 10 (13), 11 (13), 12 (13), 13 (13), 19 (13), 21 (13)
Franz-Hattinger-Straße: 3 (12), 4 (12), 5 (12), 6 (12), 8 (12), 10 (12), 14 (12),
Franz-Hinterholzer-Kai: 2 (13), 4 (13)
Franz-Josef-Kai: 3 (3), 5 (3), 7 (3), 9 (3), 11 (1/3), 13 (1/3), 15 (1/3), 17 (1/3), 19–21 (3), 25a (3), 27 (3), 35 (3)
Franz-Josef-Straße: 1 (2/3), 2 (2/3), 3 (2/3/13), 4 (2), 5 (2/3/13), 6 (2), 7 (2/3), 8 (2), 9 (3), 10 (2/3), 11 (2/3/13), 12 (2/3/13), 13 (3), 14 (2/3/13), 15 (3/13), 16 (2/3/13), 16a (2), 17 (2/3), 18 (2/13), 19 (2/3), 20 (2/13), 21 (2/3), 22 (2), 23 (2/3), 25 (2/3), 25a (2/3), 27 (2/3), 29 (2/3), 30 (2), 31 (2/3), 32 (2), 33 (2/3), 34 (2), 35 (2/3), 37 (2), 39 (2), 41 (2), 43 (2)
Franz-Neumeister-Straße: 1 (3), 2 (3), 4 (4), 5 (2), 6 (2/4), 7 (2/4), 8 (2/4)
Franz-Schubert-Straße: 1 (11), 2 (11), 3 (11), 4 (11), 5 (11), 6 (11), 7 (11), 8 (11), 9 (11)
Freisaalgasse: 6 (1)
Fritschgasse: 2 (12/13), 4 (12/13), 6 (12/13), 8 (12/13), 10 (12/13), 12 (12)
Fürbergstraße: 1 (4), 2 (4), 2a (4), 3 (4), 4 (4), 5 (4), 6 (4), 8 (4), 32 (3), 36 (3), 38 (3), 40 (3), 42 (3), 46 (3), 50 (3), 52 (2), 53 (2), 54 (2), Sieben Baracken Umsiedlerlager (2), Vier Baracken Umsiedlerlager (11)
Fürstallergasse: 1 (2), 2 (2), 3 (2), 5 (2), 7 (2), 9 (2), 10 (2), 11 (2), 12 (2), 16 (2), 22 (2), 24 (2), 26 (2), 28 (2)
Fürstenallee: 5 (2), 7 (2)
Gabelsbergerstraße: 12 (2/3/13), 14 (2/3/12), 15 (2/12), 16 (3/12), 17 (2/12), 18 (3/12/13), 19 (12/13), 20 (3/12), 21 (12/13), 22 (2/3/12/13), 23 (12/13), 24 (3/12/13), 25 (12/13), 26 (12/13), 27 (3/12/13), 30 (2/12), 32 (2/12), 36 (3/4/12)
Gablerstraße: 9 (12/13), 10 (12/13)
Gaglhamerweg: 19 (8)
Gailenbachweg: 2 (4), 3 (4), 4 (4)
Gaisbergstraße[10]: 1 (2), 7 (4/10), 8 (4), 9 (10), 11 (2), 13 (2), 15 (2), 15a (2), 20 (2), 25 (2), 26 (2), 27 (2), 31 (12), 32 (2), 33 (2/12), 34 (2), 35 (2), 36 (2), 37 (2), 44 (2), 48 (2)(3), 49 (2), 55 (2), 57 (2), 59 (2), 61 (2)(3), 65 (2), 67 (2), 69 (2)
Gällegasse: 8 (6), 10 (6)
Gännsbrunnstraße: 1 (13), 6 (13), 10 (13), 12 (13)
Ganshofstraße: 5 (7), 13 (7), 15 (7)
Gärtnerstraße: 17 (3), 18 (3), 23 (3), 25 (3)
Gaswerkgasse: 3 (14), 6 (14), 6a (14), 8 (14), 9 (14), 14 (14), 16 (14), 17 (14), 20 (14), 22 (14)
Getreidegasse[11]: 31 (14), 33 (14), 34 (14), 35 (14), 36 (14), 37 (14), 38 (14), 39 (14), 40 (14), 42 (14), 43 (14), 44 (14), 45 (14), 46 (14), 47 (14), 48 (14), 50 (14), 52 (14), 54 (14), 56 (1)
Giselakai[12]: 3 (13), 23 (1/2/13), 25 (2/13), 27 (2/13), 29 (1/2/13), 31 (1/2/13), 33 (1/3/13), 35 (1/3/13), 37 (13), 39 (4/13), 41 (13), 43 (13), 45 (13), 47 (3/4/13), 49 (4/13), 51 (1/4/13), 53 (4)
Glanhofen: 2 (11), 3 (11), 4 (11), 5 (11), 6 (11), 7 (11)
Glaserstraße: 6 (2), 8 (2), 22 (10)
Glockengasse: 1 (10), 3 (13), 5 (13), 10 (13), 12 (13)
Glockengießerstraße: 2 (7), 4 (7), 6 (7), 8 (7)
Gneiserstraße: 6 (7), 8 (13), 22 (13)
Gniglerstraße: 5 (1/4/10/11), 7 (4), 10 (4), 11 (3), 12 (1), 13 (1/10), 15 (1/4/10), 16 (1), 17 (1/4/6/10), 18 (1), 20 (10), 23 (10), 25 (10), 27 (1/6), 29 (1/6), 30 (6), 31 (1/6), 32 (6), 33 (6), 35 (1/6/10), 37 (1/6), 39 (1/6), 41 (1/6), 43 (4), 45 (4/6), 47 (4/6), 49 (4/6), 53 (6), 55 (4/6), 57 (6)
Göllstraße: 4 (3), 5 (3), 7 (3)

Grabenbauernweg: 2 (2), 20 (2)
Grazer Bundesstraße[13]: 1 (12), 2 (12), 3 (12), 5 (12), 6 (12), 7 (12), 9 (12), 11 (12), 13 (12), 15 (12), 17 (12), 19 (12), 24 (2), 26 (2)
Griesgasse: 1 (13), 2 (14), 4 (14), 5 (13), 6 (14), 7 (13), 8 (1), 10 (1), 11 (13), 13 (13), 17 (13), 19 (13), 23 (1), 25 (1/14), 27 (1/14), 29 (1/14), 31 (1/14), 33 (1/14), 35 (1/14), 37 (1), 39 (1)
Grillparzerstraße: 1 (3), 2 (3/13), 7 (3), 8 (3), 9 (3), 10 (3), 11 (3), 13 (3), 14 (3/11), 16 (3/13)
Gstättengasse: 1 (1), 2 (1), 3 (1), 4 (1), 5 (1), 6 (1), 7 (1), 8 (1), 9 (1), 10 (1), 11 (1), 12 (1/3), 13 (1), 14 (1/3), 15 (1), 17 (1), 19 (1), 21 (1), 23 (1), 25 (1), 27 (3), 31 (1), 33 (1), 35 (1), 37 (1)
Guetratweg: 6 (13), 8 (13), 10 (13), 15 (13), 18 (13), 24 (13)
Guggenmoosstraße: 2 (4), 5 (4)
Güterhallestraße: 1 (6/10/11), 2 (10), 3 (6/10/11), 5 (6/10/11)
Gyllenstormstraße: 7 (2), 9 (2)
Hagenaustraße: 13 (2)
Hagmüllerstraße: 1 (2)
Haimlgasse: 1 (7), 3 (7)
Hans-Prodinger-Straße[14]: 1 (3), 3 (3/4), 3a (3), 5 (3/4), 7 (3/4), 9 (3/4), 11 (3/4), 13 (3/11), 15 (3), 19 (3/12)
Hartlebengasse: 2 (6), 4 (6), 6 (6)
Haunspergstraße: 17 (11), 24 (11), 27 (11), 32 (11), 34 (7/11), 35 (7), 36 (7), 38 (7/11), 39 (7), 40 (7), 41 (7), 42 (7), 44 (7), 45 (11), 46 (7), 48 (7), 50 (7)
Haydnstraße: 2 (2/3/13), 3 (2/3), 4 (2/3/13), 5 (2/3/13), 6 (2/3/13), 7 (3), 8 (2/3), 9 (2/3), 10 (2), 12 (2/3), 13 (2), 14 (3), 16 (2/3), 18 (2/3/13), 24 (2), 26 (2/3)
Heinrich-Haubner-Straße: 6 (3), 8 (3), 9 (3), 10 (3)
Hellbrunner Allee: 53 (13)
Hellbrunner Straße: 16 (14)
Herrengasse: 3 (1), 10 (1), 12 (1), 18 (1), 22 (1), 24 (1), 26 (1), 28 (1), 28a (1), 30 (1), 32 (1)
Hofhaymer Allee: 18 (14), 28 (14)
Hubert-Sattler-Gasse: 1 (13), 2 Andräkirche (3/13), 3 (2/13), 5 (3), 5 (2/13), 6 (2/3), 7 (2/13), 8 (2/3/13), 9 (13), 10 (2/3/13), 12 (2/3), 13 (13), 15 (13)
Ignaz-Harrer-Straße: 7 (3/14), 24 (3), 31 (5), 33 (5), 39 (5), 43 (5), 45 (5), 46 (5), 47 (5), 78 (4), 80 (4), 80a (4), 82 (4), 84 (4), 94 = Russenlager (2)
Ignaz-Härtl-Straße: 2 (3), 11 (3), 13 (3)
Ignaz-Rieder-Kai: Barackenlager (4),Volksgartenrestauration (4), Sauna (4), 51 (4), 53 (4)
Imbergstraße: 2 (3), 6 (1/2/13), 8 (1/2/13), 9 (3), 10 (2/13), 12 (1/2/13), 13 (3), 14 (1/2/13), 16 (1/3/13), 18 (1/3/13), 22 (1), 23 (2/4), 25 (2), 26 (1), 31 (1/4), 33(4)
Innsbrucker Bundesstraße[15]: 34 = Baracke der DAF (2), 33 (2), 51 (7), 53 (7), 55 (7), 57 (7), 58 (3), eine Flugzeughalle (7)
Ischlerbahnstraße: Deckungsgraben (1), 1 (3), 3 (1/3), 5 (1/2), 7 (1), 9 (1), 11 (1), 13 (1), 15 (3), 19 (10), 21 (10), 23 (10)
Itzlinger Hauptstraße: 1 (1/2), 2 (1), 3 (1/2), 4 (1), 5 (1), 6 (1/2), 7 (1/2/8), 8 (1/8), 9 (1/2), 10 (1/2/8), 11 (1/2/8), 12 (1/2), 13 (1/11), 14 (1/8), 15 (1/11), 16 (1), 16a (1), 17 (1/2/11), 18 (1/8/11), 19 (1/2/11), 20 (1/2), 21 (8), 21a (1/2/11), 22 (1/2), 22a (1), 23 (1), 24 (1), 25 (1), 26 (1), 27 (1), 28 (1), 32 (1), 34 (1/2/8/10), 34a (2/8/10), 34b (2/10), 36 (1/2), 38 (2), 39 (1/2), 40 (2), 41 (2), 42 (2), 43 (2), 43a (2), 45 (2), 46 (2), 46a (2), 51 (2), 61 (2), 65 (2)
Itzlinger Pfarrkirche: (10)
Jahnstraße: 12 (11), 13 (7/11), 14 (11), 15 (7), 17 (7), 22 (7)

Joachim-Haspinger-Straße: 3 (14), 5 (14), 7 (14), 9 (14)
Jodok-Fink-Straße: 5 (7), 9 (7)
Johannes-Freumbichler-Weg: 31 (3/12), 37 (3)
Josef-Mayburger-Kai: 24 (3), 28 (3), 30 (3/12), 32 (3), 34 (3), 36 (3), 38a (7), 40 (7), 42 (7), 44 (7), 46 (7), 50 (2/7), 50a (2/7), 52 (2/7), 54 (2/7), 56 (2), 60 (2), 62 (2), 64 (2), 66 (2), 68 (2), 74 (2), 80 (2), 92 (2/11), 96 (2), 98 (2/11), 104 (11), 106 (11), 108 (11), 110 (2), 114 (11)
Josef-von-Eichendorff-Straße: 1 (13), 5 (13)
Josef-Waach-Straße: Zwei RB-Baracken (12), 1 (12), 2 (12), 3 (12), 4 (12), 5 (12), 6 (12), 11 (6/12), 13 (6/12/15), 14 (15), 16 (15)
Judenbergweg: 15 (13), 25 (13)
Julius-Haagn-Straße: 8 (11), 9 (11), 10 (11)
Kaigasse: 1 (1), 2 (1/3), 3 (1), 7 (1), 8 (1), 9 (1), 10 (1), 11 (1), 12 (1), 13 (1), 14 (1), 15 (1), 17 (1), 18 (1), 19 (1), 20 (1), 21 (1), 22 (1), 23 (1), 25 (1), 26 (1), 27 (1), 28 (1), 29 (1), 30 (1), 31 (1), 32 (1), 33 (1), 34 (1), 35 (1), 36 (1), 37 (1), 38 (1), 39 (1), 40 (1), 41 (1), 43 (1)
Kaiserschützenstraße: 2 (7)
Kajetanerplatz: 1 Lazarett I (1), 3 (1), 4 (1), 5 (1)
Kapellenweg: Fünf Behelfsheime (2)
Kapitelgasse: 2 (1), 4 (1), 5 (1), 6 (1), 9 (1), 11 (1)
Kapuzinerberg[16]: 8 (4), 8a (4), 9 (3)
Karl-Höller-Straße: 6 Wirtschaftsgebäude (2)
Karl-Wurmb-Straße: Feldpostbaracken (3), 1 (7), 4 (10), 4a (7)
Käutzlgase: 3 (4), 5 (4/6), 7 (4/6)
Keilgasse: 2 (1/8), 3 (1), 5 (1), 7 (1), 8 (1)
Kendlerstraße: 32 (2)
Kirchenstraße[17]: 3 (2/10), 6 (1/2), 14 Baracke (2), 30 (10), 32 (10)
Kleienmayrngasse: 5 (3), 6 (3)
Kleingmain: Baracken des Wehrkreis-Sanitäts-Parks XVIII (13)
Kleßheimer Allee: 8 (4)
König-Ludwig-Straße: 2 (13), 3 (13)
Körblleitenstraße: 1 (4), 2 (4)
Kreuzbergpromenade: 1 (3), 10 (13), 12 (13), 13 (13), 15 (13), 17 (13), 23 (13), 23a (13), 32 (13), 34 (13), 39 (13), 41 (13)
Kreuzbrünndlgasse: 3 (5)
Kreuzmühlstraße: 7 (2)
Kreuzstraße: 2 (1), 2a (1), 3 (1), 4 (1), 6 (1), 8 (1), 9 (1), 10 (1/2), 11 (1), 12 (1), 13 (1/2), 13a (1), 14 (1/2), 15 (1), 16 (1/2), 17 (1), 19 (1), 19a (1), Luftschutzbunker (1)
Krotachgasse: 1 (1), 2 (1), 3 (1), 5 (1), 7 (1)
Kuenburgstraße: 3 (4), 5 (4)
Kühbergstraße: 8 (2), 10 (2), 14 (2), 18 (2/14), 19 (2), 21 (2), 23 (2), 25 (2), 27 (2), 50 (2/3), 52 (3)
Lagerhausstraße: 10 (6/10/11), 13 (11), 15 (10), 17 (10), 18 (10/11), 20 (11)
Laimgrubenstraße: 5 (7)
Lamberggasse: 7 (2), 15 (8)
Landhausgasse: 2 (13), 3 (1/13)
Landstraße: 3 (13), 5 (13)

Landsturmstraße: 3 (11), 7 (8), 15 (11), 16 (11), 18 (11), 20 (11), 22 (11)
Langmoosweg: 5 (10), 7 (10), 9 (10), 11 (10), 12 (10), 15 (10), 17 (10), 19 (10)
Lasserstraße: 2 (11/13), 2a (2/12/13), 4 (2/12/13), 5 (2/12), 6 (2/3/12/13), 7 (2/12/13), 8 (2/3/12/13), 9 (2/12/13), 10 (2/12), 11 (2/12/13), 12 (2/11/12), 13 (12/13), 14 (2/12/13), 15 (11), 16 (2/3/12), 17 (12/13), 18 (2/3/12), 19 (12), 20 (2/3/12), 21 (12), 22 (2/3/12), 23 (12), 24 (2/3/12), 25 (2/12), 26 (2/3/12), 27 (2/12), 28 (3/12), 29 (12), 30 (2/12), 31 (2), 32 (2/3/12), 33 (2/12), 35 (2/12/14), 37 (2), 39 (2), 42 (2), 44 (2), 45 (2/3), 46 (2)
Lastenstraße: 6 (11), 20 (11)
Leopold-Pfest-Straße: 1 (12), 2 (12), 5 (12), 6 (12)
Leopoldskronstraße: 56 (13), 58 (13)
Lessingstraße: 1 (3), 2 (4/11), 3 (3), 4 (4/11), 6 (3/4/(11), 7 (4)
Linzer Bundesstraße: 2 (3), 3 (3), 4 (3/12), 6 (3), 12 (3/4), 12a (4), 14 (3), 15 (3/4), 16 (3), 17 (4/6), 18 (3), 19 (3/10/12), 20 (3), 21 (12), 22 (10/12), 24 (10), 24a (12), 26 (6/12), 27 (6/12), 28 (6/12), 29 (6/12), 30 (6/12), 34 (6/12), 35 (6/12), 36 (12), 37 (6/12), 38 (6/12), 39 (12/15), 40 (6/12), 41 (12/15), 42 (6/12), 43 (12), 44 (6/12/15), 45 (6/12), 46 (6/12/15), 47 (12), 48 (6/12/15), 49 (6), 50 (6/12/15), 51 (6/15), 52 (6/12/15), 53 (6/15), 54 (6/12), 55 (15), 56 (12), 57 (6/15), 58 (12), 59 (6/15), 60 (6/12), 61 (6), 62 (6), 63 (6), 64 (6), 66 (6), 67 (6), 68 (6), 70 (6), 72 (6), 74 (6), 88 (6), 90 (6), 90a (6), 91 (6), 92 (6), 93 (6), 94 (6), 95 (6), 96 (6), 98 (6), 99 (6), 100 (6)
Linzer Gasse: 7 (4), 11 (2), 13 (2), 15 (2/4), 17 (2/4), 19 (2), 20 (4), 21 (2), 22 (4), 23 (2/4), 24 (2/4), 25 (4), 26 (2/4), 27 (2/4), 28 (2/4), 29 (2/4), 30 (2), 31 (4), 32 (2/4), 33 (4), 34 (4), 35 (4), 36 (4), 37 (4), 38 (4), 39 (4), 40 (4), 41 (4), 44 (4), 46 (4), 47 (2), 48 (4), 50 (4), 52 (4), 53 (13), 55 (2), 72 (2/13), 74 (2)
Löschgasse: 1 (11), 3 (11), 4 (11), 5 (11), 6 (11)
Ludwig-Zeller-Weg: 11 (2)
Makart-Kai: Vier Pionierbaracken (3), 19 (2)
Makartplatz: 1 (1), 2 (1), 3 (13), 4 (1), 5 (13), 6 (1), 7 (1), 8 (1)
Markus-Sittikus-Straße: 1 (2/3), 1a (3), 3 (2/3), 5 (2/3), 9 (2/3), 10 (2/3), 11 (2/3), 12 (3), 13 (2), 14 (2), 15 (2), 16 (2), 17 (2/3), 18 (2), 19 (2), 20 (2/3), 21 (2), 23 (2/3)
Max-Ott-Platz: 1 (3), 2 (3), 3 (3), 4 (3)
Maxglaner Hauptstraße: 44 (2), 52 (2), 53 (2), 54 (2), 55 (2), 61 (7), 65 (7), 67 (7), 68 (7), 69 (7)
Maximiliangasse: 3 (2), 4 (2), 5 (2/3)
Maxstraße: 27 (?)
Meierhofweg: 13 (6/14), 15 (6/14)
Mertensstraße: 5 (3), 9 (3), 11 (3), 16 (3), 18 (11), 20 (11)
Mildenburggasse: 1 (3), 2 (3), 4 (3), 9 (3)
Minnesheimstraße: 2 (3/12), 4 (3/12), 5 (3/12), 11 (3/12), 15 (3/12), 17 (3/12), 19 (3/12), 31 (3), 33 (3/12), 35 (3)
Mirabellplatz: Andräkirche (3/13), 2 (2/3/13), 3 (2/3), 4 (2/3/13), 5 (2/3/13), 6 (2/3/13), 7 (2/3/13), 8 (2/13), 9 (2/3/13), 10 (3/13), 11 (3/13), 12 (3/13)
Mittelstraße: 2 (10), 3 (1), 4 (1/10), 5 (1)
Mitterhofstraße: 6 (1/3/10/11/14)
Mönchsberg: Restauration Elektrischer Aufzug (1), Bürgerwehrsöller (1), Sendermast (1), 8 (14), 9 (14), 10 (14), 11 (14), 18 (2), 19 (?), 24 (3), 26 (1), 27 (?)
Moosbauernstraße: 2 (1), 4 (1), 6 (1), 8 (1), 10 (1), 12 (1), 14 (1), 16 (1), 18 (1), 20 (1)
Mooslechnerstraße: 4 (8), 6 (8)

Moosstraße: 143 (9), 145 (9), 147 (9), 151 (9), 153 (9), 176 (9), 178 (9), 180 (9), 182 (9), 184 (9), 186 (9), 188 (9)
Morzgerstraße: 18 (13), 21 (13), 23 (13), 25 (13), 26 (13), 27 (13), 28 (13), 29 (13), 31 (13), 32 (13), 34 (13), 36 (13), 38 (13), 38a (13), 38b (13), 38c (13), 38d (13), 40 (13), 42 (13), 69 (1)
Moserstraße: 5 (7), 9 (7), 10 (7), 11 (7), 12 (7), 13 (7), 14 (7), 15 (7), 17 (7), 19 (7), 21 (7)
Mozartplatz: 1 (1/3), 10 (1)
Mühlbachgasse: 10 (?)
Muhrgasse: 11 (2)
Müllner Hauptstraße: 17 (1), 33 (3), 36 (3), 48 (3), 70 (2), Müllner Kirche (1)
Müllner-Steg: (14)
Nesselthalerstaße: 5 (3), 10 (3)
Neuhauserstraße: 1 (10), 12 (2), 14 (2), 16 (2), 19 (2/3), 20 (2/3), 21 (2/3), 22 (2/3), 23 (2), 24 (2), 25 (2), 26 (2), 27 (2), 28 (2), 29 (2), 30 (2), 31 (3)
Nikolaus-Kronser-Straße: 1 (7), 1a (7), 3 (7), 4 (7)
Nikolaus-Lenau-Gasse: 1 (14), 3 (14), 5 (14), 7 (14)
Nonnberggasse: 2 (1), 6 (1), 8 (1), 10 (1), 14 (1)
Nonnbergstiege: 1 (1), 2 (1), 3 (1), 4 (1), 5 (1), 6 (1), 7 (1), 8 (1)
Nonntaler Hauptstraße: 11 (13), 12 (1), 13 (1), 15 (1/13), 17 (13), 19 (13), 23 (13), 25 (13), 26 (13), 27 (1), 28 (1), 29 (1), 30 (1), 32 (1), 32a (1)
Nußdorferstraße: 3 (7), 5 (7), 5a (7), 9 (7), 10 (7), 11 (7), 12 (7), 14 (7), 18 (7)
Offingerweg: 7 (1), 11 (1), 12 (1), 14 (1), 16 (1)
Otto-Nußbaumer-Straße: 7 (1), 9 (2), 11 (8), 12 (1/8), 13 (1/8), 14 (1/8), 17 (1/8), 18 (1/8), 19 (1), 20 (1/8), 22 (1)
Paracelsusstraße: Baracken des Heeres-Sanitätsparks (3), 1 (3), 2 (2/3), 3 (2), 4 (2/3/13), 5 (2/13), 6 (2/12), 7 (2/3), 8 (2/3/12), 9 (2/3), 10 (12), 11 (12), 12 (3/12), 13 (12), 14 (3/12), 16 (12)
Paris-Lodron-Straße: 1 (2/13), 2 (2/3/13), 3 (2/3), 3a (2/13), 4 (2/13), 5 (2/13), 6 Loreto (2), 7 (2), 8 (4/13), 8a (2/13), 9 (2), 10 (2/13), 11 (2/3), 12 (2/13), 13 (2/3), 15 (2/3), 16 (2/3), 17 (2/3), 19 (2), 21 (2)
Pausingerstraße: 3 (3), 5 (3), 6 (3), 7 (3), 9 (3), 11 (13)
Petersbrunnstraße: 6a (1), 14 (1)
Pfarrweg: 3 (3)
Pfeifergasse: 1 (1), 2 (1), 3 (1), 4 (1), 5 (1), 6 (1), 7 (1), 8 (1), 9 (1), 10 (1), 11 (1), 12 (1), 13 (1), 14 (1), 15 (1), 16 (1), 17 (1), 18 (1)
Pflanzmannstraße: 11–13 (14)
Plainstraße[18]: 1 (3/11), 2 (11), 4 (3), 5 (4), 6 (3), 7 (3), 8 (3), 9 (3), 10 (3), 11 (3), 12 (3), 13 (3), 14 (3), 18 (11), 20 (11), 24 (11), 26 (3/11), 27 (3/11), 28 (11), 29 (3), 30 (3/11), 31 (3), 32 (11), 33 (3/11), 35 (3), 36 (7/11), 37 (3), 38 (7/11), 40 (7/11), 41 (11), 42 (7/8/11), 43 (11), 44 (7/8/11), 45 (7/11), 46 (7/8), 47 (7/11), 48 (7/8), 49 (7/11), 50 (7/8), 51 (7/11), 52 (7/8), 54 (7/8), 55 (7/11), 55a (7), 56 (7/8), 57 (7), 58 (7/8), 59 (7), 61 (7), 63 (7), 65 (7), 67 (7), 70 = Remise (1/2/7/11), 71 (11), 74 (2/11/12), 85 (1/2/11/12), 87 (2/11/12), 89 (2/11/12), 93 (11), 100 (11), 101 (11), 111 (11), 113 (11), 115 (11), 117 (11), 141 (11)
Platzl: 2 (3)
Poschingerstraße: 1 (6/10), 2 (10), 3 (6/10/11), 4 (10), 5 (6/10/11), 7 (6/10/11), 8 (6/11), 10 (6/10/11), 11 (6/10/11), 12 (6/10/11), 13 (6/10/11)
Prähausenweg: 2 (7), 4 (7), 6 (7)
Priesterhausgasse: 8 (4), 10 (4), 12 (4), 14 (3/4), 18 (3), 20 (3)

Purtschellergasse: 12 (11)
Rainerstraße: 2 (3/13), 3 (3/13), 4 (3/13), 5 (3/13), 6 (3/13), 7 (3/13), 8 (3/13), 10 (3/13), 12 (3/14), 13 (3), 14 (3/8), 17 (3/4/8/12), 19 (3/8), 25 (2/3/7/11)
Rauchenbichlergasse: 2 (2)
Reichenhaller Straße: 12 (7), 19 (7)
Reisenbergerstraße: 1 (10), 2 (3), 3 (10), 4 (10), 7 (3/12), 9 (3/12), 11 (3/12), 13 (3/12), 15 (3/12), 17 (3/12), 18 (3/12), 19 (3), 20 (3/12), 22 (3/12), 23 (3), 24 (3/12), 25 (3/12), 26 (12)
Reitgutweg: 1 (13), 2 (13), 5 (13), 10 (13), 11 (13), 13 (13), 14 (13), 16 (13)
Rennbahnstraße: 7 (3), 8 (4), 9 (3), 10 (3), 11 (3), 13 (3), 14 (4), 16 (3), 17 (3), 19 (3), 23 (3)
Rettenlackstraße: 2 (6)
Rettenpacherstraße: 14 (3), 22 (3), 24 (3), 29 (10), 31 (10), 33 (10), 35 (10)
Riedenburger Straße: 17 (3)
Robinigstraße[19]: 35 (6), 40 (6), 45 (6)
Rochusgasse: Rochuskaserne (2)
Röcklbrunnstraße: 2 (3), 4 (3/4), 6 (3/4), 29 (6), 31 (6), 33 (6), 60 (4)
Römergasse: 10 (3), 12 (3), 13 (3), 14 (3), 15 (3), 45 (2)
Rosittengasse: Baracken des Heimatpferde-Lazaretts XVIII (13)
Rudolf-Spängler-Straße: 9 (7), 10 (7), 11 (7), 12 (7), 14 (7), 16 (7) , 18 (7)
Rudolfskai: 2 (13), 4 (13), 6 (13), 10 (13), 14 (13), 16 (13), 18 (13), 20 (13), 22 (13), 24 (13), 26 (13), 28 (13), 30 (13), 32 (13), 34 (13), 38 (1), 40 (1), 42 (13), 44 (1/13), 46 (1), 48 (1), 50 (1), 52 (1), 54 (1)
Rupertgasse: 3 (13), 6 (3/11), 7 (11), 8 (3/11), 9 (12), 10 (3), 11 (4), 12 (3), 13 (3/11), 14 (3), 15 (3/11), 16 (3), 17 (4/12/13), 18 (3), 19 (4/13), 20 (3/12), 21 (3/13), 22 (13), 23 (3), 24 (13), 25 (3), 29 (4)
Saint-Julien-Straße: 2 (2), 6 (4), 12 (3), 16 (3), 17 (3), 18 (3), 21 (3), 22 (2), 23 (3/12), 24 (2)
Salzachgäßchen: 1 (3), 3 (3), 4 (3), 6 (3)
Salzburger-Schützen-Straße[20]: 5 (1/8), 11 (1/2), 13 (1/2/8/11), 15 (1/2/8/10/11), 17 (1/2/8/10/11)
Samergasse: 4 (6), 6 (6), 12 (6), 18 (1/6)
Samstraße: 18 (10), 30 (10)
Santnergasse: 26 (13)
Schallmooser Hauptstraße: 1 (2), 3 (2), 7 (13), 10 (10/13), 10a (13), 12 (13), 14 (13), 16 (13), 18 (13), 19 (3), 20 (13), 21 (3), 22 (13), 24 (3), 26 (3), 27 (3), 28 (3), 29 (3), 30 (3), 30a (3), 31 (3), 32a (3/13), 33 (3), 35 (3/13), 37 (3/13), 38 (13), 40 (13), 41 (3), 43 (3), 44 (13), 46 (13), 48 (13), 50 (13), 52 (13), 54 (13), 55 (3), 58 (12/13), 67 (13), 69 (13), 71 (12/13), 73 (12/13), 75 (13), 85 (12/13), 89 (12/13), 91 (12/13), 93 (12/13), 95 (12/13), 97 (12/13)
Scherzhauserfeldsiedlung: Block C 3 Nebengebäude (5)
Schillerstraße: 1 (11), 2–4 (8/11), 3 (11), 3a (11), 7 (11), 7a (11), 9 (11), 11 (11), 13 (11), 14 (11), 15 (11), 16 (11), 17 (11), 19 (11), 20 (11), 21 (11), 22 (11), 23 (11), 24 (11), 31 (11)
Schillinghofstraße: 1 (12/15), 2 (12/15), 4 (6/12/15), 5 (12/15), 6 (6/12/15), 8 (15), 9 (12), 10 (6/15), 14 (6/12/15), 16 (6/15), 21 (6), 23 (6), 24 (6), 25 (6), 26 (6), 27 = RB-Wohnbaracken (6/10/15), 29 (6), 30 (6), 32 (6), 36 (3/6/15), 38 (6/10/15), 40 (6/10), 42 (6/10), 44 (6/10), 46 (10)
Schleiferbachweg: 7 (10)
Schloßstraße: 6 (2), 8 (2), 10 (2), 12 (2), 14 (2), 14a (2), 16 (2), 18 (2), 22 (2), 26 (3), 28 (3), 38 (14), 40 (14)
Schmiedingerstraße: 30 (1)

Schrannengasse: 1 (2/3/13), 2 (2/13), 3 (2/3/13), 4 (2/13), 5 (2/3/13), 6 (2/13), 7 (3), 8 (2), 9 (3), 10 (2), 10a (2), 11 (2), 12 (2/13), 13 (2/13), 14 (2), 15 (2), 17 (13)
Schulstraße: 3 (12), 5 (12), 7 (12), 9 (12), 11 (12)
Schwarzparkstraße: 10 (10)
Schwarzstraße[21]: 3 (3), 4 (3), 5–7 (1/3), 8 (3), 9 (4), 11 (3), 12 (3), 14 (3), 16 (1), 21 (3), 23 (3/14), 26 (3), 27 (3), 29 (3), 30 (3), 31 (3), 32 (3), 33 (3), 35 (3), 41 (3), 43 (3), 45 (3), 46 (3), 47 (3), Ev. Christuskirche (3)
Sebastian-Stief-Gasse: 1 (1), 2 (1), 4 (1), 5 (1), 12 (1)
Seeauergasse: 1 (7), 5 (7)
Siedlerstraße: 1 (15), 3 (15), 4 (15), 5 (15), 6 (15), 7 (15), 9 (15)
Siezenheimerstraße: 9 (7)
Söllheimer Straße: 16 (10)
Sonnleitenweg: 1 (13), 9 (13), 12 (3)
Sportplatzstraße: 3 (10), 5 (10)
Stabauergasse: 2 (1)
Stadlhofstraße: 5 (10), 6 (10), 8 (10), 10 (10), 13 (13)
Stauffenstraße: 1 (11), 7 (3/11), 8 (3/11), 8a (3), 9 (3/11), 9a (3), 10 (3), 11 (3), 12 (11), 13 (3/11), 14 (11), 15 (3/11), 15a (11), 16 (11), 17 (2/11), 18 (2/3), 19 (2)
Stegerstraße: 9 (2), 14 (2)
Steingasse: 19 (4), 21 (4), 32 (3/4), 34 (3), 35 (3), 36 (3), 37 (3), 42 (4), 43 (4), 44 (4), 45 (4), 46 (2), 47 (2/4), 49 (2), 51 (2/4), 69 (1)
Steinhauserstraße: 7 (?), 15 (3), 21 (6), 23 (1/6), 27 (1), 31 (1)
Stelzhammerstraße: 1 (3), 2 (3), 3 (2), 4 (2), 5 (2/12), 6 (2/12), 7 (2), 8 (2/12), 9 (3/12), 10 (11), 11 (2/12), 12 (2/3/11/12), 14 (2/12)
Sterneckstraße: 1 (3/12), 3 (3), 5 (12)
Sterngäßchen: 6 (14)
Stiegl-Gäßchen[22]: 2 (1)
Stockerweg: 1 (7), 3 (7)
Straubingerstraße: 14 (7), 19 (7), 21 (7), 23 (7)
Strubergasse: 3 (5), 4a (14), 6 (14), 8 (14), 9 (14), 10 (14), 12 (14), 12a (14), 14 (14), 16 (14)
Südtirolerplatz: Die Gebäude im Bahnhofsbereich wurden fast bei jedem Angriff beschädigt. Besonders schwere Gebäudeschäden entstanden bei den Angriffen Nr. 2, 3, 7 und 10.
Sylvester-Oberberger-Straße: 3a (7), 7 (7), 9 (7), 10 (7), 11 (7), 12 (7/11), 13 (7), 14 (7)
Sylvester-Wagner-Straße: 1 (10/11), 3 (10/11), 5 (1/6/10/11), 15 (6)
Teisenberggasse: 6 (7), 8 (7)
Theodebertstraße: 2 (2/11), 3 (1), 4 (2/11), 5 (1/8), 6 (11), 8 (1), 9 (8), 10 (8/11), 11 (8), 12 (11), 13a (8), 14 (8/11), 15 (1/8), 16 (1/11), 17 (1/8), 18 (1/8/11), 19 (1/8), 20 (1/8/11), 21 (1), 22 (1/8/11), 23 (1), 24 (1/8/11)
Theodor-Körner-Straße: DAF-Baracken (2/11), 4 (11), 6 (11), 11 (11)
Thumeggerstraße: 6 (7), 8 (7)
Traunstraße: 37 (2)
Trautmannstraße: 1 (7), 3 (7), 5 (7)
Turnerstraße: 1 (12), 2 (12), 4 (12), 6 (12/15), 8 (15), 9 (12/15), 10 (12/15), 11 (12/15), 11a (12), 12 (12), 13 (12/15), 14 (15), 15 (12/15), 16 (12), 18 (12), 20 (12), 21 (12/15)
Unpildgasse: 6 (2)

Ursulinenplatz[23]: 2 (1), 3 (1), 4 (1), 6 (1), 7 (1), 8 (1), 10 (1)
Viaduktgasse: 1 (10)
Vierthalerstraße: 2 (2), 3 (2), 4 (2), 5 (2), 7 (2), 11 (3)
Villagasse: 1 (2)
Vinzenz-Maria-Süss-Straße: 1 (7), 1a (11), 9 (11), 11 (11)
Virgilgasse: 1 (3), 2 (3), 7 (3), 8 (3), 9 (3), 10 (3), 13 (3)
Vogelweiderstraße: 9 (13), 11 (13), 31 (11), 33 (3), 40 (4), 41 (6), 42 (4), 43 (4), 49 (14), 57a (4), 57b (4), 58 (11), 62 (4), 64 (4), 66 (4), 69 (6), 69a (6), 71 (6), 71a (6), 73(6) 74 (4/6), 78 (1/6/10), 80 (6/11), 82 (6/11), 84 (6/11), 86 (6), 87 (6), 88 (1), 89 (10/11), 90 (1), 91 (10/11), 92 (10), 93 (11), 94 (6), 95 (6/10/11), 96 (6/10/11), 97 (6/10/11), 98 (6/11), 99 (6/10/11), 100 (11), 101 (6/10/11), 102 (6/10/11), 103 (6/10/11), 104 (6/10/11), 112 (11), 116 (6/10), 118 (6), 120 (6/10), 122 (6)
Volksgarten: Sechs Wohnbaracken, drei Wohnwagen, eine Wirtschaftsbaracke (4)
Wartelsteinstraße: 3 (3), 8 (3), 9 (3), 12 (3)
Warwitzstraße: 6 (6/15)
Wehrgasse: 1 (4), 7 (7), 8 (7), 9 (7), 10 (7), 11 (7), 11a (7), 12 (7), 13 (7), 14 (7)
Weiher-Wiesbachstraße: 6 (2), 8 (2)
Weiserstraße: 1 (2), 1a (2), 3 (2/4), 3a (2), 3b (2), 3c (2), 3d (2), 5 (?), 7 (8/13), 7a (1/3/13), 8 (3/13), 9 (1/3), 10 (3/13), 11 (3), 12 (?), 12a (?), 13 (3), 14a , 15 (3/13), 16 (3), 17 (3/11), 18 (1/11/13), 19 (3/13), 20 (1/3/11), 20a (1), 21 (10), 24 (1/13), 26 (1/13), 28 (13)
Weitmoserstraße: 3 (3), 5 (12), 7 (12) , 9 (2/12)
Weizensteinstraße: 3 (7), 4 (7), 5 (7), 7 (7)
Werkstättenstraße: 4 (1), 5 (1), 6 (1), 7 (1/2), 7a (1/2), 8 (1), 10 (1/2), 12 (1), 14 (1), 16 (1), 17 (1), 18 (1)
Widmannstraße: 4 (3), 6 (3)
Wildenhoferstraße: 4 (11), 6 (11), 10 (6/11),
Willibald-Hauthaler-Straße: 8 (2), 9 (3), 11 (1/3), 12 (3)
Winkelgasse: 1 (1), 5 (1), 7 (1)
Wolf-Dietrich-Straße: 2 (13), 4a (3), 5 (2/3), 7 (3), 9 (3), 10 (2), 12 (2/13), 13 (2), 14 (2/3/13), 15 (2) 16 (2/13), 17 (2), 18 (13), 19 (2/3), 20 (13), 21 (2), 22 (13), 23 (3/13), 25 (13), 27 (13), 31 (13), 33 (2/13), 35 (2/3) , 37 (2/3), 39 (2/3), 41 (2)
Wolfsgartenweg: 27 (2), 29 (2)
Wüstenrotstraße: 1 (12), 3 (12/15), 5 (12/15), 6 (12/15), 7 (12), 8 (12/15), 9 (12/15), 10 (12/15), 11 (12/15), 11a (12), 12 (12), 14 (12/15), 15 (15), 16 (12/15), 18 (12), 19 (12/15), 21 (12/15)
Zaunergasse: 6 (?)
Zehentmaiergasse: 5 (7)
Ziegeleistraße: 1 (6/13), 5 (13), 6 (6), 8 (6/10), 10 (6/13), 22 (13), 24 (13), 29 (13), 31 (13)
Ziegelstadelstraße: 9 (5), 19 (10), 21 (10), 23 (10)
Zillnerstraße: 6 (3), 8 (3), 9 (3), 10 (3), 12 (1/3)
Zweigstraße: 10 (10)

ANMERKUNGEN

[1] Franz Martin, Die Luftangriffe auf die Stadt Salzburg, in: MGSL 86/87 (1946/47), S. 118–121, hier Anm. S. 119.

[2] Bundespolizeidirektion Salzburg: Luftschutzakten.

[3] AStS, Plansammlung Nr. 578/1–3. Diese Pläne liegen nur für die Angriffe 1 bis 13 vor. Über die beiden letzten Angriffe am 25. April 1945 und am 1. Mai 1945 sind offensichtlich keine Pläne mehr angefertigt worden.

[4] AStS, Vermögensverwaltung, Bombenschadenbehebungen 1945–1952.

[5] Hieß im Krieg Straße der SA.

[6] Die Hausnummern wurden nach dem Krieg in der gesamten Straße verändert. Die hier angegebenen Nummern betreffen die heutige Numerierung.

[7] Hieß im Krieg Karolinenplatz, zum Teil mit anderen Hausnummern.

[8] Hieß im Krieg Hans-Schemm-Platz.

[9] Hieß im Krieg Rupert-Hauser-Straße.

[10] Die früheren höheren Objektnummern tragen heute Anschriften des Sonnleitenweges und des Judenbergweges.

[11] Die Objekte ab Nr. 52 existieren seit der Errichtung des Münzgassen-Durchbruchs nicht mehr.

[12] Der Giselakai beginnt erst mit Hausnummer 19 = Imbergstraße 2 und hieß im Krieg Langemarck-Ufer.

[13] Hieß im Krieg Grazer Reichsstraße.

[14] Hieß im Krieg Schlachthofgasse.

[15] Hieß im Krieg Reichsstraße. Die Numerierung wurde nach dem Krieg geändert; die hier angegebenen Hausnummern entsprechen dem heutigen Stand.

[16] Hieß im Krieg Imberg.

[17] Hieß im Krieg Hubert-Klausner-Straße.

[18] Ab der heutigen Haus-Nr. 85 lautete der Straßenname im Krieg Mozartstraße.

[19] Nach dem Krieg erfolgte eine Neunumerierung, der auch diese Auflistung folgt.

[20] Gehörte im Krieg zur Erzherzog-Eugen-Straße.

[21] Von der Staatsbrücke bis zur Josef-Friedrich-Hummel-Straße hieß die Schwarzstraße im Krieg Bismarckstraße.

[22] Heute Museumsplatz.

[23] Der heutige Ursulinenplatz gehörte im Krieg zur verlängerten Gstättengasse.

Abb. 222: Ehemaliger Eingang in den Luftschutzstollen an der Steingasse, heute als Garageneinfahrt verbaut.

Abb. 223: Ehemaliger Stolleneingang in der Nonntaler Hauptstraße, heute Eingang zu einer Champignonzucht.

Abb. 224 und 225: Ehemalige Stolleneingänge in der Müllner Hauptstraße (oben) und beim Aufgang zum Kapuzinerberg hinter der Kreuzwegstation (unten).

Abb. 226 und 227: Ehemalige Stolleneingänge im Neutor (oben) und in der Augustinergasse (unten).

Abb. 228: Der am 20. Dezember 1944 beschädigte Rainer-Obelisk vor dem Haupteingang des Kommunalfriedhofs.

Abb. 229: Massengrab für die Bombenopfer am Kommunalfriedhof (oben).

Abb. 230: Einweihung des Denkmals für die Bombenopfer in Itzling am 1. Mai 1985 mit Landeshauptmann Wilfried Haslauer, der Schöpferin des Denkmals Eva Mazzucco und Bürgermeister Josef Reschen (v. l. n. r.).

Quellen- und Literaturverzeichnis

Ungedruckte Quellen

Archiv der Stadt Salzburg (AStS):

Amt für Statistik, Bombenschäden.
Baubehörde, Baubewilligungsakten.
Bauverwaltung, Akten 1944–1946.
Berufsfeuerwehr, Vorfallenheits-Protokolle 1942–1945.
Luftschutzakten.
Magistratsdirektion, Listen der Bombenopfer.
Maschinenamt, Luftschutzakten.
Plansammlung.
Ratsherrenprotokolle 1938–1945.
Sitzungsprotokolle der Beigeordneten 1938–1945.
Standesamt, Sterbebuch 1944–1945.
Tiefbauamt, Schadensbehebungen.
Vermögensverwaltung, Bombenschadenbehebungen 1945-1952.
Wahl- und Einwohneramt, Meldekartei.
Nachlaß Hermann Fischer.
Nachlaß Emanuel Jenal.

Manuskripte:
Hans Gugg, Der Einsatz von Luftwaffenhelfern (LWH) aus den höheren Schulen in Berchtesgaden, Bad Reichenhall, Freilassing und Salzburg von 1943–1945, masch. Manuskript, Berchtesgaden o. J.
Thomas Mayrhofer, Fünfzehnmal Bomben auf Salzburg, masch. Manuskript, Salzburg [1947].
Eberhard Moser, Manuskript, Salzburg [1987].

Salzburger Landesarchiv (SLA):

Archivakten, Archivaliensammlung 1942–1944.
Landesamtsdirektion, Präsidial-Akten 1938–1940.
Reichsstatthalter-Akten 1938–1945
- Abteilung für Bauwesen
- Gaukämmerei
- Preisbehörde.

Konsistorialarchiv Salzburg (KAS):

Akt Luftschutz-Maßnahmen 12/14, Rr 1.
Einige Bemerkungen zur Geschichte des Konsistorialarchives, masch. Manuskript, [Salzburg um 1955].
Kundmachung des k.k. Landespräsidenten im Herzogtume Salzburg vom 20. April 1917, Zl. 7091/Präs. betreffend die Verhaltungsmaßregeln im Falle eines Fliegerangriffes.
Missae defunctorum ex missali romano desumptae accedit. Ratisbona 1929.

Universitätsbibliothek Salzburg (UBS):
Schriftverkehr und Verzeichnisse betr. die kriegsbedingte Auslagerung von Teilen des Bestandes der ehem. Studienbibliothek (Universitätsbibliothek Salzburg) 28. 8. 1942 bis 20. 9. 1946.

Bundespolizeidirektion Salzburg:
Luftschutzakten.
Pläne der Bombentreffer in der Stadt Salzburg.

Bezirksgendarmeriekommando Tamsweg:
Chronik 1935–1958.

Gendarmerieposten Tamsweg:
Chronik 1865–1978.

Gendarmerieposten Tweng:
Chronik 13. 1. 1936 bis 4. 4. 1964.

Gendarmerieposten Unternberg:
Chronik 26. 5. 1914 bis 31. 12. 1991.

Gendarmerieposten Zederhaus:
Chronik 1. 5. 1918 bis 31. 5. 1969.

Pfarrarchiv Itzling:
Verkündbuch der Pfarre Itzling.

Österreichisches Staatsarchiv, Archiv der Republik:
KOLU-LuzRef. Nr. 575, Luz-Übungen 1937–38; Nr. 595, Sbg. I.

Bundesarchiv, Militärarchiv Freiburg im Breisgau (BA/MA):
RL 19/82–101, RL 19/103.

National Archives Washington (NA):
RG 18 (Combat Mission Reports);
RG 243 (Strategic Bombing Survey).

Center for Air Force History at Bolling Air Force Base Washington:
History of the Fifteenth Air Force, 1944–1945 (Mikrofilme).

Gedruckte Quellen

Adreß-Buch der Stadt Salzburg für das Jahr 1941.

Adreß-Buch der Stadt Salzburg für das Jahr 1942.

Adreß-Buch der Stadt Salzburg für das Jahr 1950.

Amtliches Fernsprechbuch Innsbruck 1941 (Tirol–Salzburg–Vorarlberg).

Salzburger Amts-Kalender für das Jahr 1942.

Salzburger Chronik 1937–1938.

Salzburger Landeszeitung 1938–1942.

Salzburger Nachrichten 1945.

Salzburger Volksblatt 1935–1942.

Salzburger Zeitung 1942–1945.

Statistische Nachrichten 16 (1938), Heft 5.

Statistische Übersichten für den Reichsgau Salzburg 1941–44.

Verordnungs- und Amtsblatt für den Reichsgau Salzburg, 1944.

Literatur

THOMAS ALBRICH, ARNO GISINGER, Im Bombenkrieg. Tirol und Vorarlberg 1943–1945, Innsbrucker Forschungen zur Zeitgeschichte, Bd. 8, Innsbruck 1992.

JOHANN CHRISTOPH ALLMAYER-BECK, Vorwort, in: Friedrich Fritz, Der deutsche Einmarsch in Österreich 1938, in: Militärhistorische Schriftenreihe, Heft 8, Wien 1968.

RUDOLF G. ARDELT, HANS HAUTMANN (Hg.), Arbeiterschaft und Nationalsozialismus in Österreich. In memoriam Karl R. Stadler, Veröffentlichung des Ludwig-Boltzmann-Instituts für Geschichte der Arbeiterbewegung, Wien–Zürich 1990.

RUDOLF G. ARDELT, „Neugestaltung" als Gauhauptstadt – Salzburg in der NS-Zeit, in: Heinz Dopsch (Hg.), Vom Stadtrecht zur Bürgerbeteiligung. Festschrift 700 Jahre Stadtrecht in Salzburg, SMCA-Jahresschrift 33, Salzburg 1987, S. 248–258.

RUDOLF G. ARDELT, Rede anläßlich der Enthüllung eines Denkmals für die Bombenopfer des Zweiten Weltkrieges, in: Salzburg – Ein Beitrag zum 40jährigen Bestehen der Zweiten Republik. Salzburg 1985, S. 17–19.

RUDOLF G. ARDELT, Die Stadt in der NS-Zeit (1938–1945), in: Heinz Dopsch, Hans Spatzenegger (Hg.), Geschichte Salzburgs, Stadt und Land, Bd. II/4, Salzburg 1991, S. 2427–2443.

LEOPOLD BANNY, Dröhnender Himmel, brennendes Land. Der Einsatz der Luftwaffenhelfer in Österreich 1943–1945, Wien 1988.

INGRID BAUER, „Und dann überall so ein Mißtrauen …". Sozialisten und NS-Herrschaft in Salzburg 1938–1945, in: Mitteilungen des Karl-Steinocher-Fonds 1986, Heft 7–9, S. 24 ff.

INGRID BAUER, THOMAS WEIDENHOLZER, Baracken, Flüchtlinge und Wohnungsnot: Salzburger Nachkriegsalltag, in: Wohnen in Salzburg. Geschichte und Perspektiven, Schriftenreihe des Archivs der Stadt Salzburg Nr. 1, Salzburg 1989, S. 33–48.

INGRID BAUER, WILHELM WEITGRUBER, 1895–1985 Itzling, Salzburg 1985.

RICHARD BAUER, Fliegeralarm, Luftangriffe auf München 1940–1945, München 1987.

RICHARD BAUER u. a. (Hg.), München – „Hauptstadt der Bewegung". Bayerns Metropole und der Nationalsozialismus, München 1993.

DIRK BAVENDAMM, Roosevelts Krieg 1937–45 und das Rätsel von Pearl Harbour, München–Berlin 1993.

JOHANNES BECK (Hg.), Terror und Hoffnung in Deutschland 1933–1945. Leben im Faschismus, Reinbek 1980.

SIEGFRIED BEER, STEFAN KARNER, Der Krieg aus der Luft. Kärnten und Steiermark 1941–1945, Graz 1992.

THOMAS BERNHARD, Die Ursache. Eine Andeutung, München 1992.

EVA BERTHOLD, NORBERT MATERN, München im Bombenkrieg, Bindlach 1990.

GERHARD BOTZ, Die Eingliederung Österreichs in das Deutsche Reich. Planung und Verwirklichung des politisch administrativen Anschlusses (1938–1940), 2. Aufl., Wien 1976.

KARL DIETRICH BRACHER, MANFRED FUNK, HANS-ADOLF JACOBSEN (Hg.), Nationalsozialistische Diktatur 1933–1945. Eine Bilanz, Düsseldorf 1983.

CHRISTOPH BRAUMANN, Stadtplanung in Österreich von 1918 bis 1945 unter besonderer Berücksichtigung der Stadt Salzburg, Schriftenreihe des Institutes für Städtebau, Raumplanung und Raumordnung der Technischen Universität Wien, Bd. 21, Wien 1986.

MARTIN BROSZAT, HORST MÖLLER (Hg.), Das Dritte Reich. Herrschaftsstruktur und Geschichte, München 1983.

MARTIN BROSZAT, NORBERT FREI (Hg.), Ploetz. Das Dritte Reich. Ursprünge, Ereignisse, Wirkungen, Freiburg–Würzburg 1983.

MARTIN BROSZAT, Der Staat Hitlers, Grundlegung und Entwicklung seiner inneren Verfassung, dtv-Weltgeschichte des 20. Jahrhunderts, Bd. 9, 10. Aufl., München 1983.

WALTER BRUNNER, Bomben auf Graz. Die Dokumentation Weissman, Veröffentlichungen des steiermärkischen Landesarchivs, hg. von Gerhard Pferschy, Bd. 18, Graz 1989.

KIT C. CARTER, ROBERT MUELLER, The Army Air Forces in World War II. Combat Chronology 1941–1945, Washington 1973.

MAXIMILIAN CZESANY, Alliierter Bombenterror. Der Luftkrieg gegen die Zivilbevölkerung Europas 1940–1945, Leoni 1986.

MAXIMILIAN CZESANY, Nie wieder Krieg gegen die Zivilbevölkerung. Eine völkerrechtliche Untersuchung des Luftkrieges 1939–1945, Graz 1964.

Dehio-Handbuch – Die Kunstdenkmäler Österreichs: Salzburg, Stadt und Land, Wien 1986.

Das Deutsche Reich und der Zweite Weltkrieg, hg. vom Militärgeschichtlichen Forschungsamt, Stuttgart 1979 ff.

Dienst am Nächsten. 75 Jahre Rotes Kreuz Salzburg, Schriftenreihe des Landespressebüros, Sonderpublikationen Nr. 58, Salzburg 1985.

Dokumente deutscher Kriegsschäden, hg. vom Bundesministerium für Vertriebene, Flüchtlinge und Kriegsgeschädigte, Bd. 1, Bonn 1958.

ERWIN DOMANIG, Erinnerungen. Personen und Persönlichkeiten am Wege vom alten St.-Johanns-Spital zum heutigen Landeskrankenhaus. In: Josef Brettenthaler, Volkmar Feurstein (Hg.), Drei Jahrhunderte St.-Johanns-Spital Landeskrankenhaus Salzburg. Das Landeskrankenhaus in der Geschichte der Salzburger Medizin, Salzburg 1986.

THOMAS EBNER, Luftschutzfilme im Dritten Reich. Information oder Propaganda?, phil. Dipl.-Arb., Salzburg 1991.

MARKO M. FEINGOLD, Ein ewiges Dennoch. Hundertfünfundsiebzig Jahre Juden in Salzburg, Wien–Köln–Weimar 1993.

GÜNTER FELLNER, Zur Geschichte der Juden in Salzburg von 1911 bis zum Zweiten Weltkrieg, in: ADOLF ALTMANN, Geschichte der Juden in Stadt und Land Salzburg von den frühesten Zeiten bis auf die Gegenwart. 2 Bde. 1913–1930, Nachdruck Salzburg 1990, S. 371–381.

The Fifteenth Air Force Story. A. History 1943–1985, hg. v. The Fifteenth Air Force Association, Dallas 1986.

HELMUT J. FISCHER, Hitlers Apparat. Namen, Ämter, Kompetenzen: Eine Strukturanalyse des Dritten Reiches, Kiel 1988.

ROLAND FLOIMAIR (Hg.), Nationalsozialismus und Krieg. Ein Lesebuch zur Geschichte Salzburgs, Salzburg 1993, S. 287.

GEORG FRANZ-WILLING, „Bin ich schuldig?“ Leben und Wirken des Reichsstudentenführers und Gauleiters Gustav Adolf Scheel 1907–1979. Eine Biographie, Leoni 1987.

ROGER A. FREEMAN, The Mighty Eigth War Diary, London 1990.

ROGER A. FREEMAN, The U. S. Strategic Bomber, London 1979.

FRIEDRICH FRITZ, Der deutsche Einmarsch in Österreich 1938, in: Militärhistorische Schriftenreihe, Heft 8, Wien 1968.

EDDA FUHRICH, GISELA PROSSNITZ, Die Salzburger Festspiele, Bd. I: 1920–1945. Ihre Geschichte in Daten, Zeitzeugnissen und Bildern, Salzburg–Wien 1990.

RIGOBERT FUNKE-ELBSTADT, Zehn Jahre Wiederaufbau 1945–1954, in: SMCA-Jahresschrift 1955, S. 11–22.

ROSWITHA HELGA GATTERBAUER, Arbeitereinsatz und Behandlung der Kriegsgefangenen in der Ostmark während des Zweiten Weltkrieges, phil. Diss., Salzburg 1975.

ADALBERT KARL GAUSS, BRUNO OBERLÄUTER, Das zweite Dach. Eine Zwischenbilanz über Barackennot und Siedlerwillen 1945–1965, Salzburg 1979.

OLAF GROEHLER, Bombenkrieg gegen Deutschland, Berlin 1990.

Großdeutschland in Bild und Karte, Leipzig 1940.

ERICH HAMPE, Der Zivile Luftschutz im Zweiten Weltkrieg, Frankfurt/M. 1963.

ERNST HANISCH, Die Errichtung des Reichsgaues Salzburg 1939/40, in: MGSL 120/121 (1980/81), S. 275–287.

ERNST HANISCH, Die Erste Republik, in: Heinz Dopsch, Hans Spatzenegger (Hg.), Geschichte Salzburgs. Stadt und Land, Bd. II/2, Salzburg 1988, S. 1057–1120.

ERNST HANISCH, „Gau der guten Nerven“: Die nationalsozialistische Herrschaft in Salzburg 1939/40, in: Politik und Gesellschaft im Alten und Neuen Österreich. Festschrift Rudolf Neck, Bd. 2, Wien 1981, S. 194 ff.

ERNST HANISCH, Nationalsozialistische Herrschaft in der Provinz. Salzburg im Dritten Reich, Salzburg Dokumentationen, Nr. 71, Salzburg 1983.

ERNST HANISCH, Salzburg zwischen 1933 und 1945, in: Widerstand und Verfolgung in Salzburg 1934–1945. Eine Dokumentation, Bd. 1, Salzburg–Wien 1991, S. 21–29.

ERNST HANISCH, Die nationalsozialistische Herrschaft 1938–1945, in: Heinz Dopsch, Hans Spatzenegger (Hg.), Geschichte Salzburgs. Stadt und Land, Bd. II/2, Salzburg 1988, S. 1121–1170.

ERNST HANISCH, 1938 in Salzburg, in: MGSL 118 (1978), S. 257–309.

ERNST HANISCH, Politische Prozesse vor dem Sondergericht im Reichsgau Salzburg 1939–1945, in: Justiz und Zeitgeschichte, hg. von Erika Weinzierl und Karl R. Stadler, Wien 1977, S. 210 ff.

ERNST HANISCH, Westösterreich, in: Emmerich Tálos, Ernst Hanisch, Wolfgang Neugebauer (Hg.), NS-Herrschaft in Österreich 1938–1945, Österreichische Texte zur Gesellschaftskritik, Bd. 36, Wien 1988, S. 437–456.

ERNST HANISCH, Zur Frühgeschichte des Nationalsozialismus in Salzburg (1913–1925), in: MGSL 117 (1977), S. 401–410.

HEINZ MARCUS HANKE, Luftkrieg und Zivilbevölkerung. Der kriegsvölkerrechtliche Schutz der Zivilbevölkerung gegen Luftbombardements von den Anfängen bis zum Ausbruch des Zweiten Weltkrieges, jur. Diss., Salzburg 1989.

HEINZ MARCUS HANKE, Die Haager Luftkriegsregeln von 1923. Ein Beitrag des völkerrechtlichen Schutzes der Zivilbevölkerung vor Luftangriffen, in: Auszüge der „revue internationale de la croix-rouge", Bd. XLII, Nr. 3 (Mai–Juni 1991), S. 139 ff.

ULRICH HERBERT, Fremdarbeiter, Politik und Praxis des „Ausländer-Einsatzes" in der Kriegswirtschaft des Dritten Reiches, Berlin–Bonn 1985.

KARL HÖFFKES, Hitlers politische Generale. Die Gauleiter des Dritten Reiches – Ein biographisches Nachschlagewerk, Tübingen 1986.

KARL-OTTO HOFFMANN, Ln – Die Geschichte der Luftnachrichtentruppe, 2 Bde., Neckargemünd 1968.

ROBERT HOFFMANN, Stadtentwicklung und Wohnungswesen in Salzburg 1800 bis 1945, in: Wohnen in Salzburg. Geschichte und Perspektiven, Schriftenreihe des Archivs der Stadt Salzburg Nr. 1, Salzburg 1989, S. 9–31.

THEODOR HOPPE, Zur Innenrestaurierung des Salzburger Domes, in: Österreichische Zeitschrift für Kunst und Denkmalpflege 14, 1/1960, S. 36–42.

CLEMENS M. HUTTER, Die Kristallnacht. Auftakt zur Endlösung, Salzburg Dokumentationen, Bd. 32, Salzburg 1978.

HANS JAKLITSCH, Die Salzburger Festspiele, Bd. III: Verzeichnis der Werke und der Künstler 1920–1990, Salzburg–Wien 1991.

WALTRAUD JAKOB, Salzburger Zeitungsgeschichte, in: Salzburg Dokumentationen, Bd. 39, Salzburg 1979.

JOSEF KAUT, Der steinige Weg. Geschichte der sozialistischen Bewegung im Lande Salzburg, 2. Aufl., Salzburg 1982.

WILFRIED KEPLINGER, Kalendarium eines Jahrhunderts. Hundert Jahre selbständiges Land Salzburg, Festschrift des Salzburger Landtags, Salzburg 1961.

GERT KERSCHBAUMER, Arbeitskultur unter dem Nationalsozialismus. Ein Beitrag zur Geschichte der Salzburger Arbeiterbewegung, in: Zeitgeschichte 13 (1986), S. 417 ff.

GERT KERSCHBAUMER, Der deutsche Frühling ist angebrochen... Glücksversprechen, Kriegsalltag und Modernität des Dritten Reiches – am Beispiel Salzburg, in: Emmerich Tálos, Ernst Hanisch, Wolfgang Neugebauer (Hg.), NS-Herrschaft in Österreich 1938–1945, Österreichische Texte zur Gesellschaftskritik, Bd. 36, Wien 1988, S. 381–395.

GERT KERSCHBAUMER, Faszination Drittes Reich. Kunst und Alltag der Kulturmetropole Salzburg, Salzburg o. J. [1988].

GERT KERSCHBAUMER, Gausuppe und tausendjährige Juchezer. Gasthauskultur im Dritten Reich – Am Beispiel Salzburg, in: Zeitgeschichte 11 (1983/84), S. 213 ff.

IAN KERSHAW, Der NS-Staat, Reinbek 1988.

DIETER KLEIN, Stadttheater – Landestheater. Ein Jahrhundert Theaterleben in Salzburg, in: Lutz Hochstraate (Hg.), 100 Jahre Haus am Makartplatz. Salzburger Landestheater, Salzburg 1993.

GUSTAV KOCH, Die Knebelung der Kriegsgefahr, Salzburg–Itzling 1914.

PETER F. KRAMML, Zwischen Rezeption, Kult, Vermarktung und Vereinnahmung – Die Paracelsus-Tradition in der Stadt Salzburg, in: MGSL, Erg.-Bd. 14, Salzburg 1994, S. 279–346.

FRANZ KUROWSKI, Der Luftkrieg über Deutschland, Düsseldorf–Wien 1977.

WILHELM KURZ, Luftschutz in Österreich 1919–1938, phil. Dipl. Arb., Salzburg 1992.

RICHARD KUTSCHERA, Fliegerangriffe auf Linz im Zweiten Weltkrieg, in: Historisches Jahrbuch der Stadt Linz 1966, hg. vom Archiv der Stadt Linz, Linz 1967.

ILSE LACKERBAUER, Das Kriegsende in der Stadt Salzburg im Mai 1945, Militärhistorische Schriftenreihe, Heft 35, Wien 1985.

WOLFGANG LASERER, Karl Springenschmid. Leben, Werke, Fotos, Dokumente, Graz 1987.

WOLFRAM LENOTTI, Ein Traum vom Fliegen. 200 Jahre Luftfahrt in Österreich, Wien 1982.

Die Luftstreitkräfte 1918 bis 1938, in: austroflug 7, 4/1957, S. 19.

RADOMIR LUZA, Österreich und die großdeutsche Idee in der NS-Zeit, Wien–Köln–Graz 1977.

DAVID MACISAAC, Strategic Bombing in World War II. The Story of the United States Strategic Bombing Survey, New York 1976.

Der März 1938 in Salzburg. Gedenkstunde am 10. März 1988 – Symposion Feindbilder am 6. November 1987, Schriftenreihe des Salzburger Landespressebüros, Salzburg Diskussionen Nr. 10, Salzburg 1988.

KLAUS A. MAIER, Totaler Krieg und operativer Luftkrieg, in: Maier, Rohde, Stegemann, Umbreit, Die Errichtung der Hegemonie auf dem europäischen Kontinent, Das Deutsche Reich und der Zweite Weltkrieg, hg. vom Militärgeschichtlichen Forschungsamt, Bd. 2, Stuttgart 1979, S. 43–69.

KLAUS A. MAIER, Total War and German Air Doctrine before the Second World War, in: The German Military in Age of Total War, ed. by Wilhelm Deist, Leamington Spa 1985.

FRANZ MARTIN, Die Luftangriffe auf die Stadt Salzburg, in: MGSL 86/87 (1946/47), S. 118–121.

FRANZ MARTIN, Kleine Landesgeschichte von Salzburg, 4. Aufl., Salzburg 1971.

TIMOTHY W. MASON, Sozialpolitik im Dritten Reich. Arbeiterklasse und Volksgemeinschaft, Opladen 1977.

MANFRED MESSERSCHMIDT, Strategischer Luftkrieg und Völkerrecht, in: Vorträge zur Militärgeschichte 12: Luftkriegsführung im Zweiten Weltkrieg. Ein internationaler Vergleich, im Auftrag des Militärgeschichtlichen Forschungsamtes hg. von Horst Boog, Herford–Bonn 1993, S. 351 ff.

HEINZ MEYER, Luftangriffe zwischen Nordsee, Harz und Heide, Hameln 1983.

Meyers Taschenlexikon Geschichte, 6 Bde., Mannheim–Wien–Zürich 1982.

MARTIN MIDDLEBROOK, CHRIS EVERITT, The Bomber Command War Diaries, London 1985.

URSULA MOESSNER-HECKNER, Pforzheim – Code Yellowfin. Eine Analyse der Luftangriffe 1944–1945, Sigmaringen 1991.

GUIDO MÜLLER, Der lange Weg zu den Eingemeindungen, in: Heinz Dopsch (Hg.), Vom Stadtrecht zur Bürgerbeteiligung. Festschrift 700 Jahre Stadtrecht in Salzburg, SMCA-Jahresschrift 33, Salzburg 1987, S. 329–336.

Museum in Trümmern, Begleitheft zur 178. Sonderausstellung des Salzburger Museums C. A. anläßlich der 50. Wiederkehr der Zerstörung des Museumsgebäudes durch Fliegerbomben, Salzburg 1994.

HANS-DIETRICH NICOLAISEN, Die Flakhelfer. Luftwaffenhelfer und Marinehelfer im Zweiten Weltkrieg, Berlin–Frankfurt/Main–Wien 1981.

RICHARD JAMES OVERY, The Air War 1939–1945, London 1980.

W. HAYS PARKS, Luftkrieg und Kriegsvölkerrecht, in: Vorträge zur Militärgeschichte 12: Luftkriegsführung im Zweiten Weltkrieg. Ein internationaler Vergleich, im Auftrag des Militärgeschichtlichen Forschungsamtes hg. von Horst Boog, Herford–Bonn 1993, S. 363 ff.

GEOFFREY PERRET, Winged victory. The Army Air Forces in World War II, New York 1993.

JANUSZ PIEKALKIEWICZ, Luftkrieg 1939–1945, München 1978.

PETER PUTZER, Rechtsaltertümer in der Landschaft. Eine Fragebogenaktion des SS-Forschungsamtes „Ahnenerbe“ und deren Durchführung und Ergebnisse in Salzburg; zugleich ein Beitrag zur Kulturpolitik des Dritten Reiches, in: MGSL 118 (1978), S. 311–325.

OLIVER RATHKOLB, Führertreu und gottbegnadet. Künstlereliten im Dritten Reich, Wien 1991.

MANFRIED RAUCHENSTEINER, Der Krieg in Österreich 1945, Schriften des Heeresgeschichtlichen Museums, Bd. 3, Wien 1985, S. 76 f.

ALFRED RINNERTHALER, Der Konfessionsunterricht im Reichsgau Salzburg, Salzburg 1991.

ALFRED RINNERTHALER, Die Zerschlagung des kirchlichen Privatschulwesens im Reichsgau Salzburg, in: Administrator bonorum. Oeconomus tamquam paterfamilias. Sebastian Ritter zum 70. Geburtstag, Thaur b. Innsbruck o. J. [1987], S. 39–64.

KENNETH C. RUST, Fifteenth Air Force Story in World War II, Temple City CA 1976.

Salzburger Festspiele 1937 und 1938. Kulturelles Leben in Salzburg vor und nach 1938. Annäherung an ein Thema, Salzburg 1988.

Salzburgs wiederaufgebaute Synagoge. Festschrift, Salzburg 1968.

BERTHOLD SAXINGER, Zum Gedenken an die über zweihundertfünfzig Opfer der NS-Euthanasieaktion in Salzburg 1941, Kollerschlag 1991.

PETER SCHERNTHANER, Andreas Rohracher. Erzbischof von Salzburg im Dritten Reich. Schriftenreihe des Erzbischof-Rohracher-Studienfonds, Bd. 3, Salzburg 1994.

ESTHER SCHMALACKER-WYRICH, Pforzheim 23. Februar 1945. Der Untergang einer Stadt, Pforzheim 1980.

ROLF SCHÖRKEN, Luftwaffenhelfer und III. Reich. Die Entstehung eines politischen Bewußtseins, Stuttgart 1984.

GEORG WOLFGANG SCHRAMM, Bomben auf Nürnberg. Luftangriffe 1940–1945, München 1988.

JOHANNA SCHUCHTER, So war es in Salzburg. Aus einer Familienchronik, Salzburg 1976.

CHRISTINE SCHWEINÖSTER, Archäologie des Radios in Salzburg. Vom Sprecherkabinett zum Landesstudio Salzburg (1925–1972), phil. Dipl. Arb., Salzburg 1989.

FRANZ W. SEIDLER, „Deutscher Volkssturm“. Das letzte Aufgebot 1944/45, München–Berlin 1989.

GENE R. SENSENIG, Fremdarbeiter beim Bau der Dr. Todtbrücke in der Gauhauptstadt Salzburg, in: Rudolf G. Ardelt, Hans Hautmann (Hg.), Arbeiterschaft und Nationalsozialismus in Österreich, Wien–Zürich 1990, S. 501–512.

HANS SPATZENEGGER (Hg.), In memoriam Andreas Rohracher, Salzburg 1979.

HANS SPATZENEGGER, Die Rettung der Stadt Salzburg hat viele Väter, in: Salzburger Nachrichten, 4. 5. 1985, S. 26.

LEONHARD STEINWENDER, Christus im KZ, Salzburg 1946, Ndr. Salzburg 1985.

LOTHAR STEINBACH, Ein Volk, ein Reich, ein Glaube? Ehemalige Nationalsozialisten und Zeitzeugen berichten über ihr Leben im Dritten Reich, Berlin–Bonn 1983.

EMMERICH TÁLOS, ERNST HANISCH, WOLFGANG NEUGEBAUER (Hg.), NS-Herrschaft in Österreich 1938–1945, Österreichische Texte zur Gesellschaftskritik, Bd. 36, Wien 1988.

ERIKA THURNER, Nationalsozialismus und Zigeuner in Österreich, in: Veröffentlichungen zur Zeitgeschichte, Bd. 2, Wien–Salzburg 1983, S. 31–50.

ERIKA THURNER, Die Verfolgung der Zigeuner, in: Widerstand und Verfolgung in Salzburg 1934–1945. Eine Dokumentation, Bd. 2, Wien–Salzburg 1991, S. 474 ff.

ERIKA THURNER, Von der Gauhauptstadt zur „offenen Stadt“ – Das Jahr 1945, in: Heinz Dopsch (Hg.), Vom Stadtrecht zur Bürgerbeteiligung. Festschrift 700 Jahre Stadtrecht in Salzburg, SMCA-Jahresschrift 33, Salzburg 1987, S. 259–273.

OTHMAR TUIDER, Die Luftwaffe in Österreich 1938–1945, Militärhistorische Schriftenreihe, Heft 54, Wien 1985.

OTHMAR TUIDER, Die Wehrkreise XVII und XVIII 1938–1945, Militärhistorische Schriftenreihe, Heft 30, Wien 1975, 2. Aufl., Wien 1983.

JOHANN ULRICH, Der Luftkrieg in Österreich 1939–1945, Militärhistorische Schriftenreihe, Heft 5/6, Wien 1967.

HARALD WAITZBAUER, Salzburger Flugpioniere und der Beginn des Flugwesens in Salzburg, in: Hanus Salz, Harald Waitzbauer, Im Flug über Salzburg. Igo Etrich und der Beginn des Flugwesens in Salzburg, Schriftenreihe des Landespressebüros, Serie Sonderpublikationen Nr. 104, Salzburg 1993, S. 61–170.

HARALD WAITZBAUER, Als Gabriele D'Annunzio Flugblätter über Wien abwarf, in: Salzburger Nachrichten 7. 8. 1993.

C. WEBSTER, N. FRANKLAND, The Strategic Air Offensive against Germany 1939–149, 4 vols., London 1961.

CHRISTOPH WEINBERGER, Die Todesstrafe als Bestandteil ständestaatlicher und nationalsozialistischer Justizpolitik dargestellt anhand der Urteilspraxis am Landesgericht Salzburg, jur. Diss., Salzburg 1989.

ERIKA WEINZIERL, Die „Reichskristallnacht" in der Berichterstattung der Salzburger Zeitungen vom November 1938, in: Zeitschrift für Geschichte der Juden 10 (1973), S. 39 ff.

WILHELM WEITGRUBER, Salzburg und seine Bahn, Salzburg 1987.

Widerstand und Verfolgung in Salzburg 1934–1945. Eine Dokumentation, hg. vom Dokumentationsarchiv des österreichischen Widerstandes, 2 Bde., Wien–Salzburg 1991.

WOLFGANG WIENER, Die „Kristallnacht" in Salzburg. Ein Unterrichtsprojekt, in: Zeitgeschichte 6. Jg. (1979), H. 9/10, S. 346–359.

CHRISTIAN ZENTNER, FRIEDEMANN BEDÜRFTIG (Hg.), Das große Lexikon des Dritten Reiches, München 1985.

Abkürzungsverzeichnis

ACIU	Allied Central Interpretation Unit
a. D.	außer Dienst
AF	Air Force
Anm. d. Hg., d. V.	Anmerkung des Herausgebers, des Verfassers
AStS	Archiv der Stadt Salzburg
BA/MA	Bundesarchiv/Militärarchiv, Freiburg im Breisgau
BC	Bomber Command
BDM	Bund Deutscher Mädchen
BG	Bombergruppe
Bmst.	Baumeister
B-Nr.	Bomber-Typennummer
DAF	Deutsche Arbeitsfront
d. h.	das heißt
DJ	Deutsche Jungen bzw. Deutsches Jungvolk
DRK	Deutsches Rotes Kreuz
ed.	ediert
Flak	Fliegerabwehrkanone
fm	Festmeter
Gen. Kdo	Generalkommando
HJ	Hitlerjugend
Jg.	Jahrgang
jur. Diss.	juridische Dissertation
KAS	Konsistorialarchiv Salzburg
KdF	Kraft durch Freunde
K. G.	Kriegsgefangener
KH	Krankenhaus
KZ	Konzentrationslager
L	Luftlage
LBA	Lehrerbildungsanstalt
LG	Luftgau
LGK	Luftgaukommando
LKH	Landeskrankenhaus
LKR	Luftkriegsregeln
LS	Luftschutz
Lt. Col.	Lieutenant Colonel (Oberstleutnant)
LW	Luftwaffe
LWH	Luftwaffenhelfer
LZZ	Langzeitzünder
MASAF	Mediterranean Allied Strategic Air Forces
Me	Messerschmitt

MGSL	Mitteilungen der Gesellschaft für Salzburger Landeskunde
NA	National Archives, Washington
Nr.	Nummer
NS	Nationalsozialismus/nationalsozialistisch
NSBO	Nationalsozialistische Betriebszellenorganisation
NSDAP	Nationalsozialistische Deutsche Arbeiterpartei
NSFK	Nationalsozialistisches Fliegerkorps
NSKK	Nationalsozialistisches Kraftfahrer-Korps
NSV	Nationalsozialistische Volkswohlfahrt
Oblt.	Oberleutnant
ÖLR	Öffentlicher Luftschutzraum
Org.	Organisation
P-Nr.	Pursuit plane (Jagdflugzeug)-Typennummer
Pg.	Parteigenosse
phil. Dipl. Arb.	philosophische Diplomarbeit
phil. Diss.	philosophische Dissertation
Pol.	Polizei
RAD	Reichsarbeitsdienst
RAF	Royal Air Force
R. B. (D. R. B.)	Deutsche Reichsbahn
RG	Record Group
RLB	Reichsluftschutzbund
RM	Reichsmark
R. St.	Rettungsstelle
RSTH	Reichsstatthalter
SA	Sturmabteilung
SAFE	Salzburger Aktiengesellschaft für Energiewirtschaft
Sch. H.	Schutzhäftling (Politischer Gefangener)
Schupo	Schutzpolizei
SD	Sicherheitsdienst
SLA	Salzburger Landesarchiv
SMCA	Salzburger Museum Carolino Augusteum
Sprgb.	Sprengbomben
SS	Schutzstaffel
TN	Technische Nothilfe
UBS	Universitätsbibliothek Salzburg
US	United States
USA	Unites States of Amerika
USAF	United States Aire Force
verst.	verstorben
VÖEST	Vereinigte Österreichische Eisen- und Stahlwerke
vol.	volumina
V-Waffen	Vergeltungswaffen

Autorenverzeichnis

REINHARD RUDOLF HEINISCH, geb. 1942, Dr. phil., a. o. Universitätsprofessor für Österreichische Geschichte an der Universität Salzburg.

ERICH MARX, geb. 1947, Dr. phil., Historiker, Leiter des Archivs der Stadt Salzburg.

HARALD WAITZBAUER, geb. 1955, Dr. phil., Publizist, freier Autor.

Abbildungsnachweis

Archiv der Stadt Salzburg
Archiv Gunter Mackinger, Salzburg
Archiv Pervesler, Wien
Foto Bliem, Zederhaus
Foto Scope/Archiv Anny Madner, Salzburg
Fotostelle des Magistrats Salzburg/Helpferer
Konsistorialarchiv Salzburg
National Archives, Washington
Pfarrarchiv Itzling, Salzburg
Privatsammlungen, Salzburg
Rudolph Klehr, Salzburg
Salzburger Landesarchiv
Salzburger Stadtwerke AG, Archiv
Smithsonian Institution, Washington

Schriftenreihe des Archivs der Stadt Salzburg

Nr. 1: Wohnen in Salzburg. Geschichte und Perspektiven. Mit Beiträgen von Ingrid Bauer, Robert Hoffmann, Erich Marx, Heinrich Medicus, Bruno Oberläuter, Josef Reschen, Wilfried Schaber, Rudolf Strasser, Peter Weichhart, Thomas Weidenholzer, Barbara Wicha. Salzburg 1989, 172 Seiten. Preis: öS 108.

Nr. 2: Erich Marx und Thomas Weidenholzer, Chronik der Stadt Salzburg 1980–1989. Salzburg 1990, 252 Seiten. Preis: öS 108.

Nr. 3: Stadt im Umbruch. Salzburg 1980 bis 1990. Mit Beiträgen von Ingrid Bauer, Herbert Dachs, Gerald Gröchenig, Winfried Herbst, Adrienne Kloss-Elthes, Walter Penker, Gerhard Pichler, Josef Riedl, Karl Heinz Ritschel, Fritz Rücker, Rudolf Strasser, Siegbert Stronegger, Ernst Wachalovsky. Salzburg 1991, 288 Seiten. Preis: öS 108.

Nr. 4: Das „Höllbräu" zu Salzburg. Geschichte eines Braugasthofes. Mit Beiträgen von Robert Ebner, Erio K. Hofmann, Wilfried K. Kovacsovics, Erich Marx, Thomas Weidenholzer. Salzburg 1992, 198 Seiten. Preis: öS 132.

Nr. 5: Erich Marx und Thomas Weidenholzer, Chronik der Stadt Salzburg 1970–1979. Salzburg 1993, 288 Seiten. Preis: öS 132.

Nr. 6: Bomben auf Salzburg. Die „Gauhauptstadt" im „Totalen Krieg". Mit Beiträgen von Reinhard Rudolf Heinisch, Erich Marx, Harald Waitzbauer. 3. Auflage, Salzburg 1995, 384 Seiten. Preis: öS 248.

Vorankündigung:

Nr. 7: Befreit und besetzt. Chronik der Stadt Salzburg vom Mai 1945 bis Ende 1955. *Eine ausführliche Chronik vom Kriegsende 1945 bis zum Staatsvertragsjahr 1955, mit zahlreichen Kurzbeiträgen zu Politik, Alltag, Kunst und Kultur. Rund 400 Seiten mit mehr als 200 bisher weitgehend unveröffentlichten Abbildungen. Erscheint Anfang 1996. Preis ca. 298 öS.*